V&R

Christine Lehmann/Martin Schmidt-Kortenbusch

Handbuch Dialogorientierter Religionsunterricht

Grundlagen, Materialien und Methoden für integrierte Schulsysteme

Vandenhoeck & Ruprecht

Mit 16 Abbildungen und 35 Tabellen

Bibliografische Information der Deutschen Nationalbibliothek

Die Deutsche Nationalbibliothek verzeichnet diese Publikation in der Deutschen Nationalbibliografie; detaillierte bibliografische Daten sind im Internet über http://dnb.d-nb.de abrufbar.

ISBN 978-3-525-70218-5

Weitere Ausgaben und Online-Angebote sind erhältlich unter: www.v-r.de

Satz: SchwabScantechnik, Göttingen
Druck und Bindung: ⊕ Hubert & Co GmbH & Co. KG, Robert-Bosch-Breite 6, D-37079 Göttingen

Gedruckt auf alterungsbeständigem Papier.

Inhalt

3 RU im Beziehungsdreieck Lehrkraft, Schüler, Eltern – Impulse, Materialien, Methoden

4 RU planen – Impulse, Materialien, Methoden

6 Leistung sehen, fördern und bewerten – Impulse, Materialien, Beispiele

7 Religion im Schulleben

Wegweiser

Warum ein Handbuch »Dialogorientierter Religionsunterricht« für integrierte Schulsysteme?

Integrierte Schulsysteme finden in allen Bundesländern zunehmend Akzeptanz. Sie zielen darauf, die traditionelle Dreigliedrigkeit – bzw. sogar Viergliedrigkeit – im deutschen Schulsystem abzumildern oder weitgehend aufzuheben.[1] Die verschiedenen Schularten werden zu einer neuen, eigenständigen Schulart umgestaltet. Diese integrierten Systeme haben je nach Bundesland unterschiedliche Namen, z. B. Gemeinschaftsschule, Integrierte Gesamtschule, Kooperative Gesamtschule, Oberschule, Sekundarschule. Weil sie die Integration der Schularten auf unterschiedliche Weise umsetzen, unterscheiden sie sich auch in ihren Strukturen: Es gibt Systeme, die zwei Schularten integrieren (z. B. die Sekundarschulen), in anderen (wie den Gesamtschulen) sind es alle drei (manchmal sogar vier). So werden z. B. an integrierten Gesamtschulen alle Schülerinnen und Schüler in der Mehrzahl der Unterrichtsfächer während der ersten vier Jahrgänge (Jg. 5–8) gemeinsam unterrichtet.[2] Andere integrierte Systeme organisieren in einzelnen Fächern den Unterricht gemeinsam für die Schülerinnen aller Schularten (häufig Sport, Religion, Musik), während in der Mehrzahl der Fächer die Schüler nach Schulzweigen oder Kursen getrennt unterrichtet werden. Wieder andere führen den Unterricht für alle Schülerinnen der Klassen 5 und 6 in allen Fächern gemeinsam durch. Innere und äußere Fachleistungsdifferenzierung werden in den integrierten Systemen auf unterschiedliche Weise gehandhabt.

1 »Viergliedrigkeit« berücksichtigt die Förderschule als eigenständige, gleichberechtigte Schulform, vgl. dazu Kap. 2.7.1.

2 In diesem Handbuch werden die männliche und die weibliche Form im Wechsel verwendet. Das erspart umständliche Formulierungen und macht dennoch deutlich, dass es immer um beide Geschlechter geht.

Vielfalt – und zwar in besonders ausgeprägter Weise – ist das Charakteristikum der Schülerschaft integrierter Schulsysteme: sozial, kulturell, intellektuell, religiös, weltanschaulich, politisch. Diese Vielfalt pädagogisch sinnvoll zu gestalten, ist eine Herausforderung, vor der ganz besonders Lehrerinnen integrierter Schulsysteme jeden Tag aufs Neue stehen. Auch der Religionsunterricht ist davon betroffen. Viele Religionslehrer stellen sich dieser Herausforderung mit großem Engagement, merken aber tagtäglich, dass ihnen für didaktische Fragen und die größeren Zusammenhänge religionspädagogischen Handelns zu wenig Zeit bleibt. Dieses Handbuch will Religionslehrkräften, Referendaren und Lehramtsstudierenden Wege zeigen, wie das Fach Religion zum Bildungsauftrag integrierter Schulsysteme beitragen und die Persönlichkeit der Schüler stärken kann.

Vielfalt braucht den Dialog. Nur so kann sich das bereichernde Potential entfalten, das in ihr steckt. Dialogorientierter Religionsunterricht bedeutet:

- den fairen Streit der Meinungen über biblische, theologische, weltanschauliche und ethische Positionen zu pflegen,
- gemeinsame Gespräche über die »großen Fragen nach dem Menschen und der Welt« wichtig zu nehmen und ihnen genügend Zeit einzuräumen,
- zum Einbringen von Erfahrungen, aktiven Zuhören, Nachfragen und perspektivenbewussten Argumentieren zu motivieren,
- die Schülerinnen an der Planung, Durchführung und Auswertung des Unterrichts zu beteiligen,
- die Rückmeldung und Bewertung von Leistung dialogischer zu gestalten,
- mit Menschen anderer Konfessionen, Religionen und Weltanschauungen offen und wertschätzend zu kommunizieren,
- das Fach Religion und sein Alternativfach miteinander ins Gespräch zu bringen,
- Beiträge zum Schulleben zu gestalten, bei denen sich das Fach Religion mit wichtigen Themen und als anregender Gesprächspartner einbringt.

Zu allen genannten Aspekten finden sich in dem Handbuch Vorschläge und Ideen. Sie sind der Ertrag unserer langjährigen ökumenischen Zusammenarbeit in Schule und Lehrerfortbildung.

Ein Dialog kann nur gelingen, wenn die Gesprächspartner bereit sind, miteinander auf Augenhöhe zu kommunizieren, die Erfahrungen und Positionen des Gegenübers ernst zu nehmen und von ihm zu lernen. Dialogorientierter Religionsunterricht bedeutet, den Dialog zwischen Lehrkräften und Schülern, Lehrern und Eltern sowie der Lehrkräfte und der Schülerinnen untereinander als ein leitendes fachdidaktisches Prinzip zu entfalten. Dazu will dieses Handbuch Anregungen und Hilfen geben. Thesen zur Bedeutung des Faches für die allgemeine Bildung oder zum Umgang mit Leistung, Übersichten über die Vor- und Nachteile unterschiedlicher Organisationsformen des Religionsunterrichts an integrierten Schulen oder über die Unterschiede zwischen den Fächern Religion und dem Alternativfach lassen sich vielseitig verwenden: zur Auseinandersetzung in den Fachgruppen, für Ausbildungsseminare, für Fortbildung und Studium. Unterrichtsentwürfe, Projektbeispiele, Schülerbriefe, Testbeispiele, Rückmeldebögen und vieles mehr wollen zu einem dialogorientierten Religionsunterricht anstiften. Dieses Handbuch behandelt Themen und Arbeitsfelder, die Religionslehrkräften integrierter Schulsysteme auf den Nägeln brennen. Es fordert zum Diskurs mit der wissenschaftlichen Religionspädagogik und den Bildungsverantwortlichen der Kirchen auf.

Das Handbuch kann als Ganzes gelesen werden, um einen Überblick über dialogorientierten Religionsunterricht zu gewinnen. Obwohl die Kapitel systematisch aufeinander aufbauen, können sie aber auch unabhängig voneinander gelesen werden. Die Texte sind bewusst kompakt gehalten und häufig in Form von Thesen formuliert, damit sie von Lehrkräften binnen kurzer Zeit erfasst werden können. Leitgedanken führen in jedes Kapitel ein und legen die Bedeutung der zugehörigen Unterkapitel für die Unterrichtspraxis und die religionspädagogische Arbeit dar. Nicht zu vergessen ist das Downloadmaterial. Hier finden sich vielfältige weitere Texte und Materialien, die für die Arbeit mit den Kapiteln unerlässlich sind. Das Inhaltsverzeichnis ist so detailliert abgefasst, dass es ein gezieltes Nachschlagen aller Aspekte ermöglicht, die im Buch oder im Download behandelt werden. Auf diese Weise lässt sich das Handbuch auch als »Fundgrube« nutzen. Möge es Ihren Religionsunterricht bereichern!

Das folgende Gedicht *Gemeinsam* von Rose Ausländer hat uns in unserer religionspädagogischen Arbeit und bei der Arbeit an diesem Buch als Wegweiser begleitet.[3] Es ermahnt und ermutigt zugleich:

Vergesset nicht
Freunde
wir reisen gemeinsam

besteigen Berge
pflücken Himbeeren
lassen uns tragen
von den vier Winden

Vergesset nicht
es ist unsre
gemeinsame Welt
die ungeteilte
ach die geteilte

die uns aufblühen läßt
die uns vernichtet
diese zerrissene
ungeteilte Erde
auf der wir
gemeinsam reisen

3 Rose Ausländer, Gemeinsam. Aus: dies., Ich höre das Herz des Oleanders. Gedichte 1977–1979. © S. Fischer Verlag GmbH, Frankfurt am Main 1984.

1 Zur Situation und Legitimation des RU in Deutschland

1.1 Leitgedanken

Religion an integrierten Schulen zu unterrichten ist eine wichtige und spannende Aufgabe. Das Fach unterliegt rechtlichen, pädagogischen und gesellschaftlichen Rahmenbedingungen, die zunächst unabhängig von der Schulform gelten. Ohne deren Kenntnis ist es für die Religionslehrkraft nicht möglich, Konfliktlinien einzuschätzen und angemessene Lösungsmöglichkeiten zu erkennen. Dieses Kapitel will dazu beitragen, Situation und Entwicklungsperspektiven des Religionsunterrichts zu erhellen.

1

Der Religionsunterricht ist in Deutschland als einziges Fach grundgesetzlich legitimiert und geschützt. Es haben sich jedoch vielfältige Organisationsformen entwickelt, die vom traditionellen Schema Evangelisch – Katholisch abweichen. Das verursacht Probleme, eröffnet aber auch Chancen.

Zur Einschätzung von Problemen und Chancen ist es wichtig, rechtliche Zusammenhänge zu kennen. Sie werden in Kap. 1.2 erläutert. In einem tabellarischen Überblick wird gezeigt, dass zwischen den Bundesländern Unterschiede in der Handhabung des Faches bestehen. Als Antwort auf eine fortschreitende Pluralisierung der Gesellschaft ist inzwischen eine bunte Vielfalt von »Grauzonenregelungen« oder gar Gesetzesverstößen entstanden. Solche Organisationsformen, die neben den offiziell anerkannten und etablierten existieren, werden in Kap. 1.4 in einer tabellarischen Übersicht dargestellt, und es werden deren Auswirkungen verdeutlicht.

2

Der Religionsunterricht ist ein notwendiger Bestandteil allgemeiner Bildung, weil er durch die Auseinandersetzung mit existenziellen und ethischen Fragen zur Welterschließung beiträgt.

Dieses Grundverständnis und die grundgesetzliche Absicherung des Religionsunterrichts schützen ihn jedoch nicht vor prinzipieller Infragestellung und Anfeindung. Obwohl die Landesregierungen bislang noch an dessen Status festhalten, bröckelt der Konsens über die Notwendigkeit des Religionsunterrichts. Neben der rechtlichen ist also eine argumentativ überzeugende Begründung des Religionsunterrichts notwendig. Kap. 1.3 will dafür Argumentationshilfen geben.

3

Die traditionelle Form des Religionsunterrichts in seiner grundsätzlichen Trennung von »Evangelisch« und »Katholisch« ist überholt.

Auf der Basis einer kritischen Analyse des traditionellen Verständnisses von Religionsunterricht wird verdeutlicht, dass zur Sicherung der positiven Religionsfreiheit der konfessionelle Religionsunterricht weiterentwickelt und sein Verhältnis zum Alternativunterricht (Ethik, Religionskunde, Werte und Normen) neu bestimmt werden muss (Kap. 1.5).

4

Das Alternativfach sichert die negative Religionsfreiheit.

Solange in den 1950er und 1960er Jahren die Zugehörigkeit zu einer Kirche der Regelfall und die Abmeldung vom Religionsunterricht die Ausnahme war, wurde kein Alternativfach benötigt. Das änderte sich seit Mitte der 1970er Jahre, sodass inzwischen in allen Bundesländern, in denen konfessioneller Religionsunterricht erteilt wird, ein Alternativfach existiert. Worin sich die beiden Fächer unterscheiden, wird in Kap. 1.6 mit Hilfe einer Tabelle am Beispiel der niedersächsischen Kerncurricula verdeutlicht.

5

Damit sich in einer pluralen Gesellschaft religiös sozialisierte und nicht religiös sozialisierte Schüler gegenseitig verstehen und wertschätzen lernen, bedarf es eines Dialogs zwischen dem Religionsunterricht und dem Alternativfach.

Pluralitätsfähigkeit kann nur angebahnt werden, wenn die Schüler lernen, kulturelle und religiöse Unterschiede auszuhalten, Vorurteile abzubauen, Wertvolles im »Fremden« zu entdecken und angemessen mit Vielfalt umzugehen. Daher gilt es, das Verhältnis zwischen Religionsunterricht und Alternativfach an der Schule bewusst zu gestalten und ein etwa bestehendes Nebeneinanderher oder gar ein Gegeneinander abzubauen. Anzustreben ist, dass Religionslehrkräfte und Lehrkräfte des Alternativfaches enger zusammenarbeiten. Eine solche Zusammenarbeit kann das Interesse der Schüler für unterschiedliche Religionen und Weltanschauungen steigern und einer Spaltung in »Religiöse« und »Nicht-Religiöse« vorbeugen. Argumente und Hinweise für einen Dialog bietet Kap. 1.7. In seinen Unterkapiteln finden sich detaillierte Ausführungen, wie ein Dialog ausgestaltet werden kann.

1.2 Rechtliche Grundlagen in den Bundesländern

1.2.1 Verfassung der Bundesrepublik Deutschland als Basis

In Deutschland existiert neben der Katechese der Religionsgemeinschaften ein verfassungsmäßig abgesicherter Religionsunterricht an öffentlichen Schulen. Beide Formen müssen deutlich voneinander unterschieden werden, da sie durch unterschiedliche Zielsetzungen geprägt sind. Während die Katechese der Integration von Kindern und Jugendlichen in die jeweilige Religionsgemeinschaft dient, soll der schulische Religionsunterricht der religiösen Bildung im Sinne der Selbstvergewisserung und des Verständnisses von Religion, besonders in seiner christlich-konfessionellen Ausprägung, dienen. Keinesfalls ist es seine Aufgabe, durch Missionierung Anhänger zu gewinnen.[1]

Der Religionsunterricht an öffentlichen Schulen wird als einziges Unterrichtsfach im Grundgesetzartikel 7 Absatz 3 als ordentliches Lehrfach legitimiert. Allerdings sind weitere Grundgesetzartikel für ihn relevant. Die Bundesländer haben im Sinne des Bildungsföderalismus die Aufgabe, auf Basis der einen Gestaltungsspielraum bietenden verfassungsrechtlichen Vorgaben, den Religionsunterricht einzurichten. Das geschieht hauptsächlich in den Landesschulgesetzen, darauf bezogenen Erlassen, teils auch in den Landesverfassungen. Dabei wird auf Staatskirchenverträge Bezug genommen, welche die Zusammenarbeit mit den Religionsgemeinschaften regeln.

1 Vgl. Kap. 1.3.

Rechtlich relevante Bestimmungen des Grundgesetzes[2]

Art. 3 Abs. 3 GG: Niemand darf wegen seines Geschlechtes, seiner Abstammung, seiner Rasse, seiner Sprache, seiner Heimat und Herkunft, seines Glaubens, seiner religiösen oder politischen Anschauungen benachteiligt oder bevorzugt werden.
Art. 4 Abs. 1 GG: Die Freiheit des Glaubens, des Gewissens und die Freiheit des religiösen und weltanschaulichen Bekenntnisses sind unverletzlich.
Art. 7 Abs. 1 bis 3 GG
(1) Das gesamte Schulwesen steht unter der Aufsicht des Staates.
(2) Die Erziehungsberechtigten haben das Recht, über die Teilnahme des Kindes am Religionsunterricht zu bestimmen.
(3) Der Religionsunterricht ist in den öffentlichen Schulen mit Ausnahme der bekenntnisfreien Schulen ordentliches Lehrfach. Unbeschadet des staatlichen Aufsichtsrechtes wird der Religionsunterricht in Übereinstimmung mit den Grundsätzen der Religionsgemeinschaften erteilt. Kein Lehrer darf gegen seinen Willen verpflichtet werden, Religionsunterricht zu erteilen.
Art. 140 GG in Verbindung mit Art. 136 Weimarer Verfassung:[3] Niemand darf zu einer kirchlichen Handlung oder Feierlichkeit oder zur Teilnahme an religiösen Übungen oder zur Benutzung einer religiösen Eidesform gezwungen werden.
Art. 140 GG in Verbindung mit Art. 137 Weimarer Verfassung: Es besteht keine Staatskirche.
Art. 141 GG (sog. Bremer Klausel): Artikel 7 Abs. 3 Satz 1 findet keine Anwendung in einem Lande, in dem am 1. Januar 1949 eine andere landesrechtliche Regelung bestand.

Konsequenzen aus den Bestimmungen des Grundgesetzes

Bekenntnisfreie Schulen[4] (Art. 7 Abs. 3 GG) als weltanschauungsgebundene Privatschulen müssen keinen Religionsunterricht anbieten, wogegen öffentliche Bekenntnisschulen für Mitglieder einer bestimmten Konfession vorgesehen sind

2 Niedersächsisches Kultusministerium (Hg.): Grundgesetz für die Bundesrepublik Deutschland, Hannover 1996, S. 7–9 (Art. 3, 4, 7), S. 90 f. (Art. 140, 141).

3 Art. 140 GG: »Die Bestimmungen des Artikels 136, 137, 138, 139 und 141 der deutschen Verfassung vom 11. August 1919 sind Bestandteil dieses Grundgesetzes.« Sie werden im Grundgesetz in der Anmerkung 1 zu Art. 140 GG wörtlich zitiert.

4 »Bekenntnisfreie Schulen« meint Schulen, die nicht an ein religiös-konfessionelles Bekenntnis gebunden sind. Faktisch sind das Privatschulen, die von einer Weltanschauungsgemeinschaft wie der Humanistischen Union getragen werden. Die »Humanistische Schule Berlin« befindet sich noch im Planungsstadium, ist aber bereits genehmigt. In Bremen wollte die humanistische Union ebenfalls eine Schule gründen, was der Bremer Senat jedoch ablehnte. Die daraus resultierende Klage vor dem Oberverwaltungsgericht Bremen wurde abgewiesen, unter anderem mit Bezug auf das Fehlen eines Lehrfaches Humanistische Lebenskunde, was im Berliner Kon-

(vgl. Art. 4 Abs. 1 GG: Freiheit der Religionsausübung). Es handelt sich nur noch um wenige Hauptschulen und eine größere Zahl von Grundschulen in Nordrhein-Westfalen (mit Verfassungsrang) und Niedersachsen. Diese *öffentlichen* Bekenntnisschulen dürfen nicht mit Schulen in freier Trägerschaft verwechselt werden, von denen viele *private* Bekenntnisschulen in Trägerschaft der beiden großen Kirchen sind. In der Regel gilt für öffentliche und private Bekenntnisschulen die Verpflichtung zur Teilnahme am Religionsunterricht. In öffentlichen Grund- und Hauptschulen, traditionell »Gemeinschaftsschulen« im Sinne der gemeinsamen Beschulung von Kindern unterschiedlicher Religionszugehörigkeit genannt, werden Schüler beider Konfessionen gemeinsam unterrichtet, aber im Religionsunterricht nach Konfessionen getrennt. Das gilt für alle öffentlichen Schulen, die keine Bekenntnisschulen sind. Schülerinnen, die einer Freikirche angehören, nehmen in der Regel am evangelischen Religionsunterricht teil. Es gibt auch Religionslehrkräfte, die einer Freikirche angehören. Voraussetzung für deren Einsatz stellt ein Übereinkommen mit der jeweiligen evangelischen Landeskirche bzw. seit 2001 die Mitgliedschaft der jeweiligen Freikirche in der »Arbeitsgemeinschaft der christlichen Kirchen« (ACK) dar. In einigen Bundesländern gibt es schon lange einen orthodoxen und einen jüdischen Religionsunterricht an Schulen mit einem nennenswerten Anteil entsprechend geprägter Schüler.

Als staatlicher Religionsunterricht (Art. 7 Abs. 1 GG) ist dieser wie jedes andere Schulfach den demokratischen Grundsätzen der Länderverfassungen verpflichtet. Die Schülerleistungen werden grundsätzlich genauso bewertet wie in den anderen Schulfächern auch (Wortgutachten, Lernentwicklungsberichte, Noten). Sofern Noten erteilt werden, sind diese versetzungsrelevant.

Weil der Staat zur weltanschaulichen Neutralität verpflichtet ist (Art. 140 GG), kann er die Inhalte des Religionsunterrichtes nicht festlegen. Sonst müsste er entscheiden, welche Glaubensaussagen wichtig und wahr sind, was ihm aus erkenntnistheoretischer Sicht nicht möglich ist. Im Unterschied zu laizistischen Staaten wie z. B. Frankreich ist die Bundesrepublik daher auf die Zusammenarbeit mit den Religionsgemeinschaften angewiesen. Religionsunterricht stellt somit eine »gemeinsame Angelegenheit« *(res mixta)* von Staat und Religionsgemeinschaften dar (Art. 7,1–3 GG).

Daraus ergeben sich folgende Merkmale des Religionsunterrichts:

- Allen Religionen, die in Deutschland praktiziert werden, muss grundsätzlich die Möglichkeit zur Gestaltung eines Religionsunterrichtes gegeben werden.

---

zept enthalten ist. Vgl. www.humanistische-schule-berlin.de/impressum, Zugriff am 05.11.2014 und: http://www.diesseits.de/meldungen/deutschland/klage-humanistischen-schule-bremen-berufung-abgewiesen, Zugriff am 05.11.2014.

Allerdings muss es als mit diesem Gleichheitsgrundsatz vereinbar angesehen werden, dass wegen der Notwendigkeit praktikabler Organisationsformen eine Mindestteilnehmerzahl für die Einrichtung des Religionsunterrichts zu erreichen ist und dieser nicht den demokratisch geprägten Bildungszielen der Schule widerspricht.

- Kinder, für die kein Religionsunterricht eingerichtet werden kann, haben stattdessen das konfessions- und religionsneutrale Alternativfach (z. B. Ethik, Werte und Normen) zu besuchen.
- Die Religionsgemeinschaften verantworten die Inhalte ihres Unterrichts, der Staat die Inhalte des Alternativfaches. Staatliche Religionslehrkräfte müssen über eine Beauftragung der jeweiligen Religionsgemeinschaft verfügen (z. B. »Vokation« für den evangelischen, »Missio« für den katholischen und »Idschaza« für den islamischen Religionsunterricht).
- Die Religionsgemeinschaften haben das Recht, zu prüfen, ob die Lehrkräfte nach ihren Grundsätzen unterrichten. Bei schwerwiegenden Verstößen können die entsprechenden Beauftragungen entzogen werden und die Lehrkraft ist dann nicht mehr zur Erteilung von Religionsunterricht berechtigt. Der Staat hat das Recht zu prüfen, ob die verfassungsrechtlichen Anforderungen erfüllt werden.
- Religionsgemeinschaften haben unter bestimmten Voraussetzungen – z. B. wenn sie Körperschaftsstatus besitzen – einen Rechtsanspruch auf die Erteilung ihres Religionsunterrichts.
- Zum Schutz ihrer Religionsfreiheit kann eine Lehrerkraft nicht gegen ihren Willen zur Erteilung von Religionsunterricht verpflichtet werden (Art. 7 Abs. 3 S. 3 GG).
- Schüler haben ein Recht auf Teilnahme am Religionsunterricht ihrer Religionsgemeinschaft, wenn dieser angeboten wird (Art. 4 Abs. 1 GG).
- In den Bundesländern mit Religionsunterricht als ordentlichem Lehrfach besteht für bekenntnisangehörige schulpflichtige Schülerinnen (Art. 7 Abs. 3 GG) grundsätzlich eine Teilnahmepflicht am Religionsunterricht. Niemand darf aber zur Teilnahme an religiösen Praktiken gezwungen werden (Art. 140 GG in Verbindung mit Art. 136 Absatz 4 WRV).[5]

5 Die von manchen Lehrkräften durchgeführte Praxis, mit Schülerinnen zu Beginn des Religionsunterrichts ein Gebet zu sprechen, bedarf der ausdrücklichen Zustimmung ihrerseits, da nicht einfach vorausgesetzt werden kann, dass sie mit ihrer Teilnahme am Religionsunterricht zugleich darin einwilligen, religiöse Praktiken auszuüben. Vor dem Besuch von Gottesdiensten mit Schülern sollte darauf hingewiesen werden, dass jeder selbst entscheiden muss, ob er sich als beobachtender Gast oder als Teilnehmender versteht.

- Die Erziehungsberechtigten bestimmen über die Teilnahme des Kindes am Religionsunterricht (Art. 7 Absatz 2 GG), sofern dieses noch nicht das Alter erreicht hat, in dem es selbst entscheiden kann, ob es daran teilnimmt oder sich davon abmeldet (vgl. Kap. 1.2.2 Regelungen der Bundesländer). Tritt der Schüler nach Erreichen der Religionsmündigkeit (14 Jahre) aus der Kirche aus oder konvertiert zu einer anderen Konfession oder Religion, die keinen eigenen Religionsunterricht anbietet, entfällt auch die Verpflichtung zur Teilnahme am Religionsunterricht.
- Eine Abmeldung vom Religionsunterricht kann nur aus Gewissensgründen erfolgen, die aber nicht überprüft werden dürfen. Genauere Verfahrensweisen regelt das jeweilige Landesschulrecht.
- Schülerinnen, die vom Religionsunterricht abgemeldet werden oder sich aus Gewissengründen davon abmelden, müssen am Unterricht des Alternativfaches teilnehmen, sofern ein solches eingerichtet ist.
- Konfessionsschulen dürfen alle Schüler zur Teilnahme am Religionsunterricht verpflichten. Lehnt eine Schülerin das ab, hat die Schule das Recht, sie nicht zu beschulen.
- Schüler können grundsätzlich auch am Religionsunterricht einer Konfession teilnehmen, der sie nicht angehören, allerdings nicht gegen den Willen der hierfür verantwortlichen Religionsgemeinschaft.
- Schülerinnen, die vom Religionsunterricht abgemeldet und noch nicht volljährig sind, unterliegen der schulischen Aufsichtspflicht. Ihnen fehlt ein Unterricht, der religiöse Kenntnisse vermittelt und zur Wertebildung beiträgt. Schulen sind darum bemüht, einen Alternativunterricht anzubieten.

Islamischer Religionsunterricht

Der Islam ist nach dem Christentum die größte Weltreligion in der Bundesrepublik Deutschland. Daher wird in vielen Bundesländern an Konzepten eines islamischen Religionsunterrichts im Sinne des Artikels 7 Absatz 3 GG gearbeitet. Dabei muss auf besondere Herausforderungen reagiert werden, welche es beim christlichen Religionsunterricht nicht gibt:

- In Bezug auf den christlichen Religionsunterricht existieren mit den Kirchen feste Bezugsgrößen. Der Islam organisiert sich in unabhängigen Ortsgemeinden und bundesweiten Verbänden, denen jedoch nur eine Minderheit der Muslime angehört. Obendrein verstehen sich viele Verbände nicht als Vertretung der Muslime, sondern widmen sich primär der Kulturpflege (z. B. *DITIB* und *Islamischer Kulturverein*) und dem Betreiben von Moscheen bzw. Gebetsräumen.

- Einige Gruppierungen wie *Millî Görüs* werden kritisch hinsichtlich ihrer Verfassungstreue beurteilt.
- In Deutschland existiert eine große konfessionelle (Sunniten, Schiiten, Aleviten, Ahmadiyya) und ethnische (Türken, Albaner, Araber, Iraner, Pakistaner etc.) Vielfalt von Muslimen. Teilweise grenzen sich diese stark voneinander ab: Viele Muslime sehen Aleviten gar nicht als Muslime an.

Alle diese Faktoren erschweren es, die von den Kultusministerien der Bundesländer geforderten Ansprechpartner zu finden. Dennoch herrscht Einigkeit darüber, dass islamischer Religionsunterricht an öffentlichen Schulen über den Verfassungsauftrag hinaus gesellschaftlich notwendig ist, um muslimische Schüler in ihrer religiösen Selbstvergewisserung zu unterstützen, um ihnen auch die Unterschiede und Gemeinsamkeiten des Islams mit anderen Weltreligionen zu vermitteln und so die Grundlagen für interreligiöse Dialoge und gegenseitige Toleranz zu schaffen. Denn diese Ziele können nicht durch die Katecheten der religiös und kulturell sehr unterschiedlich ausgerichteten muslimischen Gemeinden erreicht werden, zumal viele Imame, die vom türkischen Staat für einen begrenzten Zeitraum nach Deutschland geschickt werden, kaum Deutsch sprechen. Dennoch gibt es bezüglich der Implementierung des islamischen Religionsunterrichts Fortschritte, z. B. ist in Niedersachsen als Ansprechpartner für den Staat von den islamischen Verbänden *DITIB* und *SCHURA* ein Beirat gegründet worden. Seit dem WS 2004/05 gibt es in Nordrhein-Westfalen den bundesweit ersten Lehrstuhl für Theologie des Islam am *Zentrum für Religiöse Studien* der Westfälischen Wilhelms-Universität in Münster.

Im Sinne der Unterscheidung von muslimischer Katechese und in Entsprechung zum christlichen Religionsunterricht müssen an den islamischen Religionsunterricht folgende inhaltliche Anforderungen gestellt werden:
- Es darf nicht vorausgesetzt werden, dass die Schüler überzeugte Muslime sind.
- Es muss zulässig sein und darf nicht sanktioniert werden, dass von Schülerinnen Zweifel geäußert und auch Meinungen vertreten werden, die dem Islam widersprechen.
- Der Islam muss in seiner Vielfalt dargestellt werden, ohne bestimmte Richtungen herabzuwürdigen.
- Es muss deutlich werden, dass es nicht nur eine, sondern unterschiedliche Deutungen von Suren des Korans gibt, ohne dass die Schüler auf eine verpflichtet werden dürfen.
- Der Unterricht muss auf dem Boden des Grundgesetzes und der Länderverfassungen erteilt werden. Daher sind islamistische Positionen kritisch darzustellen, weil sie diesem Wertekanon widersprechen.

– Lehrkräfte mit islamistischen Positionen dürfen keine Lehrbeauftragung (Idschaza) bekommen.

Nordrhein-Westfalen führte 2012 als erstes Bundesland und Niedersachsen 2013 islamischen Religionsunterricht in der Unterrichtssprache Deutsch als Regelfach ein, welches der staatlichen Schulaufsicht untersteht. Ein Kerncurriculum Islamische Religion ist für Niedersachsen für alle allgemeinbildenden Schulen von Klasse 5–10 im Jahre 2014 in Kraft getreten. Dieses berücksichtigt die vorher genannten Punkte im Wesentlichen.

Von einem solchen »Islamischen Religionsunterricht« muss die »Islamische Unterweisung« unterschieden werden, die es seit langem in vielen Ländern der Bundesrepublik gibt. Sie ist teilweise in den »Muttersprachlichen Ergänzungsunterricht« integriert und wird meist in türkischer Sprache bzw. Arabisch angeboten. Anderssprachige Muslime können daran kaum teilnehmen. Eine wirksame Schulaufsicht über diesen Unterricht findet faktisch nicht statt.

1.2.2 Regelungen der einzelnen Bundesländer

> Detaillierte Informationen zu den Regelungen der einzelnen Bundesländer bezüglich der Abmeldung vom Religionsunterricht sowie Möglichkeiten der Kooperation im RU finden Sie im Downloadmaterial.

1.3 Schule braucht Religionsunterricht – Argumentationshilfen zur Begründung des christlichen RU

1 Die allgemeinbildende Schule will Bildungsprozesse anbahnen. Bildung meint mehr als Wissen und Fertigkeiten. Sie befähigt den Menschen, in Auseinandersetzung mit seiner Mitwelt seine Anlagen zu entfalten, »er selbst« zu werden und gesellschaftliche Prozesse mitzugestalten.[6] Ein gebildeter Mensch vermag sich mündig, selbstreflexiv, dialogisch und verantwortungsbewusst zu verhalten.

2 Auch wenn »Allgemeinbildung« nicht mehr auf einen feststehenden Kanon von Bildungsgütern zurückgreifen kann, darf der Anspruch auf eine umfassende Bildung nicht aufgegeben werden. Nach dem Bildungsforscher Jürgen Baumert

6 Der Didaktiker Wolfgang Klafki hat den Bildungsbegriff entscheidend geprägt. Vgl. ders.: Neue Studien zur Bildungstheorie und Didaktik. Beispiele zur kritisch-konstruktiven Didaktik, Weinheim/Basel 1975, S. 45 f. Klafki versteht Bildung sowohl als ein Selbst- als auch als ein Weltverhältnis. Allgemeines Bildungsziel sei, den Menschen zu befähigen, sein Wissen und seine Fähigkeiten zur Selbst- und Mitbestimmung einzusetzen.

zählt zur Bildung die Fähigkeit, vier »Modi der Weltbegegnung« zu unterscheiden, zu nutzen und zu reflektieren: 1. »Kognitiv-instrumentelle Modellierung der Welt« (Mathematik, Naturwissenschaften), 2. »Ästhetisch-expressive Begegnung und Gestaltung« (Sprache/Literatur, Musik/Malerei/Bildende Kunst, Physische Expression), 3. »Normativ-evaluative Auseinandersetzung mit Wirtschaft und Gesellschaft« (Geschichte, Ökonomie, Politik/Gesellschaft, Recht), 4. »Probleme konstitutiver Rationalität« (Religion, Philosophie).[7]

3 Obwohl diese vier Perspektiven der Welt zu begegnen, sie zu deuten und zu gestalten, sich gegenseitig ergänzen und bereichern, genießt die »kognitiv-instrumentelle Modellierung der Welt« höhere gesellschaftliche Wertschätzung als die anderen. Dagegen müsste schulische Bildung dafür Sorge zu tragen, dass die vier Modi der Weltbegegnung nicht gegeneinander ausgespielt werden und dass keiner dieser Modi vernachlässigt wird.

4 Fragen nach dem Woher, dem Wozu, nach Gut und Böse, dem Glück und dem Wohin gehören zum Menschsein, selbst wenn zunehmend mehr Menschen sie nicht mehr explizit formulieren. Bei solchen existenziellen Lebens- und Wertefragen handelt es sich um Probleme konstitutiver Rationalität, die (auch) den religiösen Horizont brauchen, um tiefgründig bedacht zu werden.

5 Der Religionsunterricht trägt zur allgemeinen Bildung bei, weil er Fähigkeiten zum Verstehen von Selbst, Welt und Religion(en) anbahnt und Handlungsoptionen für den Einzelnen erweitert. Der Religionspädagoge Peter Biehl versteht Bildung als Prozess der Subjektwerdung, d. h. als Entwicklung hin zu einem erfahrungs- und handlungsfähigen Subjekt in Individualität, Sozialität und Mitgeschöpflichkeit. Dieser Entwicklungsprozess hat auch eine religiöse und eine sozial-ethische Dimension, denn Bildung muss dazu befähigen, Maßstäbe der Humanität an gesellschaftliche Entwicklungen anzulegen.[8]

6 Gerade der Religionsunterricht greift die lebensweltlichen Erfahrungen und Vorstellungen der Schüler auf und führt in die Auseinandersetzung mit grundlegenden Fragen hinein, die das Wesen des Menschen, seine Beziehungen zu anderen und die Motive seines Handelns berühren. Er reflektiert Fragen nach Gerechtigkeit, Freiheit, Geschwisterlichkeit, Frieden im biblisch-christlichen Horizont, sensibilisiert für das Unverfügbare und weitet den Blick für die Frage nach Transzendenz und nach Gott.

---

7 Baumert, Jürgen: Deutschland im internationalen Bildungsvergleich. In: Killius, Nelson u. a. (Hg.), Die Zukunft der Bildung, Frankfurt a. M. 2002, S. 113.

8 Biehl, Peter: Erfahrung, Glaube und Bildung. Studien zu einer erfahrungsbezogenen Religionspädagogik, Gütersloh 1991, S. 74 und S. 186.

7 Die Bibel, die ein Gegenstand der Auseinandersetzung im Religionsunterricht ist, trägt zum Erschließen der Wirklichkeit bei.[9] Die Bibel deutet die Welt als etwas Wertvolles. Sie spricht jedem Menschen eine Würde zu und begehrt gegen das Ausleseprinzip auf, das die Schwachen und Unangepassten aussortiert. Sie erzählt nicht aus der Perspektive der Herrschenden, sondern aus der Perspektive »kleiner Leute« von Lebensentwürfen und Glaubenserfahrungen. Man begegnet bedeutenden Menschen und erfährt, dass auch sie Fehler machen. Man begegnet unbedeutenden Menschen und erfährt, wie sie aufrecht durchs Leben gehen.
8 Die Bibel unterscheidet zwischen der Macht Gottes und der Macht des Menschen. Damit ermutigt sie zum Widerstand gegen innerweltliche Mächte, die Herrschaft über den Menschen ausüben. Sie spricht in Bildern und Entwürfen davon, dass das, was ist, nicht alles ist. So kommt z. B. in Jesaja 11,6ff ein Frieden mit der Natur ins Bild, in dem Mensch und Tier einander nicht mehr Feind sind und in dem das kleine Kind ohne Gefahr der Giftschlange Frieden schließend die Hand entgegenstrecken kann. Im Hohelied Salomos wird ein Bild der Liebe und Gleichberechtigung zwischen Mann und Frau entworfen. Die Bibel stellt die vorfindliche Welt nicht als alternativlos dar: Sie wird nicht das letzte Wort haben, weil sie nicht das erste Wort hat.[10]
9 Dennoch darf nicht übersehen werden, dass Menschen im Namen der Bibel bis in die Gegenwart hinein Unrecht und Machtmissbrauch rechtfertigen, indem sie biblische Passagen wörtlich und zusammenhanglos als ewiggültige Wahrheiten deklarieren. Dass ein solcher Umgang mit der Bibel deren Geist widerspricht, zieht sich bereits durch die Bücher Mose und die prophetischen Bücher des Ersten Testaments, in denen lebensfeindliche religiöse Kulte, Haltungen und Verhaltensweisen kritisiert werden.[11] Die Bibel will zeitkritisch gelesen werden, was religionskritische Positionen ausdrücklich mit einschließt.
10 Die Bibel erhebt nicht den Anspruch, Antworten auf naturwissenschaftliche Fragen oder Rezepte zur Lösung jeglicher Alltagsprobleme zu geben. Sie erzählt von Erfahrungen, die Menschen mit Gott gemacht haben und birgt einen Erfahrungsschatz, der immer wieder neu gehoben werden will. Bei existenziellen Grundfragen und Wertekonflikten kann sie Orientierungshilfen geben. Unsere

9 Gerd Theißen hat biblische Grundmotive herausgearbeitet, die beim Verstehen biblischer Texte helfen können. Beispiele sind das Schöpfungsmotiv, das Weisheitsmotiv, das Wundermotiv, das Entfremdungsmotiv, das Hoffnungsmotiv, das Umkehrmotiv, das Rechtfertigungsmotiv. Vgl. ders.: Zur Bibel motivieren. Aufgaben, Inhalte und Methoden einer offenen Bibeldidaktik, Gütersloh ^{2}2014.

10 Vgl. Jürgen Ebach: Predigt über Jesaja 35, http://www.ev-theol.rub.de/faecher/ebach/ebach.html, Zugriff am 31.03.2015.

11 Vgl. z. B. Das goldene Stierbild (2. Mose 32) oder Amos 5.21 ff.

Geschichte und Kultur sind ohne Kenntnis grundlegender biblischer Erzählungen und Motive nicht hinreichend zu verstehen. Insofern dient die Auseinandersetzung mit der Bibel auch der kulturellen Selbstvergewisserung und damit der Identitätsfindung.

11 Neben der Auseinandersetzung mit der biblisch-christlichen Tradition sind auch die anderen Weltreligionen Gegenstand des Religionsunterrichts. Deren Selbstverständnis sowie die Gemeinsamkeiten und Unterschiede zwischen den Religionen sollen in wertschätzender Weise herausgearbeitet und bedacht werden. Der Religionsunterricht will nicht zum Glauben erziehen, sondern zielt auf Kenntnisse, Fähigkeiten, Fertigkeiten und Haltungen, die einen reflektierten Umgang mit Religion, Christentum und Glaube erkennen lassen.

12 In einer pluralen Gesellschaft müssen religiöse und nicht religiöse Menschen ihr Zusammenleben auf Dauer friedlich gestalten. Sie müssen die gesellschaftlichen und globalen Herausforderungen gemeinsam meistern. Der weltanschaulich neutrale Staat ist auf die Zusammenarbeit mit den Religionsgemeinschaften und den nicht religiösen (Weltanschauungs)-Gemeinschaften angewiesen, um über Werteentscheidungen umfassend zu beraten und Konsense anzubahnen. Der Religionsunterricht trägt im Schonraum Schule dazu bei, Kinder und Jugendliche auf gesellschaftliche und private Dialogprozesse und auf das Aushandeln von Kompromissen vorzubereiten.

13 Dieser Gedanke ist in Art. 7.3 GG verwirklicht: Der Religionsunterricht ist als ordentliches Lehrfach an den allgemeinbildenden Schulen rechtlich fest verankert und sichert die in Art. 4 GG verbürgten Grundrechte des Einzelnen (positive Religionsfreiheit). Evangelischer, katholischer und konfessionell-kooperativer Religionsunterricht werden auf biblisch-christlicher Grundlage durch evangelische und katholische Lehrkräfte erteilt, die sich gleichzeitig dem Dialog mit anderen Religionen und Weltanschauungen verpflichtet fühlen. Der Religionsunterricht anderer Religionsgemeinschaften, der inzwischen in einigen Bundesländern als ordentliches Lehrfach erteilt wird, sichert ebenfalls die positive Religionsfreiheit.

14 Mit dem Recht auf Abmeldung vom Religionsunterricht und dem Besuch des Alternativfachs wird die negative Religionsfreiheit gewährleistet. Dies bedeutet jedoch nicht, dass die Schüler im Alternativfach nicht mit Religion, Christentum und Bibel in Berührung kämen. Auch hier findet eine Auseinandersetzung mit Religionen und Weltanschauungen statt. Sie zielt auf Dialog- und Urteilskompetenz in einer vorwiegend christlich geprägten Kultur.[12] Gespräche zwischen Schü-

12 Vgl. z. B. Niedersächsisches Kultusministerium (Hg.): Kerncurriculum für die Integrierte Gesamtschule, Schuljahrgänge 5–10, Werte und Normen, S. 17.

lern des Religionsunterrichts und Schülern des Alternativfachs über unterschiedliche Deutungen und Postionen in dafür vorgesehenen Unterrichtsphasen wären keine Verletzung der negativen Religionsfreiheit. Sie würden der Entwicklung von Dialog- und Urteilskompetenz zugutekommen.

15 Im Religionsunterricht bahnt die Lehrkraft religiöse Bildungsprozesse an, die zur Selbstreflexion und zu verantwortungsbewusstem Handeln befähigen. Sie bezieht zu grundlegenden Fragen und Werteentscheidungen christlich begründete Positionen, an denen die Schülerinnen sich »reiben« und ihre Urteilsfähigkeit erweitern können. Sie steht den Schülern Rede und Antwort, welchen Stellenwert das Christentum in ihrem Lebenskonzept einnimmt und wie sie für ihre christlichen Überzeugungen eintritt. Die Perspektive des Religionsunterrichts ist für Schüler und Eltern klar erkennbar.

1.4 Praktizierte Organisationsformen des RU – eine Synopse mit Problemanzeigen

Organisationsform	Ziele und Merkmale	Bezugswissenschaft(en)	rechtlich	
Ev. RU und Alternativfach	Konfessionelle Identitätsbildung und Auseinandersetzung mit anderen Konfessionen, Religionen und Weltanschauungen über Wahrheits- und Geltungsansprüche sowie ethisches Handeln; die Inhalte orientieren sich an den Grundsätzen der ev. Kirche	Ev. Theologie Religionswissenschaft, Philosophie, Gesellschaftswissenschaft, Bildungswissenschaften	Konform mit Art. 7.3 GG; positive und negative Religionsfreiheit nach Art. 4.1 und 7.2 GG sind gewährleistet	
Kath. RU und Alternativfach	Konfessionelle Identitätsbildung und Auseinandersetzung mit anderen Konfessionen, Religionen und Weltanschauungen über Wahrheits- und Geltungsansprüche sowie ethisches Handeln; die Inhalte orientieren sich an den Grundsätzen der kath. Kirche	Kath. Theologie Religionswissenschaft, Philosophie, Gesellschaftswissenschaft, Bildungswissenschaften	Konform mit Art. 7.3 GG; positive und negative Religionsfreiheit nach Art. 4.1 und 7.2 GG sind gewährleistet.	

Schülergruppe	Lehrkraft	Stärken	Problemanzeige
Ev. Schüler sowie alle Schülerinnen, die teilnehmen wollen; Zustimmung der ev. Lehrkräfte nach Beratung in der Fachkonferenz ist notwendig.	Mitglied einer der ev. Gliedkirchen der EKD bzw. einer Freikirche, die Mitglied der ACK ist; Vokation der zuständigen Gliedkirche (Ausnahmen bei langjähriger Lehrtätigkeit)	Christlich-konfessionelle Perspektive des Faches und der Lehrkraft sind kenntlich	Trennung der Schüler; Unterricht **über** andere Konfessionen/Religionen/Weltanschauungen, nicht **mit** diesen
Kath. Schüler sowie alle Schülerinnen, die teilnehmen wollen; Zustimmung der kath. Lehrkräfte nach Beratung in der Fachkonferenz ist notwendig.	Mitglied der kath. Kirche, Missio Canonica des zuständigen Bistums	Christlich-konfessionelle Perspektive des Faches und der Lehrkraft sind kenntlich	Trennung der Schüler; Unterricht **über** die andere Konfessionen/Religionen/Weltanschauungen, nicht **mit** diesen

Modell	Ziele und Merkmale	Bezugswissenschaft(en)	rechtlich
Konfessionell-kooperativer RU (kkU) und Alternativfach	Wie oben, hinzu kommt: Betonung der Gemeinsamkeiten der Konfessionen ohne Vernachlässigung wichtiger Unterschiede	Ev. und Kath. Theologie, Religionswissenschaft, Philosophie, Gesellschaftswissenschaft, Bildungswissenschaften	Konform mit Art. 7.3 GG; positive und negative Religionsfreiheit nach Art. 4.1 und 7.2 GG sind gewährleistet
nur konfessionell-kooperativer RU (kkU), kein Alternativfach	Wie konf.-koop. RU, hinzukommt: evtl. stärkere didakt. Berücksichtigung nicht gläubiger oder nicht christlich. Schüler	Wie konfessionell-kooperativer RU	Wenn die Eltern nicht über ihr Recht auf Abmeldung (negative Religionsfreiheit) aufgeklärt werden, nicht konform mit Art. 7.2 GG
Nur Alternativfach, kein RU	Weltanschaulich neutrale Informationen über Religionen und Weltanschauungen; Auseinandersetzung mit Wirklichkeit und Wahrheitsansprüchen, ethische Urteilsbildung.	Religionswissenschaft Philosophie, Gesellschaftswissenschaften, Bildungswissenschaften	Nicht konform mit Art. 7.3 GG, wonach Religion ordentliches Lehrfach ist; positive Religionsfreiheit ist nicht gewährleistet; daher ist auch Abmeldeaufforderung vom RU an Eltern rechtlich nicht zulässig

Schülergruppe	Lehrkraft	Stärken	Problemanzeige
Ev. und kath. Schüler sowie alle Schülerinnen, die teilnehmen wollen; Zustimmung der kath. und ev. Lehrkräfte nach Beratung in Fachkonferenz ist notwendig	Wie oben; rechtlich ist der Unterricht je nach Konfession der Lehrkraft ev. oder kath. RU	Keine konf. Trennung; Christl.-konf. Perspektive ist kenntlich, wenn Lehrkräfte Kenntnisse über die andere Konfession haben und in ökumen. Geist unterrichten; Dialog mit der anderen Konfession	Konfessionalität hat unter Schülern kaum noch Bedeutung; Konf. Besonderheiten könnten bei Vernachlässigung wichtiger konf. Unterschiede verwischt werden; Gebundenheit an Fortschritte im ökumen. Dialog der Kirchen; gute Kenntnisse Ökumen. Theologie sind notwendig
Alle Schüler	Wie konfessionell-kooperativer RU	Christl.-konf. Perspektive des Faches und der Lehrkraft sind kenntlich; alle Schülerinnen bleiben in einer Klasse	Negative Religionsfreiheit wird erschwert (Gruppendruck); Christl.-konf. sowie nicht christl. oder nicht relig. Perspektive kommen zu kurz
Alle Schüler	Jede Lehrkraft kann verpflichtet werden, das Alternativfach zu erteilen, Religionslehrkräfte jedoch nur dann, wenn ihr Einsatz im RU nicht erforderlich ist	Alle Schülerinnen verbleiben in der Klassengemeinschaft	Neutralität ist de facto nicht einlösbar; für konfessionsgebundene Schüler ist eine Lehrkraft, die christliche Positionen teilt, nicht gewährleistet

Modell	Ziele und Merkmale	Bezugswissenschaft(en)	rechtlich	
RU/Alternativfach als ein Unterrichtsfach	Identitätsbildung und ethische Urteilsfähigkeit durch Verständigung	Ev. Theologie, Kath. Theologie, Religionswissenschaft, Philosophie, Gesellschaftswissenschaften, Bildungswissenschaften	Nicht grundgesetzkonform, weil ein solches Unterrichtsfach nicht offiziell existiert; positive und negative Religionsfreiheit nicht gewährleistet	
RU (z. B. kkU und islamischer RU) plus Alternativfach als differenzierter Lernbereich mit partieller Zusammenarbeit durch differenzierende und gemeinsame Phasen[13]	Identitätsbildung in der eigenen Bezugsgruppe und durch Verständigung im Plenum; Auseinandersetzung über Wahrheitsansprüche und ethisches Handeln sowohl in den Bezugsgruppen als auch im Plenum	Je nach Situation an der Schule und Struktur des Lernbereichs: Kath. Theologie, Ev. Theologie, evtl. Islamische oder Jüdische Theologie, Religionswissenschaft, Philosophie, Gesellschaftswissenschaften, Bildungswissenschaften	Konform mit Art. 7.3 GG; positive und negative Religionsfreiheit nach Art. 4.1 und 7.2 GG sind gewährleistet, wenn der Unterricht in der Bezugsgruppe tatsächlich regelmäßig stattfindet	

13 Diese Organisationsform ist bei genügend vorhandenen Lehrkräften und Schülerinnen beider Konfessionen theoretisch auch ohne konfessionelle Kooperation (ev. RU, kath. RU, Alternativfach) getrennt durchführbar. Für Niedersachsen würde dies angesichts der vorherrschenden konfessionellen Situation und positiver Erfahrungen mit konfessioneller Kooperation an vielen Gesamtschulen eher eine Verkomplizierung bzw. einen Rückschritt bedeuten.

Schülergruppe	Lehrkraft	Stärken	Problemanzeige
Alle Schüler	Ein und dieselbe Lehrkraft kann nicht gleichzeitig Position beziehen und weltanschaulich neutral sein	Alle Schülerinnen bleiben in einer Klasse	Kenntliche christl.-konf. Perspektive **und** »Weltanschauungsneutralität« sind in ein und demselben Unterrichtsfach nicht vereinbar; keine Lehrkraft darf verpflichtet werden, RU zu erteilen
Regelmäßiger Wechsel zwischen Bezugsgruppe und Klassenverband	Ev. Lehrkraft, kath. Lehrkraft, evtl. islam. oder jüd. Lehrkraft, Lehrkraft für Alternativfach	Jeweilige religiöse Perspektive ist kenntlich; Identitätsbildung und Verständigung im Wechsel; Weiterentwicklung des RU auf der Grundlage von Art. 7.3 GG und 4.2 GG	Bereitschaft und Fähigkeit zur Kooperation in einem differenzierten Lernbereich werden vorausgesetzt, müssen sich jedoch erst durch Learning by doing ausbilden; intellektuell anspruchsvolles Modell; Unterstützung durch Schulleitung und Lehrerfortbildung notwendig; wenn es keine zusätzliche Lehrkraft (»Querlehrkraft«) mit Überblick über die Arbeit in den Gruppen gibt, besteht die Gefahr, dass der Bezug zum eigenen Religions- bzw. Alternativfachlehrer während der gemeinsamen Phasen im Klassenverband verloren geht.

1.5 Pluralisierung der Gesellschaft und konfessioneller RU – Kein »Weiter so!«. Acht Thesen zu einem zukunftsfähigen RU[14]

These 1 *Der nach Konfessionen getrennte Religionsunterricht verliert zunehmend an öffentlicher Akzeptanz.*[15] *Das Festhalten an der konfessionellen Trennung und insbesondere an der »Trias« stellt einen Anachronismus dar. Der konfessionell getrennte Religionsunterricht muss angesichts der gesellschaftlichen Realitäten grundsätzlich in Frage gestellt werden.*

Erläuterungen, Begründungen, Konkretion:
Traditionell konkretisierte sich konfessioneller Religionsunterricht in den zwei unabhängigen Fächern Evangelische und Katholische Religion. Auch wenn das dem Begriff »Konfession« nicht in seiner ursprünglichen Bedeutung (religiöses Bekenntnis innerhalb einer Religion) entspricht, wird er im aktuellen Sprachgebrauch auch auf den Religionsunterricht anderer Religionen übertragen. Zunehmend erheben nicht christliche Religionsgemeinschaften Anspruch auf einen eigenen Religionsunterricht wie z. B. der Islam[16] und das Judentum[17]. Eine konfessionell bzw. religiös weitgehend homogene Schülerschaft wird von einer Lehrkraft mit entsprechender kirchlicher bzw. religiöser Zugehörigkeit und Beauftragung (Vokation, Missio, Idschaza für den islamischen Religionsunterricht) nach den entsprechenden Lehrplänen und Grundsätzen unterrichtet. Dieses

14 Es handelt sich bei folgenden Thesen um die überarbeitete und aktualisierte Fassung eines Aufsatzes, der im Jahre 2011 in dem Bd. »Zukunftsfähige Schule – zukunftsfähiger Religionsunterricht« veröffentlicht wurde (vgl. Literatur).

15 Der Religionsunterricht ist in den meisten Bundesländern als *res mixta* (sich ergänzende Verantwortung von Kirche und Staat) nach Artikel 7.3 GG gesetzlich verankert.

16 Die Einrichtung eines »Islamischen Religionsunterrichts« im Sinne des Artikels 7.3 GG stößt auf Schwierigkeiten, da die Festlegung der Inhalte eines Religionsunterrichts als *res mixta* einen autorisierten Ansprechpartner der Religionsgemeinschaften erfordert. Zwar gibt es in Deutschland Verbände, in denen Moscheevereine organisiert sind. Diese werden jedoch nur von wenigen Mitgliedern getragen und widmen sich primär der Kulturpflege sowie dem Betreiben von Moscheen. Als Vertretung von Muslimen verstehen sich diese nicht, weil dies den Glaubenstraditionen von Muslimen widerspricht. Ein weiteres Hindernis besteht in der konfessionellen Abgrenzung der Muslime untereinander. Dennoch ist die Einführung eines islamischen Religionsunterrichts in den meisten Bundesländern geplant, in einigen schon gesetzlich verankert bzw. wird an einigen Modellschulen bereits praktiziert. In Niedersachsen wird z. B. seit dem Schuljahr 2013/2014 das Fach Islamische Religion angeboten. Als Ansprechpartner für den Staat dient ein von den Verbänden *DITIB* und *SCHURA* gegründeter Beirat.

17 In Deutschland wird jüdischer Religionsunterricht in folgenden Bundesländern in einigen großen Städten an privaten und staatlichen Schulen angeboten oder geplant: Baden-Württemberg, Bayern, Berlin (Jüdische Oberschule), Hamburg (Joseph-Carlebach-Schule), Niedersachsen, Nordrhein-Westfalen.

Dreieck – in der katholischen Kirche als »Trias« bezeichnet – sei notwendig, weil nur eine durch ihre Konfession geprägte Lehrkraft sich gegenüber der Schülerschaft als religiös auskunftsfähig erweisen könne.[18] Für Schülerinnen, die keiner Konfession angehören bzw. mit Berufung auf die Grundgesetzartikel 4.1[19] und 7.2[20] nicht an diesem teilnehmen, wurde in den Bundesländern meist ein Alternativfach mit unterschiedlicher Bezeichnung eingerichtet.[21] An vielen Schulen in Deutschland, besonders in den Großstädten, wird dieses nach wie vor gültige Verständnis von Religionsunterricht durch diverse Grauzonenregelungen oder auch direkte Verweigerungsmaßnahmen unterlaufen.

Zentrale Ursachen für diesen Akzeptanzverlust des konfessionellen Religionsunterrichts nach Artikel 7.3 GG sind:

- ständiger Mitgliederschwund der Kirchen
- dadurch bedingt ein wachsendes Unverständnis für einen inhaltlich durch die Kirchen bestimmten konfessionellen Religionsunterricht
- Zunahme religiöser und weltanschaulicher Pluralität der Schülerschaft (Eine konsequente Ausweitung des »konfessionellen« Religionsunterrichts auf andere Weltreligionen würde in Großstädten zu einer sehr hohen Zahl unterschiedlicher Religionskurse in einer Schule führen. Dies wären z. B. ein evangelischer, ein katholischer, ein orthodoxer, ein islamischer, ein jüdischer, ein buddhistischer Religionsunterricht. Eine solche Ausweitung wäre nicht integrationsförderlich und würde erhebliche organisatorische Schwierigkeiten bereiten.)
- Vertrauensverlust der Kirchen (z. B. Missbrauchsskandal in der Katholischen Kirche; Geldverschwendung durch einzelne Bischöfe)
- einerseits positive Erfahrungen mit ökumenischer Zusammenarbeit an der Basis der beiden großen Kirchen, andererseits ein wachsendes Unverständnis gegenüber den theologischen Abgrenzungen, auf denen Theologen und Kirchenleitungen insistieren

18 Ausnahmen bilden die Bundesländer Berlin, Bremen und Hamburg, in denen der Unterricht nicht konfessionell getrennt unterrichtet wird. In Berlin sind alle Schüler verpflichtet, an dem staatlich verantworteten Fach Ethik teilzunehmen, in Bremen *(Bremer Klausel)* gibt es das ebenfalls staatlich verantwortete Fach Biblische Geschichte. In Hamburg dominiert ein evangelischer Religionsunterricht für alle, der langfristig zu einem Religionsunterricht »von allen für alle« ausgebaut werden soll.

19 »Die Freiheit des Glaubens, des Gewissens und die Freiheit des religiösen und weltanschaulichen Bekenntnisses sind unverletzlich.«

20 »Die Erziehungsberechtigten haben das Recht, über die Teilnahme des Kindes am Religionsunterricht zu bestimmen.« – Dieses Recht geht zum Zeitpunkt der Religionsmündigkeit (ab 14 Jahre) auf die Kinder über.

21 In Niedersachsen heißt dieses Fach Werte und Normen.

- nicht zuletzt ein zunehmender Fachkräftemangel für die Fächer Evangelische und Katholische Religion sowie organisatorische Schwierigkeiten an Schulen, besonders in Diasporagebieten, konfessionellen Religionsunterricht zu erteilen
- die Erfahrung, dass ein Fach, in dem elementare Existenzfragen im Zentrum stehen, die Kommunikation mit Angehörigen anderer Konfessionen und Weltanschauungen didaktisch geradezu erfordert

In vielen Berufsschulen findet bereits ein gemeinsamer Religionsunterricht für evangelische und katholische Schüler statt, entweder auf legaler gesetzlicher Grundlage wie in Niedersachsen oder (noch) nicht offiziell genehmigt. In den gymnasialen Oberstufen von Gymnasien und Gesamtschulen ist die Schülerschaft in den Religionskursen weltanschaulich und religiös heterogen; häufig sind gerade in Diasporagebieten die Angehörigen der Konfession, welche zur Fachbezeichnung gehört, in der Minderheit (z. B. Katholiken im Fach Katholische Religion in vielen Regionen Norddeutschlands). In zahlreichen allgemeinbildenden Schulen wird Religion »im Grauzonenbereich« im Klassenverband oder in offiziell genehmigter konfessioneller Kooperation unterrichtet.[22] Insbesondere an Gesamtschulen, in denen von ihrer Konzeption her das Streben nach Integration im Vordergrund steht, ist der traditionell erteilte konfessionelle Religionsunterricht bereits die Ausnahme.[23]

Die Trias muss nicht nur an einer Seite, sondern an zweien verändert werden. Zunächst ist der Religionsunterricht im ökumenischen Geiste zu konzipieren und durchzuführen. Das entspricht der offiziellen Position beider großer Kirchen und häufig auch der Praxis des Religionsunterrichts. Dennoch muss dieser unverzichtbare Aspekt ausdrücklich der Triasseite »konfessionelle Grundsätze und Lehrpläne« hinzugefügt werden, damit in Lehreraus- und Fortbildung die entsprechende Ökumene-Kompetenz geschult wird. Vor allem die Triasseite »konfessionell homogene Schülerschaft« ist nur noch in einzelnen ländlich geprägten Regionen Deutschlands, in denen eine Konfession kulturell noch tief verankert ist, anzutreffen. Die Evangelische Kirche hat dieser Erkenntnis 2006 in den zehn

22 In Niedersachsen kann konfessionelle Kooperation im dreigliedrigen Schulsystem laut sog. Organisationserlass für drei Jahre in der Sekundarstufe I eingerichtet werden, wenn die Gremien der Schule mehrheitlich zustimmen. Für die Gesamtschulen kann eine längere Dauer beantragt werden, wenn besondere organisatorische und pädagogische Rahmenbedingungen vorliegen. In Baden-Württemberg ist konfessionelle Kooperation auf Antrag durchführbar, wenn eine Reihe weiterer Bedingungen erfüllt werden (z. B. regelmäßiger Wechsel der Lehrkraft, vorherige Fortbildungsmaßnahme für das Fachkollegium der entsprechenden Schule).

23 Nachweislich gilt das für Niedersachsen dort, wo nur an ca. 10 % der Gesamtschulen Religion in der Sekundarstufe I in der traditionellen Form erteilt wird. In der Sekundarstufe II überwiegt die traditionelle Form – allerdings mit konfessionell heterogener Schülerschaft.

Thesen zum evangelischen Religionsunterricht bereits offiziell Rechnung getragen, indem sie ihn grundsätzlich für offen erklärte.[24] Die Katholische Kirche lässt ebenfalls zu, dass Nichtkatholiken an ihrem Religionsunterricht teilnehmen, erklärt das aber offiziell immer noch zur Ausnahme. Sie hält also prinzipiell an der uneingeschränkten Geltung der »Trias« fest.[25]

Der den konfessionellen Religionsunterricht leitende Gedanke der »Trias« basiert auf der Annahme weitgehend geschlossener konfessioneller Milieus, z. B. katholisches Milieu in Oberbayern, das aber auch dort im Schwinden ist, wo es heute noch anzutreffen ist. Vor allem in den Städten nimmt die konfessionelle und weltanschauliche Pluralität der Schülerschaft stark zu, der Anteil evangelischer und katholischer Schülerinnen dagegen von Jahr zu Jahr ab.[26] Weil die Zahl christlicher Schüler sinkt und andere Religionsgemeinschaften einen berechtigten Anspruch auf einen eigenen Religionsunterricht erheben (z. B. Islam), droht besonders in den Großstädten eine weitere Aufsplitterung der Schülerschaft in kleine, teilweise jahrgangsübergreifende Lerngruppen. So wird es organisatorisch und pädagogisch zunehmend schwierig zu legitimieren, die Trennung nach Religionsunterricht verschiedener Religionsgemeinschaften und Konfessionen und Alternativfach aufrecht zu erhalten. Hinzu kommen weit verbreitete Phänomene wie schwindende Identifikation mit der eigenen Konfession, Patchwork-Religiosität, Entkirchlichung auch getaufter Schülerinnen. Das bedeutet, dass in einer überwiegend evangelischen oder katholischen Lerngruppe erfahrungsgemäß nur eine Minderheit weiß, was diese Konfessionszugehörigkeit eigentlich bedeutet. Somit ist der traditionelle Grundsatz des konfessionellen Religionsunterrichts, dass Kinder und Jugendliche auf dem Hintergrund ihres eigenen konfessionellen Erfahrungsschatzes interagieren, nur sehr eingeschränkt oder gar nicht mehr praktizierbar. Vielmehr gewinnt eine grundsätzliche »Alphabetisierung« der Schüler über religiöse und konfessionelle Phänomene an Priorität. Die traditionelle Voraussetzung einer weitgehend homogenen Schülerschaft erweist sich als illusionär.

---

24 Die achte der zehn Thesen lautet: »Der evangelische Religionsunterricht steht allen Schülerinnen und Schülern offen. Er wird häufig in ökumenischer Kooperation und zum Teil im Dialog mit dem Ethikunterricht erteilt [...]«, zitiert nach: Niedersächsisches Kultusministerium (Hg.): Kerncurriculum für die Integrierte Gesamtschule, S. 8.

25 Im Kerncurriculum IGS Niedersachsen für Katholische Religion steht Folgendes: »Für die Identität des katholischen Religionsunterrichts sind neben dem Bekenntnis die Bindung der Lehrkräfte und grundsätzlich auch der Schülerinnen und Schüler an die katholische Konfession konstitutiv. Katholischer Religionsunterricht ist dennoch offen für Schülerinnen und Schüler einer anderen Konfession und für konfessionslose Kinder und Jugendliche. Einzelheiten der Unterrichtsteilnahme regelt die Erlasslage« (a. a. O. S. 9).

26 An einer Integrierten Gesamtschule in Hannover beträgt der Anteil der getauften Schülerinnen und Schüler nur noch 30 %. An vielen anderen allgemeinbildenden Schulen in Großstädten sind die Verhältnisse ähnlich.

These 2 *Die Einrichtung eines sogenannten »weltanschaulich neutralen« Unterrichts in lebenskundlichen, ethischen und religionskundlichen Fragen*[27] *liegt angesichts dieser Herausforderungen nahe und erfreut sich in der Öffentlichkeit großer Beliebtheit (sog. Berliner Lösung).*[28]

Erläuterungen, Begründungen, Konkretion:
Bei Einführung eines weltanschaulich neutralen Religionsunterrichts würde das Fach Religion nur noch zusätzlich für freiwillig teilnehmende Schüler erteilt. Auch stellt die Forderung nach weltanschaulicher Neutralität eine Fiktion dar, da aus erkenntnistheoretischer Sicht niemand seine durch lebensweltliche Erfahrungen geprägte Perspektivität verlassen kann. Zutreffender müsste ein solches Fach als konfessionsfrei bezeichnet werden, was faktisch bedeutet, dass die Perspektive des Faches stärker durch die jeweilige weltanschauliche Haltung der Lehrkraft geprägt ist (vgl. Kap. 1.6). Aus hermeneutischen und pädagogischen Gründen kann dieses allenfalls die zweitbeste Lösung darstellen, wenn die Alternative – wie in Frankreich – ein völliger Verzicht auf Religions- und Ethikunterricht wäre.

Für einen lebendigen und fachgerechten Religionsunterricht ist eine theologisch gebildete Lehrkraft mit persönlichen Erfahrungen über Glaube und Kirche notwendig, die aus der Innensicht heraus auskunftsfähig ist. Was christliche Religion bedeutet, kann nur in einer Begegnung mit glaubwürdigen Religionslehrern erfahren werden. Warum Menschen an Gott glauben, wie ihn Jesus Christus verkündigt hat, können Christen überzeugender erklären als Religionswissenschaftler durch Analyse äußerer Merkmale der Kirchen. Auch Muslime können aus eigenem Erleben besser verdeutlichen, warum sie sich am Koran orientieren. Das gilt grundsätzlich für alle Konfessionen und Religionen.

Ein religionswissenschaftlicher Zugriff zielt auf vergleichende Reflexion und kritische Auseinandersetzung mit der Gestalt einer Religion. Wenn hingegen Schülerinnen in Unterrichtsgesprächen der religiösen Innensicht ihrer Lehrkraft begegnen, werden sie herausgefordert, nach einer eigenen Position zu suchen. Ein konfessioneller bzw. konfessionell-kooperativer Religionsunterricht läuft weniger Gefahr, gegenüber den eigenen Verstehensvoraussetzungen

27 Diese Konzeption wird auch von wichtigen politischen Parteien bzw. deren Gruppierungen vertreten, z. B. von der Linken, von weiten Teilen der FDP und der Grünen (z. B. Landesverband Niedersachsen). Aber auch in anderen Parteien gewinnt diese Position an Zustimmung. Somit sind Vorstöße in Richtung einer Abschaffung bzw. Abänderung von Art. 7.3 GG langfristig nicht mehr auszuschließen.

28 Der angesichts der Einführung des Faches Ethik in Berlin gescheiterte Volksentscheid »Pro Reli« im Jahre 2009 zeigt, dass gerade in Großstädten der Gedanke der Konfessionalität zunehmend an Boden verliert und die Mehrheit eher einen staatlich getragenen Ethik- bzw. Religionskundeunterricht begrüßen würde.

»blind« zu sein als ein Werte-Unterricht, dessen Perspektivität vage bestimmt ist (z. B. Aufklärung, humanistisches Menschenbild).[29] Der Religionsunterricht hingegen kann die eigene Perspektivität beschreiben und transparent machen (vgl. Kap. 1.6). Erfahrungsbezogene Auskunft der Lehrkraft über die eigene Religion ist keine Missionierung, weil diese die Bekehrung des Gesprächspartners zum Ziel hat.[30] Sie widerspräche dem allgemeinen Bildungsauftrag der Schule und bleibt den Religionsgemeinschaften in ihren Betätigungsfeldern außerhalb der Schule vorbehalten. Lehr- und Bekenntnisaussagen sowie christlich geprägte Werte und Normen dürfen nicht einfach als »gottgegeben« vermittelt, sondern müssen im Sinne des Bildungsauftrages kritisch reflektiert werden. Die Lehrkraft vertritt eine evangelisch oder katholisch geprägte christliche Grundhaltung, ohne sie den Schülern aufoktroyieren zu wollen. Trotz der wichtigen Bedeutung eines kirchlich bzw. religiös verankerten Religionsunterrichts sind »Grabenkämpfe«, verbunden mit überzogener, gegenseitiger Polemik, wie sie teilweise um die Einführung der Fächer Ethik in Berlin und LER in Brandenburg stattfanden, dem Anliegen religiöser Bildung nicht förderlich. Sie schaden, besonders wenn sie von Befürwortern des Religionsunterrichts (z. B. von offiziellen Vertretern der Kirchen) forciert werden, in erster Linie dem Ansehen dieses Faches. Solche Polemiken lassen den Verdacht aufkommen, es sollten Privilegien einer Minderheit verteidigt werden, deren mehrheitliche Basis inzwischen weggebrochen ist. Auch hier gilt: Angst vor dem Verlust des eigenen Einflusses ist ein schlechter Ratgeber.

29 Babke, Hans-Georg: Welchen Religionsunterricht braucht eine zukunftsfähige Schule?, In: anr-Rundbrief Dezember 2010. Dass religiös-kulturell bedingte Denkweisen eng mit unserer Einbindung in eine Sprachgemeinschaft verknüpft sind und diese Tatsache bei der Konzeption des Religionsunterrichts als eines perspektivischen Unterrichts zu bedenken ist, verdeutlicht Babke in seinem Aufsatz: Religionsunterricht als Regelerschließung in religiösen Lebensformen. Programmatische Skizze einer kompetenzorientierten Religionsdidaktik unter pluralistischen Bedingungen. In: Ahlmann et al. 2007, S. 36–52.

30 Dieses Vorverständnis wird nicht von allen Religionsgemeinschaften getragen, die die Erteilung von Religionsunterricht an öffentlichen Schulen beanspruchen. So wie sich der christliche Religionsunterricht in den 1950er Jahren als Fortsetzung kirchlicher Verkündigung verstand, lassen Curriculum-Entwürfe und die Diskussion um die Idschaza (islamische Lehrerlaubnis) den Verdacht aufkommen, muslimischem Religionsunterricht gehe es um die Vermittlung vorgegebener Wahrheiten, die nicht zu diskutieren seien. Interreligiöse Gespräche über die Zielsetzung des Religionsunterrichts sind daher dringend notwendig. Ansonsten droht ein solcher Unterricht eher zu einer Entfremdung zwischen muslimischer und anderweitig geprägter Schülerschaft beizutragen.

These 3 *Die kirchliche Bindung des Religionsunterrichts ist weiterhin notwendig. Die Kirchen müssen allerdings stärker zusammenarbeiten als bisher und den Lehrkräften der jeweils anderen Konfession mehr vertrauen.*[31]

Erläuterungen, Begründungen, Konkretion:
Wenn die Kirchen bezüglich des Faches Religion in absehbarer Zukunft nicht stärker zusammenarbeiten, muss mit einem stillen Sterben des Religionsunterrichts in ganz Deutschland gerechnet werden. Die Berufung auf Artikel 7.3 GG konnte nicht verhindern, dass Religion zunehmend in einer rechtlichen Grauzone, erlasswidrig, stark gekürzt oder gar nicht mehr erteilt wird. Langfristig ist ein von den Kirchen gemeinsam verantworteter Religionsunterricht anzustreben, auch wenn die Unterschiede zwischen den Konfessionen fortdauern.

Wegen der religiösen und kulturellen Prägung Europas und Deutschlands ist es gerechtfertigt, dass der Religionsunterricht trotz der pluralen Zusammensetzung von Religionskursen aus christlicher Perspektive erteilt wird und die Gemeinsamkeiten und Unterschiede zwischen evangelischer und katholischer Kirche dabei besondere Aufmerksamkeit erfahren. Berücksichtigt man, dass vielen Schülern nicht einmal wesentliche Grundsätze des christlichen Glaubens bekannt sind, berücksichtigt man weiterhin, dass trotz bestehender Unterschiede die Gemeinsamkeiten zwischen den beiden großen Kirchen in Deutschland überwiegen, dann kann bei Beachtung der laut Stundentafel zur Verfügung stehenden Zeit von einer – quasi »automatischen« – Reduktion konfessionsspezifischer Themen auf einige wesentliche (z. B. Kirchenverständnis, Sakramente) ausgegangen werden. In welchem katholischen Religionsunterricht werden die Themen Maria, Wallfahrten und Sakramentalien noch eine große Rolle spielen? Wo das der Fall ist, hat es meist regionale Ursachen, aber insgesamt lässt sich doch eine Marginalisierung solcher Themen feststellen. Eine bewusste Konzentration des Religionsunterrichts auf die wenigen wichtigen Unterschiede zwischen evangelischer und katholischer Kirche ist daher wichtig. Das Unterrichten katholischer Schülerinnen durch evangelische Lehrkräfte und umgekehrt müsste im Sinne einer »Hierarchie der Wahrheiten« die Gemeinsamkeiten zwischen beiden Konfessionen in den Vordergrund stellen, ohne die Unterschiede auszuklammern.[32]

---

31 Einen wichtigen Schritt in dieser Richtung gehen aus katholischer Perspektive Hans Schmidt und Winfried Verburg (vgl. dies. 2006, S. 129–136).

32 Vgl. II. Vatikanisches Konzil, Dekret über den Ökumenismus, Artikel 11: »[…] Beim Vergleich der Lehren miteinander soll man nicht vergessen, dass es eine Rangordnung oder Hierarchie der Wahrheiten innerhalb der katholischen Lehre gibt, je nach der verschiedenen Art ihres Zusammenhangs mit dem Fundament des christlichen Glaubens« (zit. nach Rahner et al. 1966, S. 239 f.).

Die gegenwärtige Praxis des evangelischen und katholischen Religionsunterrichts zeigt durchweg einen fairen Umgang der Lehrkräfte mit den Besonderheiten der jeweils anderen Konfession. Studium und Fortbildung der Lehrkräfte müssten allerdings eine stärkere ökumenische Ausrichtung bekommen, als das bisher der Fall ist. Natürlich können evangelische Lehrkräfte nur aus ihren konfessionellen Erfahrungen berichten und Entsprechendes gilt für katholische Lehrkräfte. Allerdings gehen diesen elementare religiöse Erfahrungen voraus, die konfessionelle Grenzen transzendieren (z. B. Zweifel, Hoffnung, Gottvertrauen). Sie müssen im Religionsunterricht herausgearbeitet werden und im Zentrum stehen.

These 4 *Ein konfessionell-kooperativer Religionsunterricht, in dem abwechselnd eine evangelische und eine katholische Lehrkraft eine konfessionell gemischte Schülerschaft unterrichtet, ist angesichts der skizzierten gesellschaftlichen Entwicklungen ein notwendiger Schritt.*

Erläuterungen, Begründungen, Konkretion:
Bei der didaktischen und praktischen Umsetzung konfessioneller Kooperation in Baden-Württemberg und Niedersachsen konnten bereits positive Erfahrungen gesammelt werden konnten.[33] Die Kirchen müssen die Möglichkeiten konfessioneller Kooperation ausweiten und in allen Bundesländern einführen. Diese Maßnahme muss bald erfolgen, sollen nicht »konzeptioneller Wildwuchs« und Marginalisierung des Religionsunterrichts fortschreiten.

Offiziell existiert zurzeit nur in Baden Württemberg und Niedersachsen konfessionell-kooperativer Religionsunterricht, wobei die niedersächsische Regelung die liberalere darstellt. In anderen Bundesländern werden trotzdem seit Jahren inoffiziell bzw. von kirchlichen und staatlichen Stellen geduldet, evangelische und katholische Schülerinnen und Schüler gemeinsam unterrichtet (solange keine offiziellen Beschwerden eingehen). Bisher sind die meisten Landeskirchen und Bistümer in Bezug auf eine Ausweitung der konfessionellen Kooperation auf andere Bundesländer – vorsichtig formuliert – zurückhaltend. Grauzonenregelungen, wie der Religionsunterricht im Klassenverband, an dem auch nicht-christliche Schüler teilnehmen, führen häufig zu religionspädagogisch erfolgreichen Resultaten und werden dann auch von der Lehrer-, Eltern- und Schülerschaft anerkannt. Der Religionsunterricht kann auf diese Weise sogar eine wichtige Bedeutung an der Schule bekommen. Allerdings laufen solche Regelungen auch Gefahr, vorwiegend aus organisatorischen Gründen bzw. eines Mangels an Interesse getroffen zu werden. Inhaltliche Beliebigkeit ist dann eine mögliche Folge.

33 Vgl. Pemsel-Maier 2011. In: Lehman et al. 2011, S. 89–102.

Es hängt also von einer Reihe von Gegebenheiten ab (Stellung der Schulleitung zum Religionsunterricht, Interesse der Eltern, Zusammensetzung der Religionslehrerschaft), ob ein Religionsunterricht im Grauzonenbereich religiöse Bildung fördert oder ob unter dem Titel »Religion« die Ressourcen anderer Unterrichtsfächer erweitert werden, z. B. indem er als Klassenratsstunde zweckentfremdet wird. Deshalb sind offizielle und auch von der Schulaufsicht kontrollierte Ausweitungen konfessioneller Kooperation unbedingt notwendig.

These 5 *Konfessionelle Kooperation erfordert, dass die Lehrkräfte mit den Kolleginnen der anderen Konfession die Themen des Unterrichts gemeinsam vorbereiten und Beiträge des Faches zum Schulleben planen. Das bringt die Ökumene voran.*

Erläuterungen, Begründungen, Konkretion:
Diese Zusammenarbeit wird sich auch positiv auf die Unterrichtspraxis auswirken. Dann wird es z. B. selbstverständlich, auch den Standpunkt des anderen – selbst wenn er befremdet – fair zu berücksichtigen.

Die Überwindung des getrennt erteilten konfessionellen Religionsunterrichts darf nicht als rein organisatorische Maßnahme verstanden werden, mit der sich z. B. die Randstundenlage des Unterrichts einer konfessionellen Minderheit vermeiden ließe. Sie bedeutet für die Fachgruppe eine intensive Auseinandersetzung und Abstimmung. Anzustreben sind:

- Konsense über die Ziele konfessioneller Kooperation im Fachkollegium sowie in Eltern- und Schülerschaft
- eine faire Darstellung von Gemeinsamkeiten und Unterschieden zwischen den beiden Kirchen
- ein gemeinsames Schulcurriculum, welches die konfessionellen Besonderheiten berücksichtigt
- die wechselseitige Nutzung evangelischer und katholischer Schulbücher bzw. anderer Unterrichtsmaterialien

These 6 *Die Ausweitung der konfessionellen Kooperation ist angesichts zunehmender gesellschaftlicher Pluralisierung lediglich ein Zwischenstadium auf dem Weg zu einem zukunftsfähigen Religionsunterricht. Der Dialog in einer Fächergruppe zwischen Evangelischer, Katholischer, Muslimischer Religion, … und dem Alternativfach muss verstärkt werden, damit die Schüler pluralitätsfähig werden.*

Erläuterungen, Begründungen, Konkretion:
Die Beibehaltung der bisherigen Trennung dieser Fächer ist gegenüber dem zunehmend wichtiger werdenden gesellschaftlichen Anliegen der Inklusion

verschiedener Denkweisen, Religionen und Kulturen kontraproduktiv. Das gilt besonders auch für die strikte curriculare und unterrichtspraktische Trennung zwischen dem Fach Religion und dem Alternativfach. Zwischen den Schülerinnen beider Fächer scheint die Entfremdung größer zu werden, bis zu dem Punkt, dass am Religionsunterricht Teilnehmende als weltfremd »belächelt« werden. Wechselseitiges Verstehen ist dringend angesagt. Um dieser desintegrativen und gesellschaftlich schädlichen Tendenz entgegenzuwirken, müssen nicht religiös sozialisierte Kinder und Jugendliche die Chance bekommen, einen lebendigen Eindruck von Religion zu gewinnen und religiöse Schüler müssen verstehen lernen, warum Menschen Religion fremd ist. Erfüllt der Religionsunterricht diese Inklusions- und Dialogfunktion, trägt er zum Zusammenwachsen der Menschen in unserer Gesellschaft bei.

Der Gedanke der Zusammenarbeit von Religionslehrkräften und Lehrkräften des Alternativfachs in einer Fächergruppe basiert auf dem allgemeinen Bildungsauftrag der Schule. Von den vier verschiedenen Modi des Weltverstehens, die es nach Jürgen Baumert bei der Bildung gibt (siehe S. 19), muss der Modus der »Probleme konstitutiver Rationalität«[34] auch nicht religiös orientierten Schülerinnen ermöglicht werden – und zwar auch in seiner religiösen Dimension. Nur so können sie lernen, einen reflektierten Standpunkt zu vertreten und mit religiös orientierten Schülern angemessen zu kommunizieren. Daher müssen sich die Fächer über Kompetenzen, die ihnen wichtig sind, austauschen und absprechen. Ein wichtiges gemeinsames Ziel wäre es, die Dialogfähigkeit der Schüler zu entwickeln. Dazu müssten Wege ausgelotet werden, die die Schüler der Fächer stärker miteinander ins Gespräch bringen.

Etwaige Konkurrenz zwischen Religion und dem Alternativfach muss bearbeitet werden, damit die Lehrkräfte auf »Augenhöhe« zusammenarbeiten können. Der Zustand, dass das Alternativfach häufig durch fachfremde Lehrkräfte unterrichtet wird, die oft von der Schulleitung dazu »genötigt« wurden, muss beendet werden.

These 7 *Merkmal des Religionsunterrichts ist eine transparente und reflektierte christlich-konfessionelle Perspektivität des Faches und der Lehrkraft, die wir als Positionalität bezeichnen. Diese wird auch durch den konfessionell-kooperativen Religionsunterricht gewährleistet.*

Erläuterungen, Begründungen, Konkretion:
Konfessionsfreiheit als Merkmal des Alternativfaches ist möglich, nicht aber Weltanschauungsneutralität (vgl. Erläuterungen zu These 2). Wer behauptet, er

34 Baumert 2002, S. 107.

betrachte Religionen und Weltanschauungen neutral, beansprucht damit zugleich uneingeschränkte Objektivität. Er ist sich seiner kulturellen und individuellen Perspektivität und der damit verbundenen Begrenztheit seiner Weltsicht offensichtlich nicht bewusst.[35] Als erkenntnistheoretisch möglich erscheint lediglich eine bewusst distanzierte Betrachtung, die aber nicht mit Objektivität verwechselt werden darf. Ein positionelles Fach macht seine Perspektiviät deutlich, regt dazu an, sich bewusst in diese Perspektive hineinzuversetzen und sie in die unterrichtliche Reflexion miteinzubeziehen. So kommt es zu einem ständigen Wechsel zwischen einem sich Identifizieren und kritisch Distanzieren. So werden die Schüler in einem hohen Maße zur Auseinandersetzung mit ihren Verstehensvoraussetzungen und religiösen Fragen herausfordert. Daher müsste der Alternativunterricht konsequenterweise bewusst eine religionsferne Perspektive einnehmen. Diese wäre aber genauer zu bestimmen, damit er nicht, ohne das transparent gemacht zu haben, unreflektiert eine bestimmte religiöse oder weltanschauliche Perspektive übernimmt oder als beliebig erscheint. Inwieweit er eine bewusst atheistische Perspektive zu wählen hätte, um nicht rein religionswissenschaftlich und distanziert dem Phänomen »Religion« zu begegnen, ist eine offene Frage. Daher ist es Aufgabe der Vertreter des Alternativfaches beim Ministerium, die Perspektivität des Faches über die Schlagworte »Tradition der Aufklärung«, »Grund- und Menschenrechte« »Prinzipien des sozialen und demokratischen Rechtsstaats« (vgl. Kap. 1.6) hinaus genauer zu bestimmen. Sowohl Religion als auch das Alternativfach haben die Aufgabe, Dialogfähigkeit, gegenseitiges Verstehen und Toleranz anzubahnen. Beides kann bei einem Nebeneinanderher von Religionsunterricht und Alternativfach nicht erreicht werden. Somit existiert ein schwieriger Balanceakt zwischen den beiden zentralen Zielen des Religionsunterrichts; Entsprechendes gilt für das Alternativfach:

- religiös-weltanschauliche Urteilskompetenz aus der Perspektive eigener religiöser bzw. weltanschaulicher Tradition zu erreichen,
- Dialogkompetenz zu fördern, indem fremde Positionen geprüft und ggf. in das eigene Denken integriert werden.

These 8 *Bisherige Organisationsformen lassen nicht zu, dass Positionalität und Inklusion gleichermaßen im Religionsunterricht verwirklicht werden können. Daher sind neue Organisationsformen notwendig.*

35 Nach Jürgen Habermas, einem Vertreter der Kritischen Theorie, ist Objektivität unmöglich. Obendrein sei sie wegen des Verlusts an Bedeutsamkeit für das Leben nicht wünschenswert. Habermas plädiert dagegen für die Offenlegung erkenntnisleitender Interessen. Vgl. Habermas, Jürgen: Erkenntnis und Interesse. In: Habermas, Jürgen: Technik und Wissenschaft als »Ideologie«, Frankfurt a. M. ^{4}1970, S. 150 f.

Erläuterungen, Begründungen, Konkretion:
Entweder, es wird in einem rein staatlich verantworteten Religionsunterricht die konfessionelle Perspektive zugunsten des gemeinsamen Unterrichts aufgegeben (vgl. Bremer Modell) oder es kommt zu einer immer größeren Zersplitterung des konfessionellen Religionsunterrichts über die Grenzen des christlichen Religionsunterrichts hinaus. Dieser Widerspruch kann nur durch eine Flexibilisierung und Pluralisierung bisheriger Organisationsformen aufgehoben werden.[36] Wünschenswert ist daher ein Organisationsmodell des Religionsunterrichts, das zwischen differenzierenden Kursphasen und integrierenden Klassenphasen unterscheidet.

Ein solches Organisationsmodell hätte folgende Merkmale:[37]

- Die einzelnen Fächer, die zum religiösen und philosophischen Weltverstehen beitragen, werden an den Schulen als Fächergruppe verstanden.
- Es erfolgt eine Flexibilisierung des Unterrichts: In differenzierenden Kursphasen dient er der Verständigung über die eigene kulturell-religiöse Perspektive. In integrierenden Klassenphasen werden diese Perspektiven miteinander ins Gespräch gebracht (jedes Schulhalbjahr sollte mindestens in zwei Klassen- und zwei Kursphasen eingeteilt werden).
- Um die Identität der Fächer zu wahren, müssen die Kursphasen quantitativ überwiegen (ca. 70 %).
- Inhaltliche Absprachen (z. B. über die Gestaltung der Klassenphasen) finden in der gemeinsamen Fachkonferenz der Fächergruppe statt.
- Der Unterricht in Klassenphasen wird – soweit möglich – doppelt mit Lehrkräften besetzt, die einen unterschiedlichen religiösen bzw. weltanschaulichen Hintergrund haben. Besuche außerschulischer Lernorte sind ein wichtiger Bestandteil multiperspektivischen Lernens.
- Alle Lehrkräfte der Fächergruppe sind gleichberechtigte Mitglieder des Fachkollegiums. So wird die Diskriminierung einzelner Perspektiven vermieden.

Das in These acht vorgeschlagene Modell erscheint organisatorisch kompliziert, lässt sich aber grundsätzlich durch die Schulen umsetzen. Der personelle Aufwand ist nicht höher als gewohnt, und der organisatorische Aufwand dürfte handhabbar sein. Eine exemplarische Konkretisierung des Dialogmodells wird in Kap. 1.7 dargestellt.

36 Vgl. Babke 2011. In: Lehmann et al. 2011, 103–109.
37 Babke im anr-Rundbrief vom Dezember 2010.

Literatur

Babke, Hans-Georg: Welchen Religionsunterricht braucht eine zukunftsfähige Schule? In: anr-Rundbrief, Dezember 2010

Ders.: Religionsunterricht als Regelerschließung in religiösen Lebensformen. Programmatische Skizze einer komptenzorientierten Religionsdidaktik unter pluralistischen Bedingungen. In: Ahlmann, Frank/David, Philipp (Hg.), Leben im Zeichen der Gottesferne (= Kieler Theologische Reihe, Bd. 6), Berlin/Münster/Zürich/London 2007

Baumert, Jürgen: Deutschland im internationalen Bildungsvergleich. In: Killius, Nelson/Kluge, Jürgen/Reisch, Linda (Hg.): Die Zukunft der Bildung, Frankfurt a. M. 2002, S. 100–150

Bundeszentrale für politische Bildung: Grundgesetz der Bundesrepublik Deutschland, Bonn 2003

Doedens, Folkert: Religionsunterricht im Kontext von religiöser und weltanschaulicher Pluralität – Der Hamburger Weg: Religionsunterricht für alle. In: Lehmann et al. 2011, S. 131–152

Evangelische Kirche in Deutschland (Hg.), Religionsunterricht, 10 Thesen des Rates der Evangelischen Kirche in Deutschland, Hannover 2006

Habermas, Jürgen: Erkenntnis und Interesse. In: Habermas, Jürgen: Technik und Wissenschaft als »Ideologie«, Frankfurt a. M. [4]1970

Laudert-Ruhm, Gerd: Religion gemeinsam lernen, Anstöße zu einer überfälligen Reform, Düsseldorf 2009

Lehmann, Christine/Noormann, Harry/Lamprecht, Heiko/Schmidt-Kortenbusch, Martin (Hg.): Zukunftsfähige Schule – zukunftsfähiger Religionsunterricht. Herausforderungen an Schule, Politik und Kirche, Jena 2011, bes. S. 69–166

Niedersächsisches Kultusministerium (Hg.): Kerncurriculum für die Integrierte Gesamtschule, Schuljahrgänge 5–10, Evangelische Religion, Hannover 2009

Niedersächsisches Kultusministerium (Hg.): Kerncurriculum für die Integrierte Gesamtschule, Schuljahrgänge 5–10, Katholische Religion, Hannover 2009

Pemsel-Maier, Sabine: Ein Schritt auf dem Weg in die Zukunft: Konfessionell-kooperativer Religionsunterricht in Baden-Württemberg. In: Lehmann et al. 2011, 89–102

Rahner, Karl/Vorgrimler, Herbert: Kleines Konzilskompendium, Freiburg/Basel/Wien 1966, S. 239 f.

Rothgangel, Martin/Schröder, Bernd: Evangelischer Religionsunterricht in den Ländern der Bundesrepublik. Empirische Daten – Kontexte – Entwicklungen, Leipzig 2009

Schmidt, Hans/Verburg, Winfried: Konfessionelle Gastfreundschaft, 10 Thesen zur Zukunft des konfessionellen Religionsunterrichts. In: Ludwig Rendle (Hg.): Standorte finden – Religionsunterricht in der pluralen Gesellschaft, Donauwörth 2010, S. 129–136

1.6 Wie RU und das Alternativfach ihren Bildungsbeitrag beschreiben - ein Vergleich

Beispiel: Kerncurricula für Gesamtschulen in Niedersachsen, Jg. 5–10

Ev. RU, kath. RU[38]	Unterschiede zwischen RU und WuN	Werte und Normen (WuN)
Gegenstand des Faches:		*Gegenstand des Faches:*
Die unterschiedlichen Wahrheitsansprüche in Religionen und Weltanschauungen unter besonderer Berücksichtigung des Christentums	*RU:* Auseinandersetzung mit christlichen Vorstellungen und mit unterschiedlichen Wahrheitsansprüchen *WuN:* Vergleich von religiösen und nicht religiösen Wertvorstellungen	Wertvorstellungen im Zusammenhang mit religiösen und philosophischen Fragen
Grundlagen:		*Grundlagen:*
Biblische Sichtweisen von Gott, Mensch und Welt Theologische Deutungen von Mensch, Gott und Welt, konfessionelle Prägungen Grund- und Menschenrechte, Prinzipien des demokratischen und sozialen Rechtsstaats (vgl. Kerncurricula Ev. und Kath. Religion, S. 7–8 und 13 - Grafik)	*RU:* Weltanschauliche Positionalität; Wirklichkeit, Transzendenz und Moral werden aus der Perspektive des Evangeliums und mittels theologischer Kategorien gedeutet. *WuN:* Prinzipielle Pluralität und Weltanschauungsneutralität (nicht Wertneutralität); Wirklichkeit, Transzendenz und Moral werden aus der Perspektive des Humanismus und der philosophischen Traditionen gedeutet.	Menschenbild der Aufklärung Grund- und Menschenrechte, Prinzipien des demokratischen und sozialen Rechtsstaats (vgl. Kerncurriculum Werte und Normen, S. 7–10)
Ziele:		*Ziele:*
§ 2 Niedersächs. Schulgesetz: Beitrag zur Weiterentwicklung der Persönlichkeit der Schülerinnen und Schüler auf der Grundlage des Christentums, des europäischen Humanismus und der Ideen der liberalen, demokratischen und sozialen Freiheitsbewegungen	Persönlichkeitsentwicklung als gemeinsames Ziel der drei Fächer. Gleiche Grundlagen, nämlich Christentum, Humanismus und Freiheitsbewegungen, allerdings im Religionsunterricht mit besonderer Akzentuierung des Christentums in seinen konf. Ausformungen	§ 2 Niedersächs. Schulgesetz: Beitrag zur Weiterentwicklung der Persönlichkeit der Schüler auf der Grundlage des Christentums, des europäischen Humanismus und der Ideen der liberalen, demokrat. und sozialen Freiheitsbewegungen

38 Ziel dieser Übersicht ist, Gemeinsamkeiten und Unterschiede zwischen ev. und kath. RU auf der einen Seite und dem Alternativfach auf der anderen Seite aufzuzeigen. Die konfessionellen Unterschiede zwischen Ev. Religion und Kath. Religion sind hier nicht Gegenstand der Betrachtung. Daher werden in dieser Spalte nur Aussagen der Kerncurricula Ev. und Kath. Religion wiedergegeben, die sich inhaltlich entsprechen oder ergänzen, nicht aber gegensätzlich sind.

Ev. RU, kath. RU[38]	Unterschiede zwischen RU und WuN	Werte und Normen (WuN)
Ziele:		*Ziele:*
Sinnfindung und Orientierung in der Welt, Anbahnen religiöser Bildung, um die eigene Identität und Person inmitten vielfältiger Herausforderungen zu stärken; Verstehen und Erklären von Wirklichkeit und Welt; Verständigungsfähigkeit, Toleranz (Vgl. KC Ev. und Kath. Rel., S. 7)	*RU:* Religiöse Bildung, Identitätsbildung und Verständigungsfähigkeit *WuN* : Philosophisches Denken und ethische Reflexion unter besonderer Berücksichtigung praktischer Philosophie (Ethik)	Orientierungsfähigkeit in Auseinandersetzung mit Wertvorstellungen entwickeln; Anbahnen aktiven, eigenständigen, problemorientierten Philosophierens; Fähigkeit, konkurrierende Wahrheits- und Weltauffassungen zu unterscheiden; Ausbildung von ethischer Urteilsfähigkeit; reflektiertes, verantwortungsbewusstes Handeln (Vgl. KC W. u. N., S. 7–8)
Grundannahmen:		*Grundannahmen:*
Subjektwerdung nicht durch Selbstbehauptung, sondern im Annehmen der geschenkten Freiheit, die in der Beziehung zu Gott und in der Gemeinschaft der Glaubenden zur größeren Identität und Erfüllung führt Diese Identität zeigt sich in der Bereitschaft zur Verantwortung und solidarischem Handeln in der Gesellschaft (Vgl. KC Ev. und Kath. Rel., S. 7–8).	*RU:* Der Mensch findet sich immer in Abhängigkeitsverhältnissen vor und das Streben nach Freiheit ohne transzendenten Bezug führt in neue Abhängigkeiten; christl. Freiheit gründet in dem versöhnenden und darin freiheitsschaffenden Handeln Gottes, das jeder menschlichen Aktivität vorausgeht. *WuN:* Freie Entfaltung der Persönlichkeit und Selbstbestimmung als Rechte des Menschen	Unverfügbare Würde des Menschen, Recht, die eigene Persönlichkeit frei und eigenverantwortl. zu entfalten und sich als selbstbestimmtes Individuum an der Gestaltung des menschl. Zusammenlebens zu gestalten; keine »spezifische Präferenz« für eine best. Religion oder Weltanschauung, sondern »weltanschauliche Neutralität« (Vgl. KC W. u. N., S. 7–8)
Didaktisches Leitmotiv:		*Didaktisches Leitmotiv:*
Ausgehend von der Option einer transzendenten Dimension der Wirklichkeit steht die Frage nach Gott im Zentrum, weil Glaube nicht auf Werten beruht, sondern Werte aus dem Glauben folgen (KC Ev. Rel., S. 7, letzter Absatz).	*RU:* Frage nach Gott *WuN:* Kants Frage nach dem rechten Handeln	Kants Frage »Was soll ich tun?«

Ev. RU, kath. RU[38]	Unterschiede zwischen RU und WuN	Werte und Normen (WuN)
Bezugswissenschaften:		*Bezugswissenschaften:*
Ev. und Kath. Theologie und Religionspädagogik; Religionswissenschaft, Philosophie, Gesellschaftswissenschaften	*RU:* Die Theologien und die Religionspädagogik als Hauptbezugswissenschaften *WuN:* Religionswissenschaft und Philosophie als Hauptbezugswissenschaften	Religionswissenschaft, Philosophie, Gesellschaftswissenschaften

Literatur

Niedersächsisches Kultusministerium (Hg.): Kerncurriculum für die Integrierte Gesamtschule, Schuljahrgänge 5–10, Evangelische Religion, Hannover 2009

Niedersächsisches Kultusministerium (Hg.): Kerncurriculum für die Integrierte Gesamtschule, Schuljahrgänge 5–10, Katholische Religion, Hannover 2009

Niedersächsisches Kultusministerium (Hg.): Kerncurriculum für die Integrierte Gesamtschule, Schuljahrgänge 5–10, Werte und Normen, Hannover 2009

1.7 Das Verhältnis zwischen RU und Alternativfach neu gestalten

1.7.1 Anstöße für einen Dialog

1 In Anbetracht der gewachsenen kulturellen, sozialen, politischen und religiösen Vielfalt in unserer Gesellschaft ist Pluralitätsfähigkeit eine zentrale Kompetenz schulischer Bildung.[39]

2 Auf das Bewusstsein religiöser Pluralität in der Gesellschaft kann der Einzelne auf zweierlei Weise extrem regieren: mit fundamentalistischem Rückzug, wenn die eigenen Traditionen verabsolutiert werden, oder mit gleichgültigem Relativismus.

3 Pluralitätsfähigkeit bedeutet, offen und reflektiert mit Pluralität umzugehen und den kulturellen, sozialen, politischen und religiösen Pluralismus bewusst mitzugestalten.[40]

---

39 Karl Ernst Nipkow und Friedrich Schweitzer haben wesentlich dazu beigetragen, die religionspädagogische Bedeutung von Pluralitätsfähigkeit herauszuarbeiten.

40 Im laizistischen Frankreich mit seiner strikten Trennung zwischen Kirche und Staat prallen die religiös-kulturellen Gegensätze zwischen Christen, Muslimen, Juden und Nicht-Gläubigen erheblich stärker aufeinander als in Deutschland. Ursache sind zum einen die durch die Kolonialgeschichte bedingten Gegensätze innerhalb der französischen Gesellschaft. Naheliegend

4 Identitätsfähigkeit und Pluralitätsfähigkeit sind komplementäre Kompetenzen. Zur Identitätsfähigkeit gehört, die eigenen kulturellen und religiösen Wurzeln zu kennen und diese nicht immer wieder aufs Neue grundsätzlich infrage stellen zu müssen.

5 Identität entwickelt sich in Auseinandersetzung mit anderen Menschen und schließt die Integration bislang ungekannter Ansichten in das eigene Denken mit ein. Eine Identität, die sich vor der Verunsicherung durch das Fremde fürchtet und sich in der eigenen Gruppe abschottet, droht zu erstarren.

6 Pluralitätsfähigkeit zeichnet sich durch Haltungen wie die folgenden aus:

- Gefühle von Fremdheit bzw. Befremden können zunächst zugelassen werden, ohne dass sie mit objektiven Tatsachen verwechselt werden.
- Respekt, Offenheit oder aktives Interesse werden dem anderen oder Fremdem entgegengebracht.
- Pluralität wird nicht als Bedrohung wahrgenommen, sondern als Chance, von anderen zu lernen.
- Es besteht die grundsätzliche Bereitschaft, eigene Vorstellungen infrage zu stellen.
- Es besteht die grundsätzliche Bereitschaft, neue Einsichten in das eigene Handeln zu integrieren.
- Spannungen werden als unvermeidbar angesehen und ein konstruktiver Umgang mit ihnen wird als fortwährende Gestaltungsaufgabe verstanden.

7 Der Dialog verfolgt nicht das Ziel, sich auf Glaubens- oder weltanschauliche Überzeugungen zu einigen. Es geht vielmehr darum, mögliche falsche Vorstellungen über den anderen zu korrigieren, ihn in seinen Motiven und seinem Handeln besser zu verstehen, Gesprächsfähigkeit einzuüben und die eigenen Überzeugungen zu entwickeln.

8 In Anbetracht der skizzierten Situation ist die Anbahnung von Pluralitätsfähigkeit vorrangiges Ziel eines Dialogs zwischen den Fächern Ev. Religion, Kath. Religion und Alternativfach. Alle drei Fächer können dazu Wesentliches beitragen, weil sie an die pluralen Deutungen von Wirklichkeit, Transzendenz und Moral anknüpfen, die von den Schülerinnen vertreten werden.

9 Die Auseinandersetzung mit unterschiedlichen religiösen und weltanschaulichen Positionen fordert zu Perspektivenwechsel, Toleranz und eigenen Positionen heraus. So können sich Fähigkeiten für einen konstruktiven Umgang mit

---

ist, dass das völlige Fehlen eines Religionsunterrichts an öffentlichen Schulen und die »Verbannung« des Religiösen ins Private es stark erschwert, dass die Schüler religiöse Urteilskompetenz, Dialogfähigkeit und Toleranz ausbilden können.

Pluralität anbahnen. Der Dialog zwischen Religion und dem Alternativfach ist eine sinnvolle Ergänzung des Lernens in den unterschiedlichen Kursen.[41]

10 Der Religionsunterricht wird unter anderen Voraussetzungen als das Alternativfach erteilt. Seine kirchliche Bindung sichert gleichzeitig seine innere Unabhängigkeit.[42] Die kirchliche Bindung sichert das Recht, die Wirklichkeit und Moral kritisch im Horizont der freiheitlichen, humanistischen Kriterien der Theologien zu hinterfragen, zu deuten und zu beurteilen.

11 Der Religionsunterricht hat erkennbare fachwissenschaftliche Konturen. Seine biblisch-christliche Perspektivität ist offengelegt. Er bietet den Schülern identitätsstiftende Orientierungen an und fordert zugleich dazu heraus, diese in der Auseinandersetzung mit pluralen religiösen und weltanschaulichen Überzeugungen zu prüfen und zu vertiefen.[43]

1.7.2 Hinweise zur Gestaltung eines Dialogs mit Hilfe von Kurs- und Klassenphasen

Wichtig bei der in der Fächergruppe gemeinsamen Planung des Unterrichts ist, realistische Zeiten für die Dauer der Klassen- und Kursphasen zu veranschlagen und die didaktischen Aufgaben dieser Phasen festzulegen.

1 *Klassenphase I:* Gemeinsame Sondierung der Thematik durch ein Brainstorming mit dem Ziel, wichtige thematische Aspekte herauszuarbeiten; Fixieren von Leitfragen und nach Möglichkeit Verabredung eines gemeinsamen Dialogthemas für Klassenphase II (Dauer: ca. 1–2 Doppelstunden).

2 *Kursphase:* Bearbeitung und Diskussion der thematischen Aspekte und der Leitfragen in christlicher bzw. in weltanschauungsneutraler Perspektive. Veranschaulichung wichtiger Ergebnisse zum Dialogthema für die folgende Klassenphase, persönliche Stellungnahme in Form einer kreativen Gestaltung durch den einzelnen Schüler (Dauer: Je nach Thema ca. 6 Doppelstunden).

3 *Klassenphase II:* Kurze (!) Präsentation exemplarischer Ergebnisse aus den Kursen, Diskussion des Dialogthemas, Reflexion der Ergebnisse und der Unterrichtseinheit (Dauer: ca. 2 Doppelstunden).

---

41 Rebel, Karlheinz: Heterogenität als Chance nutzen lernen, Bad Heilbrunn 2010.

42 »Der Religionsunterricht wird in Übereinstimmung mit den Grundsätzen der Religionsgemeinschaften erteilt«, Art. 7.3 GG.

43 Kirchenamt der EKD (Hg.): Religiöse Orientierung gewinnen. Evangelischer Religionsunterricht als Beitrag zu einer pluralitätsfähigen Schule, Gütersloh 2014, vgl. insbesondere S. 93–101.

Am Ende der Kursphase und auch am Ende der Klassenphase, wenn sich die Schüler mit den Ergebnissen auseinandersetzen, können Fragen wie die folgenden helfen, die Aufmerksamkeit zu fokussieren:
- Welche neuen Informationen/Deutungen/Meinungen/Überzeugungen wurden vorgetragen?
- Welche Informationen/Deutungen/Meinungen/Überzeugungen möchte ich noch genauer erklärt bekommen?
- Welche Informationen/Deutungen/Meinungen/Überzeugungen habe ich nicht verstanden?

Am Ende der Kursphase verarbeiten die Schüler Aspekte, die für sie persönlich bedeutsam sind, auf kreative Weise, z. B. in Form eines Dialogs, Briefes, Gedichts, Liedtextes, Bildes, einer Plastik, eines Objekts ...). Hierbei können folgende Fragen hilfreich sein:
- Welchen Deutungen/Meinungen/Überzeugungen stimme ich zu?
- Welchen Deutungen/Meinungen/Überzeugungen stimme ich nicht zu?
- Was habe ich bei diesem Thema gelernt? Welche Informationen/Meinungen/Überzeugungen sind mir wichtig?
- Was ist für mich offen geblieben?

Während der Klassenphase II wird das Dialogthema aus den Perspektiven der Kurse betrachtet und befragt. Dabei erweitern, überprüfen, festigen und wiederholen die Schüler ihr Wissen. Sie positionieren sich zum Dialogthema und zu den Leitfragen, die sie während der Klassenphase I formuliert haben.

1.7.3 Aufeinander abgestimmtes Schulcurriculum für den Dialog – ein Beispiel für Jg. 5/6

Vorbemerkung

Die Themen in folgendem Schulcurriculum entsprechen im Wesentlichen den Kerncurricula Ev. und Kath. Religion sowie dem Kerncurriculum Werte und Normen für die Integrierte Gesamtschule in Niedersachsen.[44] Alle inhaltsbezogenen Kompetenzen dieser Lehrpläne können mit Hilfe der entsprechenden Inhalte angebahnt werden. Es musste jedoch eine Verschiebung des Werte und Normen-Themas »Verantwortung für Natur und Umwelt« – mit den zugehöri-

44 Niedersächsisches Kultusministerium (Hg.): Kerncurriculum für die Integrierte Gesamtschule, Schuljahrgänge 5–10, Evangelische Religion; Schuljahrgänge 5–10, Katholische Religion; Schuljahrgänge 5–10, Werte und Normen.

gen Kompetenzen – vom Doppeljahrgang 7/8 zum Doppeljahrgang 5/6 erfolgen, um die Themen einander sinnvoll zuzuordnen.[45] Auch sind nicht alle Themen und thematischen Aspekte für das Alternativfach durch inhaltsbezogene Kompetenzen abgedeckt, was daran liegt, dass die niedersächsischen Kerncurricula für Religion und für Werte und Normen systematisch und thematisch nicht aufeinander abgestimmt sind. Es wurde dennoch versucht, in den differenzierenden Kursphasen Themen aufeinander zu beziehen und solche inhaltlichen Aspekte zu betonen, die anschließend in den integrativ wirkenden Klassenphasen einen fruchtbaren Dialog zwischen den Schülerinnen beider Fächer ermöglichen. Das zur Inklusion beitragende erste Thema des 5. Schuljahres »Neu in der Klasse« wird in einer Klassenphase durchgeführt. Die Lehrpläne der anderen Bundesländer enthalten ähnliche Kompetenzanforderungen und Themen wie die hier dargestellten, sodass dieses Schulcurriculum über Niedersachsen hinaus als exemplarisch für ein Dialogmodell gelten kann.[46]

In einer sechszügigen IGS müssten bei einer Wahl des Faches Religion von 1/3 der Eltern und des Faches Werte und Normen von 2/3 der Eltern für ihre Kinder jeweils drei Klassen gebändert werden (Klassen 1, 2, 3 und Klassen 4, 5, 6). Es ist nicht notwendig, alle sechs Klassen auf ein Band zu legen. Je nach Ausgang der Wahlen wäre es aber auch möglich, dass sich aus drei Klassen vier Kurse (z. B. zwei Kurse Alternativfach und zwei Religion) ergeben. Das wäre sogar wünschenswert, weil dann in den Klassenphasen eine Lehrkraft übrig wäre, die wechselnd in den Klassen als Doppelbesetzung fungieren könnte. Das würde die methodischen Möglichkeiten und die Multiperspektivität im Unterricht steigern und gäbe Raum für Beobachtung und kollegiale Zusammenarbeit.

Die hier vorgelegte Planung lässt für beide Schuljahre noch genügend Spielraum für aktuelle und von Schülern gewünschte Themen sowie für fächerübergreifende Projekte, an denen sich Religion und das Alternativfach beteiligen. In folgendem Schema werden zunächst für den Doppeljahrgang 5/6 die inhaltsbezogenen Kompetenzen genannt, denen jeweils die Unterrichtssequenz (= US) zugeordnet ist, in der die jeweilige Kompetenz erreicht werden soll. Für das Alternativfach Werte und Normen werden exemplarisch die wichtigsten Kompetenzen zitiert. Anschließend erfolgt eine Zuordnung der regelmäßig wechselnden Kurs- und Klassenphasen zu den entsprechenden Unterrichtssequenzen. Die Unterrichtssequenzen sind fortlaufend nummeriert. Die Einteilung der Lehrkräfte wird hier exemplarisch nur an einem Fachband veranschaulicht.

45 Kerncurriculum Werte und Normen, S. 24.

46 Ein Beispiel bietet der neue Kernlehrplan in NRW: Ministerium für Schule und Weiterbildung (Hg.): Kernlehrplan für die Gesamtschule in Nordrhein-Westfalen, insbesondere S. 16–24.

Exemplarisches Modell für einen Dialog zwischen RU und Alternativfach

Bei diesem Strukturbeispiel wird vorausgesetzt, dass in einer Großstadt ca. die Hälfte der Schülerinnen Religion und die andere Hälfte das Alternativfach wählen. Andere Verhältnisse hängen von den besonderen Bedingungen der jeweiligen Schule und der konfessionellen Prägung ihrer Schülerschaft ab und sind durchaus üblich. In einigen Großstädten Niedersachsens gibt es z. B. eine stärkere Tendenz zum Alternativfach Werte und Normen. Entsprechend ändern sich dann die Kursverteilung und die Zuteilung der Religions- bzw. Alternativfach-Lehrkräfte. Es wäre wünschenswert, wenn es pro Fachbänderung im Stundenplan einen Kurs mehr gäbe, als Klassen existieren. Die Lehrkraft dieses Kurses könnte dann in den Klassenphasen wechselweise als Doppelbesetzung fungieren. Ein weiterer Vorteil läge in der kleineren Kursgröße, welche den Schülern ein intensiveres Arbeiten ermöglichen würde. Das Schaubild zeigt die »Minimallösung«. Es bezieht sich auf eine sechszügige integrierte Gesamtschule. Da islamischer Religionsunterricht erst an wenigen Gesamtschulen angeboten wird, ist er in diesem Strukturmodell noch nicht berücksichtigt. Wenn er angeboten wird, es aber im Jahrgang wenige Muslime gibt (weniger als 20 Schülerinnen), kann im Unterschied zu folgendem Modell (zwei Religions-Alternativfach-Bänder: I und II) nur ein Fach-Band eingerichtet werden, auf dem die Kurse aus allen sechs Klassen liegen müssen, weil sonst bei zwei Kursen »Islamische Religion« die Kursgrößen (mit 10 Schülern) zu gering wären.

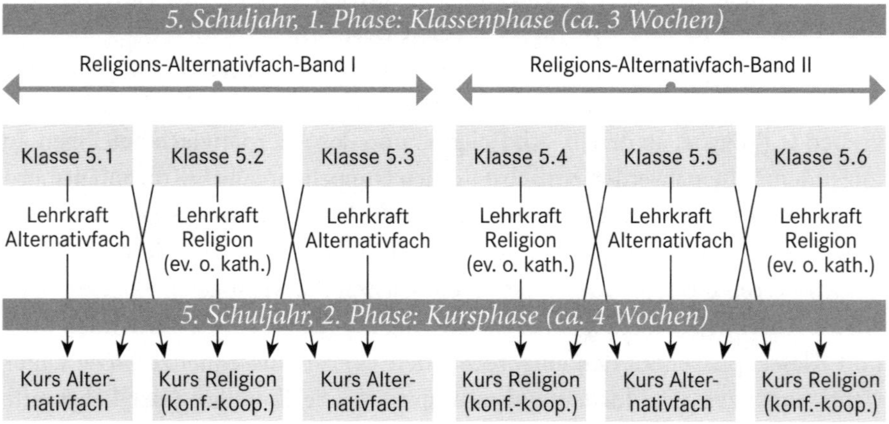

5. Schuljahr

Inhaltsbezogene Kompetenzen:

Ev./Kath. Religion (Kerncurricula für Doppeljahrgang 5/6, S. 18–29)[47]
Die Schülerinnen und Schüler … - stellen dar, dass Christen den Menschen als einzigartiges Geschöpf und Ebenbild Gottes verstehen, begründen dieses biblisch und nehmen dazu Stellung. (US[48] 1) - erläutern, dass es dem christlichen Menschenbild entspricht, Stärken und Schwächen von sich selbst und von anderen zu akzeptieren. (US 1) - beschreiben wichtige Lebensstationen Jesu und ordnen sie in den historisch-kulturellen Kontext ein. (US 4) - erklären die Herausforderung Jesu für Menschen seiner Zeit und setzen diese zu der heutigen Lebenswelt in Beziehung. (US 4) - gestalten Ereignisse aus dem Leben Jesu ästhetisch-künstlerisch und medial. (US 4) - stellen dar, dass alle Lebewesen aufeinander angewiesen sind und als Geschöpfe Gottes ein gemeinsames Lebensrecht besitzen. (US 1) - erläutern die Bibel als Glaubensbuch, beschreiben ihre Entstehungsgeschichte und ihren Aufbau und finden vorgegebene Bibelstellen. (US 2) - beschreiben und vergleichen evangelisches und katholisches Gemeindeleben. (US 3) - erläutern die Bedeutung wichtiger christlicher Feste und erklären ihre Symbole. (US 3) - benennen und erläutern die grundlegenden Feste, Rituale und Symbole des Islams, begegnen ihnen respektvoll und präsentieren ausgewählte Aspekte gestalterisch. (US 3) - benennen und erläutern die grundlegenden Feste, Rituale und Symbole des Judentums, begegnen ihnen respektvoll und präsentieren ausgewählte Aspekte gestalterisch. (US 3)

47 Im Folgenden werden aus Gründen der Übersichtlichkeit nur die inhaltsbezogenen Kompetenzen des Kerncurriculums Evangelische Religion zitiert, die sich nur in Nuancen von denen des Kerncurriculums Katholische Religion unterscheiden. Die Reihenfolge entspricht der des Kerncurriculums.

48 US = Unterrichtssequenz.

Alternativfach (Kerncurriculum für Doppeljahrgang 5/6, S. 18–22) – Auszug[48]
Die Schülerinnen und Schüler … - erläutern Auswirkungen von Erfolg und Misserfolg in individueller und gesellschaftlicher Hinsicht. (US 2) - entwickeln Strategien für den Umgang mit eigenem und fremdem Erfolg bzw. Misserfolg. (US 2) - beschreiben individuelle und gesellschaftliche Zukunftswünsche und nennen Kriterien für ein glückliches Leben. (US 4) - erläutern Merkmale von Idolen und Vorbildern. (US 4) - stellen Chancen und Gefahren bei der Nutzung natürlicher Ressourcen dar. (US 4) - diskutieren Zukunftsszenarien im Hinblick auf ihre wünschenswerte Realisierung. (US 4) - benennen verschiedene Regeln und Rituale sowie deren Bedeutung für das Zusammenleben. (US 1) - erläutern die Goldene Regel und entwickeln Beispiele für ihre sinnvolle Anwendung. (US 1) - bewerten mögliche Folgen von Regelverletzungen. (US 1) - entwerfen Verhaltens- und Gesprächsregeln für verschiedene Lebenssituationen. (US 1) - erläutern die Rolle Jesu Christi für das Christentum. (US 4)

49 Im Unterschied zu den Kerncurricula Ev. und Kath. Religion sind die inhaltsbezogenen Kompetenzen des Kerncurriculums Werte und Normen kleinschrittig und inhaltlich sehr konkret formuliert. Dabei kommt es auch zu inhaltlichen Überschneidungen. Daher werden hier exemplarisch nur ausgewählte Kompetenzen aufgeführt.

Unterrichtssequenz 1: Neu in der Klasse: Wie nehmen wir uns gegenseitig wahr? – Wie gehen wir miteinander um?

Nur Klassenphase (5 Wochen)

Klasse 5.1	Klasse 5.2	Klasse 5.3
Lehrkraft Alternativfach	Lehrkraft Religion (ev. o. kath.)	Lehrkraft Alternativfach

Gemeinsame Inhalte (auch als Projekt in Kooperation mit anderen Fächern sinnvoll):

- Kameradschaft und Freundschaft innerhalb der Klasse
- Aufeinander angewiesen sein
- Solidarität vs. Konkurrenzdenken
- Umgang mit Stärken und Schwächen
- Goldene Regel
- Verhaltens- und Gesprächsregeln

Unterrichtssequenz 2

1. Kursphase Religion (konf.-koop.) und Alternativfach (4 Wochen)

Kurs Alternativfach 1	Kurs Religion (konf.-koop.)	Kurs Alternativfach 2

Religion (konfessionell-kooperativ) Thema und Inhalte	Alternativfach Thema und Inhalte
Unterrichtssequenz 2: Was macht uns zu Menschen und was hat die Bibel damit zu tun?	*Unterrichtssequenz 2: Was macht uns zu Menschen?*
Inhalte: - Altes und Neues Testament - wichtige biblische Bücher - biblische Aussagen zur Würde des Menschen: geschaffen zum Bild Gottes, Annahme behinderter, kranker und armer Menschen durch Jesus - Selbstliebe und Nächstenliebe	Inhalte: - Erfolg und Misserfolg - Akzeptanz und Selbstbewusstsein - das Besondere am Menschen: uneingeschränkte Menschenwürde - Konsequenzen aus dem Wert der Menschenwürde: Annahme aller Menschen

2. Klassenphase (3 Wochen):
Austausch der Erkenntnisse aus Sequenz 2 (Präsentationen, Gruppenpuzzle etc.) und Diskussionen über folgende möglichen Aspekte (Auswahl notwendig):
- Wert des Menschen für Christen und Nicht-Christen
- Zusammenhang von Gottesebenbildlichkeit und Menschenwürde
- Behandlung der Mitmenschen in der Perspektive von Christen und Nicht-Christen

Unterrichtssequenz 3
1. Klassenphase: Bedeutung von Festen im Alltag (1 Woche)
2. Kursphase (6 Wochen)

Religion (konfessionell-kooperativ) Thema und Inhalte	Alternativfach Thema und Inhalte
Unterrichtssequenz 3: Welche Feste feiern evangelische und katholische Christen? - Welche Feste sind Juden und Muslimen wichtig?	*Unterrichtssequenz 3: Welche wichtigen Feste feiern Juden, Christen und Muslime?*
Inhalte: - evangelischer und katholischer Jahresfestkreis (mit besonderer Berücksichtigung der Hauptfeste und konfessioneller Ausprägungen) - Bedeutung des Sonntags - jüdische Ursprünge des Osterfestes: die Bedeutung von Passah und Sukkot (Laubhüttenfest) - Ramadan und Opferfest	Inhalte: - Judentum: Passah, Sukkot, Chanukka - Christentum: Weihnachten, Karfreitag, Ostern, Pfingsten - der jüdische wöchentliche Ruhetag: Sabbat - die besondere Bedeutung des Freitaggebets im Islam und das Fehlen eines Ruhetags - Ramadan und Opferfest

3. Klassenphase (2 Wochen):
Austausch der Erkenntnisse aus Sequenz 3 (Präsentationen, Gruppenpuzzle etc.) und Diskussionen über folgende möglichen Aspekte (Auswahl notwendig):
- Bedeutung religiöser Feste und Feiertage für die Menschen, Bedeutung für mich/für uns
- Gemeinsames Feiern religiöser Feste von Juden, Christen und Muslimen

Unterrichtssequenz 4

1. Kursphase (6 Wochen)

Religion (konfessionell-kooperativ) Thema und Inhalte	Alternativfach Thema und Inhalte
Sequenz 4: *Was geht uns Jesus noch an?*	*Sequenz 4:* *Brauchen wir Vorbilder für eine glückliche Zukunft?*
Inhalte: - kulturelle, geografische und politische Situation zur Zeit Jesu - zentrale Elemente des Handelns und der Lehre Jesu: Kritik am Streben nach Materiellem, Zuwendung zu den Armen und Ausgegrenzten, Glück durch Gemeinschaft mit Gott und Gemeinschaft mit den Mitmenschen - Bedeutung Jesu für die Menschen seiner Zeit - Bedeutung Jesu für mich	Inhalte: - Glücksverheißungen durch Idole und Konsum und ihre Fragwürdigkeit? - Eigenschaften eines Vorbildes - Unterscheidung Vorbild/Idol - Jesus als Vorbild - Glücksmomente im Alltag - Modelle gelingenden Lebens im Alltag - Vorstellungen von einer glücklichen Gesellschaft

2. Klassenphase (3 Wochen)

Austausch der Erkenntnisse aus Sequenz 4 und Diskussionen über folgende möglichen Aspekte (Auswahl notwendig):

- Eigenschaften von Vorbildern
- Unterschiede zwischen Idolen und Vorbildern
- Bedeutung von Vorbildern für uns/mich
- Jesus – Idol oder Vorbild oder …?
- Was ist Glück, was macht glücklich?
- Möglichkeit einer glücklichen Gesellschaft in Zukunft

Schülerfeedback zu den Klassen- und Kursphasen im 5. Schuljahr

Ein Beispiel für ein abgestimmtes Schulcurriculum für das 6. Schuljahr finden Sie im Downloadmaterial.

2 Religion an integrierten Schulen unterrichten – Bedingungen, Ausprägungen, Konzepte[1]

2.1 Leitgedanken

1

Das »Urbild« aller integrierten Schulsysteme der Sekundarstufe I in Deutschland ist die Gesamtschule. Sie ist deren bekannteste und am stärksten erprobte Form. Das Bedingungsfeld des Religionsunterrichts an Gesamtschulen ähnelt dem anderer integrierter Schulsysteme.

Typische Merkmale der Gesamtschule lassen sich auch auf andere integrierte Schulen wie Gemeinschaftsschulen und Oberschulen übertragen. In Kap. 2.2 wird dargestellt, dass das Selbstverständnis von Gesamtschule als Alternative zum dreigliedrigen Schulsystem durch einen grundsätzlich anderen Umgang mit Heterogenität geprägt ist.

2

Der nach Konfessionen getrennte Religionsunterricht wird an der Gesamtschule von Eltern und Lehrkräften häufig als Integrationshindernis erfahren. Daher wird seine Akzeptanzkrise dort besonders deutlich. Das bedeutet aber nicht automatisch, dass Eltern und Schüler das Fach Religion grundsätzlich ablehnen.

Gesamtschullehrkräfte legen viel Gewicht darauf, dass Menschen unterschiedlicher Kulturen und Religionen sich gegenseitig akzeptieren. Sie sehen nicht ein, warum katholische, evangelische, anders religiöse und nicht religiöse Schüler getrennt unterrichtet werden sollen. Daher haben sich vor allem an Gesamtschu-

1 Kap. 2.1 bis 2.5 dieses Beitrags lehnen sich an folgenden Beitrag an: Lehmann, Christine/ Schmidt-Kortenbusch, Martin/Behrendt, Wilhelm/Linke, Michael: Religiöse Bildung in der Gesamtschule. In: Schröder, Bernd/Wermke, Michael: Religionsdidaktik zwischen Schulformspezifik und Inklusion. Bestandsaufnahmen und Herausforderungen, Leipzig 2013, S. 115–145.

len sehr unterschiedliche Organisationsformen des Religionsunterrichts herausgebildet (vgl. Kap. 1.4). Ursachen, Chancen, Probleme und Perspektiven dieser Entwicklung werden in Kap. 2.3 dargestellt.

3

Die Religionslehrerschaft an Gesamtschulen ist heterogener als im dreigliedrigen Schulsystem. Sie ist auf Teamarbeit und Dialog angewiesen, um den vielfältigen Herausforderungen gerecht zu werden.

Religionslehrkräfte bringen sehr unterschiedliche religionspädagogische und theologische Voraussetzungen mit. Sie bemühen sich nach Kräften, sowohl den Anforderungen des Faches zu entsprechen als auch inklusionsfördernd zu unterrichten. Oft stehen sie im Spagat zwischen ihrem Auftrag eines konfessionellen Unterrichts und Forderungen des Kollegiums nach Aufhebung der Trennung zwischen Religion und dem Alternativfach. Anforderungen an die Arbeit der Religionslehrkräfte und Möglichkeiten, ihnen nachzukommen, werden in Kap. 2.4 erläutert.

4

Die Heterogenität der Schülerschaft einer Gesamtschule erfordert neue Strukturen des Lernens und andere pädagogische Schwerpunkte. Dennoch besteht der staatliche Auftrag, alle Schulabschlüsse des dreigliedrigen Schulsystems entsprechend den Fähigkeiten der einzelnen Schüler zu vergeben.

Gesamtschulen legen ein starkes Gewicht auf soziales Lernen, ein pädagogisches Leistungsverständnis und damit verbunden eine neue Rückmeldepraxis. Infolgedessen wird eine ausgeprägte Dialogkultur zwischen Lehrkräften, Eltern und Schülerinnen angestrebt. Nichtsdestotrotz muss am Ende der Schullaufbahn ein amtliches Ziffernzeugnis erteilt werden, das nicht unerheblich über die weitere berufliche Entwicklung der Schüler entscheidet. Diese gegensätzlichen Aufgaben miteinander zu vereinbaren, ist eine schwierige Herausforderung. Kap. 2.5 zeigt, mit welchen strukturellen und pädagogischen Maßnahmen auf Heterogenität und unterschiedliche Entwicklungsstufen der Schülerinnen reagiert werden kann. Dabei wird die Einbindung des Faches Religion in ein solches Konzept deutlich.

5

»Alltagsdidaktik« und wissenschaftliche Religionsdidaktik brauchen einander. Sie müssen stärker miteinander ins Gespräch kommen, damit der Religionsunterricht den spezifischen Herausforderungen an der Gesamtschule auch künftig gerecht werden kann.

Religionslehrkräfte an Gesamtschulen haben innovative Konzepte entwickelt, die sich sehen lassen können. Trotz eines berechtigten Selbstbewusstseins der Praktiker ist es wichtig, dass Konzepte der wissenschaftlichen Religionspädagogik nicht vorschnell als »zu theoretisch« oder »weltfremd« abgetan werden. In Kap. 2.6 werden wichtige religionspädagogische Entwicklungen und Konzepte skizziert und in Bezug auf ihre Tauglichkeit für die Gesamtschule befragt. Von den Religionspädagogen an den Universitäten ist eine stärkere Unterstützung zu fordern: Sie müssen die spezifischen Herausforderungen für den Religionsunterricht an Gesamtschulen in Lehrerausbildung und Forschung mehr berücksichtigen und verstärkt zur Entwicklung einer Religionspädagogik für integrierte Schulsysteme beitragen.

6

Inklusion als Leitbegriff für den Umgang mit Heterogenität löst den Begriff Integration ab. Inklusion meint mehr als das Eingehen auf Kinder mit besonderem Förderbedarf.

In Kap. 2.7.1–2.7.3 werden die Begriffe »Integration« und »Inklusion« definiert und voneinander abgegrenzt. Es wird verdeutlicht, dass Schule sich zu einer inklusiven Schule entwickeln muss. Die Konsequenzen, die sich aus der Anwendung der UN-Menschenrechtskonvention ergeben, sind ernst zu nehmen, führen aber auch zu nicht unerheblichen organisatorischen und pädagogischen Problemen. Dass Inklusion ein Kernanliegen christlichen Selbstverständnisses ist, wird in Kap. 2.7.4–2.7.6 in Auseinandersetzung mit biblischen Bezügen thematisiert.

2.2 Gesamtschule als Bedingungsfeld des RU

Die Gesamtschule stellt in vielen Bundesländern eine reguläre Alternative zum traditionellen dreigliedrigen Schulsystem dar. Die größte Verbreitung weist das Bundesland Nordrhein-Westfalen auf (252, inkl. Privatschulen), die niedrigste Bayern (3).[2] In Sachsen gibt es keine Gesamtschulen. Für Verwirrung sorgen immer wieder unterschiedliche Bezeichnungen für gleiche oder ähnliche Schulformen. Im Stadtstaat Bremen trägt die Integrierte Gesamtschule die Bezeichnung Oberschule, während die Oberschule in Niedersachsen eine eigenständige Schulform neben der Gesamtschule darstellt, die aus dem Zusammenschluss von

2 http://www.schulministerium.nrw.de/docs/bp/Ministerium/Service/Schulstatistik/Amtliche-Schuldaten/StatUebers379-Quantita2012–2013.pdf, Zugriff am 13.10.2015.

Haupt- und Realschule gebildet wurde. In Schleswig-Holstein wird die Gesamtschule Gemeinschaftsschule genannt.[3]

Die Gesamtschule in Deutschland ist insofern ein »Spiegel der Gesellschaft«, weil sie nach der Grundschulzeit von Kindern aller Begabungen und sozialer Milieus besucht werden kann und prinzipiell alle allgemeinbildenden Schulabschlüsse anbietet (Förder-, Haupt-, Realschulabschluss, erweiterter Sekundarabschluss I, Abitur). Allerdings verfügt eine Reihe von Gesamtschulen aus standortbedingten oder auch politischen Gründen lediglich über eine Sekundarstufe I.[4]

Das Besondere dieser Schulform besteht in der Aufhebung der Dreigliedrigkeit und der Beschulung aller Schüler in ein und derselben Schule. Die in Deutschland noch dominierende Dreigliedrigkeit des allgemeinbildenden Schulsystems ist historisch im Wesentlichen durch die gesellschaftlichen Interessen der Protagonisten des Ständestaates bedingt;[5] sie stellt somit ein künstliches System der Aufteilung der Schülerschaft dar, welches nicht der realen Vielfalt der Kinder und Jugendlichen entspricht, sich aber als Unterscheidungskriterium für kognitive Fähigkeiten in den Köpfen aller Beteiligten festgesetzt hat.

Einen konzeptionell wichtigen Unterschied bei der Leistungsdifferenzierung innerhalb *einer* Schule gibt es zwischen den beiden Typen *Integrierte Gesamtschule (IGS)*[6] und *Kooperative Gesamtschule (KGS)*[7] *bzw. Additive Gesamtschule.* In der

---

3 Vor dem Hintergrund der Ausführungen in diesem Kapitel wird im Folgenden der Begriff Gesamtschule als Synonym für integrative Schulen verwendet.

4 Dass die Existenz einer Oberstufe an Gesamtschulen nicht selbstverständlich ist, zeigt die Tatsache, dass in Niedersachsen noch viele Gesamtschulen lediglich eine Sekundarstufe I aufweisen. Das Fehlen einer Oberstufe hat den negativen Effekt, dass die gymnasialorientierten Eltern noch weniger geneigt sind, ihre Kinder an eine Schule zu schicken, welche sie nach Abschluss der Sekundarstufe I wieder verlassen müssen, um in die Oberstufe des Gymnasiums überzuwechseln. Sie werden ihre Kinder dann eher zum Gymnasium schicken, selbst wenn sie das Konzept der zur Wahl stehenden Gesamtschule überzeugt.

5 Vgl. Bellenberg, Gabriele (2000): Entstehung, Struktur und Steuerung des deutschen Bildungswesens: http://duepublico.uni-duisburg-essen.de/servlets/DerivateServlet/Derivate-1082/skript_15052000.pdf, Zugriff am 13.10.2015.

6 Für das Schuljahr 2012/13 werden bundesweit 1175 Integrierte Gesamtschulen angegeben. Der Zuwachs für diese Schulform beträgt in den letzten 10 Jahren 59 %, sodass die IGS zu den wenigen Schulformen mit stark zunehmender Tendenz gehört, vgl. https://www.destatis.de/DE/Publikationen/Thematisch/BildungForschungKultur/Schulen/BroschuereSchulenBlick0110018149004.pdf?__blob=publicationFile, S. 37–39, Zugriff am 13.10.2015.

7 Die Anzahl der bundesweit vorhandenen Kooperativen Gesamtschulen ist schwer zu ermitteln. Ihre größte Verbreitung hat sie in Hessen (124 KGS, 108 IGS) und Niedersachsen (37 KGS, 81 IGS), vgl. http://hauptschule.bildung.hessen.de/information/gesamtschulen.html; und: http://www.statistik-hessen.de/themenauswahl/bildung-kultur-rechtspflege/landesdaten/bildung/allgbild-schulen/gesamtschulen/index.html; und: http://www.mk.niedersachsen.de/portal/live.php?navigation_id=24731&article_id=6505&_psmand=8, Statistikbroschüre, S. 13, Zugriff am 13.10.2015.

Kooperativen bzw. Additiven Gesamtschule (KGS) bildet sich durch die Aufteilung in einen Hauptschul-, Realschul- und Gymnasialzweig strukturell immer noch das dreigliedrige Schulsystem ab. Lediglich einzelne Kurzzeitfächer wie Sport, Kunst, Musik und Religion werden an einigen Schulen – über die Schulzweige hinweg – gemeinsam unterrichtet. In der IGS wirkt das dreigliedrige Schulsystem noch in den Schulabschlüssen (Hauptschulabschluss, Realschulabschluss, erweiterter Sekundarabschluss I und Abitur) nach. Dort wird – je nach Schule – in Langzeitfächern starr oder auch flexibel meist auf zwei Leistungsniveaus differenziert oder es werden neue Formen der inneren Differenzierung erprobt.

Bildungspolitisch will die Gesamtschule Inklusion fördern und einer Entwicklung entgegenwirken, in der sich Schüler aus unterschiedlichen sozialen Milieus frühzeitig fremd werden.[8] Jüngere lernpsychologische Erkenntnisse untermauern die didaktische Grundannahme, dass Kinder und Jugendliche mit schwächeren schulfachlichen Leistungen ihre Kompetenzen eher erweitern, wenn sie mit und von Leistungsstärkeren lernen können. Auch Schülerinnen, die auf erhöhtem Leistungsniveau arbeiten, kommt das gemeinsame Lernen zugute, weil es immer etwas gibt, das man vom anderen und im Umgang mit anderen lernen kann. Außerdem können Leistungsstärkere Gelerntes wiederholen oder vertiefen und dabei ihre Kompetenzen erweitern, wenn sie anderen ihre Erkenntnisse und Fähigkeiten vermitteln.[9] Durch ein langes Offenhalten der Schulabschlüsse sollen möglichst viele Schüler die Chance bekommen, den Bildungsabschluss zu erreichen, der ihrem Leistungsvermögen entspricht. Herkunftsspezifische Benachteiligungen, die ein erfolgreiches Arbeiten im Unterricht erschweren, sollen durch ein umfassendes pädagogisches Konzept individuellen, differenzierenden, kooperativen Lernens mit vielfältigen Methoden und Zugängen ausgeglichen werden.

»Heterogenität als Chance« begreifen[10] und nicht als Lernhindernis, wie es das dreigliedrige Schulsystem suggeriert – dieses pädagogische Leitmotiv liegt der Arbeit an der Gesamtschule zugrunde. Ihre Lehrkräfte stehen vor der didaktischen Herausforderung, unterschiedliche Begabungen, Fähigkeiten und Erfahrungen von Mädchen und Jungen in einen gemeinsamen Lernprozess einmünden zu lassen, welcher sowohl den Einzelnen als auch die Gemeinschaft der Lerngruppe stärkt.

8 Der Begriff Inklusion setzt sich gegenüber dem bisher gebräuchlichen »Integration« in der Schulpädagogik immer mehr durch, weil er stärker die Wertschätzung von Vielfalt zum Ausdruck bringt.

9 Struck ^{4}2011, S. 125 f.

10 »Verschieden sein – gemeinsam Lernen: Heterogenität als Chance« – so lautete treffend der Titel des fünften Gesamtschultags der Region Hannover am 01.02.2012 an der IGS Garbsen.

Um feste Bezugspersonen für die Schülerinnen zu gewährleisten, wird häufig das Team-Kleingruppen-Modell praktiziert, bei dem ein fester Stamm von Lehrkräften eine Klasse über mehrere Jahre begleitet (im Idealfall von Klasse 5 bis 10). Diese Jahrgangsteams, die als teilautonome Einheiten von einer Jahrgangsleitung koordiniert werden, unterstützen sich bei der Unterrichtsvorbereitung, beraten sich gegenseitig bei Problemen mit einzelnen Schülern oder Klassen, entwickeln pädagogische Konzepte und Projekte. Die Klassen werden – soweit es die schulische Situation vor Ort zulässt – von einem Tutor und einer Tutorin geleitet, die pädagogisch eng zusammenarbeiten.

2.3 RU an der Gesamtschule

Die bundesweiten Regelungen für den Religionsunterricht an allgemeinbildenden Schulen gelten entsprechend dem Grundgesetzartikel 7.3 ebenfalls für den Religionsunterricht an Gesamtschulen. Auch hier soll er in gemeinsamer Verantwortung von Staat und Kirche als evangelischer und katholischer Religionsunterricht in allen Jahrgängen zweistündig erteilt werden. Schüler, die sich nach Erreichen ihrer Religionsmündigkeit (mit 14 Jahren) vom Religionsunterricht abmelden (in Bayern erst mit 18 Jahren) bzw. vorher von ihren Eltern abgemeldet werden oder keiner christlichen Kirche angehören, müssen in den meisten Bundesländern an einem Alternativunterricht teilnehmen.[11] Die diesbezüglichen Fächer tragen je nach Bundesland die Bezeichnungen Philosophie, Ethik, Werte und Normen. Für die Stadtstaaten Berlin, Bremen und Hamburg gelten besondere Regelungen.[12]

Grundsätzlich kann bundesweit nicht von einem Schwinden der Beliebtheit des Religionsunterrichts bei Schülerinnen und Eltern gesprochen werden; die Zahl der Konfessionslosen, die freiwillig am Religionsunterricht teilnehmen, steigt insgesamt und überwiegt prozentual häufig die Zahl der Abmeldungen. Das Fach erfreut sich in vielen Bundesländern, z. B. in Brandenburg, sogar steigender Beliebtheit.[13] Dabei darf jedoch Folgendes nicht übersehen werden:

11 Art. 7.2 GG.

12 In Berlin, Bremen und Hamburg wird Religion nicht konfessionell getrennt unterrichtet. In Berlin sind alle Schülerinnen verpflichtet, an dem lediglich staatlich verantworteten Fach Ethik teilzunehmen, in Bremen (vgl. sog. *Bremer Klausel*, Art. 141 GG) gibt es das ebenfalls staatlich verantwortete Fach Biblische Geschichte und in Hamburg dominiert ein Religionsunterricht für alle, der von der ev. Kirche in curricularer Abstimmung mit anderen Religionsgemeinschaften verantwortet wird.

13 Vgl. Rothgangel et al. 2009, insbes. S. 100 (Beispiel: Brandenburg) und S. 381 f.

Der Anteil der christlich getauften Schüler an der Gesamtschülerschaft schrumpft wegen des kontinuierlichen Mitgliederschwundes der beiden großen Kirchen stetig. Selbst wenn der Religionsunterricht aufgrund sinkender oder stagnierender Abmeldezahlen – bei gleichzeitig zunehmender Anwahl durch Konfessionslose – in seiner Akzeptanz seitens der getauften Schülerschaft *relativ* gut dasteht, nimmt die *absolute* Zahl der Teilnehmerinnen am Religionsunterricht in ganz Deutschland kontinuierlich ab. Hinzu kommt, dass solche statistischen Daten zur grundsätzlichen Teilnahme am Religionsunterricht nichts über die an den Schulen tatsächlich erteilten Unterrichtsstunden aussagen, gibt es doch insbesondere im Berufsschulbereich erhebliche Unterrichtsausfälle.[14] Letzteres gilt auch für viele Gesamtschulen. Unterrichtsausfall ist hier auch dadurch bedingt, dass Schulleitungen und Kollegien dem Religionsunterricht oftmals kritisch-reserviert gegenüberstehen und dieser dann bei knappem Lehrerstundenkontingent benachteiligt und zuerst für andere Unterrichtsfächer geopfert wird.

Insbesondere der *nach Konfessionen getrennte Religionsunterricht* ist – je nach Region unterschiedlich ausgeprägt – in eine Akzeptanzkrise geraten.[15] Das gilt nicht nur für die Gesamtschule, tritt dort aber besonders deutlich zutage. Grund ist zum einen, dass dort die Schülerschaft häufig ethnisch, kulturell und religiös besonders heterogen ist. Damit erhält die Forderung, gegenseitiges Verstehen und das Zusammenwirken der unterschiedlichen Gruppierungen zu fördern, besondere Dringlichkeit. Weil die Anzahl der kirchlich beheimateten Kinder und Jugendlichen stetig abnimmt, ist zum anderen der grundsätzliche kirchliche Anspruch auf einen Religionsunterricht, in dem getrennt nach Konfessionen gelernt werden soll, allen Beteiligten nur noch schwer vermittelbar. Ein solcher Religionsunterricht wird dann geradezu als Hindernis bei der Planung von Projekten oder Unterrichtsvorhaben aufgefasst.

Trotz der genannten Probleme wird der Religionsunterricht von vielen Lehrkräften und Eltern als inklusionsförderndes Fach durchaus gewünscht oder zumindest akzeptiert. Die konfessionelle Trennung lehnen sie als integrationshinderlich ab und wünschen sich darüber hinaus vielfach einen Religionsunterricht im Klassenverband, der Schülerinnen aller Religionen und Weltanschauungen einschließt.[16] Der Grad durchaus noch vorhandener Wertschätzung von konfessionellem Religionsunterricht hängt wesentlich vom Umfeld der jeweiligen Schule ab (z. B. Stadt, Land, Höhe des Anteils Konfessionsloser). Religionslehrkräfte an Gesamtschulen suchen nach einem Ausweg aus dem Dilemma,

14 Rothgangel et al. 2009, S. 381.

15 Vgl. Lehmann et al. 2011, insbesondere S. 69–166.

16 Dieses Bild ergab sich durch Gespräche mit Lehrkräften an zahlreichen niedersächsischen Gesamtschulen und mit Eltern an der eigenen Schule.

einerseits die religiös-konfessionelle Identität stärken zu wollen und andererseits die Dialogfähigkeit zu fördern. Da es keinen klar durch Erlasse geregelten Ausweg aus diesem Konflikt gibt, existieren inzwischen zahlreiche »Grauzonenregelungen«, von denen hier nur zwei besonders verbreitete genannt werden sollen: die Erteilung von Religionsunterricht im Klassenverband (Eltern verzichten auf konfessionelle Trennung bzw. auf ihr Recht auf Abmeldung vom Religionsunterricht) und die faktische Einführung eines in den Stundentafeln der Bundesländer nicht vorgesehenen Kombinationsfaches »Religion/Werte und Normen« (bzw. »Religion/Ethik«, sog. »Schrägstrichlösung«). Mancherorts wird gar kein Religionsunterricht erteilt, sondern nur noch das Alternativfach; dem gehen Abmeldungsempfehlungen vom Religionsunterricht voraus. Ein solches Modell verletzt grundgesetzliche Bestimmungen, weil es die positive Religionsfreiheit nicht gewährleistet.

In Niedersachsen z. B. dominiert an Gesamtschulen der konfessionell-kooperative Religionsunterricht, was bedeutet, dass die eigentliche Regellösung »konfessioneller Religionsunterricht« hier zur Ausnahme geworden ist. Nicht getaufte Schüler werden im Fach Werte und Normen unterrichtet, sofern sie sich nicht aus eigenem Antrieb im Religionsunterricht anmelden. Aus den genannten Grauzonenregelungen bis hin zur Abschaffung des Religionsunterrichts können Konflikte zwischen der Schule und den Eltern erwachsen, die einen konfessionellen Religionsunterricht einfordern, aber auch Konflikte zwischen der Schule und den Kirchen. In der Religionslehrerschaft mehren sich daher Stimmen, den Religionsunterricht weiterzuentwickeln und neue Strukturmodelle zu erproben, die eine einseitige Auflösung des Dilemmas vermeiden.[17]

2.4 Religionslehrer an der Gesamtschule

Da es nach wie vor in vielen Bundesländern keine spezifische Gesamtschullehrerausbildung gibt, setzt sich das Kollegium in der Regel aus Haupt-, Real- und Gymnasiallehrkräften zusammen, und zwar in einer Verteilung, die der Zusammensetzung der Schülerschaft entspricht. Ergänzt werden diese – je nach Bedarf – durch Förderlehrkräfte.

Während im dreigliedrigen Schulsystem Lehrkräfte verschiedener Studiengänge einen unterschiedlichen Habitus pflegen und auch beruflich wenig miteinander in Kontakt kommen, verstehen sie sich an den Gesamtschulen als Teil *eines* Kollegiums. Sie arbeiten im Jahrgangsteam und in den Fachteams bei der

17 Vgl. Kap. 1.8 und ausführlicher Lehmann et al. 2011, S. 103–109; S. 153–166.

schulischen Umsetzung der Curricula und bei der konkreten Unterrichtsplanung eng zusammen. Ein fachfremder Unterrichtseinsatz, der am Gymnasium eher die Ausnahme darstellt, wird an Gesamtschulen vor allem aus pädagogischen Gründen häufig praktiziert, damit die Schüler einer Klasse durch eine überschaubare Anzahl von Lehrkräften und mit möglichst vielen Stunden von ihrem Tutor und ihrer Tutorin unterrichtet werden.

Somit gilt auch für den Religionsunterricht, dass die Lehrkräfte den Ausbildungsgängen aller genannten Schulformen entstammen, teilweise über sehr unterschiedliche Vorerfahrungen im dreigliedrigen Schulsystem verfügen und das Fach Evangelische oder Katholische Religion mit unterschiedlicher Schwerpunktsetzung und »Breite« (Hauptfach, Nebenfach, teilweise drittes Nebenfach, Ergänzungsfach) studiert haben. Ein fachfremder Unterrichtseinsatz ist durchaus verbreitet, erfordert aber auch hier eine Bestätigung seitens der Kirchen (Vokation, Missio Canonica). Die Religionslehrerschaft einer typischen Gesamtschule ist somit wesentlich heterogener als die einer Schule im dreigliedrigen Schulsystem. Konsequent wäre, auch die Heterogenität der Lehrkräfte als Chance zu begreifen, weil sie gegenseitige Bereicherung und Ergänzung möglich macht. So können z. B. Hauptschullehrkräfte ihre vielfältigen methodischen Kenntnisse und Erfahrungen im Umgang mit »verhaltensoriginellen« Schülerinnen in die Waagschale werfen, während Gymnasiallehrkräfte aufgrund erhöhter fachwissenschaftlicher Studienanteile vertieftes theologisches Wissen einbringen können.[18] Weil Kooperation das Selbstverständnis von Lehrkräften an Gesamtschulen prägt, sind an vielen Schulen entwickelte Formen der Zusammenarbeit zwischen evangelischen und katholischen Religionslehrkräften zu finden.[19] Der der Schulform geschuldete inklusive Charakter des Religionsunterrichts (vgl. Kap. 2.7) wird durch eine verstärkte ökumenische Zusammenarbeit gestützt, sodass die konfessionelle Kooperation auf unterschiedlichen Ebenen der Regelfall ist.[20] Des Weiteren arbeiten Religionslehrkräfte und Lehrkräfte des Alternativfaches häufig in

18 Diese zugegebenermaßen klischeehaft zugewiesenen Kompetenzen können in einem Kollegium natürlich auch anders verteilt sein.

19 Die Kerncurricula Evangelische und Katholische Religion IGS in Niedersachsen sind zu einem großen Teil identisch; lediglich beim Kompetenzbereich »Nach Glaube und Kirche fragen« gibt es signifikante Unterschiede, vgl. http://db2.nibis.de/1db/cuvo/datei/kc_evrel_igs_i.pdf und db2.nibis.de/1db/cuvo/datei/kc_kathrel_igs_i.pdf, Zugriff am 13.10.2015.

20 In Niedersachsen kann konfessionelle Kooperation im dreigliedrigen Schulsystem laut sog. Organisationserlass für drei Schuljahre innerhalb der Sekundarstufe I eingerichtet werden, wenn die Gremien der Schule mehrheitlich zustimmen. Für die Gesamtschulen kann eine längere Dauer beantragt werden, wenn besondere organisatorische und pädagogische Rahmenbedingungen vorliegen. In Baden-Württemberg ist konfessionelle Kooperation auf Antrag durchführbar, wenn eine Reihe weiterer Bedingungen erfüllt werden.

einer Fachgruppe zusammen. Um nach Abschluss eines Schuljahres den Schülerinnen und Schülern, die dies wünschen, einen reibungslosen Wechsel zwischen Religion und dem entsprechenden Alternativfach zu ermöglichen, müssen die beiden Fächer inhaltliche und methodische Anschlussfähigkeit gewährleisten, ohne ihr jeweiliges Profil aufzugeben. Der skizzierten Fachgruppenarbeit liegt ein weites Verständnis von Ökumene zugrunde. Es fußt darauf, dass zur Lösung der Menschheitsprobleme in einer gemeinsam geteilten, endlichen Welt der Dialog und das konstruktive Miteinander von Menschen unterschiedlicher Religionen und Weltanschauungen überlebensnotwendig sind. An einigen Schulen entwickelt sich ein fachlicher Austausch zwischen islamischen und christlichen Lehrkräften, und es wird während einiger Phasen des Teamteachings ein interreligiöser Dialog erprobt.[21]

Die Kooperation mit örtlichen Kirchengemeinden und anderen kirchlichen Institutionen sowie der Anteil religiöser Praxis innerhalb der Schulen (z. B. Schulgottesdienste) sind nach Region und Schule unterschiedlich ausgeprägt. Eine Reihe von Gesamtschulen bezieht kirchenpädagogische Elemente in den Religionsunterricht ein und unterhält rege Kontakte zu benachbarten Kirchengemeinden. In manchen Regionen trägt der Einsatz von Schulseelsorgerinnen bzw. Schulseelsorgern wesentlich dazu bei.

Ein wichtiges zukünftiges Kooperationsfeld stellt die konzeptionelle Berücksichtigung anders religiöser Minderheiten an der Schule, insbesondere der Muslime, dar. Die Einrichtung eines islamischen Religionsunterrichts steckt in den meisten Bundesländern noch in den Kinderschuhen. Da die Schülerschaft in großstädtischen Gesamtschulen multireligiös und multikulturell zusammengesetzt ist, ist es ein gemeinsames Ziel des Faches Religion und des Alternativfachs, gegenseitiges Verstehen und wechselseitige Toleranz anzubahnen.

Gesamtschulen reagieren unterschiedlich auf diese Herausforderung: Dort, wo Religionsunterricht im Klassenverband oder in konfessionsübergreifenden Kursen erteilt wird, nehmen Muslime häufig daran teil. Ansonsten sind sie zum Unterricht im Alternativfach verpflichtet.[22] Daher spielt der Kompetenzbereich »Weltreligionen« – und dabei vor allem der Islam und das Judentum – curricular eine bedeutende Rolle.

---

21 Mit Teamteaching wird eine Unterrichtsform bezeichnet, bei der mindestens zwei Lehrkräfte eine Unterrichtsstunde oder -einheit gemeinsam planen, durchführen und auswerten. Teamteaching ist besonders dann geeignet, wenn die Kompetenz verschiedener Fachleute erforderlich ist (z. B. bei Projekten).

22 Wie auch immer Religionsunterricht erteilt wird, Muslimen (und Angehörigen anderer Religionen bzw. Weltanschauungen) muss das Recht zugestanden werden, nicht am christlichen Religionsunterricht teilzunehmen.

Die grundlegende Aufgabe des Religionsunterrichts, einerseits die religiöse Identität der Schüler zu stärken und sie andererseits zum interkonfessionellen und interreligiösen Dialog zu befähigen, erfordert ein breites Kompetenzspektrum bei den Lehrkräften: fundierte Kenntnisse der eigenen Konfession, gute Grundkenntnisse der Weltreligionen sowie Kenntnisse gegenwärtiger säkularer Lebensstile und atheistischer Weltanschauungen. Gleichzeitig müssen Lehrkräfte auf ein breites methodisches Spektrum zurückgreifen können, um der Heterogenität der Schülerschaft durch innere Differenzierung und Individualisierung der Lernprozesse gerecht zu werden. Um Religionslehrerinnen bei diesen schwierigen Aufgaben angemessen zu unterstützen, bedarf es spezieller Fortbildungen.

Für die Akzeptanz des Faches an der Schule ist eine kontinuierliche Zusammenarbeit in der Fachgruppe wichtig. Hier werden fachliche Absprachen getroffen, Beschlüsse verabschiedet, schulinterne Curricula und Arbeitspläne entwickelt, Unterrichtskonzepte und Planungsentwürfe diskutiert, Projekte und andere Beiträge zur Gestaltung des Schullebens entworfen. Die Fachbereichsleitung ist verantwortlich für den Rahmen, in dem ein fachlicher Dialog stattfinden kann. Sie achtet mit darauf, dass möglichst viele Kollegen ihre Fähigkeiten in die Gruppe einbringen können, dass anstehende Arbeiten gerecht verteilt und Absprachen eingehalten werden. Um der Fachbereichsleitung Leitungstätigkeiten zu ermöglichen, ist es unerlässlich, dass sie dafür angemessene Entlastungsstunden erhält.

Erschwerte Bedingungen herrschen an Gesamtschulen im Aufbau, weil das Kollegium aufgrund der vielfältigen Herausforderungen und eines starken Entscheidungsdrucks überlastet ist. Netzwerke zwischen benachbarten Gesamtschulen können hier Abhilfe schaffen und sowohl bei inhaltlichen als auch bei organisatorischen Fragen beratend und unterstützend wirken.

2.5 Schüler an der Gesamtschule

Die Gesamtschule ist eine Schule für alle, d. h. sie wird von Schülern aller Begabungen und sozialen Schichten besucht. Pädagogische Prämisse ist, dass die Schülerinnen in leistungsheterogenen Gruppen besser gefördert werden können als in leistungshomogenen. Sozialpolitisch liegt der Gesamtschule die Überzeugung zugrunde, dass Kinder und Jugendliche hier besser auf ein solidarisches Miteinander in einer multikulturellen Gesellschaft vorbereitet werden, weil keine soziale Separierung der Schülerschaft erfolgt.[23]

23 Bei allen PISA-Studien war bezogen auf die Bundesrepublik Deutschland der Zusammenhang zwischen Schulleistung und sozialem Hintergrund relativ groß.

Es ist naheliegend, dass sich vor allem Eltern, deren Kinder von der Grundschule eine Haupt- oder Realschulempfehlung erhalten, von der Gesamtschule eine Förderung ihrer Kinder in Richtung eines höheren Schulabschlusses versprechen.[24] Aber auch Eltern, deren Kind von der Grundschule eine Gymnasialempfehlung bekommen hat, melden es zunehmend an Gesamtschulen an, weil sie die pädagogischen Leitgedanken dieser Schulform teilen.

Bei dieser Entscheidung mag eine Rolle spielen, dass die meisten Gesamtschulen als Ganztagsschulen konzipiert sind und die Bildungsgänge, die innerhalb von neun Jahren zum Abitur führen – z. B. in NRW oder (inzwischen wieder eingeführt) in Niedersachsen –, erhalten geblieben und gepflegt worden sind. Mit ihrem Bemühen, den neunjährigen Bildungsgang zum Abitur möglichst lange offen zu halten, haben die Gesamtschulen einen pädagogischen Nerv – auch der Elternschaft – getroffen. Die Debatte über Sinn und Nutzen einer Schulzeitverkürzung wird inzwischen auch an Gymnasien geführt.[25]

Um eine leistungsheterogene Zusammensetzung der Schülerschaft zu erreichen, sieht z. B. das Niedersächsische Schulgesetz die Möglichkeit vor, nach der Anmeldung ein Losverfahren nach einem bestimmten Schlüssel durchzuführen. Dieser soll eine repräsentative Zusammensetzung des aufzunehmenden Gesamtschuljahrganges gewährleisten.[26] Erweitert wird die Heterogenität der Schülerschaft noch durch den aus der Behindertenrechtskonvention der Vereinten Nationen abgeleiteten Anspruch auf schulische Inklusion für Menschen mit Behinderungen, der derzeit in den Schulgesetzen der Länder verankert wird.[27] Die Eltern, die ihr Kind an der Gesamtschule anmelden, wissen, dass die Schülerschaft dort sehr unterschiedlich ist, und man kann davon ausgehen, dass sie dies attraktiv oder zumindest nicht hinderlich finden. Andernfalls wären die kontinuierlich steigenden Anmeldezahlen für Gesamtschulen nur schwer erklärbar.

Die Schülerinnen besuchen die Sekundarstufe I dieser Schulform in der Regel vom 10. bis zum 16. Lebensjahr. In diese Zeit fallen die Pubertät und die begin-

---

24 Es ist nicht mehr in allen Bundesländern erforderlich, dass die Grundschulen eine Schullaufbahnempfehlung abgeben müssen.

25 Vgl. Flucht vor der Turbo-Schule. In: Frankfurter Rundschau, 26.04.2012, S. 22 f.

26 Der ein solches Verfahren ermöglichende Gesetzestext findet sich in § 59a des NSchG. Dort heißt es: (1) 1 Die Aufnahme in Ganztagsschulen und Gesamtschulen kann beschränkt werden, soweit die Zahl der Anmeldungen die Aufnahmekapazität der Schule überschreitet. 2 Übersteigt die Zahl der Anmeldungen die Zahl der verfügbaren Plätze, so werden die Plätze durch Los vergeben. 3 Das Losverfahren kann dahin abgewandelt werden, … dass es bei Gesamtschulen zur Erreichung eines repräsentativen Querschnitts der Schülerschaft mit angemessenen Anteilen leistungsstärkerer wie leistungsschwächerer Schülerinnen und Schüler unter Berücksichtigung ihrer Leistungsbeurteilungen differenziert wird.

27 Vgl. Kap. 2.7.1–2.7.3.

nende Adoleszenz. Der Schulpädagoge Manfred Bönsch sieht in der »Lösung der Spannung, die aus der Heterogenität der Schülerschaft herrührt« und die zu der Frage führt »wie man Unterschiedlichkeiten bejahen und gleichzeitig produktiv auf sie reagieren« kann, das entscheidende schulpädagogische Problem der Gesamtschule.[28] Die produktive Lösung der Spannung zwischen gemeinsamem Lernen und individueller Förderung erachtet er als zentrale Aufgabe einer »Pädagogik der Heterogenität«.

Gesamtschulen stützen das Bemühen um eine solche Pädagogik durch eine Reihe struktureller, pädagogischer und didaktischer Maßnahmen. Um den jeweiligen entwicklungspsychologischen Herausforderungen gerecht zu werden, verständigen sich an vielen Gesamtschulen die Jahrgangsteams zu Beginn jedes Schuljahres über einen Jahresarbeitsplan für alle Unterrichtsfächer sowie über pädagogische Schwerpunkte. Für die Jahrgänge 7 und 8 können dies z. B. Vorhaben sein, die zur Prävention beitragen können, wie »Sucht – Sehnsucht« oder »Liebe, Partnerschaft, Sexualität«.[29] Probleme von Einzelnen oder von Klassen, die sich während der Pubertät ergeben, sollen durch verlässliche Strukturen wie Persönliches Lernen, Klassen- und Tischgruppentraining, Mädchen- und Jungentage, Tutorenstunden und Klassenratssitzungen aufgefangen werden.[30] Durch das Vertrauensverhältnis, das die Schüler zu ihren beiden Tutoren aufbauen, sowie die heterogene Zusammensetzung der Klassengemeinschaft erhalten die Schülerinnen vielfältige Anstöße, sich zu öffnen, Erfahrungen zu reflektieren, Konflikte anzusprechen und gemeinsam Lösungen zu entwickeln.

Ein bewusster, im Jahrgangsteam ausgehandelter pädagogischer Umgang mit entwicklungspsychologischen Herausforderungen oder mit Problemen des Förderns und Forderns, die aus so heterogen strukturierten Lerngruppen erwachsen, zahlt sich für die Schüler aus. Auf solcher Grundlage kann ein positives Lernklima gedeihen, und die strukturellen, schulindividuellen Gesamtschulmerkmale können sich positiv entfalten. Bewährt hat sich eine pädagogische Gliederung der Jahrgänge 5 bis 10 in drei Abschnitte.[31] Die Klassen 5 und 6 bilden die *Integrationsphase*, in der sich die Schüler nach dem Wechsel in die neue Schule dort einleben und zu einer neuen Lerngruppe zusammenfinden müssen. Selbststän-

28 Vgl. Bönsch 2006, S. 192.

29 Vgl. Linke 2000a. Hier findet sich ein Beispiel für einen Jahresarbeitsplan.

30 Beim Persönlichen Lernen bearbeiten die Schüler ein selbst gestelltes Thema während eines vorgegebenen Zeitrahmens.

31 Das hier aufgeführte Beispiel für eine Stufengliederung wurde in Anlehnung an Überlegungen der IGS Göttingen-Geismar an der IGS Franzsches Feld in Braunschweig entwickelt. Zu den religionspädagogischen Chancen einer solchen Gliederung finden sich ausführlichere Überlegungen bei Behrendt 2003.

diges und kooperatives Lernen sollen angebahnt bzw. weiterentwickelt werden. Die Schülerinnen können ihre Stärken und Schwächen einschätzen lernen und so ihre bisherige Lerngeschichte aufarbeiten. Negative Selbsteinschätzung oder auch geringe Selbstwirksamkeitserwartungen sollen korrigiert werden. Die Jahrgangsstufe 7/8 wird an vielen Gesamtschulen als *Beratungs- und Orientierungsphase* verstanden, in der der Schüler eigene Lern- und Interessensschwerpunkte entwickeln soll. Damit er auch lernt, seine Leistungen und Arbeitsergebnisse kritisch einzuschätzen, müssen Lehrerkräfte kontinuierlich mit ihm und seinen Erziehungsberechtigten im Gespräch über seine Lernentwicklung sein. Die Jahrgangsstufe 9/10 bildet die *Fachleistungs- und Differenzierungsphase,* in der die Schwerpunkte der vorhergehenden Jahrgangsstufe durch eine weitere Schwerpunktsetzung im Wahlpflichtbereich II und Angebote zur Berufsorientierung ausgeweitet werden können. Es gerät die Zeit nach der Sekundarstufe I in den Blick. Dazu findet eine intensive Beratung über die weitere Schullaufbahn bzw. Berufsausbildung und die damit zusammenhängenden Abschlussvoraussetzungen und -anforderungen statt. Schwächen und Defizite in einzelnen Fächern, die den angestrebten Abschluss gefährden, müssen verstärkt beachtet und bearbeitet werden.

Für die Jahrgänge 5 bis 8 der integrierten Gesamtschulen besteht in Niedersachsen die Möglichkeit, die Notenzeugnisse durch Lernentwicklungsberichte zu ersetzen.[32] Viele Schulen machen davon Gebrauch. Pädagogische Absicht ist, die Schüler und ihre Eltern differenziert über die Lernentwicklung zu informieren. Dabei versuchen Lehrkräfte, so über Bearbeitetes und Erreichtes aufzuklären und die Entwicklung des Arbeits- und Sozialverhaltens so zu beschreiben, dass das Selbstwertgefühlt der Schülerinnen gestärkt wird und sie nützliche Hinweise für ihre künftige Arbeit erhalten. Derartige Beurteilungen von Schülerleistungen, die oft mit Schülerselbsteinschätzungen und Schülerfeedbacks kombiniert werden, orientieren sich im Doppeljahrgang 5/6 primär am individuellen Lernprozess. Konsequenterweise wird in diesen Jahrgängen häufig auf den Einsatz von Punkten und Prozenten verzichtet. In den Jahrgängen 7 bis 10 kommen schrittweise quantifizierende Bewertungsverfahren hinzu; der individuelle Lernfortschritt wird jedoch im Auge behalten, zurückgemeldet und gewürdigt.

Gestaltungswille, Lernmotivation und Verantwortungsübernahme hängen für die Schülerinnen auch von der Möglichkeit ab, selbst Einfluss auf ihr Lernen und ihre Lernumgebung zu nehmen. Gesamtschulen in Niedersachsen haben die Möglichkeit, sich eine besondere Ordnung zu geben, die die Mitbestimmungsmöglichkeiten erweitert. So heben manche Schulen die Anzahl der stimmberechtigten Gesamtkonferenzmitglieder an, damit aus jeder Klasse ein Schüler

32 Vgl. Kap. 6.6.

und ein Elternteil in diesem wichtigsten Gremium der Schule mitwirken und Einfluss nehmen kann.[33]

Das Fach Religion profitiert von den skizzierten Strukturen. Es koordiniert seine Themen mit anderen Unterrichtsfächern, beteiligt sich an Projekten und setzt eigene religionspädagogische Akzente für Unterricht und Schulleben.

2.6 RU braucht Konzepte – Unterricht »von unten« weiterentwickeln und Anstöße aus der Religionsdidaktik aufnehmen

Religionsunterricht an Gesamtschulen ist ein variantenreiches tagtägliches Bemühen von Religionslehrkräften, den vielfältigen Lernvoraussetzungen und Interessen ihrer Schüler gerecht zu werden, bedeutsame Inhalte für deren Leben zu thematisieren und Raum für eine tiefgründige, lebendige Auseinandersetzung mit den großen Fragen nach dem Selbst und der Welt zu schaffen. Dies ist ein anspruchsvolles Unterfangen, das an manchen Tagen besser, an anderen Tagen weniger gut gelingt.

Die Arbeit in Teams, die zum Selbstverständnis von Gesamtschullehrkräften gehört, hat von Beginn an eine »religionsdidaktische Pionierarbeit von unten« beflügelt. Der Anspruch, als Schulgemeinschaft voneinander und miteinander zu lernen, hat Lehrkräfte herausgefordert, nach geeigneten Anknüpfungspunkten zu suchen, um die Auseinandersetzung mit religiösen Fragen im Schulalltag wach zu halten und das Profil ihrer Schule vom Fach her mitzugestalten. Diesem Anliegen kam der konziliare Prozess der Kirchen für *Frieden, Gerechtigkeit und Bewahrung der Schöpfung* entgegen, der in der Öffentlichkeit nahezu zeitgleich mit dem Aufbau von Gesamtschulen an Einfluss gewann. *Frieden, Gerechtigkeit und Bewahrung der Schöpfung* haben seither nichts an Bedeutung eingebüßt. Nach wie vor regen sie Klassen und die Schulöffentlichkeit zur Diskussion über Leitbilder und Zielvorstellungen des Miteinanders sowie zur politischen Profil-

33 Prinzipiell können sich in Niedersachsen alle Schulen eine solche besondere Ordnung geben. Vgl. dazu § 37 des NSchG: Besondere Ordnungen für die Konferenzen. (1) Schulen können mit einer Mehrheit von zwei Dritteln der stimmberechtigten Mitglieder der Gesamtkonferenz eine besondere Ordnung für die Gesamtkonferenz beschließen. Der Beschluss gilt für höchstens sechs Schuljahre. (2) In der besonderen Ordnung kann bestimmt werden, dass der Gesamtkonferenz mehr stimmberechtigte Vertreterinnen oder Vertreter der in § 36 Abs. 1 Satz 1 Nr.1 Buchst. c genannten Lehrkräfte, der in § 36 Abs. 1 Satz 1 Nr.1 Buchst. f und g genannten sonstigen Mitarbeiterinnen und Mitarbeiter, der Erziehungsberechtigten sowie der Schülerinnen und Schüler oder einzelner dieser Gruppen angehören, als in § 36 Abs. 1 Satz 1 Nr.1 vorgesehen ist. Mindestens die Hälfte der Mitglieder müssen Lehrkräfte sein.

bildung an. Religionskurse engagieren sich in der Friedensbewegung; auch der Einsatz für soziale Gerechtigkeit oder für ökologische Anliegen ist vielfach dem Religionsunterricht zu verdanken.

Das Konzept des problemorientierten Religionsunterrichts hat Religionslehrkräfte in ihrem Bemühen bestärkt, sich für einen Unterricht zu engagieren, der im Schulleben verankert ist und seine Relevanz für die Lebensbewältigung der Schülerinnen immer wieder aufs Neue unter Beweis stellt.[34] Auf katholischer Seite verfolgt die Korrelationsdidaktik das Anliegen, die Lebenswelt der Schüler im Gespräch mit Bibel, christlicher Tradition und Theologie zu deuten.

Auch die Symboldidaktik hat durch erfahrungsorientierte und gestalterische Zugänge die Entwicklung des Religionsunterrichts stark beeinflusst, nicht zuletzt, weil sie vieles von dem systematisierte, was dort erprobt wurde.[35] Religionslehrkräfte fühlten sich durch dieses Konzept auf ihrem Weg unterstützt, die Schülerinnen ernst zu nehmen, sich an ihren Fähigkeiten und Bedürfnissen zu orientieren und sie durch die kreative Arbeit mit Symbolen wie z. B. »Hand«, »Haus« oder »Weg« nicht nur in eine kognitive, sondern auch in eine affektive Auseinandersetzung mit elementaren Erfahrungen hineinzuführen.

Das kooperative Lernen wird inzwischen vielerorts auch im Religionsunterricht praktiziert, um bei den Schülern selbstständiges Denken und Teamarbeit zu fördern. Es setzt bei den Erfahrungen, Fragen oder Sichtweisen an, die der Einzelne sich zu einem Thema vergegenwärtigt. Diese werden anschließend in einen Dialog mit denen des Tischnachbarn, der Tischgruppe und des Plenums gebracht. Der Dreischritt »Think, Pair, Share« verwickelt den Lerner in eine Fragestellung und speist seine Erfahrungen in die Gruppe ein, um sie für das gemeinsame Lernen fruchtbar zu machen.[36] Kooperatives Lernen trägt durch individuelle Reflexion und kommunikativen Austausch zur Erweiterung, Vertiefung oder Korrektur von Wissen und Einstellungen bei. Es fördert die Übernahme von Verantwortung, weil jeder in das Gelingen der gemeinsamen Arbeit eingebunden ist. Gestalterische Methoden wie Zeichnen, Malen, Schneiden, Formen von Gegenständen, Pantomime, Standbild, Rollenspiel erhöhen die Anschaulichkeit und eröffnen den Schülerinnen neben kognitiven Zugängen auch emotionale Zugänge zu einer Thematik.[37]

Von der Fülle neuerer religionsdidaktischer Konzepte wie der *konstruktivistischen Religionsdidaktik,* der *Jugendtheologie,* dem *dialogischen Religionsunterricht,* der performativen Religionsdidaktik, der *Didaktik der Elementarisierung*

34 Vgl. Kaufmann 1973.
35 Vgl. Biehl 1980, S. 37–121 und ders. 1989.
36 Vgl. Brüning et al. 2009; Green et al. [7]2012.
37 Vgl. Adam 2010; Niehl [12]1998.

hat sich bislang keines »in Reinform« im Unterricht durchgesetzt.[38] Eher sind einzelne Elemente in die Praxis eingesickert und sorgen für mehr Vielfalt bei Themen, Lernzugängen und Unterrichtsformen.

Das individuelle Lernen, das sich in der Lehrerschaft zunehmender Beliebtheit erfreut, greift Elemente der *konstruktivistischen Religionsdidaktik* auf. Sie argumentiert, dass die sozial und medial geprägten Vorstellungen der Schüler wie ein Filter seien, durch den neue Informationen oder Erfahrungen hindurch liefen, bevor sie subjektiv angeeignet würden. Daher gehe es im Unterricht darum, die unterschiedlichen Vorstellungen und Deutungen der Schülerinnen als eigenständige Konstruktionen von Wirklichkeit ernst zu nehmen. Weil es beim einzelnen Lerner liege, was er aus seiner Lernumwelt aufnehme, müsse der Religionsunterricht vielfältige Angebote bereitstellen, »in der Hoffnung, dass diese überhaupt und wenn möglich im Sinne des Anbieters rezipiert werden.«[39] Viele Fachgruppen arbeiten daran, Unterrichtsmaterialien zu entwickeln, die eigenständige Konstruktionsleistungen fördern. Inzwischen gibt es sogar Schulen, in denen auch der Religionsunterricht hauptsächlich im Lernbüro stattfindet. Das bedeutet, dass die Schüler an jedem Tag oder an einigen Tagen der Woche zu festgelegten Zeiten selbstständig – allein oder in kleinen Gruppen – an Materialien und Aufgaben arbeiten sollen. Ihre Ergebnisse werden durch Selbstkontrolle – z. B. anhand vorbereiteter Lösungen – verglichen, von der Lehrkraft, die das Lernbüro betreut, begutachtet oder auch in der Lerngruppe durch den Schüler präsentiert. Zusätzlich gewinnen persönliche Projekte zunehmend an Bedeutung. Bei einem persönlichen Projekt sucht sich die Schülerin ein Thema, das sie interessiert und bearbeitet es mittels selbst gewählter Methoden eigenständig.

Grundsätzlich ist es sinnvoll, dass der Religionsunterricht sich an der Entwicklung selbstständigen Lernens beteiligt. Es wäre jedoch wichtig darauf zu achten, hinreichend Zeit für die gemeinsame Auseinandersetzung, für Gespräche und Diskussionen einzuräumen – denn Deutungs-, Urteils- und Dialogkompetenz brauchen den Austausch mit einem Gegenüber, um sich entfalten zu können.[40]

Das Konzept der *Jugendtheologie* teilt die Vorstellung konstruktivistischer Religionsdidaktik, dass Schüler in Aneignungsprozessen eigenständige Strukturierungsleistungen vollziehen. Dokumentierte Gespräche, die mit Kindern und Jugendlichen geführt wurden, zeigen, dass Heranwachsende theologische Begriffe eigenständig mit Inhalt füllen und sinnhafte Deutungsmuster konstruieren.[41] Die

38 Vgl. z. B. Mendl 2005, Schlag 2011, Freudenberger-Lötz 2012, Schweitzer et al. 2006, Leonhard et al. 2003, Schweitzer ²2007, ³2008.

39 Büttner 2006, S. 14.

40 Auf das Lernbüro geht Kap. 3.3 noch genauer ein.

41 Vgl. Freudenberger-Lötz 2006.

Jugendtheologie macht sich jedoch nicht primär für das individuelle Lernen stark, sondern für die Entfaltung einer Gesprächskultur in der Lerngruppe. Sie unterstützt Lehrkräfte dabei, Gesprächsführungskompetenzen auszubilden, indem sie theologische Gespräche mit Kindern und Jugendlichen dokumentiert, Impulse, die die Lehrkräfte in diesen Gesprächen geben, kritisch reflektiert und Alternativen aufzeigt. Bei diesem Konzept sollen Phasen selbstständigen Lernens, in denen die Schülerinnen sich neues Wissen aneignen oder ihr Wissen vertiefen, die Unterrichtsgespräche ergänzen und Grundlagen für weitere Gespräche legen. Die *Jugendtheologie* wertet die Bedeutung der Lehrkraft auf, weil sie ihr mehr als die Rolle eines Moderators zuweist. Die Lehrkraft trage nämlich entscheidend dazu bei, dass sich unter den Schülern eine Gesprächskultur ausbilden kann, und sie sorge durch sinnvolle theologische Impulse dafür, dass sich die religiösen Vorstellungen der Schülerinnen weiterentwickeln können. Mit diesem Konzept lassen sich auch Bedenken gegen die ausschließliche Durchführung des Religionsunterrichts im Lernbüro argumentativ untermauern (vgl. Kap. 3.3).

Der *dialogische Religionsunterricht* legt ebenfalls einen wichtigen Akzent auf das gemeinsame Gespräch. Es müssen zwei Konzepte unterschieden werden: Das Hamburger und das Baden-Württembergische Modell. Der dialogische Religionsunterricht nach dem Hamburger Modell sieht einen gemeinsamen Unterricht für Schüler aller Religionen und Weltanschauungen vor, um sie durch den interreligiösen Dialog im Klassenzimmer gesprächsfähig für das Zusammenleben in einer kulturell und religiös pluralen Gesellschaft zu machen.[42] Er wird von der ev. Nordkirche verantwortet und durchgeführt, soll aber in absehbarer Zeit von allen beteiligten Religionsgemeinschaften gemeinsam getragen werden.[43] Das Baden-Württembergische Modell versteht unter *dialogischem Religionsunterricht* vorrangig die konfessionelle Kooperation. Ziel dieses Konzepts ist, die Zusammenarbeit zwischen evangelischem und katholischem Religionsunterricht auf eine fundierte fachliche Grundlage zu stellen. Durch wertschätzendes Behandeln auch der jeweils anders konfessionellen Inhalte sowie durch interkonfessionelles

42 Vgl. Weiße, Wolfram (Hg.): Dialogischer Religionsunterricht in Hamburg. Positionen, Analysen und Perspektiven im Kontext Europas, Münster 2008; Knauth, Thorsten: Positionen und Perspektiven eines dialogischen Religionsunterrichts in Hamburg. In: Kenngott, Eva-Maria/Englert, Rudolf, Knauth, Thorsten (Hg.): Konfessionell – religionskundlich – interreligiös? Unterrichtsmodelle in der Diskussion, Stuttgart 2015, S. 69–86.

43 »Neben der evangelischen Kirche nehmen daran die muslimischen Verbände Schura, Ditib und VikZ, die alevitische Gemeinde und die jüdische Gemeinde Hamburg teil. Ermöglicht wurde dies durch den 2012 geschlossenen Vertrag der Stadt Hamburg mit muslimischen und alevitischen Gemeinschaften, in dem diese als Religionsgemeinschaften anerkannt wurden. Die katholische Kirche beteiligt sich bisher nicht an diesem Prozess.« http://li.hamburg.de/religion/material/4419346/art-einleitung/und http://www.vhrr.de/schule-ru-f%C3%BCr-alle/, 13.10.2015.

Begegnungslernen in gemischten Lerngruppen soll ein vertieftes Bewusstsein über die eigene Konfession geschaffen und die ökumenische Offenheit der Kirchen erfahrbar gemacht werden. In Baden-Württemberg wurde dazu ein umfangreicher Modellversuch »Konfessionell-kooperativer Religionsunterricht« durchgeführt und evaluiert. Die Ergebnisse bestätigten dieses Konzept, denn bei den Schülern wurde sowohl ein Wissenszuwachs über Gemeinsamkeiten und Unterschiede zwischen den Konfessionen festgestellt als auch eine erweiterte Sprach-, Argumentations- und Differenzierungsfähigkeit.[44]

Seit Erscheinen der Denkschrift *Identität und Verständigung* ist in der religionspädagogischen Diskussion immer wieder das Anliegen bekräftigt worden, die Kooperation auch auf den Ethik- bzw. Philosophieunterricht auszuweiten.[45] Die Anbahnung von Pluralitätsfähigkeit durch die Schule hat nicht zuletzt deshalb besondere Wichtigkeit, weil es keinen anderen gleichartigen Ort gibt, an dem Menschen unterschiedlicher Religionen und Weltanschauungen tagtäglich zusammentreffen und gezielt voneinander lernen können.[46] Das Plädoyer, den Fachbereich Religion zu einem differenzierten Lernbereich Religion(en) plus Alternativfach weiterzuentwickeln, stößt bei Gesamtschulen zunehmend auf Interesse.[47] Es gibt Schulen, die inzwischen einen Wechsel von Differenzierungsphasen in den Kursen und Integrationsphasen im Klassenverband erproben.[48] Wenn auf solche oder ähnliche Weise Wissen ausgetauscht wird, Perspektivenwechsel geübt wird und Erfahrungen gegenseitigen Verstehens gemacht werden,

44 Vgl. Pemsel-Meier. In: Lehmann et al. 2011, S. 89–102; Schweitzer, Friedrich/Biesinger, Albert/Conrad, Jörg/Gronover, Matthias: Dialogischer Religionsunterricht. Analyse und Praxis konfessionell-kooperativen Religionsunterrichts im Jugendalter, Freiburg 2006.

45 Vgl. Nipkow 2011, S. 75f; Babke 2011, S. 103–199; Kirchenamt der EKD (Hg.): Identität und Verständigung, Standort und Perspektiven des Religionsunterrichts in der Pluralität, Gütersloh 1994; Kirchenamt der EKD (Hg.): Religiöse Orientierung gewinnen. Evangelischer Religionsunterricht als Beitrag zu einer pluralitätsfähigen Schule, Gütersloh 2014.

46 Die Chancen eines verständigungsorientierten Religionsunterrichts beschreibt Friedrich Schweitzer (2008) so: »Ausschlaggebendes Motiv für die weltanschaulich neutrale Schule ist die Annahme, dass Frieden und Toleranz nur durch ein Zurückdrängen der religiösen Pluralität in den Privatbereich erreichbar seien. Diese Annahme verliert ihre Plausibilität, wenn es gelingt, einen verständigungsorientierten Weg zu Frieden und Toleranz zwischen den Religionen als möglich zu erweisen. Für die Schule bedeutet dies, dass die Zukunft sicher nicht mehr allein einem konfessionellen oder an eine Religion gebundenen Religionsunterricht gehören kann. Zunehmend werden kooperativ-verständigungsorientierte Formen von Religionsunterricht wichtig werden – angefangen beim christlich-ökumenischen, konfessionell-kooperativen Religionsunterricht bis hin beispielsweise zu Formen der Kooperation zwischen einem christlichen und einem islamischen oder jüdischen Religionsunterricht. Ökumenisches oder interreligiöses Lernen bezeichnen daher unabdingbare Desiderate für die Zukunft des Religionsunterrichts.«, S. 34.

47 Vgl. auch Babke 2011, S. 103–199.

48 Ausführlicher dazu vgl. Kap. 1.8 und 1.9.

kann das zu einem toleranten Miteinander der Religionen und Weltanschauungen beitragen.[49]

Die *performative Religionsdidaktik* versteht sich als »Didaktik nach dem Traditionsabbruch«.[50] Diesem will sie Erfahrungen mit Religion als Praxis entgegensetzen und Religion durch »spielerisch-inszenatorische Zugangsweisen« zum Sprechen bringen.[51] Religionsunterricht wird performativ als inszenatorisches Handeln verstanden, das sich leiblich-räumlich vollzieht.[52] Die Schüler sollen aktiv und selbstständig den »Schauplatz Religion« erkunden, indem sie zu »religiösem Probedenken« und »Probehandeln« angeregt werden.[53] Das Konzept sieht vor, dass solche Inszenierungen immer wieder durch reflexive Distanz, die von der Lehrkraft angebahnt werden muss, unterbrochen werden.[54] Damit soll einer puren »Einübung in Religion« vorgebeugt werden.

Die *performative Religionsdidaktik* wird kontrovers diskutiert. Positiv hervorgehoben wird, dass sie handlungsorientierte Zugänge zu Religion ermögliche und Religion erfahrbar mache. Praktiker berichten andererseits aber auch, dass es nicht nur für religionskritische Schüler schwierig sei, sich überhaupt auf religiöses Probehandeln einzulassen. Problematisiert wird, ob das Konzept eine adäquate didaktische Antwort auf den Traditionsabbruch sei und es eine religionskritische Öffentlichkeit vom Bildungsgehalt des Faches Religion überzeugen könne. Kritiker monieren, dass es das kritische Potential religiöser Bildung nicht hinreichend zur Geltung bringe, sondern den Unterschied zwischen Katechese und religiöser Bildung verwische.[55]

Weil alle Schülerinnen im Religionsunterricht gemeinsam lernen, erhält die innere Differenzierung zentrale Bedeutung. Für Schüler mit weniger ausgeprägtem Abstraktionsvermögen oder weniger entwickelter Sprachkompetenz müssen Aufgaben geringerer Komplexität konzipiert werden, für Schülerinnen mit ausgeprägtem Abstraktionsvermögen Aufgaben höherer Komplexität. Dennoch sollten möglichst für alle Schüler Aufgaben aus allen drei Anforderungsbereichen, also Aufgaben zur Reproduktion (Anforderungsbereich I), zur Erklärung und Anwendung (Anforderungsbereich II) sowie zur selbstständigen Reflexion und Problemlösung (Anforderungsbereich III) entwickelt werden (genauere Darstellung von Binnendifferenzierung in Kap. 4.6.3).

49 Vgl. Schweitzer 2008, S. 34.
50 Vgl. Dressler 2003, S. 152–165.
51 Leonhard 2003, S. 9.
52 Vgl. Leonhard 2003, S. 8–10.
53 Dressler 2003, S. 159.
54 Vgl. Mendl 2006, S. 10–37.
55 Vgl. Lämmermann 2008, S. 107–123.

Bei der Erstellung von Unterrichtsmaterialien und der Planung von Unterricht kann das Konzept der *Elementarisierung* helfen. Es knüpft an die kritisch-konstruktive Didaktik von Klafki an und will einen gangbaren Weg aufzeigen, wie Lehrkräfte bei ihren Schülern religiöse Bildungsprozesse anbahnen können. Das Konzept legt großen Wert darauf, dass Lehrkräfte bei der Unterrichtsplanung sowohl den Schülerinnen gerecht werden als auch bedeutsame Inhalte sachlich angemessen zur Sprache bringen. Unterrichtsplanung müsse sich auf zwei Ebenen vollziehen. Auf der Ebene der Person seien die elementaren Erfahrungen, die entwicklungsbedingten Verstehensvoraussetzungen der Schüler und die elementaren Lernformen zu berücksichtigen. Auf der anderen Ebene, der Sachebene, seien die elementaren inhaltlichen Strukturen freizulegen, die der Unterrichtsgegenstand umfasst, sowie elementare Wahrheiten herauszufiltern, die für die Schülerinnen bedeutsam werden könnten. Damit lenkt das Verfahren der Elementarisierung bei der Unterrichtsplanung die Aufmerksamkeit auf das Herausarbeiten relevanter religionsspezifischer Aspekte sowie auf Kontroversen oder Herausforderungen, die eine persönliche Positionierung erfordern.[56] Die ursprünglich vier Perspektiven wurden von Friedrich Schweitzer um eine fünfte, die elementaren Lernformen, ergänzt. Sie fragt nach den grundlegenden Formen der Aneignung, die den Schülern dabei helfen können, religiöse Inhalte zu erschließen.[57]

Auch bei der Aufgabe, die Qualität von Unterrichtsmaterialien oder Religionsbüchern angemessen zu beurteilen oder selbst Unterrichtsmaterialien zu erstellen, können Lehrkräfte sich an den fünf Fragerichtungen der Elementarisierung – elementare Erfahrungen, elementare Zugänge, elementare Strukturen, elementare Wahrheiten, elementare Lernformen – orientieren, weil dadurch wesentliche Aspekte in den Blick kommen. Beim Planen interkonfessioneller und interreligiöser Begegnungen oder bei fächerübergreifenden Projekten kann die Elementarisierung in Form einer schülernahen Grobplanung anzubahnender Kompetenzen, zentraler Inhalte und strittiger Aspekte hilfreich sein.

Die *Kompetenzorientierung*, die 2006 von den Kultusministerien durch gezielte Steuerung »von oben« auf den Weg gebracht wurde, war eine Gesamtstrategie zur Neustrukturierung des schulischen Bildungswesens und hat seither auch den Religionsunterricht stark geprägt[58] Sie hat grundlegende Veränderungsprozesse eingeleitet: weg von Lernzielen hin zu Kompetenzen, die nicht nur Kenntnisse,

56 Schweitzer, Friedrich (Hg.): Elementarisierung im Religionsunterricht. Erfahrungen, Perspektiven, Beispiele, Neukirchen-Vluyn ²2007.

57 Schweitzer, Friedrich: Elementarisierung im Religionsunterricht. Erfahrungen, Perspektiven, Beispiele, Neukirchen-Vluyn ⁴2013.

58 Die beiden Kirchen haben diesen Prozess durch Veröffentlichungen und Stellungnahmen aktiv mit vorangetrieben (vgl. Dieterich 2011, S. 25).

Fähigkeiten und Fertigkeiten, sondern auch Haltungen umfassen; verbindliche inhalts- und prozessbezogene Kompetenzen, die von den Schülern in einem festgelegten Zeitraum erworben werden sollen; das Planen der Lernprozesse von ihrem Ende her, d.h. ausgehend von gegenwärtigen oder künftigen »Anforderungssituationen«, denen die Schülerinnen begegnen.[59] Auch die Aufgabenkultur hat sich verändert: Aufgaben sollen unter Verwendung von Operatoren so formuliert werden, dass mit ihnen möglichst mehrere inhalts- und prozessbezogene Kompetenzen angebahnt werden können.[60] Mittels der Operatoren soll zugleich überprüft werden, ob die vorgegebenen Kompetenzen auch tatsächlich erreicht wurden (vgl. Kap. 4.6).

Die *Kompetenzorientierung* hat die Diskussion über die Ziele und Inhalte des Religionsunterrichts neu entfacht. Einer breiten Diskussion in der Religionslehrerschaft über das, was religiöse Bildung ausmacht und wie diese erworben werden kann, wurde jedoch durch eine sehr zügige Festschreibung und Implementierung der Kerncurricula zuvorgekommen. Positiv ist, dass die neuen Curricula die theologische und religiöse Dimension des Faches offen legen.[61] Dieterich kommt allerdings nach einem bundesweiten Vergleich der neuen Curricula zu dem Ergebnis, dass diese »bei den konkreten Fragestellungen die nicht-religiöse, weltanschauliche, alltägliche bzw. nicht-theologische wissenschaftliche Dimension in der Regel nur noch punktuell, eher zufällig und wenig systematisch und umfassend – und schon gar nicht in eigenständigen Themenstellungen – aufnehmen«[62] würden. Es zeige sich »eine auffällige Tendenz zur Zurückdrängung gesellschaftlicher, insbesondere auch sozialer Fragestellungen.«[63]

Problematisch wird es auch, wo sich der Religionsunterricht ausschließlich auf die Erfüllung von Kompetenzerwartungen und die »Bewältigung von Anforderungssituationen« fixiert, weil dies der Komplexität des Unterrichtsgegenstands nicht gerecht wird. Vieles, was im Religionsunterricht gelernt wird, ist empirisch nicht überprüfbar.[64] Das bedeutet für Religionslehrer, besonders darauf zu achten, den Unterricht offen für Hoffnungssprache, für Widerständiges und Ungeplantes zu halten. Sinnstiftende Deutungen von Selbst und Welt können sich entwickeln,

---

59 Obst, Gabriele: Kompetenzorientiertes Lehren und Lernen im Religionsunterricht, Göttingen [3]2010.

60 Operatoren sind von den Kultusbehörden definierte, mit Verben verknüpfte Arbeitsanweisungen (z.B. »erläutern«), die für zentrale Prüfungen gelten.

61 Dazu: Schweitzer [2]2008.

62 Dieterich 2011, S. 34.

63 Dieterich 2011, S. 34.

64 Hier muss an Hans-Bernhard Kaufmann erinnert werden, der schon 1972 davor gewarnt hatte, dass durch eine zum Prinzip erhobene Lernzielorientierung die »technische Verfügung über die Wirklichkeit« drohe (Kaufmann 1973, S. 47).

wenn Weltauslegung und Selbstverstehen zusammenwirken und Menschen sich von biblisch-theologischem Hoffnungswissen berühren lassen. Solche Prozesse sind schulisch nicht evaluierbar, aber dennoch unverzichtbar.

Religionsdidaktische Konzepte sind wichtig, weil sie Kategorien liefern, die Veränderungsprozesse in den Schulen beschreiben helfen, Impulse geben und Wege zeigen, mit neuen Herausforderungen auf neue Weise fertig zu werden. Sie können inspirieren, neue Formen des Lernens und Lehrens zu erproben, um die Tiefendimension des Lebens und der Wirklichkeit altersangemessen zur Sprache zu bringen.

2.7 Auf dem Weg zur inklusiven Schule

2.7.1 Überwindung von Exklusion

Bildungspolitische Kontroversen bewegten sich bislang häufig im Kontext des Gegensatzes mehrgliedrige versus integrierte Schulsysteme. Im öffentlichen Diskurs wird immer wieder der grundlegende Unterschied zwischen dem dreigliedrigen Schulsystem (meist: Hauptschule, Realschule, Gymnasium) und der Gesamtschule diskutiert, wobei die Schulform Förderschule kaum Beachtung findet. Wer also vom dreigliedrigen Schulsystem spricht, bezieht sich eigentlich auf ein viergliedriges. Dass dieses in der Regel nicht als solches bezeichnet wird, verrät eine Menge über die mangelnde öffentliche Wahrnehmung des Phänomens Förderschule: Schülerinnen dieser Schulform werden indirekt als zu vernachlässigender Rest unterhalb der Ebene normaler Beschulung angesehen. Der in manchen Bundesländern nach wie vor verwendete Begriff Sonderschule oder der überholte Begriff Hilfsschule macht dieses Phänomen offenkundig. Inzwischen beginnt sich der pädagogisch sinnvollere Begriff Förderschule einzubürgern. Das viergliedrige Schulsystem fußt auf der traditionellen pädagogischen Sichtweise, dass homogene Lerngruppen dem Lernprozess förderlicher seien als heterogene. Dazu müssten Schülerinnen zunächst *exkludiert* und anschließend zu neuen homogenen Lerngruppen zusammengeführt werden.

2.7.2 Von der Separation zur Integration

Als dem viergliedrigen Schulsystem entgegengesetzt wird die Gesamtschule genannt. Dass sich unter diesem »Etikett« ein Bündel sehr unterschiedlicher pädagogischer Konzepte und damit verbundener Organisationsformen verbirgt, wird oft vernachlässigt. Daher sollte eher von integrierten Schulsystemen die

Rede sein, um zu verdeutlichen, dass nicht nur die integrierte Gesamtschule eine Alternative zur Mehrgliedrigkeit darstellt, sondern weitere Schulformen, die teilweise Überschneidungen mit dem mehrgliedrigen Schulsystem aufweisen, diesen Anspruch erheben (z. B. Kooperative Gesamtschule, Oberschule). Dort werden leistungsschwächere Schüler mittels schulzweig- oder fachbezogener äußerer Differenzierung *separiert,* um sie durch Schaffung homogenerer bzw. kleinerer Lerngruppen effektiver fördern zu können.

Das bisherige Paradigma integrierter Schulsysteme war, wie die Bezeichnung Integrierte Gesamtschule es direkt vermittelt, der Begriff Integration. Er basiert auf der weit verbreiteten Vorstellung, dass es immer Menschen gäbe, die aufgrund ihrer soziokulturellen und religiösen Herkunft sowie ihrer geistigen und körperlichen Fähigkeiten außerhalb der Gesellschaft und ihrer Subsysteme stünden. Zu deren Förderung und zum Abbau gesellschaftlicher Gegensätze seien sie in die Gruppe der »Normalbürger« zu *integrieren.* Diese Denkfigur wurde auf die Schule übertragen: Schülerinnen, die in diesem Sinne außerhalb stehen, sollen mit den Durchschnittsschülern assimiliert, also in den Klassenverband integriert werden. Mit dem Begriff Integration wird aber zugleich das Bestreben und der damit verbundene Prozess bezeichnet, Schülerinnen, die wegen eingeschränkter fachbezogener Leistungsfähigkeit von der Lerngruppe *separiert* werden, wieder in diese zurückzuführen, also zu *integrieren.* Das kann zu einem Kreislauf von *Separation* und *Integration* führen, der sich über den Schulabschluss hinaus fortsetzt.

Beide pädagogischen Zielsetzungen, die mit dem Begriff Integration verbunden sind, werden zunehmend in Frage gestellt, weil sie auf einer Defizitorientierung beruhen: Menschen werden – vor dem Hintergrund eines geltenden Maßstabes soziokultureller, körperlicher und geistiger Normalität – als nicht der Norm entsprechend und damit als eingeschränkt tauglich für die Gesellschaft wahrgenommen. Unter solchen Voraussetzungen erscheint Heterogentiät auch in integrierten Schulsystemen eher als Hindernis. Die Möglichkeit, dass diese Menschen andere, für das Zusammenleben und das Zusammenwirken wertvolle Eigenschaften wie z. B. Empathie, Spontaneität, Fantasie und Intuition besitzen, wird dabei vernachlässigt.

2.7.3 Von der Integration zur Inklusion

Inklusive Pädagogik hingegen betont die grundsätzliche Gleichwertigkeit und somit auch die Berechtigung zur vollwertigen Partizipation am gesellschaftlichen Leben. Der Begriff Inklusion leitet sich vom lateinischen Verb »includere« ab. Dieses bedeutet: beinhalten, einschließen, einsperren, umzingeln. Inklusive Pädagogik sieht die Heterogenität von Lerngruppen nicht als notwendiges Übel, sondern als Chance für schulische Bildung und Erziehung. Vorausgesetzt wird, dass jeder Schüler ein vollwertiges Mitglied der Gemeinschaft ist und die Fähigkeit besitzt, dem Zusammenleben und dem gemeinsamen Lernen wichtige Impulse zu geben. Lehrkräfte haben dementsprechend die Aufgabe, die Schülerinnen in ihrer Besonderheit mit ihren Stärken und Schwächen wahrzunehmen und sie nicht defizitorientiert an fachlichen Leistungsmaßstäben zu messen. Im *Handlexikon der Behindertenpädagogik* definiert Andreas Hinz Inklusion als

> […] Ansatz, der auf der Basis von Bürgerrechten argumentiert, sich gegen jede gesellschaftliche Marginalisierung wendet und somit allen Menschen das gleiche volle Recht auf individuelle Entwicklung und soziale Teilhabe ungeachtet ihrer persönlichen Unterstützungsbedürfnisse zugesichert sehen will. Für den Bildungsbereich bedeutet dies einen uneingeschränkten Zugang und die unbedingte Zugehörigkeit zu allgemeinen Kindergärten und Schulen des sozialen Umfeldes, die vor der Aufgabe stehen, den individuellen Bedürfnissen aller zu entsprechen – damit wird, dem Verständnis der Inklusion entsprechend, jeder Mensch als selbstverständliches Mitglied der Gemeinschaft anerkannt.[65]

Folgende grafische Darstellung veranschaulicht die vier Konzepte:

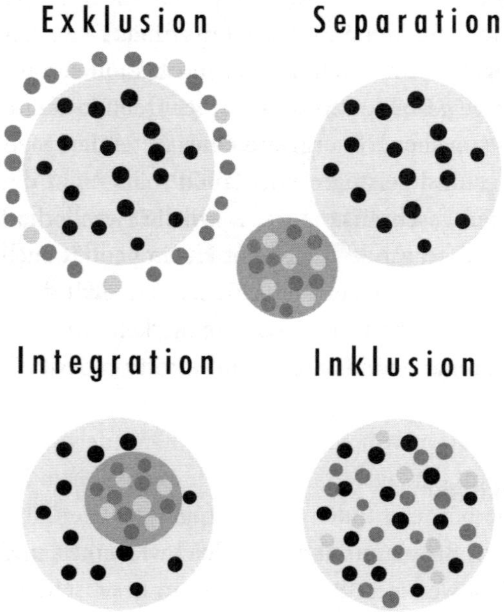

Quelle: http://www.tag-der-inklusion.de/

65 Hinz, Andreas: Inklusion. In: Antor, Georg/Bleidick, Ulrich (Hg.): Handlexikon der Behindertenpädagogik, Stuttgart 2006, S. 97–99.

Die Zielsetzung von Bildungspolitikern, Inklusion fest zu verankern, wird durch die UN-Behindertenrechtskonvention (Convention on the Rights of Persons with Disabilities) befördert, die im Dezember 2006 durch die Generalversammlung der Vereinten Nationen verabschiedet wurde.[66] In Artikel 3 werden folgende allgemeine Grundsätze genannt (offizielle Übersetzung):[67]

- die Achtung der dem Menschen innewohnenden Würde, seiner individuellen Autonomie, einschließlich der Freiheit, eigene Entscheidungen zu treffen, sowie seiner Unabhängigkeit,
- die Nichtdiskriminierung,
- die volle und wirksame Teilhabe an der Gesellschaft und Einbeziehung in die Gesellschaft,
- die Achtung vor der Unterschiedlichkeit von Menschen mit Behinderungen und die Akzeptanz dieser Menschen als Teil der menschlichen Vielfalt und der gesamten Menschheit,
- die Chancengleichheit,
- die Zugänglichkeit,
- die Gleichberechtigung von Mann und Frau,
- die Achtung vor den sich entwickelnden Fähigkeiten von Kindern mit Behinderungen und die Achtung ihres Rechts auf Wahrung ihrer Identität.

Die UN-Behindertenrechtskonvention wurde im Jahre 2009 ratifiziert und stellt seitdem geltendes Recht und Grundlage für Gesetze dar. »Das bedeutet, dass nicht nur künftige Gesetze mit der UN-Konvention übereinstimmen müssen; auch bestehende Gesetze müssen entsprechend verschärft werden. […] die Frage lautet daher nicht, ob, sondern wie Inklusion umgesetzt werden soll.«[68]

Obwohl sich Inklusion auf alle Lebensbereiche bezieht, wird sie besonders in Hinblick auf ihre Umsetzung im Bildungssektor diskutiert. Die Landesregierungen sind daher grundsätzlich verpflichtet, die Inklusion schulgesetzlich zu verankern und Rahmenbedingungen für deren praktische Umsetzung in allen Schulformen zu schaffen. Geplante Umsetzungsmaßnahmen werden in der Lehrer-, Schüler- und Elternschaft heftig diskutiert, wobei Inklusion vielmals noch im traditionellen Sinne auf die Integration von Menschen mit Behinderungen reduziert wird. In diesem Kontext wird beklagt, dass die Landesregierungen zu wenig personelle Ressourcen für die Förderstunden zur Verfügung stellen, die Lehrkräfte mit ihren Problemen allein lassen und Inklusion überhastet einführen

66 Grasser, Patrick: Inklusion im Religionsunterricht. Vielfalt leben, Göttingen 2014, S. 14 f.

67 http://www.behindertenbeauftragte.de/SharedDocs/Publikationen/DE/Broschuere_UNKonvention_KK.pdf?__blob=publicationFile, Zugriff am 15.10.2015.

68 Grasser 2014, S. 15.

würden. Besonders umstritten ist die Frage, ob Förderschulen – bis auf wenige Ausnahmen – generell abgeschafft werden und alle diesbezüglichen Aufgaben an die Regelschule verlagert werden sollten. Grundsätzlich muss betont werden, dass Inklusion von Menschen mit körperlichen, geistigen und seelischen Beeinträchtigungen nicht ohne hinreichende strukturelle Verbesserungen umsetzbar ist und es unter keinen Umständen akzeptiert werden kann, wenn Lehrkräfte ohne Vorbereitung mit Kindern konfrontiert werden, die unter schweren Beeinträchtigungen leiden. Der Staat hat zweifellos die Aufgabe, alle dafür notwendigen personellen, materiellen und organisatorischen Voraussetzungen zu schaffen. Nichtsdestotrotz ergeben sich in diesem Zusammenhang drei Problemanzeigen grundsätzlicher Art:

1. Verbirgt sich hinter einer Diskussion, die sich auf die Förderung von Menschen mit schweren Beeinträchtigungen fixiert, nicht eine Reduzierung von Inklusion auf eine grundsätzliche Integration von Kindern mit »Defiziten« in Regelschulen? Wird hier nicht eher eine Integrationsdebatte unter dem Label »Inklusion« geführt?
2. Setzt inklusive Pädagogik nicht primär eine Veränderung der Haltungen von Lehrkräften im Umgang mit Heterogenität voraus, anstelle einer Fixierung auf Fördermaßnahmen für Kinder mit Beeinträchtigungen?
3. Steht der pädagogische Paradigmenwechsel hin zu Inklusion nicht grundsätzlich im Widerspruch zu einem mehrgliedrigen Schulsystem?

Im Unterschied zu der skizzierten, häufig verkürzten öffentlichen Diskussion wird Inklusion hier im umfassenden Sinne als Wertschätzung von Heterogenität aller Schüler verstanden. Damit wird nicht bestritten, dass es für Schülerinnen mit besonderem Unterstützungsbedarf auch besonderer pädagogischer Maßnahmen, spezifischer Materialien und Aufgaben bedarf. Bestritten wird aber die Auffassung, dass man mit Inklusion an den Schulen und im Unterricht erst beginnen könne, wenn die organisatorischen und pädagogischen Voraussetzungen in idealer Weise erfüllt seien. Würde man dieser Auffassung zustimmen, hieße das, dass es überhaupt keinen effektiven Unterricht geben könnte, da es keine Schule ohne Mängel (z. B. zu große Klassen, unzureichende Ausstattung) gibt. Wenn Inklusion ein grundlegendes pädagogisches Paradigma ist, dann kann damit begonnen werden, sobald die Haltung der Lehrkräfte sich von der Defizitorientierung hin zur Wertschätzung der Heterogenität verändert hat und nicht erst, wenn die Klassengrößen optimal, alle Lehrkräfte für den Umgang mit Kindern mit Handicap fortgebildet und alle Barrieren beseitigt sind.[69] In diesem Sinne

69 Grasser 2014, S. 45 f.

muss Unterricht auch dann inklusiv sein, wenn keine Schüler mit »amtlich festgestellten« besonderen Beeinträchtigungen in der Lerngruppe sind.

Das bedeutet im Umkehrschluss nicht, dass jede Schule sofort in der Lage und bereit sein kann, Schüler mit jedwedem Förderbedarf aufzunehmen,[70] denn bei bestimmten Körperbehinderungen – wie z. B. Blindheit – würde man diese Menschen dann nicht adäquat unterrichten können. Ebenso ist die immer wieder anzutreffende Praxis als pädagogisch grob fahrlässig abzulehnen, stark verhaltensauffällige Schüler mit sozial-emotionalem Förderbedarf von einer Förderschule in die Regelschule zu überstellen, ohne die Lehrkräfte durch Fortbildungen gründlich darauf vorzubereiten, ohne Schülerinnen und Eltern darüber zu informieren und ohne ausreichend personelle Unterstützung durch Förderlehrkräfte zu sichern.[71] Ein solches Verhalten durch Schulbehörden, das durch fehlende Bereitstellung personeller[72] und finanzieller Ressourcen seitens der politisch Verantwortlichen bedingt ist, führt zur Überforderung von Lehrkräften und im Extrem zu Krankheit und Burnout. Es führt zu massiven Störungen des Klassenklimas und nicht zuletzt verstärkt es die ohnehin schon verbreiteten Vorbehalte gegenüber der Inklusion. Mitunter werden Schülerinnen und auch Lehrkräfte durch unkontrolliertes Verhalten solcher Kinder sogar gefährdet. In solchen klar definierten Fällen müssen tatsächlich zunächst umfassende personelle, förderpädagogische, organisatorische und gegebenenfalls auch bauliche Voraussetzungen geschaffen werden. Sonst kann Inklusion nicht gelingen; eher wird ihr geschadet, wenn diese Schüler aufgrund unzureichender Rahmenbedingungen lediglich als defizitär und störend wahrgenommen werden.

Auch ist einzufordern, dass für Schülerinnen mit besonderem Förderbedarf hinreichend Lehrerstunden bereitgestellt werden, sodass Förderlehrkräfte zusätzlich im Unterricht präsent sind oder in bestimmten Phasen eine Einzel- oder Kleingruppenförderung durchführen können. Allerdings dürfen Schüler mit besonderem Förderbedarf, die zieldifferent zu unterrichten sind, im inklusiven Unterricht nicht dauerhaft von der Lerngruppe separiert werden. Sie sollten nur

---

70 Der offiziell festgestellte sonderpädagogische Förderbedarf bezieht sich unter Berücksichtigung bundeslandspezifischer Unterschiede auf insgesamt sieben Schwerpunkte: Hören, Sehen, Sprechen, geistige Entwicklung, körperliche und motorische Entwicklung, Lernen, soziale und emotionale Entwicklung.

71 Der Fernsehfilm *Inklusion – Gemeinsam anders* von 2011 verdeutlicht diese Problematik auf eindringliche Weise. Sie finden den kompletten Film in der ARD Mediathek unter http://www.ardmediathek.de/tv/Inklusion-gemeinsam-anders/Inklusion-gemeinsam-anders/ARD-alpha/Video?documentId=26641896&bcastId=26607008, Zugriff am 15.10.2015.

72 Zurzeit muss ein großer Mangel an Förderlehrkräften festgestellt werden. Eine Beseitigung dieses Mangels wird aber zusätzlich dadurch behindert, dass der Zugang zum Studium der Förderpädagogik mit einem hohen Numerus Clausus versehen ist, vgl. http://www.nc-werte.info/studiengang/sonderpaedagogik/, Zugriff am 15.10.2015.

phasenweise den Klassenraum verlassen, so wie auch zielgleich unterrichtete Schülerinnen aus anderen Gründen phasenweise den Klassenraum verlassen (z. B. um im Sinne eines sogenannten Forderunterrichts eine besonders schwierige Aufgabe zu bearbeiten). Daher sollten die zusätzlichen Förderlehrkräfte auch für die anderen Schüler ansprechbar sein. Bei geeigneten Fördermaßnahmen in Kleingruppen sollten zieldifferent und zielgleich beschulte Schülerinnen gemischt werden. In diesem Sinne wäre Förderunterricht keine Einbahnstraße zwischen Lehrkraft und besonders zu unterstützendem Schüler, sondern würde immer auf die Entwicklung der gesamten Lerngruppe zielen, um die Bereitschaft der Schülerinnen zu stärken, sich gegenseitig positiv wahrzunehmen und Lernen als Gemeinschaftsaufgabe zu begreifen. So soll ein Klima der gegenseitigen Unterstützung entstehen, zu dem jede und jeder, Lehrkraft, Förderlehrkraft sowie Schülerinnen und Schüler beitragen. In einem solchen Klima ist es möglich, dass sich Rollen umkehren, wenn z. B. eine zieldifferent unterrichtete Schülerin einem zielgleich beschulten Schüler das Zeichnen beibringt, weil sie das besser kann. So kann durch die Unterrichtspraxis die Sonderstellung eines Schülers, dessen sonderpädagogischer Förderbedarf amtlich bestätigt wurde, abgemildert werden. Schülerinnen, die zieldifferent unterrichtet werden, können an Selbstbewusstsein gewinnen, was wiederum zu einer Steigerung ihres Lernerfolgs führen kann.

Nach Georg Feuser verfolgt inklusive Didaktik das Ziel, alle Schülerinnen an einem gemeinsamen Gegenstand miteinander arbeiten, lernen und spielen zu lassen. Sie agieren dabei auf ihrem jeweiligen Entwicklungsniveau, indem sie ihre jeweiligen Wahrnehmungs-, Denk- und Handlungskompetenzen nutzen.[73] Gleichzeitig ist inklusive Didaktik so ausgelegt, dass die Schüler ihre Kompetenzen weiterentwickeln können.

Die folgenden didaktischen Prinzipien können auf dem Weg zu einem inklusiven Unterrichten als Orientierungshilfe dienen:

- im Dialog mit dem Schüler Stärken wahrnehmen und an Schwächen arbeiten,
- Förderpläne im Dialog mit dem Schüler und – sofern möglich – mit den Erziehungsberechtigten entwickeln und überprüfen,
- differenzierende Aufgaben mit vielfältigen Lernzugängen sowie materialgestützte Unterstützungsangebote bereitstellen,
- die Sprach- und Gesprächsfähigkeit fördern,
- individuelles Lernen ermöglichen,
- Kooperation unter den Schülerinnen gezielt entwickeln,
- Helfersysteme einrichten und pflegen.

73 Feuser, Georg: Behinderte Kinder und Jugendliche: Zwischen Integration und Aussonderung, Darmstadt ^{2}2005, S. 173 f.

2.7.4 Inklusion kommt dem biblischen Menschenbild entgegen

Es entspringt nicht dem »zwanghaften« Bemühen von Religionspädagoginnen, zusätzlich noch eine – vermeintlich überflüssige – biblische Legitimation für Inklusion zu präsentieren. Vielmehr ist die Anerkennung der uneingeschränkten Würde eines jeden Menschen in vielen grundlegenden Aussagen der Bibel so offensichtlich, dass zumindest Christen sie nicht vernachlässigen dürfen. So stellt sich eher die Frage, warum sich diese biblischen Aussagen bisher nicht noch stärker auf den gesellschaftlichen Umgang mit Außenseitern, Kranken und Behinderten ausgewirkt haben. Letzteren wurde bis in die jüngere Vergangenheit die volle Partizipation an der Gesellschaft verwehrt, woran auch die Kirchen nichts änderten. Und immer noch kommt es vor, dass Menschen mit Behinderungen aus Scham oder aus Angst vor Diskriminierung vor der Öffentlichkeit versteckt werden.

Auch der Religionsunterricht ist nicht davor gefeit, sich zu einseitig an denjenigen zu orientieren, die über gute Sprach- und Lesefähigkeit und ein ausgeprägtes Abstraktionsvermögen verfügen. Auch hier kommt es vor, dass Heterogenität als Hemmschuh gesehen wird. Daher ist es hilfreich, sich durch das biblische Menschenbild zu einer Haltungsänderung motivieren zu lassen:

1 Der Mensch wird in 1. Mose 1,27 zum Bild Gottes erschaffen und hat daher eine unveräußerliche Würde. Sie ist unabhängig von dem, was er leistet. In diesem Sinne sind alle Menschen gleichwertig, Junge und Alte, Kranke und Gesunde, Starke und Schwache, Mann und Frau. Gleichzeitig ist der Mensch auf ein menschliches Gegenüber angewiesen, hier verdeutlicht durch die gleichzeitige Erschaffung als Mann und Frau. *Denkanstöße für die Inklusion:* Jeder Mensch hat in seiner personalen Unverwechselbarkeit mit all seinen Fähigkeiten und Einschränkungen als von Gott Gewollter ein Recht auf Respekt und Anerkennung.

2 Der Mensch wird in der Bibel im Spannungsfeld zwischen »sehr gut(em)« Bestandteil der Schöpfung (1. Mose 1,31) und sündigem Mängelwesen dargestellt, welches der Gnade Gottes bedarf (1. Mose 3). In Psalm 8,6 heißt es, der Mensch sei »wenig niedriger« als Gott und in Psalm 144,4 wird er als »gleich wie nichts« bezeichnet.[74] *Denkanstöße für die Inklusion:* Obwohl der Mensch grundsätzlich als Teil der sehr guten Schöpfung Gottes gesehen und bejaht werden muss, zeigt sich in seiner Unvollkommenheit, dass er auf andere Menschen angewiesen ist. Alle Menschen benötigen gegenseitige Unterstützung und Hilfe. Niemand ist vollkommen.

3 In 1. Korinther 12,3–6 wendet sich der Apostel Paulus »gegen ein exklusives Selbstverständnis einzelner Christinnen und Christen in der korinthischen

74 Grasser 2014, S. 38.

Gemeinde«, indem er »die Gleichwertigkeit unterschiedlicher Begabungen«[75] betont. Vermutlich wurde in Korinth darüber diskutiert, ob bestimmte »Geistesgaben« wichtiger seien als andere. Dagegen wandte sich Paulus, indem er den Wert der Vielfalt der Begabungen für die Gemeinschaft mit dem Sprachbild des Leibes Christi, welcher viele Glieder hat, betont (1. Korinther 12,12–15,26 f.). *Denkanstöße für die Inklusion:* Christliche Gemeinschaft wird als inklusive Gemeinschaft dargestellt.[76] Dementsprechend gilt für jede Gemeinschaft und die Gesellschaft insgesamt, dass grundsätzlich jeder Einzelne wertvoll ist. Als Konsequenz für den Unterricht ergibt sich daraus, dass sich der Blick der Lehrkraft primär auf die Stärken eines Kindes richten soll und nicht auf die Defizite. Kritik ist mit Hilfsangeboten zu verbinden und darf nicht dazu dienen, jemanden »klein« zu machen, um sich selbst zu »erheben«.

4 Jesus lebte selbst das Prinzip der Inklusion, indem er sich den Menschen zuwandte, die von der damaligen Gesellschaft marginalisiert wurden: Menschen mit körperlichen und seelischen Behinderungen, Aussätzige, Kranke, Arme etc. Jesus wollte diese Menschen wieder in die Gemeinschaft aufnehmen und ihnen ihre Würde zurückgeben, die ihnen von ihrer Umwelt genommen worden war. Als Wanderprediger zog er mit äußerst unterschiedlichen Menschen durch Galiläa und verkündigte seine Botschaft vom Reich Gottes. Dazu gehörten Männer und Frauen, Handwerker, betrügerische Zöllner, Prostituierte und Widerstandskämpfer gegen die römische Besatzungsmacht (Zeloten). *Denkanstöße für die Inklusion:* Allen Menschen muss – unabhängig von ihrer sozio-kulturellen Provenienz – »auf Augenhöhe« begegnet werden, was jedoch nicht heißen darf, sie unkritisch zu sehen und alle Konflikte »zuzudecken«. Jesu harter Umgang mit den religiösen Repräsentanten seiner Zeit lässt solch eine Schlussfolgerung nicht zu. Ziel des Umgangs miteinander ist aber die gleiche Beteiligungsmöglichkeit für alle an der Gemeinschaft. Das gilt auch für Menschen mit schweren Beeinträchtigungen.

5 Die Vision einer Gesellschaft ohne Ausgrenzung deckt sich mit vielen biblischen Bildern vom Reich Gottes (vgl. Jesaja 11,6–9; Lk 14,15–24). In diesen Bildern werden »scheinbar unüberbrückbare Grenzen überwunden und ein neues Miteinander wird möglich.«[77] Reich Gottes beginnt dort, wo Menschen sich im Sinne Jesu begegnen; vollendet wird es aber erst durch Gott; dies steht nicht in der Macht des Menschen. *Denkanstöße für die Inklusion:* Auch wenn der Weg zur vollständigen Inklusion in Gesellschaft und Schule als sehr weit erscheint

75 Grasser 2014, S. 35.
76 Grasser 2014, S. 36.
77 Grasser 2014, S. 40.

und ständigen Behinderungen durch Vorurteile und Sparmaßnahmen ausgesetzt ist, muss er hoffnungsvoll und zugleich gelassen begonnen werden. Angesichts der Verheißungen Jesu darf Scheitern nicht zur Aufgabe des Ziels, sondern sollte zur Suche nach besseren Wegen führen.[78]

2.7.5 Inklusion und konfessioneller RU – ein Widerspruch

Die verbindliche Umsetzung von Inklusion gilt für alle Schulfächer und damit auch für den Religionsunterricht. Da dieser rechtlich und strukturell nach wie vor konfessionell organisiert ist, ergibt sich im Vergleich zu anderen Schulfächern eine besondere Situation. Das ursprüngliche Selbstverständnis der Fächer Evangelische und Katholische Religion fußt auf einer konfessionell homogenen Schülerschaft als Basis. Derzeit wird ein konstruktiver Umgang mit Heterogenität durch eine konfessionelle Zusammensetzung der Religionskurse nicht gefördert, sondern eher behindert:

> Der Religionsunterricht ist in Deutschland konfessionell homogen organisiert. Wenn Inklusion eine Schule für alle bedeutet, dann stellen sich an den konfessionell homogen organisierten Religionsunterricht kritische Fragen. Denn durch seine Organisationsform verschenkt der Religionsunterricht Chancen auf ein Lernen an bzw. durch Differenzen. Die Konfessionalität des Religionsunterrichts ist folglich unter dieser Perspektive sogar ein Hindernis auf dem Weg zur inklusiven Schule.[79]

Hier wird deutlich, dass ein konfessionell konzipierter Religionsunterricht in einer inklusiven Schule als überholt anzusehen ist. Wenn Heterogenität grundsätzlich zu begrüßen ist, weil Schüler aus Differenzen lernen, da gerade die Unterschiedlichkeit von Erfahrungen und Vorstellungen anregt, voneinander zu lernen, dann gilt das auch für religiöse Bildung.[80]

Andererseits sind die Stärken eines positionellen, kirchlich verankerten Religionsunterrichts nicht von der Hand zu weisen (vgl. Kap. 1.5). Dieser Gegensatz zwischen den Regelungen eines konfessionellen Religionsunterrichts nach Artikel

---

78 Vgl. Grasser 2014, S. 35–40.

79 Wächter, Jörg-Dieter: Aus Differenzen lernen. Religionsunterricht in der inklusiven Schule. In: Rendle, Ludwig (Hg.): Gerechtigkeit lernen: ethische Bildung im Religionsunterricht; Dokumentation/9. Arbeitsforum für Religionspädagogik, 26. bis 28. Februar 2014, München 2014, S. 118–125, besonders S. 123.

80 Wächter 2014, S. 123: »Wenn es richtig ist, dass Menschen aus Differenzen lernen, dann ist es sinnvoll, im Unterricht Differenzen zu nutzen und zu erzeugen.«

7.3 GG einerseits und der Forderung nach Umsetzung von Inklusion anderseits kann nur dadurch aufgelöst werden, dass sich der Religionsunterricht grundsätzlich für Schülerinnen anderer Konfessionen, Religionen und Weltanschauungen öffnet, ohne dabei seine Positionalität aufzugeben. Die wünschenswerte Heterogenität in Bezug auf religiöse und weltanschauliche Auffassungen als eine Voraussetzung für die Kompetenz der Dialogfähigkeit kann auch durch eine Ausweitung konfessioneller Kooperation sowie regelmäßige Dialogphasen zwischen Schülern der Fächer Religion und des Alternativfachs erreicht werden (vgl. Kap. 1.7 und 1.8). Dass religiöse und weltanschauliche Themen nicht grundsätzlich im Klassenverband, sondern aus unterschiedlichen Perspektiven in Kursen unterrichtet werden, widerspricht einer inklusiven Religionspädagogik grundsätzlich nicht. Wäre das der Fall, dürften Klassen generell nicht in unterschiedliche Kurse aufgeteilt werden; Schülerinnen müssten dann z. B. alle Französisch als zweite Fremdsprache lernen, ohne die Wahl zwischen verschiedenen Sprachen zu haben. Die Akzeptanz unterschiedlicher Lerninteressen als Voraussetzung für eine Fächer- und Kurswahl steht dem Paradigma der Inklusion nicht entgegen.

2.7.6 Didaktische Konsequenzen für einen inklusiven RU

Vor der Verabschiedung der UN-Behindertenrechtskonvention war bereits zwischen 1997 und 1999 unter Leitung der britischen Pädagogen Tony Booth und Mel Ainscow von einer multikulturell zusammengesetzten Projektgruppe der *Index für Inklusion* entwickelt worden.[81] Er wurde anschließend an unterschiedlichen Orten erprobt und dann allen Schulen in Großbritannien zugänglich gemacht. Seit der Übersetzung durch die Pädagogen Ines Boban und Andreas Hinz arbeiten an vielen Orten in Deutschland Schulen nach diesem Index, dessen Leitideen wie folgt lauten:

- Anerkennung und Wertschätzung von Vielfalt,
- Ermöglichung der Teilnahme aller an der Schule Beteiligten am gemeinsamen Lernen und Leben,
- Überwindung von Hindernissen und Barrieren für Lernen und Partizipation,
- Überwindung von Ausgrenzungsmechanismen und offenen oder latenten Diskriminierungspraktiken.[82]

81 Booth, Tony/Ainscow, Mel: Index für Inklusion. Lernen und Teilhabe in der Schule der Vielfalt entwickeln, übersetzt, für deutschsprachige Verhältnisse bearbeitet und herausgegeben von Ines Boban und Andreas Hinz, Halle 2003.

82 Comenius Institut (Hg.): Inklusive Religionslehrer_innenbildung. Module und Bausteine, Münster 2014, S. B 12 (HM 1).

Der Index für Inklusion entfaltet die drei Dimensionen »Inklusive Kulturen schaffen«, »inklusive Strukturen etablieren« und »inklusive Praktiken entwickeln«. Er konkretisiert diese anhand einer Fülle von Einzelkriterien und versteht sich damit als Instrument der Schulentwicklung, mit dem Veränderungsprozesse eingeleitet und gesteuert werden sollen.

Inklusion muss zum didaktischen Grundprinzip jeden Religionsunterrichts werden, unabhängig davon, ob an ihm Kinder teilnehmen, die zieldifferent zu unterrichten sind oder nicht. Moderne Religionspädagogik setzt voraus, dass jede Lerngruppe heterogen ist, selbst wenn Schülerinnen derselben Konfession angehören (vgl. Kap. 2.5).

Ein inklusiver Religionsunterricht sollte sich an den drei Dimensionen des Indexes für Inklusion und den dazugehörigen Leitgedanken orientieren. Er sollte folgende pädagogisch-didaktische Zielsetzungen verfolgen:[83]

Inklusive Kulturen
1 *Der Unterricht fördert eine bejahende Grundhaltung zu Unterschieden in Denkweisen, Auffassungen und Kompetenzen.* Praktische Umsetzung: Die Lehrkraft motiviert die Schülerinnen, andere religiöse und weltanschauliche Positionen zu erkunden. Die Schüler nehmen andere Glaubensauffassungen wahr und äußern sich konstruktiv zu ihnen.
2 *Alle am Unterricht Beteiligten gehen wertschätzend miteinander um.* Praktische Umsetzung: Konflikte werden wahrgenommen und bearbeitet, Bloßstellungen, Beschimpfungen und diskriminierende Sprache vermieden sowie Gesprächsregeln eingehalten.
3 *Hindernisse für die Partizipation aller Schüler am Unterricht und für nachhaltiges Lernen werden abgebaut bzw. verringert.* Praktische Umsetzung: Lehrkräfte ermöglichen religiöse Bildung für alle, indem sie zu den Themen und Gegenstandsbereichen unterschiedliche Lernzugänge schaffen (vgl. Kap. 5.2).
Inklusive Strukturen
4 *Die unterschiedlichen Interessen und Bedürfnisse der Schüler werden berücksichtigt.* Praktische Umsetzung: Die Schülerinnen erproben unterschiedliche Lernwege, machen Themenvorschläge, sind an der Unterrichtsplanung beteiligt, bringen ihre Bedürfnisse und Gefühle zum Ausdruck und erhalten die Zeit, die sie brauchen. Es existiert eine Feedbackkultur zwischen Schülern und Lehrkraft sowie unter den Schülerinnen.

83 Die folgenden 12 Thesen orientieren sich in ihrer Zielsetzung an den 10 Thesen des Comenius-Institutes, reduzieren deren Hinweise zur Umsetzung aber auf wesentliche Aspekte. Zwei weitere Thesen werden hinzugefügt, vgl. Comenius-Institut 2014, S. B2 M 1.

Inklusive Strukturen
5 *Jede Schülerin kann sowohl Unterstützung einfordern als auch anbieten.* Praktische Umsetzung: Lehrkräfte wenden Methoden kooperativen Lernens und Formen individuellen Lernens an. Schüler übernehmen auch lehrende und unterstützende Funktionen.
6 *Inklusiver Religionsunterricht ist dialogorientierter Unterricht.* Praktische Umsetzung: Die Lerngegenstände motivieren die Schülerinnen zu Austausch und Diskussion. Gesprächsregeln werden gemeinsam erarbeitet und angewendet. Schüler äußern auch Widerspruch. Die Lehrkraft stellt sich mit ihren christlichen Überzeugungen selbst einer Auseinandersetzung über sog. große Fragen. Sie versteht sich in dieser Situation als Dialogpartner und nicht als Belehrende.
Inklusive Praktiken
7 *Die Leitlinien einer inklusiven Didaktik werden fachspezifisch auf die Inhalte und Kompetenzen des Religionsunterrichts bezogen.* Praktische Umsetzung: Es werden existenzielle Lebensfragen behandelt, der Dialog zwischen Konfessionen, Religionen und Weltanschauungen wird gefördert; alle Schülerinnen können partizipieren. Die Schüler bringen ihre Gottesbilder, Weltbilder, Deutungsversuche und Meinungen selbstbewusst ein und kommen angstfrei darüber miteinander ins Gespräch.
8 *Lernaufgaben werden entsprechend den Lernvoraussetzungen der einzelnen Schülerinnen differenziert gestaltet, so dass alle erfolgreich lernen können.* Praktische Umsetzung: Offene, unterschiedliche Sinne aktivierende Aufgaben (Wahldifferenzierung) und nach Anforderungsniveau differenzierte Aufgaben (Leistungsdifferenzierung) überwiegen. Schüler dokumentieren ihren Lernprozess, z. B. in Form von Portfolios, Lerntagebüchern, Lernlandkarten.
9 *Die Schülerinnen bearbeiten in der Regel den gleichen Gegenstand auf unterschiedlichem Niveau und werden dabei soweit wie möglich gefördert. Hinzu kommen Formen arbeitsteiligen- und interessegeleiteten Arbeitens.* Praktische Umsetzung: Den Schülern wird zu Beginn einer Unterrichtseinheit verdeutlicht, was gelernt werden soll (mit Bezug auf evtl. zieldifferente Leistungsanforderungen). Im Verlaufe der Unterrichtseinheit erhalten sie Hilfen, ihre eigene Position zu finden und ihre religiösen Kompetenzen zu entwickeln.
10 *Verschiedene Arbeits- und Sozialformen wechseln sich ab und bilden zugleich eine zielgerichtete, sequenziell fortschreitende Einheit, indem die Schülerinnen sich gegenseitig die Produkte ihrer Arbeit vorstellen und so Lernprozesse gemeinsam durchlaufen.* Praktische Umsetzung: Schüler, die Aufgaben zieldifferent bzw. auf basalem Leistungsniveau bearbeitet haben, bekommen zuerst Gelegenheit, ihre Ergebnisse zu präsentieren. Weil diese helfen können, Ergebnisse, die auf einem höheren Niveau erarbeitet wurden, besser zu verstehen, erscheinen sie nicht als Rückschritt. Ein solches Vorgehen ist aber erst dann möglich, wenn ein wertschätzender Umgang mit Arbeitsergebnissen eingeübt wurde. Die Ergebnisse der Aufgaben des basalen Anforderungsniveaus und die des gehobenen sollen sich ergänzen, damit keine Aufgabe für den Lernprozess als überflüssig erscheint.

Inklusive Praktiken

11 *Tests und andere schriftliche Leistungskontrollen beinhalten in der Regel Aufgaben auf unterschiedlichem Leistungsniveau bzw. mit unterschiedlichen Zugängen.*

Praktische Umsetzung: Tests beinhalten Aufgaben auf grundlegendem (basalem) und erhöhtem Anforderungsniveau. Werden Schülerinnen zieldifferent unterrichtet, bekommen sie einen gesonderten Test zum gleichen Thema, der ihre besonderen Lernvoraussetzungen und Schwierigkeiten berücksichtigt. Gegebenenfalls muss ihnen mehr Bearbeitungszeit und personelle Unterstützung eingeräumt werden.

12 *Die Bewertung mündlicher und schriftlicher Leistungen erfolgt in »wertschätzender und leistungsförderlicher Weise.«*

Praktische Umsetzung: Lehrkräfte wenden unterschiedliche Formen der Leistungsbeurteilung an und leiten Schüler an, ihre Lernfortschritte selbst einzuschätzen und zu dokumentieren. Die Schülerinnen würdigen auch die Arbeitsergebnisse der Mitschüler und äußern sich dazu kritisch-konstruktiv.

Literatur

Adam, Gottfried/Lachmann, Rainer: Methodisches Kompendium für den Religionsunterricht, Göttingen ²2010

Behrendt, Wilhelm: »bagage 21«. Wen oder was nimmt der RU in den Schulalltag mit? Modelle offenen Unterrichts in der Gesamtschule. In: Dressler, Bernhard/Rickers Folkert (Hg.): Thematisch-Problemorientierter Religionsunterricht. Aufbruch, Bewährung in der Praxis, Impulse, Neukirchen-Vluyn (2003), S. 53–64

Biehl, Peter: Erfahrungsbezug und Symbolverständnis. Überlegungen zum Vermittlungsproblem in der Religionspädagogik. In: Ders./Baudler, Georg: Erfahrung – Symbol – Glaube. Grundfragen des Religionsunterrichts, Frankfurt a. M. 1980, S. 37–121

Biehl, Peter: Symbole geben zu lernen. Einführung in die Symboldidaktik anhand der Symbole Hand, Haus und Weg, Neukirchen-Vluyn 1989

Bönsch, Manfred: Gesamtschule. Die Schule der Zukunft mit historischem Hintergrund. Baltmannsweiler 2006

Booth, Tony/Ainscow, Mel: Index für Inklusion. Lernen und Teilhabe in der Schule der Vielfalt entwickeln, übersetzt, für deutschsprachige Verhältnisse bearbeitet und herausgegeben von Ines Boban und Andreas Hinz, Halle 2003

Brüning, Ludger/Saum, Tobias: Erfolgreich unterrichten durch kooperatives Lernen, Bd. 1 und Bd. 2, Essen 2009

Büttner, Gerhard (Hg.): Lernwege im Religionsunterricht. Konstruktivistische Perspektiven, Stuttgart 2006

Comenius-Institut (Hg.): Inklusive Religionslehrer_innenbildung. Module und Bausteine, Münster 2014

Feuser, Georg: Behinderte Kinder und Jugendliche: Zwischen Integration und Aussonderung, Darmstadt 2005

Freudenberger-Lötz, Petra: Theologische Gespräche mit Jugendlichen. Erfahrungen – Beispiele – Anleitungen. Ein Werkstattbuch für die Sekundarstufe, München 2012

Grasser, Patrick: Inklusion im Religionsunterricht. Vielfalt leben, Göttingen 2014

Green, Norm/Grey, Kathy: Kooperatives Lernen im Klassenraum und im Kollegium. Das Trainingsbuch, Seelze ⁷2012

Hahn, Matthias/Linke, Michael: »Das Verlassen des Schulgeländes während des Unterrichts wird empfohlen.« Handlungsorientierter Religionsunterricht zum Thema Flucht und Asyl im 5. Jahrgang einer integrierten Gesamtschule. In: ru – Zeitschrift für die Praxis des Religionsunterrichts, München 1990, H. 3, S. 98–103

Hanisch, Helmut: Unterrichtsplanung im Fach Religion. Theorie und Praxis, Göttingen 2007

Hinz, Andreas: Inklusion. In: Antor, Georg/Bleidick, Ulrich (Hg.): Handlexikon der Behindertenpädagogik, Stuttgart 2006, S. 97–99

Kaufmann, Hans-Bernhard: Streit um den problemorientierten Unterricht, Frankfurt a. M. 1973

Knauth, Thorsten: Problemorientierter Religionsunterricht: eine kritische Rekonstruktion, Göttingen 2003

Knauth, Thorsten: Positionen und Perspektiven eines dialogischen Religionsunterrichts in Hamburg. In: Kenngott, Eva-Maria/Englert, Rudolf, Knauth, Thorsten (Hg.): Konfessionell – religionskundlich – interreligiös? Unterrichtsmodelle in der Diskussion, Stuttgart 2015, S. 69–86

Lämmermann, Godwin: Reli auf der Show-Bühne. Eine polemische Kritik der sich »performative« nennenden »Religionsdidaktik«. In: Theo-Web. Zeitschrift für Religionspädagogik 7, 2008, H. 2, S. 107–123

Lehmann, Christine/Noormann, Harry/Lamprecht, Heiko/Schmidt-Kortenbusch, Martin (Hg.): Zukunftsfähige Schule – zukunftsfähiger Religionsunterricht. Herausforderungen an Schule, Politik und Kirche, Jena 2011

Leonhard, Silke/Klie, Thomas: Schauplatz Religion. Grundzüge einer performativen Religionsdidaktik, Leipzig 2003

Linke, Michael: Fächerübergreifender Unterricht, in: Noormann, Harry/Becker, Ulrich/Trocholepczy, Bernd (Hg.): Ökumenisches Arbeitsbuch Religionspädagogik, Stuttgart ³2007a, S. 286–294

Linke, Michael: Lerndiagnose, Leistungsbeobachtung und Leistungsbewertung. In: Noormann, Harry/Becker, Ulrich/Trocholepczy, Bernd (Hg.): Ökumenisches Arbeitsbuch Religionspädagogik, Stuttgart ³2007b, S. 302–306

Linke, Michael: Religionsunterricht im Kontext innerer Schulreform. Versuch einer Orientierung auf der didaktischen Landkarte. In: Religion heute Hannover 1991, H. 6, S. 94–97

Meckling, Ingeborg: Oberstufentheater. In: Westermanns pädagogische Beiträge, 1982, H. 5, S. 192

Mendl, Hans (Hg.): Konstruktivistische Religionspädagogik. Ein Arbeitsbuch, Münster 2005

Niehl, Franz Wendel: 212 Methoden für den Religionsunterricht, München ¹²1998

Nipkow, Karl Ernst: Grundlagen und Profil eines zukunftsfähigen Religionsunterrichts angesichts religiöser Heterogenität. In: Lehmann et al. 2011, S. 69–88

Obst, Gabriele: Kompetenzorientiertes Lehren und Lernen im Religionsunterricht, Göttingen ³2010

Pemsel-Meier, Sabine: Ein Schritt auf dem Weg in die Zukunft: Konfessionell-kooperativer Religionsunterricht in Baden-Württemberg. In: Lehmann et al. 2011, S. 89–102

Schweitzer, Friedrich (Hg.): Elementarisierung im Religionsunterricht. Erfahrungen, Perspektiven, Beispiele, Neukirchen-Vluyn ²2007

Schweitzer, Friedrich/Biesinger, Albert/Conrad, Jörg/Gronover, Matthias: Dialogischer Religionsunterricht. Analyse und Praxis konfessionell-kooperativen Religionsunterrichts im Jugendalter, Freiburg 2006

Weiße, Wolfram (Hg.): Dialogischer Religionsunterricht in Hamburg. Positionen, Analysen und Perspektiven im Kontext Europas, Münster 2008

3 RU im Beziehungsdreieck Lehrkraft, Schüler, Eltern – Impulse, Materialien, Methoden

3.1 Leitgedanken

Lernen erfolgt in Beziehungen. Auch der Erfolg des Religionsunterrichts hängt wesentlich davon ab: zunächst vom Verhältnis zwischen den Schülerinnen und ihrer Lehrkraft, dann aber auch von der Akzeptanz des Religionsunterrichts durch die Eltern. Halten sie diesen eher für überflüssig, wird sich das leicht auf ihre Kinder übertragen. Unterstützen sie den Religionsunterricht, fördert das das Engagement ihrer Kinder in diesem Fach. Damit dieses Beziehungsdreieck funktioniert, müssen folgende Voraussetzungen erfüllt sein:

1

Schülerorientierung im Religionsunterricht bedeutet, dass die Lehrkraft mehr als nur eine Moderatoren- oder Beraterrolle einnehmen muss.

Dass Fachkompetenz und persönliche Glaubwürdigkeit bei der Anbahnung religiöser Kompetenzen eine wichtige Rolle spielen, wird in Kap. 3.2 erläutert. Die Frage nach der Rolle der Lehrkraft wird besonders dann virulent, wenn Religion überwiegend im Lernbüro erteilt wird. Kap. 3.3 formuliert zu dieser stetig zunehmenden Form des Religionsunterrichts Problemanzeigen. Die erforderliche Positionalität des Religionsunterrichts wird besonders bei der Behandlung ethischer Themen deutlich. Warum in diesem Zusammenhang die Lehrkraft auch als Person Stellung nehmen und nicht nur die Sicht ihrer Kirche darstellen soll, wird in Kap. 3.4 ausgeführt.

2

Religiöse Bildung beinhaltet, dass die Schüler Inhalte und Lernprozesse reflektieren und sich dazu kritisch in Beziehung setzen.

Dass Schüler besser lernen, wenn sie Ziele und Aufbau einer Unterrichtseinheit kennen und in die Planung mitsteuernd einbezogen sind, ist eine pädagogische Binsenweisheit. Allerdings reicht es nicht aus, die Planung mit ein paar »dürren Sätzen« zu Beginn einer Unterrichtseinheit lediglich anzudeuten und dann nie mehr auf das Gesagte einzugehen. Schülerbriefe sind ein gutes Mittel, die Unterrichtsplanung transparent zu machen und den Schülern Mitwirkungsmöglichkeiten aufzuzeigen (Kap. 3.5). Ein weiteres Mittel, Schülerinnen zur selbstständigen Reflexion ihrer eigenen Entwicklung und »großer Fragen« anzuregen, ist das »Ich-Buch«. Es wird während des gesamten Zeitraums der Sekundarstufe I geführt und spannt somit einen Bogen über das einzelne Schuljahr hinaus (Kap. 3.6). Zur Reflexion des eigenen Lernprozesses gehört unverzichtbar die Fähigkeit, eigene Stärken und Schwächen realistisch einschätzen und auch benennen zu können. Nur dann können Blockaden, die durch Mitschüler oder den Lehrer mitverursacht werden, im Gespräch aller Beteiligten abgebaut werden. Dazu bedarf es der Kritikfähigkeit der Schülerinnen und Lehrkräfte. So gehören die Selbstevaluation der Schüler und das Feedback gegenüber den Lehrerinnen zusammen. Dieser Zusammenhang wird in Kap. 3.7 aufgezeigt, und es werden Möglichkeiten von Selbstevaluation und Feedback exemplarisch an zwei Beispielen veranschaulicht.

3

Vorurteile über das, was im Religionsunterricht gelernt wird, können Eltern dazu bewegen, ihr Kind nicht zur Teilnahme anzumelden bzw. es abzumelden. Auch die Kenntnis des Unterschieds zwischen dem Fach Religion und dem Alternativfach darf nicht einfach vorausgesetzt werden. Elternarbeit in Bezug auf den Religionsunterricht ist daher zwingend notwendig.

Der Religionsunterricht wird besonders in integrierten Schulsystemen in vielfältiger Form erteilt (Vgl. Kap. 2.2). In den meisten Bundesländern haben die Eltern nach Artikel 7.2 das Recht, bis zur Religionsmündigkeit ihrer Kinder über deren Teilnahme zu entscheiden. Die Devise »Reden wir nicht viel darüber, welche Rechte Eltern und Schüler haben, dann bleiben alle im Religionsunterricht.« widerspricht z. B. der grundgesetzlich abgesicherten negativen Religionsfreiheit. Umgekehrt widerspricht das alleinige Anbieten des Alternativfaches der positiven Religionsfreiheit. Langfristig werden solche Manipulationen scheitern und beide Fächer in ihrem Ansehen schädigen. Daher bedarf es schon vor dem 5. Schuljahr sachlich korrekter und rechtskonformer Informationen der Eltern über den Religionsunterricht und das Alternativfach, damit sie eine sachlich begründete Wahlentscheidung treffen können und beide Fächer aktiv unterstützen. Dieses geschieht durch Elternabende (Kap. 3.8.1) und Elternbriefe (Kap. 3.8.2).

3.2 Mehr als nur moderieren – Aufgaben der Religionslehrkraft

An vielen Gesamtschulen herrscht inzwischen für alle Unterrichtsfächer das Doppelstundenprinzip vor. Das kommt auch dem Religionsunterricht und seinen Lehrkräften zugute. Es entlastet von Zeitdruck und macht es möglich, die Lernprozesse so zu gestalten, dass Wahrnehmen, Deuten, Urteilen und Anwenden stärker eine Einheit bilden können.

Das selbstständige Lernen gewinnt an Schulen zunehmend an Bedeutung. Es reicht von kürzeren über längere Phasen des selbstständigen Arbeitens bis hin zur Themenplanarbeit (vgl. Kap. 3.3), bei der sich die Schüler über einen längeren Zeitraum ein Thema mithilfe didaktischer Materialien selbstständig erschließen. In diesem Zusammenhang erfreut sich die Position, die Lehrkraft habe vor allem Moderator oder Lernberaterin zu sein, wachsender Beliebtheit. Wichtig sei, dass die Lehrkraft sich zurückhalte, Prozesse beobachte, so wenig wie möglich eingreife, Abläufe organisiere, Aufgaben verteile und die Schülerinnen berate. Argumentiert wird auch, das Fachwissen der Lehrkraft sei nicht so wichtig, da die Schüler Inhalte selbstständig erschließen würden, oder es wird behauptet, Schülerinnen seien die besseren Lehrer, weil sie Sachverhalte verständlicher erklären könnten.

Auch wenn es inzwischen überholt ist, die Lehrkraft auf die Rolle der Wissensvermittlerin zu reduzieren, bedeutet das noch lange nicht, dass ihre fachliche Expertise nicht mehr gebraucht wird. Wenn unter der Moderatoren-Rolle nur das pädagogische und methodische Management verstanden wird, greift diese Rollen-Zuschreibung entschieden zu kurz. Die Bedeutung der Lehrkraft als Expertin für ihr Fach wird dabei ausgeblendet. Die Begleitung von Prozessen darf nicht gegen die fachliche Begleitung ausgespielt werden.

Nicht erst bei der Ergebnispräsentation, sondern schon bei der Vorbereitung und Durchführung von Phasen selbstständigen Lernens bedarf es seitens der Lehrkraft vielfältiger Tätigkeiten. Sie muss den Schülern zu Beginn einer Unterrichtseinheit ihre Planung transparent machen und deren Vorschläge in die weitere Planung einbeziehen. Sie muss geeignete didaktische Materialien zur Verfügung stellen und einen sinnvollen Rahmen für die Durchführung des Unterrichts gewährleisten. Während des selbstständigen Arbeitens muss sie die Schülerinnen durch fachliche Informationen und Impulse beraten, die fachliche Richtigkeit ihrer Ausarbeitungen einschätzen, Korrekturvorschläge machen, Deutungsansätze kennen und beurteilen und anderes mehr. Fachliches und prozessbezogenes Lernen greifen ineinander.

Diese Aufgaben hat die Lehrkraft nicht aus einem veralteten Rollenverständnis heraus, sondern weil sie für die notwendigen fachspezifischen und gesellschaftlichen Anforderungen an die im Unterricht zu erwerbenden Kompetenzen steht. Die Verantwortung für Unterrichtsziele und Unterrichtsinhalte hat die Lehrkraft.[1] Das gilt auch für den Religionsunterricht und darf durch eine falsch verstandene Schülerorientierung nicht verschleiert werden.

Phasen des selbstständigen Lernens enden meistens mit der Präsentation von Ergebnissen. Aus didaktischer Sicht schwierig ist es, wie in solchen Phasen erreicht werden kann, dass die Zuhörer die Ergebnisse nicht nur zur Kenntnis nehmen, sondern sie einordnen, verarbeiten und beurteilen. Situationen wie die folgende dürften hinreichend bekannt sein: Ein paar Schülerinnen stellen die eine oder andere Nachfrage zu dem Gehörten, aber eine Diskussion, bei der begründet Stellung genommen wird, ergänzende Aspekte eingebracht werden oder Widerspruch geäußert wird, kommt nur schleppend oder gar nicht in Gang.

Natürlich ist es wünschenswert, dass die Schüler untereinander diskutieren, doch dieses pädagogische Anliegen rechtfertigt keineswegs einen Rückzug der Lehrkraft auf eine Moderatoren-Rolle. Der Lehrer sollte die Diskussion nicht dominieren, inhaltlich aber eine steuernde Funktion behalten, deren Ausprägungsgrad sich nach den Fähigkeiten und dem Engagement der jeweiligen Klasse richtet: Die Lehrerin sorgt durch gezielte Impulse dafür, dass wichtige Aspekte angesprochen werden, wenn die Schülerinnen dies nicht von sich aus tun. Je nach Diskussionsverlauf hat sie neben moderierenden Tätigkeiten wie nachzuhaken, zu ordnen, zu problematisieren oder zusammenzufassen die Aufgabe, Denkanstöße zu geben, Beispiele und Gegenbeispiele einzubringen oder selbst Stellung zu beziehen.

Dass Rollenzuschreibungen wie die des Moderators nur Teilaspekte der erforderlichen Lehrtätigkeiten umreißen und als Leitbegriffe für das Rollenverständnis der Lehrkraft zu kurz greifen, wird auch in den Empfehlungen der Gemischten Kommission zur Reform des Lehramtsstudiums der Ev. Theologie und Religionspädagogik deutlich. Sie gehen davon aus, dass Religionslehrkräfte die folgenden Basiskompetenzen brauchen:

- didaktisch-hermeneutische Kompetenz,
- Gesprächs- und Kooperationsfähigkeit,
- personale Glaubwürdigkeit,
- Methoden- und Medienkompetenz,
- theologische und religionspädagogische Reflexionsfähigkeit,
- Fähigkeit zur kundigen Auseinandersetzung mit anderen konfessionellen, religiösen und philosophisch-weltanschaulichen Lebens- und Denkformen,

1 Diese sind den Schülern stets transparent zu machen, und die Schüler sollten so weit wie möglich an Planungen beteilig werden.

- Fähigkeit zur Reflexion der eigenen Religiosität und Berufsrolle,
- Sicherheit im Umgang mit wissenschaftlichen Arbeitsweisen.[2]

Doch wie sollen Lehrkräfte diesen hohen Ansprüchen gerecht werden, zumal das Studium – wie die Vorschläge der Gemischten Kommission zur Fortführung der Reform zeigen – bislang nicht hinreichend darauf vorbereitet? Die Anforderungen des Berufsfeldes an den Religionslehrer sind viel zu komplex, als dass er sie durch Handlungsrezepte einfach erlernen könnte. Daher bleibt nur die Möglichkeit, dass Lehrkräfte sich auf den Weg des »reflective practioner« machen.[3] Der »reflektierende Praktiker« erweitert seine Fähigkeiten, indem er Werte, theologische Positionen und Handlungskonzepte dem Prozess der Selbstreflexion unterzieht.

Die Empfehlungen der Gemischten Kommission zielen in diese Richtung. Sie formulieren in ihren Ausführungen zu den Basiskompetenzen Fähigkeiten wie »Erarbeiten, Erschließen, Durchdenken und Reflektieren«, die für Religionslehrkräfte unentbehrlich seien. An diesen Operatoren lässt sich erkennen, dass die Kommission der selbst-reflexiven Auseinandersetzung mit den Inhalten, didaktischen Zugangsweisen, Methoden und Medien der Religionspädagogik hohe Bedeutung beimisst.

Die Empfehlung, als Lehrkraft Grundmotive und Konzepte theologischer und religionspädagogischer Wissenschaft zu reflektieren, bedeutet für den Praktiker, sie nicht nur zu erarbeiten, sondern sie bewusst zu verarbeiten, indem er sie zu den eigenen Erfahrungen und Sichtweisen in Beziehung setzt und durchdenkt. Die Empfehlung, als Lehrkraft auch die eigenen theologischen Deutungen und religionspädagogischen Handlungsmuster zu reflektieren, bedeutet, sie aus einer kritischen Distanz zu betrachten, d. h. sich bewusst zu machen, welche gesellschaftlichen und sozialen Konstellationen zu deren Ausprägung beigetragen haben. In solchen Prozessen geraten vermeintlich selbstverständliche Denk- und Handlungsmuster in Bewegung, und es entstehen neue Optionen, die Wirklichkeit zu deuten und zu gestalten.

Selbstreflexion ist ein Weg, der sich über das gesamte Berufsleben erstrecken muss. Doch braucht das Erarbeiten, Erschließen, Durchdenken und Reflektieren Zeit und die fachliche Auseinandersetzung mit anderen. Auch wenn unbe-

2 Kirchenamt der EKD (Hg.): Im Dialog über Glaube und Leben. Zur Reform des Lehramtsstudiums Evangelische Theologie/Religionspädagogik, Empfehlungen der Gemischten Kommission, Gütersloh 1997, S. 50–74. 2001 hat die Gemischte Kommission Vorschläge zur Fortführung der Reform unterbreitet. Sie zielen darauf ab, die an den Hochschulen eingeleiteten Reformen zu intensivieren.

3 Schön, Donald A.: The reflective practioner: how professionals think in action, New York 1983.

stritten ist, dass der Praxisdruck zu wenig Luft für dieses wichtige Aufgabenfeld lässt, sollten zumindest die jährlichen Fortbildungstage, auf die jede Lehrkraft einen Anspruch hat, ausgeschöpft werden. Die Zusammenarbeit mit Kolleginnen, der Austausch auf Fachkonferenzen und in Fortbildungsveranstaltungen tragen zur Selbstvergewisserung und persönlichen Positionierung bei. Teamarbeit fördert eine Diskussionskultur, die sich wiederum positiv auf Diskussionen mit den Schülern und die Anbahnung von Dialogkompetenz auswirken kann. Wenn Lehrkräfte untereinander den Dialog über Sinn- und Wertfragen führen, werden sie sich während ihres Unterrichts zu solchen Fragen wohl schwerlich auf eine formale Management-Rolle zurückziehen (vgl. Kap. 3.4).

Es hat sich gezeigt, dass das Religionslehrer-Sein vielfältige Tätigkeiten umfasst. Schüler erwarten, dass Religionslehrerinnen in ihrem Fach Bescheid wissen, dass sie ihnen wertschätzend begegnen und ihnen Dialogpartner sind. Sie erwarten keine perfekten, sondern authentische und glaubwürdige Lehrer, durch die sie Bestätigung erfahren, mit denen sie sich aber auch streiten können. Dies macht es für Religionslehrerinnen leichter, mit den vielfältigen Herausforderungen und Aufgaben gelassen umzugehen.

3.3 RU im Lernbüro – Problemanzeigen

An einigen Gesamtschulen beginnt der Unterrichtstag mit einer Doppelstunde »Lernbüro«. Während des Lernbüros erarbeiten die Schülerinnen sich die Inhalte von Unterrichtsfächern wie z. B. Deutsch, Mathematik, Englisch, Gesellschaftslehre, Ev. Religion, Kath. Religion bzw. dem Alternativfach selbstständig, in eigenem Tempo, auf eigenem Leistungsniveau und in selbst gewählter Reihenfolge. Die jeweiligen Lernbüros werden mitunter auch von Schülerinnen der unterschiedlichen Jahrgänge gemeinsam besucht. Das Lernbüro will das individuelle Lernen fördern und verlangt den Schülern ein hohes Maß an Verantwortung ab.

Die Fächer stellen für diese Unterrichtsform einen Teil ihres Stundenkontingentes zur Verfügung, das Kurzzeitfach Religion manchmal sogar beide Unterrichtsstunden. In Gesellschaftslehre, Religion bzw. dem Alternativfach wird oft ein gemeinsames Oberthema bzw. eine »Anforderungssituation« oder Herausforderung aus der jeweiligen fachlichen Perspektive bearbeitet. Die Schüler wählen dann – entsprechend ihrer Religion oder Weltanschauung – zwischen den Materialien für Religion oder für das Alternativfach.

Die Erarbeitung von Materialien und Aufgaben wird von den Lehrkräften als sehr zeitaufwändig und anspruchsvoll beschrieben; die Betreuung des Lernbüros hingegen wird vornehmlich als entlastend erfahren.

Während des Lernbüros können sich die Schülerinnen Unterstützung bei Mitschülern oder der Lehrkraft holen. Die Kontrolle der Ergebnisse kann entweder durch die Lehrkraft, durch Lösungsblätter oder auch durch Präsentationen und Diskussionen erfolgen. Erbrachte Leistungen werden von dem Schüler häufig in einem Logbuch dokumentiert und von der Lehrkraft abgezeichnet.

Grundsätzlich ist es wichtig, das selbstständige Lernen in allen Unterrichtsfächern zu fördern. Aus schulorganisatorischer Sicht mag die Integration der Fächer Religion und Alternativfach in das Lernbüro eine willkommene Unterrichtsform sein, weil sich dadurch die meist komplizierte Bänderung dieser Fächer erübrigt. Würde der Religionsunterricht jedoch hauptsächlich im Lernbüro stattfinden, würde dies auf längere Sicht zu einem Qualitätsverlust führen:

- Wenn der gesamte Fachunterricht Religion (mit zwei Unterrichtsstunden pro Woche im Halbjahr) im Lernbüro stattfindet, gibt es keine Auseinandersetzung einer dauerhaft zusammengesetzten Lerngruppe (Kurs, Klasse) mit einer ausgebildeten oder in das Fach eingearbeiteten Fachlehrkraft mehr. Es wäre dann auch nicht mehr möglich oder bliebe dem Zufall (mit all den Zwängen des Schulalltags) überlassen, ob Beratung und Ergebnispräsentation durch eine Religionslehrkraft begleitet werden. Das selbstständige, fächerübergreifende Erschließen von Themen durch die Schüler stellt an die Lehrkraft hohe fachliche Anforderungen, um kompetent zu beraten und Ergebnisse angemessen zu würdigen bzw. zu beurteilen. Selbst eine Lehrkraft (z. B. Tutorin oder Tutor), die von der Fachlehrkraft in die Zielsetzungen und Ergebnisse der Aufgabenstellungen eingearbeitet wurde, kann mangels Fachkompetenz nur eine eher oberflächliche Betreuung der Lernprozesse leisten.
- Wichtige prozessbezogene Kompetenzen wie z. B. Deutungs-, Urteils- und Dialogfähigkeit bilden sich in Auseinandersetzung mit anderen heraus. Solche gemeinsamen Lernprozesse treten im Lernbüro in den Hintergrund.
- Um den Zielen und Inhalten des Faches Religion gerecht werden zu können, ist die persönliche Beziehung zu einer Religionslehrkraft wichtig. Nur sie ist über religiöse Fragen und Erfahrungen wirklich auskunftsfähig. Auch Konfessionalität, wie sie im konfessionell-kooperativen Religionsunterricht eine Rolle spielt, würde im Lernbüro eher ein Schattendasein führen, denn dazu gehören lebendiger Erfahrungsaustausch, Exkursionen und der Dialog mit der konfessionell beheimateten Lehrkraft. Die überwiegende Arbeit im Lernbüro wird einem sich positionierenden Religionsunterricht, in dem die Schüler untereinander – und auch mit der Religionslehrkraft – in einen fruchtbaren Dialog über Glaube und Leben treten, nicht gerecht.
- Die Arbeitsmaterialien und Aufgabenstellungen bekommen im Lernbüro zentrale Bedeutung. Es reicht nicht aus, Arbeitsblätter oder gar kopierte Arbeits-

hefte zur Verfügung zu stellen und auf deren Selbstbildungskraft zu vertrauen. Bislang gibt es kaum geeignete Materialien mit kompetenzorientierten, binnendifferenzierenden Aufgaben, mittels derer sich Inhalte des Faches Religion selbstständig erschließen ließen.
- Es ist zu vermuten, dass die laut Stundentafel vorgesehenen Anteile, die den Fächern Ev. und Kath. Religion bzw. dem Alternativfach einzuräumen sind, im Lernbüro nicht in dem vorgesehenen Umfang Berücksichtigung finden. Das käme einer Kürzung und Abwertung dieser Fächer gleich.
- Auch das Lernbüro ist auf Dauer nicht per se motivierend. Nicht alle Schüler schaffen es, ihre Zeit sinnvoll einzuteilen und selbstgesteuert zu arbeiten. Besonders Schülerinnen aus bildungsfernen Elternhäusern sind hier häufig im Nachteil und brauchen zusätzliche Unterstützung.
- Auch deshalb ist es wichtig, dass immer wieder gemeinsame Zeiten der Motivation, Information, Zusammenfassung und des Austausches geschaffen werden. Die Lehrkraft muss mit dafür Sorge tragen, dass Einzelergebnisse so geordnet und auf das Thema bezogen werden, dass für die Schüler ein »roter Faden« erkennbar wird und sie Informationen miteinander verknüpfen können.

Daher: Auch im Religionsunterricht sollte es immer wieder Phasen individuellen Lernens geben. Aber: Ihm droht ein Qualitätsverlust, wenn er hauptsächlich im Lernbüro stattfindet!

3.4 Plädoyer für eine ethische Positionierung im RU

3.4.1 Moderne theologische Ethik als Voraussetzung für einen zeitgemäßen RU

Um ethische Themen im Unterricht zeitgemäß zu behandeln, ist es wichtig, sich zentrale Grundlagen zu vergegenwärtigen.[4] Kerngedanken sind im Folgenden kursiv gekennzeichnet.

> »Die Ethik reflektiert das menschliche Verhalten, soweit es unter der Perspektive der Verantwortlichkeit betrachtet werden kann. Das menschliche Verhalten zeigt sich in Handlungen und Haltungen. Diese können als richtig oder

4 Die folgenden Ausführungen erheben keinen Anspruch auf eine umfassende Einführung in die theologische Ethik, sondern wollen zentrale Grundlagen knapp zusammenfassen und damit »Schneisen in ein unübersichtliches Gelände schlagen«. Vereinfachungen sind daher notwendig.

falsch bewertet werden. Als ›gut‹ oder ›böse‹ werden sie schließlich dann qualifiziert, wenn die Gesamtintention des Handelnden mitberücksichtigt wird.«[5]

Das übliche Verhalten, das nach »sittlich richtig« oder »sittlich falsch« beurteilt wird, wird mit dem Begriff »Moral« bezeichnet. *Ethik oder Moralphilosophie bzw. Moraltheologie stellen die wissenschaftliche Reflexion über Moral dar.*

Kirchliche Verlautbarungen und andere Äußerungen von Christen zu ethischen Fragen legitimieren sich häufig durch den direkten Rückgriff auf biblische Weisungen oder, im katholischen Kontext, auf die Natur des Menschen (naturrechtliche Argumentation). Das gilt zum Beispiel für die Ablehnung der Homosexualität als Sünde und die radikale Ablehnung der Ehescheidung sowie den Ausschluss der Frauen vom Amtspriestertum. Als »Natur des Menschen« wird in kritischer Betrachtung dann das angesehen, was lediglich in einer langen Tradition für seine Natur gehalten wurde. Naturrechtliche Argumentationen stellen in Wahrheit häufig durch den historischen Kontext bedingte Interpretationen des menschlichen Wesens dar. Wenn es zum Beispiel in früheren Zeiten wegen der hohen Kindersterblichkeit und nicht vorhandener staatlicher Sozialsysteme notwendig war, das Ideal einer kinderreichen Familie zu propagieren, erschienen sexuelle Orientierungen, die nicht der Zeugung von Kindern dienten, als widernatürlich (z. B. Homosexualität). Sie wurden als Bedrohung der notwendigen Reproduktionsrate der Bevölkerung angesehen. Das Problem einer solchen Argumentation besteht darin, dass sie die humanwissenschaftlichen Erkenntnisse über den Menschen sowie deren alltägliche Erfahrungen unter dem Rückgriff auf die biblische bzw. kirchliche Autorität überspringt. *Moralische Entscheidungen, welche sich allein durch diesen Rückgriff auf das »heilige Wort der Bibel« oder die Verlautbarungen des »Heiligen Stuhls« legitimieren, werden als »heteronom« (fremdbestimmt) bezeichnet.*

Die moderne theologische Ethik bezieht religiöse Grundüberzeugungen (z. B. die Gottesebenbildlichkeit des Menschen oder die Erbsündenlehre) in ihre Argumentation mit ein und argumentiert ansonsten auf der Grundlage »philosophisch-ethischer Theorieansätze« (Dietmar Mieth). Theologische Ethik geht daher grundsätzlich davon aus, dass Maßstäbe sittlicher Vernunft und ethisch relevante Aussagen der Glaubensüberlieferung miteinander übereinstimmen müssen. In der katholischen theologischen Ethik (Moraltheologie) wird seit der Veröffentlichung von Alfons Auers *Autonome Moral und christlicher Glaube* (1971) die »autonome Ethik im christlichen Kontext« weitgehend als Basis für die Ausei-

5 Mieth, Dietmar: Theologisch-ethische Ansätze im Hinblick auf die Bioethik. In: Concilium 25. Jahrgang, H. 3, Ostfildern 1989, S. 211–218.

nandersetzung innerhalb ethischer Konfliktfelder akzeptiert. Trotz anderer Traditionen in Bezug auf Terminologie und Begründung sittlichen Handelns sowie bewusster Abgrenzungen[6] von katholischer Ethik wird von dem evangelischen Theologen Dietz Lange ein Grundansatz verfolgt, welcher einerseits die »Ethisierung des Glaubens« und andererseits die »Dogmatisierung der Ethik«[7] abwehren will. Vielmehr bestehe die ethische Grundsituation in der Konfliktsituation, in der der Glaube, der auf der Liebe fußt, davon befreit, sich in kasuistischer Weise an bestehende Gesetze und Gebote zu klammern. *So werden »mitmenschliches Einfühlungsvermögen« und der rationale Diskurs in ethische Entscheidungen integriert.* Ähnliche Argumentationsmuster sind in der modernen evangelischen Argumentation in verschiedenen Varianten anzutreffen und können als Beispiele einer autonomen Ethik verstanden werden.

Der evangelische Theologe Rainer Mayer identifiziert drei Grundmuster christlicher Antworten auf eine gesellschaftliche Situation:

- »Füllung eines Verhaltensmusters mit Glaubensmotiven (der Regelfall christlicher Ethik)«
- »Neusetzung eines Verhaltensmusters aus Glaubensmotiven (der Ausnahmefall christlicher Ethik)«
- »die Konfliktsituation (der Exemplarfall christlicher Ethik)«.[8]

Der Versuch, ethische Normen mit der (autonomen) Vernunft zu begründen, ist also schon lange Bestandteil katholischer und evangelischer Ethik. Jesus selbst verwirklicht in seinem Handeln und Predigen die Autonomie des Sittlichen, die gegen das sich ängstliche Klammern an die Buchstaben von Gesetz und Norm die Freiheit der Gottes- und Nächstenliebe setzt.

Autonome Ethik in diesem Sinne versucht auf der fundamentalen Basis des Liebesgebotes und des Verständnisses des Menschen als Ebenbild Gottes und als Sünder zugleich vernunftgesteuert und in Kommunikation mit anderen – auch mit Nichtchristen – sittliche Normen mit den jeweiligen Erfordernissen der geschichtlichen Entwicklung in Einklang zu bringen. Ethische Regeln sollen so durch die Überzeugungskraft vernunftgemäßer Begründungen und nicht durch ausschließliche Berufung auf »Autoritäten« Geltung beanspruchen. Die Bibel wird in diesem Sinne nicht als »Rezeptbuch« für ethisch richtiges Verhalten angesehen, aus dem man ohne Rücksicht auf deren historische Entwicklung Anweisungen entnehmen kann. Sie selbst ist Zeugnis der permanenten, auf stets neue Herausforderungen

6 Vgl. Lange, Dietz: Ethik in evangelischer Perspektive, Göttingen 1992, besonders S. 295 f.
7 Lange, Dietz 1992, S. 22.
8 Mayer, Rainer: Moral und christliche Ethik, Stuttgart 1976.

reagierenden menschlichen Suche nach den richtigen Verhaltensweisen und ihren Begründungen. Dabei greift sie immer wieder Werte und Normen anderer Kulturen auf (vgl. Zehn Gebote, Goldene Regel). Häufig werden Weisungen in der Bibel in paränetischer (ermahnender) Absicht geäußert und nicht ausführlich theoretisch begründet.[9] Besonders an der ethischen Konfliktsituation wird nach Auffassung führender philosophischer und theologischer Ethiker deutlich, dass das Vorhandensein von Normen allein keine hinreichende Entscheidungshilfe darstellt. Insofern ist der Wertekonflikt der Brennpunkt jeder Ethik, auch der christlichen. In seiner Bearbeitung muss sich die Autonomie des Sittlichen besonders erweisen.

Bei der konkreten Lösung von Wertekonflikten stellt sich die Frage, ob diese durch Verabsolutierung bestimmter, besonders wichtiger Werte und Normen (z. B. bei Kant die Wahrhaftigkeit) oder durch Orientierung am Zweck einer Handlung, also am möglichen »Erfolg«, gelöst werden sollten. Einen solchen Konflikt einfach nach Gefühl zu entscheiden (z. B. Bevorzugung des eigenen Wohls oder das der eigenen Familie), ist menschlich, aber allein kein ethisches Kriterium. *Theologische Ethik muss sich also mit dem heute besonders in der Politik weit verbreiteten Utilitarismus und der deontologischen Ethik befassen, um argumentativ tragfähige Kriterien bei Entscheidungen in ethischen Konfliktfällen zu finden.* Ein Utilitarismus, der sich allein am größten Glück für die größte Zahl von Menschen orientiert (Jeremy Bentham), leistet einer autonomen Moral im christlichen Kontext nicht hinreichend Genüge, da er das biblisch-christliche Menschenbild ignoriert. Umgekehrt kann auch eine radikal deontologische Ethik, welche die Folgen einer Handlung bei der Beurteilung sittlich richtigen Verhaltens ausblendet, nicht den Kriterien einer christlichen Ethik entsprechen. Jegliche christliche Ethik muss im Sinne des biblischen Menschenbildes zugleich teleologisch (zielgerichtet) sein und die Menschlichkeit einer Handlung als »Lebensförderlichkeit« (Mieth) definieren. Das bedeutet konkret, dass nicht nur das Wohlbefinden oder Glück einer Mehrheit von Individuen, sondern auch die Menschenwürde *aller* Betroffenen bei ethischen Entscheidungen konstitutiv zu berücksichtigen sind. Der Mensch darf nie allein als Mittel zum Zweck betrachtet werden (vgl. Kant).

Bei der utilitaristischen und deontologischen Ethik handelt es sich nicht nur um philosophische Theorien, sondern um Grundmuster sittlichen Argumentierens, die mehr oder weniger bewusst auch für das Alltagshandeln des Menschen bestimmend sind. Sie lassen sich als alltägliche Extremformen so zusammenfassen: Der Zweck heiligt die Mittel (Utilitarismus) und: Man muss sich an die geltenden Regeln halten und sie »ohne Rücksicht auf Verluste« anwenden (deontologische Ethik).

9 Vgl. Schüller, Bruno: Die Begründung sittlicher Urteile, Düsseldorf 1993.

Christliche Ethik stellt beide Extrempositionen, aber auch eine rein egoistische Haltung, aus der Perspektive der Lebensförderlichkeit einer Handlung kritisch in Frage.

Insgesamt lässt sich eine zeitgemäße christliche Ethik so zusammenfassen: *Auf der Grundlage des Verständnisses vom Menschen als eines Individuums mit unverwirkbarer Würde und motiviert durch die Nächstenliebe setzt sich die autonome Vernunft mit den vorhandenen sittlichen Werten und Normen auseinander. Autonome Vernunft sucht in Verantwortung vor dem eigenen Gewissen und damit vor Gott lebensförderliche Lösungen in ethischen Konfliktsituationen.* Dabei gerät sie in Situationen, in denen keine Alternative nach den Prinzipien »richtig« oder »falsch« erkennbar ist, sondern eine eigenverantwortliche Entscheidung gefordert ist, welche gegen eine Norm verstößt. Das wird in besonders schmerzhafter Weise deutlich, wenn der Wert eines menschlichen Lebens mit dem eines anderen Menschen unvermeidbar konkurriert (z. B. medizinische Indikation bei einer Schwangerschaft) und Nichtstun den Tod beider zur Folge haben kann. Vor eine solche Alternative gestellt, muss der Handelnde in tragischer Weise »unschuldig schuldig« werden, selbst nach gründlicher ethischer Situationsanalyse. Gar nicht zu handeln wäre kein Ausweg und widerspräche christlicher Verantwortung.

Im Sinne der Lehre von der Rechtfertigung des Glaubenden durch Gott »allein durch den Glauben« (vgl. Apostel Paulus, Martin Luther) darf derjenige, der in seiner sittlichen Entscheidung unabsichtlich oder sündhaft gefehlt hat, fest auf die Gnade und Vergebung Gottes hoffen. Gott akzeptiert ihn nicht wegen der Qualität seiner sittlichen Handlungen, sondern wegen seines grundsätzlichen Vertrauens auf ihn. Dieser Glaube bedingt die menschliche Freiheit und den notwendigen Mut zu schwierigen sittlichen Entscheidungen. Freiheit existiert aber nur, wenn der Mensch um seine Begrenztheit, Fehlerhaftigkeit und Sündhaftigkeit weiß und sich diese zu seinem Wesen gehörenden Elemente stets eingesteht. Berücksichtigt er diese Merkmale seiner Begrenztheit nicht, gerät er in Gefahr, sich selbst zu überschätzen und somit von seinen eigenen Fehlentscheidungen abhängig zu werden.

3.4.2 Ethische Positionen anbahnen – didaktische Hinweise

1 Zu Beginn eines ethischen Themas soll die Lehrkraft gar nicht ihre eigene Meinung einbringen, weil sie andernfalls den Meinungsbildungsprozess beeinflussen könnte. Die Schülerinnen sollen zunächst über Fallbeispiele und dazugehöriges Hintergrundmaterial dazu gebracht werden, den ethischen Konflikt und seine Bearbeitungsmöglichkeiten zu entdecken.

2 Die Schüler werden möglichst bald dazu herausgefordert, ihre eigene Meinung zu äußern, auch wenn die theoretischen Kriterien der ethischen Urteilsbildung

noch nicht erarbeitet wurden. Dadurch kann die Lehrkraft frühzeitig erkennen, über welche Urteilskriterien die Schülerinnen bereits verfügen und welchen gesellschaftlichen Trends sie zu unreflektiert folgen.

3 Die Schüler dürfen anschließend bei einer fundierten Bearbeitung von ethischen Konfliktfällen nicht allein gelassen werden, sondern müssen die ethischen Voraussetzungen zur Lösung von Konfliktfällen erwerben; dazu gehören fundamental die Vermittlung der Kenntnis des christlichen Menschenbildes (Gottesebenbildlichkeit, Neigung des Menschen zur Sünde, Gebote der Gottes- und Nächstenliebe) und elementarer ethischer Fachbegriffe (besonders: Wert, Norm, Gebot, Gesetz, Wertekonflikt, Schuld, Sünde, Verantwortung, Gewissen, Menschenwürde, Menschenrechte) sowie die Fähigkeit, diese sachgerecht anzuwenden. Im Zentrum des Unterrichtsgeschehens müssen die Konfliktsituation und deren Lösungsmöglichkeiten stehen (vgl. Kap. 3.4.1).

4 Das Verstehen der an die Spezies Mensch gebundenen unveräußerlichen Würde des Menschen lässt sich am besten durch Beispiele und Erfahrungen im Umgang mit Menschen anbahnen, die (noch) nicht über volle personale Fähigkeiten verfügen. Identifikationsangebote zur Entwicklung von Empathie für die Situation und Eigenheiten von behinderten Menschen können mehr bewirken als das Dozieren über die Würde des Menschen oder das Lernen entsprechender Artikel einer Menschenrechtskonvention. Sie müssen die kognitive Auseinandersetzung ergänzen.

5 Die Lehrkraft muss am Ende einer Unterrichtseinheit authentisch zum behandelten Konfliktfall Stellung nehmen. Das wird von den Schülerinnen erwartet und entspricht einem positionellen Religionsunterricht, in dem christliche Perspektivität kenntlich wird. Wenn die Stellungnahme von der offiziellen Lehrmeinung bzw. der mehrheitlichen Auffassung ihrer Konfession abweicht, sollte die Lehrkraft die Differenz erläutern und ihre abweichende Auffassung begründen. Zur Authentizität und Glaubwürdigkeit gehört es auch, sich als Lehrkraft zu Unsicherheiten in Bezug auf ethische Entscheidungen offen zu bekennen.

6 Lehrerinnen und Lehrer sind keine »Heiligen«; das wissen auch die Schüler. Deshalb ist es glaubwürdiger, auch die eigene Angefochtenheit bei sittlichen Entscheidungen zu artikulieren. So ist die folgende Aussage einer Lehrkraft zur Problematik des Schwangerschaftsabbruchs glaubwürdiger als wenn sie sich verschwommen und in Andeutungen herausreden würde: »Ich selbst bin gegen die Abtreibung von geschädigten Embryonen, aber ich weiß nicht, wie ich mich verhalten würde, wenn ich selbst betroffen wäre. Ich kann nur hoffen, dass ich meinen eigenen Maßstäben in solch einer Situation treu bleibe.«

7 Auch ethische Auffassungen, z. B. rein utilitaristische Positionen, die einer autonomen Ethik im christlichen Kontext widersprechen, dürfen von Schülerin-

nen frei geäußert werden, ohne dass die Lehrkraft dazu berechtigt wäre, solche Auffassungen abzuwerten. Das widerspräche einem dialogorientierten Religionsunterricht und würde eher zu Blockaden führen, statt zur Bildung einer ethisch entscheidungsfähigen Persönlichkeit beizutragen. Engagierte Erwiderungen und Einsprüche der Lehrkraft beleben als Impulse die Diskussion in der Lerngruppe. Dies tun sie allerdings nur dann, wenn es nicht zu einem Streitgespräch zwischen einem einzelnen Schüler und der Lehrkraft über die Köpfe der Lerngruppe hinweg kommt, in dem Letzterer womöglich argumentativ auch noch Sieger bleiben will. Hier gilt dann durchaus auch im Unterricht der Grundsatz »Der Klügere gibt nach«.

8 Die Lehrkraft muss dafür sorgen, dass die Schülerinnen Äußerungen anderer, die ihnen unangenehm sind, nicht abwertend kommentieren oder ihnen unsachlich, polemisch und persönlich verletzend begegnen. In ethischen Diskussionen müssen alle Beteiligten eigene, tief verwurzelte Überzeugungen gegenseitig in Frage stellen lassen. Das kann wehtun und zu unsachlichen Reaktionen (auch der Lehrkräfte) führen.

9 Menschenverachtenden, z. B. rassistischen oder behinderte Menschen abwertenden Äußerungen von Schülerinnen muss die Lehrkraft ruhig, aber deutlich widersprechen. Aufgeregte und empörte Reaktionen, die in solchen Fällen naheliegen, würden aber als Argumentationsschwäche ausgelegt. Ein nachdrücklicher Hinweis auf Menschenwürde und Menschenrechte, die grundgesetzlich garantiert sind, ist aber erforderlich. Zusätzlich kann in solchen Fällen das Zitieren der goldenen Regel überzeugend wirken: Was Du nicht willst, das man dir tu', das füg' auch keinem anderen zu.

Literatur:

Auer, Alfons: Autonome Moral und christlicher Glaube, Düsseldorf [9]1989
Lange, Dietz: Ethik in evangelischer Perspektive. Göttingen 1992
Mayer, Rainer: Moral und christliche Ethik, Stuttgart 1976
Mieth, Dietmar : Theologisch-ethische Ansätze im Hinblick auf die Bioethik. In: Concilium 25. Jahrgang, H. 3, Ostfildern 1989, S. 211–218
Schüller, Bruno: Die Begründung sittlicher Urteile, Düsseldorf 1993

3.5 Transparent unterrichten – Briefe zu neuen Themen an die Schüler

Wer Unterricht vorbereitet, macht die Erfahrung, dass dies viel leichter von der Hand geht, wenn man sich vorher klargemacht hat, welche Ziele man im Verlauf der Unterrichtssequenz erreichen will. Dies hilft, sich als Lehrkraft nicht in einer Flut von Materialien zu verlieren, Aufgaben präziser zu formulieren und den Unterricht in sinnvolle Einheiten zu gliedern. Schüleraktivierung und Transparenz sind lernpsychologisch gesehen wichtige Voraussetzungen für einen nachhaltigen Lernprozess. Doch Schüler können nur aktiv werden, wenn sie die Planung kennen, sie nachvollziehen und sich mit eigenen Ideen daran beteiligen können.

Ein Mittel sind Briefe, die den Schülern nach einer möglichst interessanten gemeinsamen Einführung in das neue Thema ausgehändigt werden.[10] Darin umreißt die Lehrkraft die Bedeutung des Themas und legt offen, welche Fähigkeiten die Schülerinnen am Ende haben. Auf diese Weise erhalten sie Gelegenheit, sich in das Thema hineinzudenken, Fragen zu formulieren und eigene Ideen zu skizzieren. Ein solcher Brief macht es möglich, dass im Verlauf der Unterrichtseinheit immer wieder Bezug auf die genannten thematischen Aspekte und Ziele genommen werden kann. Das macht den Lernzusammenhang für die Schüler nachvollziehbar und erinnert sie an das, was sie wissen und können sollten.[11] Wenn die Schüler nach Beendigung eines Themenblocks schriftlich formulieren, was sie Neues gelernt haben, führen sie sich Gelerntes vor Augen, entdecken aber auch Unklarheiten und Wissenslücken.

Wenn zusätzlich zu einem Schülerbrief die endgültige Planung auf einer Lernlandkarte festgehalten wird, macht das den »roten Faden« der Unterrichtseinheit für alle sichtbar (vgl. Kap. 5.4.1).

10 Dies kann z. B. in Form eines Gedichtes geschehen (vgl. den Schülerbrief zur Unterrichtseinheit »Wer bin ich?«, der auf einen solchen Einstieg anspielt), durch ein Bild, einen Zeitungsartikel (vgl. den Schülerbrief zur Unterrichtseinheit »Werte«) und vieles mehr. Wichtig ist, von einer Situation oder einem Sachverhalt auszugehen, der zum Denken herausfordert.

11 Beispiele für Schülerbriefe sind unter M1/3.5 im Buch und M2–M3/3.5 im Downloadmaterial zu finden.

M1/3.5 Beispiel für einen Brief zum Thema »Wer bin ich? - Nachdenken über Schöpfung und Mitwelt« (Klasse 5)

Liebe Schülerinnen und Schüler!

Unsere nächste Unterrichtseinheit heißt:
Wer bin ich? – Nachdenken über Schöpfung und Mitwelt.
Menschen fragen sich seit jeher: Woher komme ich? Werde ich geliebt? Wozu bin ich auf der Welt? Wir werden zu solchen Fragen Bilder, Erzählungen, Gedichte betrachten und Musikstücke hören. Wir werden miteinander nachdenken, diskutieren und singen.

An diesem Thema lernst du:
- Bilder, Gedichte, Geschichten, Musikstücke zum Thema zu beschreiben und zu deuten
- den Inhalt und den Aufbau einer biblischen Schöpfungserzählung zu beschreiben und ihre Aussage zu deuten
- zu erklären, auf welche Fragen die Sprache der Naturwissenschaften Antworten gibt und welche Fragen religiöse Sprache beantwortet
- religiöse Antworten zum Thema wiederzugeben und zu beurteilen
- an Beispielen zu erläutern, wie Menschen sich dafür einsetzen, die Schöpfung zu bewahren

Das kannst du selbstständig tun:
Du kannst Bilder und Texte sammeln, die mit unserem Thema zu tun haben und sie in die Schule mitbringen.

Die folgenden Fragen sind schwierig. Versuche trotzdem, dir darüber Gedanken zu machen:

Woher komme ich?
Wozu bin ich auf der Welt?
Warum gibt es die Welt und nicht nichts?

Schreibe deine Gedanken dazu auf.

Nun wünsche ich uns allen ein interessantes gemeinsames Arbeiten!

(Unterschrift der Lehrkraft)

Zwei weitere Schülerbriefe finden Sie im Downloadmaterial:
M2/3.5 Beispiel für einen Brief zum Thema »Haben Kinder Rechte? - Kinder in der Einen Welt« (Klasse 6)
M3/3.5 Beispiel für einen Schülerbrief zum Thema »Werte und Wertekonflikte« (Klasse 9)

3.6 Das Ich-Buch - ein Mittel zur Selbstreflexion für den Schüler[12]

3.6.1 Selbstreflexion - notwendig für religiöse Bildung

Die Bezeichnung »Ich-Buch« oder »Ich-Heft« ist bisher vor allem in der Grundschul- und in der Förderpädagogik bekannt.[13] Religionslehrkräfte anderer Schulformen werden sich fragen, was dieses mit ihrem Religionsunterricht zu tun haben soll. Klingt das nicht eher nach Selbstbespiegelung, wo doch Kompetenzen in Bezug auf Religion erworben werden sollen? – Geht es im evangelischen und katholischen Religionsunterricht nicht eher um die korrelative Beziehung von Kindern und Jugendlichen zum Phänomen »Religion«, insbesondere in seiner christlich-konfessionellen Ausprägung?

Im Folgenden wird die These vertreten, dass Selbstreflexion für religiöse Bildung notwendig ist und dass ein Ich-Buch solche Prozesse unterstützen kann. Bildung ist kein »Paket«, das ein Heranwachsender passiv entgegennimmt, sondern aktives Handeln, ein »auf Mündigkeit zielendes Sich-selbst-Bilden [...] und vollzieht sich in der Auseinandersetzung mit der sozialen, gesellschaftlichen und kulturellen Wirklichkeit, die den Menschen umgibt«.[14] Religiöse Bildung umfasst ein Sich Vertraut Machen mit der religiös-kulturellen Herkunft sowie die Fähigkeit, dazu eine begründete Position einzunehmen. Religiöse Bildung und Allgemeinbildung sind eng miteinander verbunden. Beide zielen auf Identität, die sich nach und nach entwickelt. Religiöse Bildung ist keine bloße Werteerziehung. In ihrem Zentrum stehen Sinnfragen, insbesondere mit der Frage nach Gott.[15]

12 Dieses Kapitel lehnt sich an den Artikel »Das Ich-Buch als Mittel der Selbstreflexion« an, veröffentlicht in: braunschweiger beiträge für theorie und praxis von ru und ku, 133–2/2011 (herausgegeben vom Arbeitsbereich Religionspädagogik und Medienpädagogik der ev.-lutherischen Landeskirche in Braunschweig), S. 3–14.

13 Diesen Eindruck erweckt jedenfalls eine Internetrecherche zu den Begriffen »Ich-Buch« oder »Ich-Heft«.

14 Niedersächsisches Kultusministerium (Hg.): Kerncurriculum IGS Katholische Religion, S. 7.

15 Vgl. Niedersächsisches Kultusministerium (Hg.): Kerncurriculum IGS Evangelische Religion, S. 7 sowie EKD (Hg.): Identität und Verständigung. Standort und Perspektiven des Religions-

Die Identitätsbildung Heranwachsender vollzieht sich in Auseinandersetzung mit zwei gegenläufigen, sich letztlich aber gegenseitig bedingenden gesellschaftlichen Trends: der Pluralisierung einerseits und der Individualisierung andererseits. Die Pluralisierung ist heute durch eine geschichtlich zuvor noch nie dagewesene Fülle von Sinn- und Glücksangeboten gekennzeichnet. Sie reichen von den Glücksverheißungen der Werbung bis zu religiösen und esoterischen Sinnangeboten. Die Individualisierung schreitet ebenfalls fort: Vereine, Parteien und Kirchengemeinden haben zunehmend Nachwuchsprobleme. Denn eine Konsumgesellschaft setzt auf Individualismus. Jeder potenzielle Käufer soll sich durch den Erwerb vermeintlich individuell zugeschnittener Produkte von den anderen abheben und dadurch sein Selbstwertgefühl und Sozialprestige steigern. Die Marke wird damit zum Sinnstifter.

Die Stärkung der Schülerpersönlichkeit – und damit verbunden der souveräne Umgang mit Trends wie den genannten – stellt daher ein wichtiges Bildungsziel des Religionsunterrichts dar. Nach christlichem Menschenbild ist die Person stets auf ein Gegenüber angewiesen. Menschen erkennen sich selbst nur in Auseinandersetzung mit anderen Menschen. Stärkung der Person heißt also zum einen: Selbstbewusstsein und Selbstwertgefühl entwickeln, um mit sich selbst in Einklang leben zu können. Zum anderen heißt Stärkung der Person, den Wert der Gemeinschaft als Voraussetzung dafür zu entdecken und Verantwortung für sie zu übernehmen. Dazu gehört auch, kritikfähig gegenüber Trends und Sinnangeboten zu werden, die die Mündigkeit gefährden.

Das Ich-Buch kann diesen Zielen in besonderer Weise dienen, auch wenn der Titel Irritationen hervorrufen mag. Der bewusste Blick auf sich selbst und seine Entwicklung lässt den Schüler eigene Stärken, Schwächen, Interessen und Sorgen entdecken und das Angewiesen-Sein auf andere deutlich werden. Das ist eine Voraussetzung, um sich für andere verantwortlich zu fühlen.

3.6.2 Allgemeine Voraussetzungen für die Arbeit mit dem Ich-Buch

Die Ausführungen in diesem Kapitel orientieren sich besonders an dem Aufsatz *Ich-Heft* von Christof Schudel-Schmid und dessen Grundsätzen.[16] Allerdings sieht Schudel-Schmid das Ich-Buch vor allem in der Verantwortung der Klassenlehrerin bzw. des Klassenlehrers. Wir zeigen, wie es im Religionsunterricht der Sekundarstufe I zum Einsatz kommen kann.

---

unterrichts in der Pluralität. Eine Denkschrift der der Evangelischen Kirche in Deutschland, Gütersloh 1994.

16 Schudel-Schmid, Christof: Ich-Heft. In: Guido Estermann (Hg.): RL, Zeitschrift für Religion und Lebenskunde H. 3/1998, 10–11.

Definition

Das Ich-Buch dokumentiert die eigene Entwicklung in verschieden schulischen und häuslichen Bereichen und ist somit ein Mittel der Selbstreflexion. Ursprünglich ist es keinem bestimmten Unterrichtsfach zugeordnet, da es einem fachübergreifenden Ziel, der Persönlichkeitsentwicklung, dient. Dazu muss es über einen längeren Zeitraum geführt werden (über mehrere Schuljahre, im Idealfall durch die gesamte Sekundarstufe I hindurch) und der Besitzer des Ich-Buches muss motiviert werden, sich immer wieder mit seinen eigenen Ansichten auseinanderzusetzen und diese weiterzudenken.

Pädagogische Zielsetzungen

Die Schülerinnen erstellen in regelmäßigen Abständen Aufzeichnungen über sich selbst, die den Blick auf Vergangenes lenken. »Eintragungen zu festgelegten Fragestellungen ermöglichen gemeinsame Reflexionen, z. B.: ›Was ist bei anderen Kindern anders gelaufen?‹ oder ›Welches sind gemeinsame Entwicklungen?‹ Dabei tauchen philosophische Fragen auf: ›Was heißt normal‹? oder ›Warum bin ich so viel kleiner als die anderen?‹«[17]

Solche Fragen schließen den »Blick nach vorn« mit ein. Es können Vermutungen über den weiteren Lebensweg angestellt werden, was wiederum Stoff zum Philosophieren gibt, z. B. »Wovon hängt das Gelingen unserer Lebensplanung ab?« – »Führt uns jemand durchs Leben oder geschieht alles nur zufällig?«[18]

»Die Bearbeitung der Themen erfolgt eingebettet ins aktuelle Schulleben«: Ausgangspunkt für gemeinsame Fragen können bestimmte Themen (z. B. »Arbeit und Freizeit«), Rituale (z. B. Wochenanfang), eine Klassenratsstunde oder ein gemeinsames Erlebnis (z. B. Tod eines »Klassentiers«) sein.[19] Allerdings sollten die Schüler motiviert werden, auch Ereignisse in der Familie und außerhalb des Schullebens zu verarbeiten.

Regeln zum Umgang mit dem Ich-Buch

Um diese Ziele zu erreichen, sind organisatorische Voraussetzungen nötig, die im Folgenden als Regeln formuliert werden.[20] Werden diese nicht beachtet, kann die gesamte pädagogische Zielsetzung des Ich-Buchs gefährdet oder gar in ihr Gegenteil verkehrt werden.

17 Schudel-Schmid 1998, S. 10.
18 Ebd.
19 Ebd.
20 Regeln 1–3 nach Schudel-Schmid 1998, S. 10.

1 Es muss von Anfang an geklärt werden, ob das Heft persönlich ist und dann auch nicht von anderen gelesen wird – Ausnahme muss die Lehrkraft sein – oder ob es auch die Mitschüler oder weitere Personen in die Hände bekommen dürfen.
2 Das Ich-Buch ist kein Tagebuch. Den Schülerinnen muss zu Anfang der Unterschied erklärt werden: Was niemand, einschließlich der Lehrkraft, lesen darf, gehört nicht hinein. Auf der anderen Seite muss jeder Schüler darauf vertrauen können, dass die Lehrkraft das Ich-Buch nicht zur Informationsgewinnung über seine persönlichen Probleme instrumentalisiert.
3 Die Lehrkraft, die das Ich-Buch betreut (Klassenlehrer, Religionslehrer) und dieses regelmäßig liest, sollte auch Rückmeldungen geben. Aus der Lektüre können sich, unter Wahrung der Anonymität des Verfassers, Klassengespräche über soziale, familiäre und schulische Belastungen ergeben, die sehr wertvoll sind und den Schülerinnen das Gefühl vermitteln, wahrgenommen zu werden und wichtig zu sein.
4 Es muss klar geregelt werden, wann Eintragungen gemacht werden dürfen, ob jederzeit oder nur, wenn alle am Ich-Buch arbeiten (z. B. im Klassenrat, in Arbeits- und Übungsstunden, als Hausarbeit oder in Religion). Auf jeden Fall muss dafür Zeit eingeplant werden, sonst wird das Interesse schwinden.
5 Zu klären ist auch, wie die Würdigung des Ich-Buchs durch die Lehrkraft erfolgen soll, durch regelmäßiges Einsammeln, durch einen Rückmelde- oder Bewertungsbogen oder gar eine Zensur? Dazu braucht es Bewertungskriterien. Allerdings stellt sich die Frage, ob dies den Anliegen eines Ich-Buches nicht zuwiderläuft. Im Falle einer Benotung des Ich-Buchs bietet sich das Prinzip »Zusatzzensur« an: Ein gut geführtes Ich-Buch verbessert oder bestätigt die ansonsten im Unterricht erbrachten Leistungen. Lediglich ein nicht geführtes Ich-Buch kann die Zeugniszensur verschlechtern.
6 Sinnvoll erscheint, die Einführung eines Ich-Buchs auf Jahrgangsebene zu beschließen. Nur dann kann es bei einem Wechsel der Lehrkraft kontinuierlich weitergeführt werden.
7 Das Ich-Buch sollte spätestens zum 6. Schuljahr, besser noch im Verlaufe des 5. Schuljahres, eingeführt werden; eine spätere Einführung (z. B. während der Pubertät) dürfte auf Widerstand stoßen.
8 Sinn, Zielsetzungen und Regeln im Umgang mit dem Ich-Buch sollten vor Beginn der Einführung den Eltern in Form eines Briefes oder auf einem Elternabend erläutert werden.[21]

21 Muster in Kap. 3.6.7.

Gestaltung des Ich-Buchs

Qualität, Kreativität und Reflexionsniveau der Ich-Buch-Beiträge hängen sowohl eng mit der Vielfalt der zu verarbeitenden Lebensbereiche und Themen als auch mit sinnvollen Aufgabenstellungen zusammen. Daher sollten Ich-Bücher folgende Gestaltungsmerkmale aufweisen:[22]

1 Die Schüler sollten bestimmte Themen, die persönliche Veränderungen bedeuten, in regelmäßigen Abständen aufgreifen.

2 Auch punktuelle Eintragungen, die später nicht mehr aufgegriffen werden, haben ihre Berechtigung, weil sie der Selbstvergewisserung dienen.

3 Das Ich-Buch kann Fragestellungen aus unterschiedlichen Unterrichtsfächern vertiefen (z. B. Gedichte zum Thema »Wer bin ich?«). Wichtig ist, dass die Reflexion über sich selbst im Vordergrund steht; ansonsten entstünde ein Portfolio.

4 Um die Motivation der Schülerinnen zu steigern, sollte die Art der Eintragungen variieren: unterschiedliche Textarten (z. B. Erzählungen, Gedichte, Comics, Stichworte, Sprichwörter), Gestalterisches (z. B. Zeichnungen, Symbole), Fotos und Zeitungsausschnitte. Die Lehrkraft sollte aber darauf achten, dass Selbstgefertigtes gegenüber Eingeklebtem überwiegt.

5 Alle Eintragungen müssen mit Datum versehen werden, damit die Schüler ihre Entwicklung auch später nachvollziehen können.

6 In jedem Fall ist es sinnvoll, Erfahrungen aus anderen Fächern oder im Zusammenhang mit Projekten einzubringen.

7 Aufgrund der Langfristigkeit des Projektes »Ich-Buch« wird die Einführung einer widerstandsfähigen, ästhetisch ansprechenden Din A4-Kladde empfohlen. Das steigert auch vom äußeren Eindruck her den Wert des Buches.

8 Die Schüler sollten die erste Seite individuell mit ihrem Namen und dem Titel »Ich-Buch« gestalten. Sie können sich dort z. B. selbst oder auch ihre Lieblingsgegenstände zeichnen.

3.6.3 Das Ich-Buch im RU

Sicher spricht grundsätzlich nichts dagegen, das Ich-Buch – wie von Schudel-Schmid vorgeschlagen – an kein bestimmtes Unterrichtsfach zu koppeln. Allerdings dürfte eine wie auch immer geartete Rückmeldung auf nicht fächergebunden geführte Ich-Bücher schwer organisierbar sein. Uns erscheint es praktikabler, die Betreuung der Ich-Bücher in die Hand *einer* Fachlehrkraft oder der Klassenleitung zu legen.

22 Merkmale 1–5 nach Schudel-Schmid 1998, S. 10.

Die Einbindung des Ich-Buchs in den Religionsunterricht ist also nicht zwingend, aber vom reflexiven Charakter religiöser Bildung her sinnvoll (vgl. Kap. 3.6.1):

- Durch seine Bildungsziele, die fachbezogenen Kompetenzen und Inhalte ist Religion wie kein anderes Fach unmittelbar mit Sinnfragen und Grenzerfahrungen des Lebens ebenso wie mit dem Verhältnis zwischen dem Ich und den anderen befasst.
- Weil dieses Fach einen besonderen Stellenwert für die Entwicklung der Schülerpersönlichkeit hat, lässt sich das Ich-Buch gut in den Religionsunterricht integrieren.
- Es kann den Wert des Religionsunterrichts steigern, weil es das individuelle Lernen unterstützt und den Lernprozess verlebendigt.

3.6.4 Erfahrungen mit dem Ich-Buch im Fach Religion

Das Ich-Buch in der oben dargestellten Konzeption wurde in einer Lerngruppe Religion im 2. Halbjahr des 5. Jahrgangs im Schuljahr 2007 eingeführt. Diese Lerngruppe wurde seitdem ununterbrochen mit zwei Wochenstunden von Martin Schmidt-Kortenbusch unterrichtet. Im Sommer 2012 schloss sie die Sekundarstufe I der Integrierten Gesamtschule Franzsches Feld ab. Insgesamt betrachten wir aus folgenden Gründen die Arbeit mit dem Ich-Buch als erfolgreich:

- Nach einer Befragung vom Mai 2009 (Jahrgang 8) arbeiteten 23 von 27 Schülern dieser Lerngruppe gerne mit dem Ich-Buch, vier nicht (interessant: alles Jungen!).
- In dieser Befragung wurde ein Wechsel der Art der Aufgaben am Ende des 7. Schuljahres gewünscht, weil diese »abgegrast« seien und langsam langweilig würden. Die Aufgaben wurden daraufhin verändert (vgl. Kap. 3.6.5: Aufgaben für das 8.–10. Schuljahr).
- Manche beschwerten sich darüber, dass andere Schülerinnen, ohne zuvor gefragt zu haben, in ihren Ich-Büchern gelesen hätten.
- Auch äußerten die Schüler, dass sie dieses Buch nicht bei jeder Lehrkraft gerne führen würden.
- Nach einer anonymen schriftlichen Befragung im Oktober 2011 (Jahrgang 10), an der 22 Schüler teilnahmen, gaben 17 an, dass sie das »Ich-Buch« regelmäßig bearbeiten würden; fünf gaben an, dieses nur unregelmäßig zu tun. 20 Schülerinnen arbeiteten nach eigenen Angaben nach wie vor gerne mit dem Buch, während zwei äußerten, dieses nicht gerne zu tun. Allerdings äußerten drei Schüler grundsätzliche Zweifel daran, in der 10. Klasse noch ein Ich-Buch führen zu sollen; drei formulierten Kritik an einigen Aufgabenstellungen, zwei

gaben an, sich nicht zu jedem Thema im Ich-Buch äußern zu wollen. Sechs Schülerinnen schrieben, dass sie trotz grundsätzlicher Zustimmung zum Ich-Buch Zeitprobleme für die Bearbeitung sähen.
- Folgende Gründe waren für die überwiegende Akzeptanz des Ich-Buches, auch noch in Klasse 10, ausschlaggebend: die Möglichkeit, zurückzublicken und die eigene Entwicklung nachzuvollziehen, Unterrichtsthemen zu vertiefen und Aufgaben frei zu gestalten.

Aus der Arbeit der Schüler in einem Ich-Buch über einen Zeitraum von fünf Jahren können folgende Schlussfolgerungen gezogen werden (vgl. Kap. 3.7.7 – Abbildungen):
- Die Kladden waren meist noch in einem erstaunlich guten Zustand sowie ordentlich und gewissenhaft bearbeitet.
- Die Bearbeitung der Aufgaben zeigte häufig eine große Kreativität; allerdings gab es auch oberflächlich bearbeitete Aufgaben.
- Aus manchen Bearbeitungen hatten sich Diskussionen in der Klasse ergeben (z. B. durch freiwilliges Vorlesen von Einträgen oder Widerspiegelung eines Gesamteindrucks durch die Lehrkraft vor der Klasse).
- Die Lehrkraft lernte ihre Schüler noch besser kennen und schätzen und konnte mit ihnen in Einzelgesprächen vorsichtig über manche schulischen und häuslichen Probleme sprechen. So wurde sie neben der Klassenleitung zu einer weiteren Vertrauensperson, was sich positiv auf das Unterrichtsklima auswirkte.
- Es müssen mehr Aufgaben konzipiert werden, die Bereiche berücksichtigen, von denen sich auch Jungen angesprochen fühlen (z. B. Sport, Vorbilder, Idole, Technik).[23]

Es ist sinnvoll, die Arbeit im Ich-Buch nicht formlos »ausgleiten« zu lassen, sondern mit einem Ritual abzuschließen. Dazu bieten sich folgende Möglichkeiten an:
- eine abschließende Sichtung des eigenen Buches, die mit einer kreativen Gestaltung zur eigenen Entwicklung endet (z. B. Bild, Collage, Standbild);
- ein abschließendes Gespräch, in dem die Schülerinnen äußern, was ihnen dieses Buch jetzt bedeutet;
- das Zeichnen einer Entwicklungslinie vom 5. Schuljahr bis heute;
- ein Gespräch darüber, welche Aspekte des Religionsunterrichts ins Ich-Buch aufgenommen wurden.

23 Solche Aufgaben wurden inzwischen den Aufgabenvorschlägen hinzugefügt.

3.6.5 Materialien zum Ich-Buch

Eine Vorlage für einen Elternbrief sowie einen Schülerbrief zur Einführung des Ich-Buches finden Sie im Downloadmaterial.

Aufgaben für das 5.–7. Schuljahr

Klebe dieses Aufgabenblatt auf die zweite Seite deines Ich-Buches!

a Aufgaben zu deiner Person, die du im Laufe einiger Jahre mehrmals machst:

- Erstelle einen Steckbrief von dir (Vorname, Name, Adresse, Alter, Augenfarbe, Haarfarbe, besondere Merkmale, Klasse, Lehrerinnen und Lehrer, Lieblingsessen, Lieblingstier, Lieblingsfarbe, Hobbys etc.).
- Klebe Fotos von dir ein. Diese können auch kopiert und verändert (z. B. ausgemalt) werden. Auf diese Weise kannst du z. B. deine Wunschfrisur oder dein Wunschoutfit darstellen.
- Fertige eine Tabelle mit Angaben zur Körpergröße, Gewicht etc. an.
- Schreibe kurze Texte zu Themen wie beispielsweise den folgenden: »Das baut mich auf«, »Das ärgert mich immer wieder«, »Davor fürchte ich mich«, »Das finde ich ungerecht.« …!
- Zeichne den Grundriss deines Zimmers und zeichne wichtige Gegenstände hinein.
- Beschreibe einen typischen Tag in deinem Leben. Erkläre dabei, was dir gefällt und was dir nicht gefällt.
- Schreibe auf, wie du dir einen Tag im Jahre 2030 vorstellst.
- Schreibe auf, wie du Geburtstag feierst. Mit wem? Was bekommst du geschenkt?
- Was ist dein Lieblingsspielzeug? Welche Lieblingsbeschäftigung hast du (z. B. Sportarten)?
- Stelle Aktionen und Projekte aus dem Schulleben dar.
- Beschreibe deine Lieblingsplätze und deine Lieblingsfächer.
- Beschreibe deinen Lieblingsgegenstand. Begründe, warum es gerade dieser ist.
- Zeichne dich selbst. Zeichne daneben andere Menschen, die dir wichtig sind. Schreibe positive Eigenschaften in Stichworten zu allen Personen, auch zu dir selbst.
- Schreibe auf, was du einmal werden willst.
- Schreibe auf, wie du einmal werden willst und wie nicht.
- Schreibe auf, wenn du etwas erlebt hast, das dich persönlich freut oder traurig macht.
- …

b Aufgaben zu deiner Person, die du nur einmal machst:

- Beschreibe deine Familie und ihre Entstehung (z. B. Abstammungen, Daten, »Stammbaum«). Du kannst Fotos hinzufügen.
- Schreibe einen Text zum Thema »Als ich noch klein war«.
- Schreibe einen Text zum Thema: »Was ich alles gemacht und erlebt habe, wenn ich einmal 65 Jahre alt sein werde …«
- Beschreibe, was du alles bist: z. B. Tochter, Enkelin, Schwester, Fan eines bekannten Sportlers oder Musikstars, Schwimmer …
- Schreibe einen Text »Ich und meine Stadt«. Füge Fotos hinzu oder fertige dazu Zeichnungen an.
- Schreibe einen Text: »Was mir an meinem Stadtteil bzw. Wohnort gefällt, was mir nicht gefällt«

c Aufgaben zum Religionsunterricht:

- Schreibe selbst erdachte Geschichten, Gedichte oder Meinungen zum Unterrichtsthema auf.
- Zeichne während oder am Schluss einer Unterrichtseinheit Bilder und Comics zum Thema.
- Sammele Bilder und Texte, die dir gefallen und zum Thema passen. Klebe sie ein bzw. schreibe sie auf.
- Schreibe deine Gedanken zu »großen Fragen« des Religionsunterrichts auf.

Du sollst beachten:
Pro Schulhalbjahr musst du im Fach Religion mindestens eine der genannten Aufgaben zu den Themenbereichen a., b., c. erledigen. Gern kannst du weitere Aufgaben bearbeiten. Wenn du damit fertig bist, kannst du auch noch Aufgaben bearbeiten, die du dir selbst ausgedacht hast.

____

(Unterschrift Lehrkraft)

Aufgaben für das 8.–10. Schuljahr für das Ich-Buch sowie Beispiele aus Ich-Büchern in anonymisierter Form finden Sie im Downloadmaterial.

Literatur

Schudel-Schmid, Christof: Ich-Heft. In: Guido Estermann (Hg.): RL, Zeitschrift für Religionsunterricht und Lebenskunde H. 3/1998, S. 10–11

Mendl, Hans: Projekt »Ich-Buch«. In: Katechetische Blätter 128, München 2003, S. 273–277

Ort, Barbara/Rendle, Ludwig (Hg.): fragen – suchen – entdecken. Religion in der Grundschule 2, Kapitel 6, S. 93 (Mein Ich-Buch), München ²2006

3.7 Die Lernerfahrungen der Schüler sind gefragt – Selbstevaluation und Schülerfeedback

3.7.1 Grundsätzliche Bedeutung

Schülerselbstevaluation schärft den Blick der Schülerinnen für ihre fachlichen, methodischen und sozialen Stärken und Schwächen. Als Instrument der Auswertung selbstgesteuerten Lernens verhilft sie ihnen zu einer realistischen Selbsteinschätzung. Schüler, die genau wissen, was sie nicht können, werden in der Regel eher bereit sein, an ihren Defiziten zu arbeiten und notwendige Lernunterstützung anzunehmen. Schüler, die selbst entdecken, was sie können, und darin unterstützt werden, entwickeln ein gesundes Selbstbewusstsein.

Schülerselbstevaluation kann sich auf die in den Schulfächern geforderten inhalts- und prozessbezogenen Kompetenzen beziehen (z. B. biblische Texte sachgerecht deuten; respektvoll mit Menschen anderer Religionen umgehen). Sie kann sich auch auf methodische Fähigkeiten beziehen, die in allen Fächern verlangt werden (z. B. Präsentationsformen). Eine dritte Art dient der Selbsteinschätzung des Sozialverhaltens. Wenn die Schüler ihre fachlichen, überfachlich-methodischen und sozialen Fähigkeiten realistisch einzuschätzen lernen, ist das ein erster Schritt, das eigene Lern- und Arbeitsverhalten zu verändern. Selbstevaluation des Sozialverhaltens (in der Lerngruppe) ermöglicht den Schülern, zu erkennen, welchen Beitrag sie zum Funktionieren der Gruppenarbeit leisten. Dies wirkt dem typischen Verhalten entgegen, Missstände immer nur bei den anderen Schülerinnen bzw. bei den Lehrkräften zu suchen und kann die Zusammenarbeit in der Gruppe positiv verändern. Die Reflexion des eigenen Lern- und Arbeitsverhaltens gehört unverzichtbar zu den Prozessen selbstgesteuerten Lernens dazu.

Die genannten positiven Effekte können sich jedoch nur entfalten, wenn Methoden der Selbstevaluation kontinuierlich zum Einsatz kommen. Wenn darauf unter Verweis auf Zeitmangel verzichtet wird, behindert das die Motivation und die Wirksamkeit des Lernens. Schülerselbstevaluation muss daher einen festen Stellenwert im Unterricht einnehmen, schrittweise eingeführt und von den Lehrkräften durch das Schuljahr hindurch strukturiert und organisiert werden. Wichtig ist, dass die Schüler die Ergebnisse ihrer Selbstevaluation mit den Ergebnissen der Fremdevaluation von Lehrkraft und anderen Schülerinnen vergleichen. Ein solcher Vergleich bildet den Ausgangspunkt für Gespräche über fachliche und soziale Fähigkeiten zwischen Lehrkraft und Schüler und der Schülerinnen untereinander.

Im Sinne eines demokratischen Miteinanders muss eine Lehrkraft, die von Schülerinnen eine kritische Selbstbeobachtung einfordert, selbst auch für ein kritisches Schülerfeedback zur Verfügung stehen. Ein Rückzug auf eine »unfehlbare« Expertenrolle wäre der Versuch, den Schülerinnen gegenüber die Komplexität von Unterricht zu verschleiern. Wichtig ist, von Vornherein das Missverständnis auszuräumen, dass Rückmeldungen der Schülerinnen auf eine Bewertung der persönlichen Schwächen und Stärken der Lehrkraft zielen. Dieses Missverständnis führt dazu, dass Schülerfeedback bei manchen Lehrkräften angstbesetzt ist, nur widerwillig geduldet oder gar abgelehnt wird. Schülerfeedback zielt darauf, der Lehrkraft zu spiegeln, welche Elemente der Unterrichtsplanung und des Verlaufs sich förderlich auf das Lernen ausgewirkt haben und welche eher hinderlich waren.[24] Für die Lehrkraft ist es wichtig zu wissen, ob und wie die Schülerinnen die Aufgaben verstanden haben und mit welchen Erfolgserlebnissen und Schwierigkeiten ihr Lernprozess verbunden war. Auf der Basis solcher Rückmeldungen können fruchtbare Feedbackgespräche geführt werden, die zwei Ebenen zu berücksichtigen haben: Überlegungen des Schülers zur »Verbesserung des Lernens« und Überlegungen der Lehrkraft »zur Verbesserung des Lernarrangements«.[25] Nach den Studien von John Hattie ist Feedback besonders wirksam, wenn es »der Lehrperson von den Lernenden gegeben wird«[26] und gehört zu den stärksten Faktoren der Leistungsentwicklung der Schülerinnen.[27]

> Wenn Lehrpersonen Feedback von den Lernenden einfordern – oder zumindest offen sind gegenüber dem, was Lernende wissen … – dann können Lehren und Lernen miteinander synchronisiert werden und wirksam sein. Feedback an die Lehrperson hilft das Lernen sichtbar zu machen.[28]

---

24 Vgl. Bastian, Johannes: Feedback im Unterricht. Lernen verstehen und einen Dialog über Lernen beginnen. In: Pädagogik 4/2014 – Feedback im Unterricht, S. 6–9, bes. S. 7.

25 Bastian 2014, S. 8.

26 Bastian 2014, S. 6; vgl. auch: Hattie, John: Lernen sichtbar machen. Überarbeitete deutschsprachige Ausgabe von *Visible Learning*, besorgt von Wolfgang Beywl und Klaus Zierer, Hohengehren 2013.

27 Bastian 2014, S. 8.

28 Hattie 2013, S. 209; zitiert nach: Bastian 2014, S. 6.

Entdecken Schüler mangelnde Kritikfähigkeit und Offenheit der Lehrkräfte für Verbesserungsvorschläge, wird ihre Bereitschaft, ihr eigenes Verhalten im Unterricht kritisch zu reflektieren, vermutlich sinken. In der Praxis erweist sich die überwiegende Mehrheit der Schülerinnen in ihren Rückmeldungen zum Unterricht durchaus als fair. Sollte das offensichtlich nicht der Fall sein, muss eine Lehrkraft einen pauschalen »Verriss« nicht kommentarlos hinnehmen. Jede Evaluation, also auch die Schülerselbstevaluation, erfordert wiederum, dass in der Schule bzw. im Unterricht die zu erreichenden fachlichen und sozialen Ziele und Kompetenzen transparent sind (Vgl. Kap. 3.5).

In Hinblick auf Schülerfeedback und Schülerselbstevaluation fachlicher und fachübergreifend-methodischer sowie sozialer Kompetenzen nimmt der Religionsunterricht keine Sonderrolle ein. Fragebögen zur Selbsteinschätzung müssen sich an den in den Kerncurricula geforderten Kompetenzen orientieren. Entsprechend müssen Formulierungen neben Beschreibungen von Haltungen (z. B. Interesse, Ablehnung gegenüber bestimmten Themen) auch klar umrissene kognitive Fähigkeiten enthalten. Die Verwendung der offiziellen Aufgabenoperatoren (z. B. erläutern, erörtern, Stellung nehmen) in Verbindung mit präzise formulierten Inhalten ist sinnvoll. Es erhöht die Wirksamkeit des Dialogs mit den Schülern über die Lernentwicklung, wenn klar ist, welche Fähigkeiten beurteilt werden. Die Lehrkraft muss die Operatoren aber vorher im Unterricht eingeführt haben und sie bei Aufgabenstellungen und der Bewertung von Ergebnissen einsetzen. Eine Schülerin kann z. B. keine tragfähige Selbsteinschätzung darüber leisten, ob sie die Bedeutung der Unterschiede zwischen evangelischer und katholischer Kirche *beurteilen* kann, wenn sie diesen Operator nicht definieren und z. B. von »erläutern« abgrenzen kann.

Der Religionsunterricht findet meist in Kursen statt, welche aus Schülern mehrerer Klassen zusammengesetzt sind. Das unterscheidet ihn von Fächern, die im Klassenunterricht erteilt werden. Die Diskussion existenzieller Fragen, von der der Religionsunterricht lebt, erfordert ein Vertrauensverhältnis der Schülerinnen und Schüler untereinander und zwischen Lehrkraft und Lerngruppe. Nur so können sich alle Beteiligten authentisch einbringen und große Fragen mit der notwendigen Tiefe diskutieren. Daher sollten Selbstevaluation und Feedback die Arbeitsatmosphäre im Kurs regelmäßig mit einbeziehen.

Fachliche und fachübergreifend-methodische Selbstevaluation kann im Religionsunterricht an folgenden Gelenkstellen des Unterrichts besonders sinnvoll eingesetzt werden:

- zu Beginn eines Halbjahres in Verbindung mit der Fremdevaluation durch die Lehrkraft (Lernstandserhebung)
- am Anfang (Vorkenntnisse) und nach Abschluss einer Unterrichtssequenz

(Lernfortschrittsreflexion), mit anschließender Fremdevaluation durch Mitschülerinnen und Mitschüler und Lehrkraft (z. B. Test)
- nach Abschluss eines Projektes, mit anschließender Fremdevaluation durch Mitschülerinnen und Mitschüler und Lehrkraft
- nach Abschluss einer Gruppenarbeit (Selbst- und Fremdeinschätzung)
- am Schluss eines Halbjahres vor den Lernentwicklungsberichten, welche darauf Bezug nehmen sollten
- als Arbeitsauftrag für Schülerinnen und Schüler mit Lern- und Konzentrationsschwierigkeiten für einen festgelegten Zeitraum (z. B. Beobachtung des Lern- und Arbeitsverhaltens über einen längeren Zeitraum; die Ergebnisse werden zusammen mit der Lehrkraft und den Eltern im Gespräch ausgewertet)
- mehrere Schulstunden begleitend zur Erarbeitung eines bestimmten Themas (gestufte Lernzielkontrolle)
- im Zusammenhang eines Portfolios (Selbst- und Fremdeinschätzung)

Schülerselbstevaluation in Bezug auf das Sozialverhalten kann im Religionskurs und in der Klasse in folgendem Zusammenhang stattfinden:
- regelmäßig im Klassenrat (z. B. alle zwei Wochen)
- im Fachunterricht oder im Klassenrat, wenn die Lerngruppe insgesamt große Schwierigkeiten im Lern- und Arbeitsverhalten sowie im sozialen Umgang miteinander zeigt
- grundsätzlich im Religionsunterricht nach Abschluss einer Unterrichtssequenz und nach besonders kontroversen Diskussionen (Selbsteinschätzung und Fremdeinschätzung der Diskussionskultur)
- im Zusammenhang mit dem Klassentraining und dem Tischgruppentraining – insbesondere in den Jahrgängen 5 und 6
- am Ende eines Schulhalbjahres im Zusammenhang mit den Lernentwicklungsberichten bzw. den Zeugnissen (z. B. in einem Schülerbrief oder Schülerbericht)

Schülerfeedback gegenüber der Lehrkraft kann im Religionsunterricht bei folgenden Gelegenheiten als Gespräch oder in schriftlicher Form stattfinden:
- nach Abschluss einer Unterrichtssequenz
- zum Schluss eines Schulhalbjahres im Klassenverband
- im Zusammenhang mit der Besprechung des Leistungsstandes und des Sozial- und Arbeitsverhalten zum Abschluss eines Schulhalbjahres im Einzelgespräch

Es ist besser, in einem bescheidenen Umfang, aber regelmäßig mit Schülerselbstevaluation zu beginnen, als sich zu viel vorzunehmen und dann keine Konsequenzen aus den Ergebnissen ziehen zu können, weil keine angemessene Auswertung erfolgen kann.

Schülerselbstevaluation sollte mit Kolleginnen und Kollegen – besonders des Jahrgangsteams – abgesprochen bzw. mit deren Methoden abgestimmt werden, damit in einer Klasse keine zu großen Diskrepanzen im Vorgehen der Fachlehrkräfte entstehen.

3.7.2 Beispiele für Selbstevaluation und Schülerfeedback

In der Fachliteratur und auf Internetportalen finden sich zahlreiche gut handhabbare mündliche und schriftliche Methoden zu Selbstevaluation und zum Schülerfeedback.[29] An dieser Stelle sollen nur zwei praktikable Beispiele gegeben werden. Beispiel A richtet den Blick auf fachübergreifende methodische Fähigkeiten. Der Einsatz dieser Methode ist gerade in einem Religionskurs sinnvoll, der neu zusammengesetzt wurde. Er bringt die Schülerinnen in ein Gespräch über ihr Arbeitsverhalten und kann so maßgeblich zur Gruppenbildung beitragen. Bei der Auswertung kann die Lehrkraft wichtige Impulse zur Unterrichtsplanung erhalten, und die Schüler fühlen sich in ihren Bedürfnissen ernst genommen. Hinzu kommt, dass der Begriff »Lernen«, der hier im Zentrum steht, darauf verweist, dass auch im Religionsunterricht Wissen und Fähigkeiten erworben werden.

Beispiel B richtet sich auf fachbezogene Fähigkeiten des Religionsunterrichts am Beispiel der Themen »Verantwortung – Werte und Wertekonflikte« und »Liebe, Lebensformen und Partnerschaft«. Er ist mit einem Schülerfeedback kombiniert. Der Bogen verfolgt in anonymer Form drei Ziele:

- Er dient der Lehrkraft, um festzustellen, welche emotionalen Einstellungen die Lerngruppe zu den Themen und Inhalten des Unterrichts und zur Lehrkraft entwickelt hat.
- Die Lehrkraft kann mit Hilfe dieses Bogens feststellen, welche Fähigkeiten sich die Gruppe mehrheitlich zutraut und welche nicht. Sie kann diese Ergebnisse mit eigenen Beobachtungen vergleichen und daraus Schlussfolgerungen für die weitere Unterrichtsplanung ziehen.

29 Vgl. besonders: Pädagogik 4/2014, S. 3–39 und die unter »Literatur« genannten Werke. Es besteht auch die Möglichkeit, mit dem rechnergestützten Instrument »EMU« Rückmeldungen einzuholen und diese schnell nutzbar zu machen. Alle EMU-Materialien können unter www.unterrichtsdiagnostik.info online kostenlos heruntergeladen werden. Auch die Auswertungssoftware steht zur Verfügung. Vgl. Ade-Thurow, Manuel: Unterricht mit den Augen der Schüler sehen. Erfahrungen mit dem Instrument EMU in der Sekundarstufe I. In: Pädagogik 4/2014, S. 24–29.

- Er dient den Schülern selbst dazu, ihre fachlichen Fähigkeiten zu reflektieren und mit der Beurteilung durch die Lehrkraft (z. B. zum Test oder im LEB) zu vergleichen. Daher sollten die anonym ausgefüllten Bögen mit einem Erkennungszeichen versehen werden, sodass jede Schülerin ihren Bogen wiederfindet.

Der Bogen lässt sich gut statistisch auswerten, indem die Anzahl der Ankreuzungen in ein Leerformular eingetragen und auffällige Häufungen markiert werden. Das Ergebnis muss den Schülern vorgestellt werden, damit sie sich ernstgenommen fühlen. Das Gespräch in der Lerngruppe sollte sich auf besonders häufig angekreuzte negative und positive Bewertungen konzentrieren. Ziel des Gesprächs ist, gemeinsam Konsequenzen für die Unterrichtsgestaltung zu ziehen.

Je nach Vertrauensverhältnis zwischen Lehrkraft und Lerngruppe kann dieser Bogen auch mit Namen versehen und zur Grundlage für ein persönliches Gespräch zwischen Lehrkraft und einzelnem Schüler werden.

> A. Beispiel einer Selbstevaluation fachübergreifender methodischer Fähigkeiten finden Sie im Downloadmaterial.

B. Selbstevaluation fachlicher Fähigkeiten und Feedback zum Unterricht – Beispiel eines Rückmeldebogens

Klasse 9.3, Fach: Religion

Rückmeldebogen für das 1. Schulhalbjahr 2014/2015

Diese Befragung wird anonym durchgeführt. Bitte schreibe keinen Namen auf dieses Blatt. Markiere hier diesen Fragebogen mit einem Zeichen, damit Du ihn wiederfindest: ____________________

Bitte bewerte in der Tabelle folgende Aussagen:

Aussagen				
Erster Teil: *Selbsteinschätzung meiner Fähigkeiten/ meine Meinung zu den Unterrichtsthemen*	trifft voll zu (++)	trifft zu (+)	trifft nicht zu (-)	trifft überhaupt nicht zu (--)
Ich fand das Thema 1 »Verantwortung – Werte und Wertekonflikte« wichtig und interessant.				

Aussagen				
Erster Teil: *Selbsteinschätzung meiner Fähigkeiten/ meine Meinung zu den Unterrichtsthemen*	trifft voll zu (++)	trifft zu (+)	trifft nicht zu (-)	trifft überhaupt nicht zu (--)
Nach dieser Unterrichtseinheit fühle ich mich besser in der Lage, Wertekonflikte zu erkennen und zu beurteilen.				
Ich habe bei dem Thema wenig gelernt und fühle mich nicht fähig, Wertekonflikte zu beurteilen.				
Ich kann die Grundlagen christlicher Ethik nennen.				
Ich kann christliche Ethik von einer allgemeinen Ethik unterscheiden.				
Die Auseinandersetzung mit der Problematik von Fleischverzehr fand ich wichtig und interessant.				
Durch die Auseinandersetzung mit dem Thema »Fleischverzehr« kann ich meine Meinung nun besser begründen.				
Das Thema »Fleischverzehr« gehört nicht in den Religionsunterricht.				
Ich fand das Thema 2 »Liebe, Lebensformen und Partnerschaft« wichtig und interessant.				
Ich kann unterschiedliche Bedeutungen des Begriffs »Liebe« erklären.				
Ich kann verschiedene Formen des Lebens miteinander nennen (z. B. Ehe, homosexuelle Partnerschaft) und erläutern.				
Ich kann wichtige Auffassungen der Kirchen zur Sexualität darstellen.				
Ich kann Positionen zu einem verantwortungsvollen Umgang mit Sexualität darstellen und dazu begründet Stellung beziehen.				
Das Thema »Sex« ist unnötig. Jeder muss selbst wissen, was er tut.				

Aussagen				
Zweiter Teil: Feedback zum Unterricht	trifft voll zu (++)	trifft zu (+)	trifft nicht zu (-)	trifft überhaupt nicht zu (--)
Die Unterrichtsmethoden waren abwechslungsreich.				
Der Unterricht bot mir genug Möglichkeiten, mich einzubringen.				
Ich fand die Atmosphäre im Religionsunterricht angenehm und motivierend.				
Ich fühlte mich vom Lehrer ernst genommen und wertschätzend behandelt.				
Ich fühlte mich insgesamt in diesem Halbjahr gerecht benotet.				
Ich fühlte mich im Unterricht oft überfordert.				
Ich fühlte mich im Unterricht geistig oft nicht genug gefordert.				
Die Benotung durch den Lehrer erscheint mir insgesamt nicht gerecht.				
Der Test war für mich zu schwer.				
Ich konnte mich zu wenig in das Unterrichtsgespräch einbringen, obwohl ich es wollte.				
Ich habe mit vollem Einsatz im Religionsunterricht mitgearbeitet				

Bitte beantworte die Fragen in Stichworten oder in kurzen Sätzen!

Mir hat im Religionsunterricht in diesem Halbjahr Folgendes gefehlt:

____

Folgendes sollte im nächsten Halbjahr verbessert werden:

____

Bitte nimm Dir Zeit beim Ausfüllen. Deine Antworten helfen mir bei der Planung der nächsten Unterrichtseinheit.

____

(Unterschrift Lehrkraft)

Literatur

Bastian, Johannes/Combe, Arno/Langer, Roman: Feedback-Methoden. Erprobte Konzepte, evaluierte Erfahrungen, Weinheim und Basel ^{2}2005
Burkard, Christoph/Eikenbusch, Gerhard: Praxishandbuch Evaluation in der Schule, Berlin 2000
Pädagogik, 66. Jahrgang, H. 4/2014

3.8 Religionsunterricht - nicht ohne Eltern

3.8.1 Die Eltern informieren und einbeziehen

Die verfassungsrechtliche Verankerung des Religionsunterrichts bildet keine Garantie für dessen Akzeptanz in der Elternschaft. Für viele Eltern ist es längst nicht mehr selbstverständlich, dass er einen Platz im Fächerkanon der Schule hat. Daher ist es wichtig, sie über dessen Bedeutung für die allgemeine Bildung zu informieren und ihnen die Unterschiede zwischen dem Religionsunterricht und dem Alternativfach zu erklären (vgl. dazu Kap. 1.3 und Kap. 3.8.2).

Spätestens bei Eintritt ihres Kindes in die Sekundarstufe I stehen die Eltern vor der Entscheidung, ob ihr Kind am Religionsunterricht oder am Unterricht des Alternativfaches teilnehmen soll. Daher ist es wichtig, ihnen auf einem Elternabend, der an vielen Schulen vor Beginn des neuen Schuljahres stattfindet, Inhalte und Konzepte der beiden Fächer kurz vorzustellen. Beispiele aus dem Schulleben können deren Arbeit veranschaulichen. Ein Brief, der sich an alle Eltern des 5. Jahrgangs richtet, sollte Kriterien für die Wahl zwischen den beiden Fächern an die Hand geben (vgl. Kap. 3.8.2).[30]

Auf Klassenelternabenden sollte – nicht nur in Jahrgang 5 – der Religionsunterricht zum Thema gemacht werden. Wenn Unterrichtsergebnisse ausgestellt oder Fotos von Aktivitäten gezeigt werden, bekommen Eltern einen Eindruck von der Arbeit im Fach Religion und von dessen Beitrag zum Schulleben.[31]

Auch darüber hinaus gibt es vielfältige Gelegenheiten, Eltern einzubeziehen: als Mitglieder in der Fachkonferenz, bei der Vermittlung von Praktikumsstellen für das Projekt »Soziale Verantwortung« (vgl. Kap. 7.2.3), als Experten, die im Unterricht von ihren Erfahrungen berichten (z. B. als Gemeindemitglied oder als

30 Die IGS Franzsches Feld in Braunschweig macht seit einigen Jahren gute Erfahrungen mit einem Elternseminar zu Beginn des 5. Schuljahres. Dies ist eine gute Möglichkeit, auch die Arbeit im Religionsunterricht vorzustellen.

31 An einigen Schulen gibt es für jedes Unterrichtsfach einen Fachverantwortlichen pro Jahrgang. Er könnte zusammen mit der Fachkonferenzleitung dafür sorgen, dass die Eltern über die im Laufe des Schuljahres geplanten Aktionen des Faches informiert werden.

Mitglied im Kirchenvorstand), bei der Unterstützung schulischer Aktivitäten wie z. B. der Organisation eines Basars zugunsten einer Partnerschule (vgl. Kap. 7.2.4). Wenn es dem Fach Religion gelingt, dass seine Konzepte und Aktivitäten von der Elternschaft positiv wahrgenommen werden, dürfte sich die Klischeevorstellung von einem missionierenden Religionsunterricht, der nicht in die Schule gehört, schwerlich halten lassen.

3.8.2 Am RU oder am Alternativfach teilnehmen? Muster für einen Elternbrief zur Wahlentscheidung

Liebe Eltern!
Nach Artikel 7.2 des Grundgesetzes (GG) haben Sie als Eltern das Recht, über die Teilnahme Ihres Kindes am Religionsunterricht zu entscheiden. Das gilt, sofern Ihr Kind noch nicht 14 Jahre alt und damit religionsmündig ist. Für diese Entscheidung wollen wir Ihnen mit diesem Brief Hilfen anbieten.

Evangelische und Katholische Religion sind nach Artikel 7.3 GG ordentliches Lehrfach für die Kinder und Jugendlichen beider Konfessionen. Das bedeutet, dass der Religionsunterricht den anderen Fächern gleichgestellt ist. An unserer Schule wird das Fach Religion zweistündig und konfessionell-kooperativ erteilt. Das heißt, dass evangelische und katholische Schülerinnen und Schüler in einer Lerngruppe gemeinsam unterrichtet werden. Der Religionsunterricht ist darüber hinaus offen für alle anderen Kinder und Jugendlichen, auch wenn sie keiner christlichen Konfession angehören.

Er behandelt die »großen Fragen« nach dem Ursprung und Sinn des Lebens, nach dem Ich und seiner Verantwortung, nach Frieden, Gerechtigkeit und nach Gott. Er behandelt Gemeinsamkeiten und Unterschiede zwischen den christlichen Konfessionen sowie zwischen dem Christentum und den Weltreligionen. Dies geschieht aus christlicher Perspektive im Dialog mit den Schülerinnen und Schülern. Das bedeutet, dass ihre Erfahrungen und Sichtweisen mit religiösen und ethischen Positionen ins Gespräch gebracht werden und sie sich dazu eine Meinung bilden können. Der Religionsunterricht will nicht missionieren, sondern durch kundige Auseinandersetzung mit christlichen Werten und Glaubensüberzeugungen zur Persönlichkeitsbildung beitragen.

Das Alternativfach für die Schüler, die nicht am Religionsunterricht teilnehmen, ist Werte und Normen.[32] Es wird von den Schülerinnen und Schülern besucht, die keiner christlichen Konfession angehören, ist aber ebenfalls für alle anderen Schüler offen. In diesem Fach werden ähnliche »große Fragen« wie im

32 Diese Bezeichnung gilt für Niedersachsen und muss ggf. verändert werden.

Religionsunterricht behandelt. Dieses geschieht hier aber nicht aus christlicher, sondern aus konfessionsfreier Perspektive auf der Basis der humanistischen Traditionen. Auch dieses Fach will Ihre Kinder nicht im Sinne einer bestimmten Weltanschauung, z. B. einer atheistischen, »missionieren«, sondern durch Auseinandersetzung mit philosophischen und religiösen Fragen zur Persönlichkeitsentwicklung beitragen. In Werte und Normen werden ebenfalls religiöse Themen behandelt, allerdings aus der Perspektive »weltanschaulicher Neutralität«.

An unserer Schule arbeiten die Lehrkräfte für Religion und Werte und Normen zusammen und stimmen auf gemeinsamen Fachkonferenzen Unterrichtsthemen miteinander ab. Wir bemühen uns, durch Projekte oder gegenseitige Präsentationen und Diskussionen von Unterrichtsergebnissen die Schülerinnen und Schüler der beiden Fächer – und damit die verschiedenen Perspektiven – miteinander ins Gespräch zu bringen. Uns ist wichtig, das gegenseitige Verstehen unterschiedlicher weltanschaulicher und religiöser Deutungen von Selbst und Welt zu fördern und nicht gegeneinander zu arbeiten.

Für Rückfragen zu diesem Schreiben und zu Ihrer Entscheidung steht Ihnen die Fachbereichsleitung gern zur Verfügung.

Mit freundlichen Grüßen

______________________	______________________
(Unterschrift der Fachvertretungen Religion sowie Werte und Normen)	(Unterschrift Schulleitung)

4 RU planen – Impulse, Materialien, Methoden

4.1 Leitgedanken

Die Gesichtspunkte, zu denen in diesem Kapitel Vorschläge gemacht werden, sind für jede Planung von Religionsunterricht relevant. Den Materialien, Beispielen und Aufgaben liegen folgende Leitgedanken zugrunde:

1

Die Einführung eines Lehrwerks für den Religionsunterricht bietet mehr Vorteile als Nachteile.

Ein Lehrwerk elementarisiert fachspezifische Inhalte und Methoden für einen Doppeljahrgang. Es beinhaltet eine Auswahl didaktisch strukturierter Themen und bietet einen Überblick über Inhalte, die für einen Doppeljahrgang relevant sind. Die Arbeit mit einem Lehrwerk bedeutet insbesondere auch für fachfremd unterrichtende Kollegen eine didaktische Hilfe und trägt zur Unterrichtsqualität bei. Das Lehrwerk unterstützt die Schülerinnen beim selbstständigen Lernen, denn sie können sich selbst einen Überblick über ein Thema verschaffen oder Zusammenhänge zwischen verschiedenen Themen eigenständig erschließen.[1] Es bietet vielfältige Materialien von hoher Abbildungsqualität, die durch Kopien nicht annähernd erreicht werden kann.[2] Die Auswahl eines Lehrwerks will wohl überlegt sein. Entscheidungshilfen für die Begutachtung finden sich in Kap. 4.2.

2

Die Ausarbeitung eines Schulcurriculums Religion wird durch die Einführung eines Lehrwerkes nicht überflüssig.

---

1 Dies gilt natürlich gleichermaßen für die Einführung eines digitalen Lehrwerks.

2 Wenn hier von einem Lehrwerk die Rede ist, sind alle zusätzlichen Materialien, die für Schüler und Lehrkräfte erhältlich sind, ebenfalls gemeint.

Ein Schulcurriculum soll gewährleisten, dass im Verlauf der Sekundarstufe I wichtige Kompetenzen angebahnt und fachlich bedeutsame Themen bearbeitet werden. Unterrichtsplanung muss auf ein Schulcurriculum zurückgreifen können. Anders als ein Lehrwerk berücksichtigt das Schulcurriculum bei der Auswahl, Strukturierung und Gewichtung der Themen die besonderen Bedingungen des schulischen Umfelds. Das Schulcurriculum sollte spiralförmig angelegt werden, d.h. wichtige Kompetenzen und Themen sollten in den folgenden Schuljahren erneut aufgegriffen, wiederholt und auf einem höheren Niveau vertieft werden. Die Frage »Wie viel Bibel braucht der Religionsunterricht?« ist auch für die curriculare Planung relevant (Kap. 4.3). Im Abstand von zwei Jahren sollte das Schulcurriculum von jedem Jahrgang evaluiert werden. Die Beispiele für ein »Spiralcurriculum Judentum und Islam« (Kap. 4.4.1) und »Kirchengeschichte« (Kap. 4.4.2) unterstreichen die Bedeutung elementarer interreligiöser und kirchengeschichtliche Kompetenzen. Sie wollen dazu anstiften, solche Kompetenzen bei der Ausarbeitung oder Überarbeitung eines Schulcurriculums Religion hinreichend zu berücksichtigen.

3

Auch selbstständiges Lernen entbindet die Lehrkraft nicht von der Aufgabe, den Unterricht zu planen und sich selbst als Person einzubringen.

Planung von Unterricht dient dazu, dass die Lehrkraft souverän und flexibel mit Inhalten und Methoden umgehen kann. Daher darf die Unterrichtsplanung nicht auf methodische und organisatorische Entscheidungen verkürzt werden. Um bei den Schülern Deutungs-, Urteils- und Dialogfähigkeit anzubahnen, braucht es mehr als den Unterricht nur formal zu steuern. Wie entsprechende Schritte der Unterrichtsplanung aussehen könnten, wird in Kap. 4.5 gezeigt.[3] Geplanter Unterricht heißt aber nicht, dass die Lehrkraft ihren Entwurf perfekt »durchziehen« muss. Bei sinnvollen Vorschlägen der Schülerinnen oder in überraschenden Unterrichtssituationen muss sie sich hinreichend flexibel zeigen und ihre ursprüngliche Planung modifizieren.

4

Einer neuen Aufgabenkultur kommt eine Schlüsselrolle für mehr selbstständiges Lernen im Religionsunterricht zu.

3 Die Schritte der Unterrichtsplanung lehnen sich an das didaktische Konzept der Elementarisierung an, vgl. Kap. 2.6.

Wenn Schüler durch enge Fragen gegängelt werden, haben sie keinen Raum, einen eigenen Zugang zu einer Thematik zu gewinnen und Eigeninitiative zu entwickeln. Eine neue Aufgabenkultur bedeutet, dass die Schülerinnen durch vielfältige Lernzugänge, Wahlmöglichkeiten und unterschiedliche Formen der Kooperation herausgefordert werden, sich mit einer Fragestellung auseinanderzusetzen. Dies erfordert jedoch nicht, dass die Lehrkraft für jeden Schüler individuelle Aufgaben konzipiert. Vielmehr geht es darum, dass diese zwischen unterschiedlichen Aufgaben wählen und sie auf unterschiedlichem Anspruchsniveau bewältigen können. Wahlmöglichkeiten, Raum für Eigeninitiative und Wertschätzung gegenseitiger Unterstützung können mittelfristig zu mehr Selbstständigkeit führen. In Kap. 4.6 wird dargelegt, was eine neue Aufgabenkultur ausmacht und wie solche Aufgaben aussehen könnten.

5

Projekte im Fach Religion sind sinnvoll, erfordern aber fachliches Profil.

Projekte sind eine entwickelte Form selbstständigen Lernens. Sie fördern gemeinsames Lernen und vernetztes Denken an Themen, die für die Schüler bedeutsam sind und bereichern daher auch den Religionsunterricht. Obwohl sich in den letzten Jahrzehnten an den Schulen eine breite Projektpraxis entwickelt hat, wird moniert, dass sich diese »zwischen Ignoranz und Inflation« bewege. Zu beobachten seien eine Aufweichung des Projektgedankens, Unsicherheiten und Fehlentwicklungen.[4] In Kap. 4.7 wird dargelegt, was ein Projekt auszeichnet und wie es erfolgreich geplant und durchgeführt werden kann.

4.2 Mit welchem Religionsbuch arbeiten? - Entscheidungshilfen

Religionsbücher sollen kompetenzorientiert sein. »Religiöse Kompetenz ist die erlernbare, komplexe Fähigkeit zum verantwortlichen Umgang mit der eigenen Religion in ihren verschiedenen Dimensionen und ihren lebensgeschichtlichen Wandlungen.«[5] Kompetenzen umfassen Kenntnisse, Fähigkeiten, Fertigkeiten und Haltungen, die die Schülerinnen zur Selbst- und Mitbestimmung befähigen sollen.

4 Gudjons, Herbert: Projektunterricht. Ein Thema zwischen Ignoranz und Inflation. In: Projektunterricht gestalten. Zeitschrift für Pädagogik, H. 1/2008, S. 6.

5 Hemel, Ulrich: Ziele religiöser Bildung, zit. nach Niedersächsisches Kultusministerium (Hg.): Kerncurriculum für die Integrierte Gesamtschule Schuljahrgänge 5–10, Katholische Religion, Hannover 2009, S. 13.

Neue Religionsbücher haben den Anspruch, zum Aufbau von Kompetenzen beizutragen. Die folgenden Kriterien wollen Entscheidungshilfen für die Einführung eines Religionsbuches geben:

1 Da Kompetenzen an konkreten Situationen und Problemstellungen erworben werden, sollte das Religionsbuch vielfältige Bezüge zur Lebenswirklichkeit der Schülerinnen und Schüler herstellen. Es sollte durch interessante visuelle und textliche Impulse zur Auseinandersetzung mit der Lebenswirklichkeit herausfordern.

2 Das Buch sollte zu den inhaltsbezogenen Kompetenzbereichen der entsprechenden Doppeljahrgänge hinreichend fachliche Informationen enthalten, die den aktuellen Stand theologischer Wissenschaft und Religionspädagogik widerspiegeln.

3 Die dargebotenen Texte, Bilder, Materialien und Aufgabenstellungen sollten Vielfalt (Diversity) abbilden. Sie sollten Klischees und jegliche Diskriminierung von Menschen (z. B. aufgrund von Hautfarbe, Herkunft, Geschlecht oder Behinderung) vermeiden.

4 Aufgaben, die neugierig machen, die zum Fragen und selbstständigen Entdecken herausfordern, sollten überwiegen.

5 Um innere Differenzierung zu ermöglichen, sollten die Kapitel vielfältige Aufgabenstellungen unterschiedlicher Schwierigkeitsgrade und Lernwege enthalten, die viele Sinne aktivieren.

6 Die Aufgaben müssen alle prozessbezogenen Kompetenzbereiche abdecken, um kognitive, affektive und soziale Lernprozesse anzustoßen. Dazu gehören z. B. auch solche, die zu gemeinsamen Diskussionen im Klassenverband über wichtige Fragen anregen.

7 Die Operatoren der Aufgabenstellungen sollten vielfältig und so formuliert sein, dass an ihrer Bearbeitung deutlich werden kann, inwieweit die angestrebte Kompetenz erreicht worden ist.

8 Das Buch sollte neue Methoden vorstellen, gut nachvollziehbar beschreiben und didaktisch sinnvoll einsetzen.

9 Das Lehrwerk sollte so übersichtlich aufgebaut sein, dass die Schülerinnen und Schüler sich gut darin zurecht finden und motiviert werden, auch selbstständig – allein oder in Kleingruppen – damit zu arbeiten.

10 Die Schülerinnen und Schüler sollten am Ende eines Kapitels durch lebensweltorientierte Aufgaben motiviert werden, ihre Kompetenzen selbstständig zu überprüfen.

11 Die Schülerinnen und Schüler sollten angeregt werden, zwischen den Themen (inhaltsbezogenen Kompetenzbereichen) Zusammenhänge zu entdecken und Verknüpfungen herzustellen.

4.3 Wie viel Bibel braucht der RU? – Zwölf Thesen

Für die Auseinandersetzung mit der Bibel gibt es stimmige didaktische Konzepte und praktikable Unterrichtsentwürfe.[6] Deshalb sollen an dieser Stelle nur Grundlagen ihres Einsatzes bedacht werden. Unterrichtserfahrungen an einer integrierten Gesamtschule sind in die folgenden Thesen eingeflossen:

1 Bei der Planung des Religionsunterrichts muss beachtet werden, dass bei vielen Schülerinnen, teilweise aufgrund des Elternhauses und der Erfahrung »langweiliger« Gottesdienste, die Bibel ein schlechtes Image hat (veraltet, schwer verständlich, Märchenbuch). Dies gilt allerdings nicht unterschiedslos für alle Lerngruppen und Altersstufen. In den Jahrgangsstufen 5 und 6 ist häufig mehr Offenheit gegenüber der Bibel anzutreffen als in den stark von der Pubertät geprägten Jahrgängen.

2 Die Auseinandersetzung mit der Bibel im Religionsunterricht ist kein Selbstzweck. Sie ist mehr als ein altes Buch, das Vergangenheit verstehen hilft: Sie hält Antworten zum Sinn des Lebens und der Welt bereit, problematisiert, woran Menschen ihr Herz hängen, bietet Maßstäbe für rechtes Handeln und schärft die Erkenntnis für das, was dem Menschen unverfügbar ist. Die Auseinandersetzung mit der Bibel kann den Schülern helfen, Wirklichkeit zu verstehen und eine Identität zu finden. Insofern spielt die Bibel eine zentrale Rolle im Religionsunterricht, auch wenn sie didaktisch und methodisch im Normalfall nicht dessen Ausgangspunkt bildet.

3 Die Bibel trägt aber auch zum Verstehen des christlichen Glaubens und der christlich geprägten europäischen Kultur bei. Sie gehört zu einer allgemeinen Bildung dazu, weil sie als Grundlage von Judentum (Tenach und Tora) und Christentum (Erstes und Zweites Testament) über mehr als zweitausend Jahre gemeinschafts-, kirchen- und kulturbildend wirkte.[7] Für Verständigungsprozesse, die in der pluralistischen Gesellschaft von zentraler Bedeutung sind, ist es wichtig, dass alle Schülerinnen wissen, dass immer zugleich auch von der Bibel die Rede ist, wenn Menschenbilder, Ethik, Gottesvorstellungen oder das abendländische Verständnis von Geschichte zur Sprache kommen.

4 Zu den notwendigen Verständigungsprozessen gehört der Dialog mit Menschen anderer Religionen dazu. Auch dafür müssen die Schüler die Bibel kennen.

---

6 Vgl. Johannsen, Friedrich: Bibeldidaktik – biblische Didaktik elementar. In: Noormann, Harry/Becker, Ulrich/Trocholepczy, Bernd (Hg.): Ökumenisches Arbeitsbuch Religionspädagogik, Stuttgart ³2007, S. 165–183.

7 Um einer vorschnellen Assoziation von »alt« mit »überholt« vorzubeugen, werden in Theologie und Religionspädagogik öfter die alternativen Bezeichnungen *Erstes* und *Zweites Testament* statt *Altes* und *Neues Testament* verwendet. Für den Dialog mit dem Judentum ist die Umbenennung hilfreich, weil so der Eindruck einer Abwertung der *Hebräischen Bibel* vermieden wird

Interessant ist, dass selbst dort sehr unterschiedliche Muster des Umgangs mit anderen Religionen zu finden sind (z. B. aggressive, inkludierende und transformierende Haltungen).[8] Sie bieten einen guten Anknüpfungspunkt für Diskussionen, wie Menschen unterschiedlicher Religionen und Weltanschauungen respektvoll und tolerant miteinander umgehen können.

5 Das Verstehen der Bibel ist nicht nur für die Schüler wichtig, die am Religionsunterricht teilnehmen. Zentrale biblische Motive, deren Aufbau sowie wichtige historische Hintergründe ihrer Entstehung und ihrer Wirkungsgeschichte sollten allen Schülern – auch Nicht- oder Andersgläubigen – bekannt sein. Nur so haben diese die Möglichkeit, sachgerecht und fair über die Arbeit der Kirchen und über Menschen, die sich Christen nennen, zu urteilen. Daher müssen z. B. Eltern wissen, dass die Auseinandersetzung mit der Bibel ebenfalls zum Unterricht des Alternativfaches gehört, wenn auch mit geringerer Intensität und aus anderer Perspektive.

6 Die Bibel ist kein Buch der Lehre, sondern ein »Buch des Lernens«.[9] Das bedeutet, dass biblische Texte deutend ausgelegt werden wollen: Es geht um das »woran ein Text gegen den Strom von Vergessen und Gleichgültigkeit erinnern, worauf er in je neuer Situation aufmerksam machen will.«[10] Für den Religionsunterricht heißt das, dass er auf Dialog hin angelegt sein muss. Ein solcher Unterricht ermöglicht, dass die Schülerinnen die Bibel als sinnstiftendes Angebot – vollständig oder teilweise – annehmen, aber auch ablehnen können.

7 Das wirft die Frage auf, was an der Bibel didaktisch wesentlich ist. Der Bibelwissenschaftler Gerd Theißen erläutert in diesem Zusammenhang vierzehn biblische Grundmotive: das Schöpfungsmotiv, das Weisheitsmotiv, das Wundermotiv, das Entfremdungsmotiv, das Hoffnungsmotiv, das Umkehrmotiv, das Exodusmotiv, das Stellvertretungsmotiv, das Einwohnungsmotiv, das Glaubensmotiv, das Agapemotiv, das Positionswechselmotiv, das Gerichtsmotiv und das Rechtfertigungsmotiv.[11] Allen diesen Motiven liegen die beiden Axiome Monotheismus und Erlöserglaube voraus.

---

8 Vgl. Meyer, Karlo: Von Destruktion bis Poesie. Die Bibel im Umgang mit anderen Religionen – gelesen in religionspädagogischer Sicht. In: Becker, Ulrich/Bolscho, Dietmar/Lehmann, Christine: Religion und Bildung im kulturellen Kontext – Analysen und Perspektiven für transdisziplinäres Begegnungslernen. Harry Noormann zum 60. Geburtstag, Stuttgart 2008, S. 101–127.

9 Baldermann, Ingo: Einführung in die Bibel, Göttingen [4]1996, S. 19.

10 Johannsen [3]2007, S. 166.

11 Theißen, Gerd: Zur Bibel motivieren. Aufgaben, Inhalte und Methoden einer offenen Bibeldidaktik, Gütersloh 2003, S. 131–173. Unter dem Einwohnungsmotiv versteht Theißen, dass Gott durch seinen Geist mitten im Leben gegenwärtig ist. Als Positionswechselmotiv bezeichnet er die Bereitschaft, den eigenen Status zu relativieren oder gar auf ihn zu verzichten, weil von solchen Menschen eine verwandelnde Kraft ausgehe. »Wer in der Gemeinde der Erste sein will, soll bereit sein, allen zu dienen und sich dadurch von den Herrschern der Welt unterscheiden (Mk 10,42ff).«.

8 Je früher die Schüler erlebt haben, dass eine Auseinandersetzung mit der Bibel interessant und anregend ist, desto selbstverständlicher akzeptieren sie, mit ihr auch in späteren Jahrgängen zu arbeiten. Dies bedarf einer inhaltlichen Einbettung in ein Thema, das die Schülerinnen berührt (vgl. Thesen 2 und 3). Die didaktischen Prinzipien der Problem- und Schülerorientierung (evangelische Formulierung) und der Korrelation (katholische Formulierung) müssen quer durch die Vielfalt der religionspädagogischen Konzepte nach wie vor gelten. Unterrichtsplanung muss an der Lebenssituation und bei den Fragen der Schüler ansetzen. Dahinter darf nicht zurückgefallen werden. So kann z. B. ausgehend von heutigen Erfahrungen der Unterdrückung und Befreiung der »Exodus Israels aus der Sklaverei« behandelt werden. Für das Thema »Frieden« bieten sowohl das Erste als auch das Zweite Testament provozierende und weiterführende Texte, die an Aktualität nichts verloren haben und für die Auseinandersetzung unverzichtbar sind (vgl. Kap. 5.4).

9 Allerdings darf nicht der Eindruck entstehen, Bibelstellen müssten krampfhaft herangezogen werden, nur weil das Thema im Religionsunterricht behandelt wird (z. B. beim Thema »Freundschaft, Liebe, Sexualität«). Vielmehr sollen die Schüler die Erfahrung machen, dass biblische Texte inspirieren können, die Wirklichkeit mit anderen Augen zu sehen und sie neu zu denken. Dazu gilt es, primär das Faszinierende, Provozierende und Ermutigende biblischer Texte zur Wirkung zu bringen. Sekundär gilt aber auch, dass Bibelstellen, die nicht mehr zeitgemäß sind, nicht verschwiegen werden dürfen und in ihrer historischen Bedingtheit verstanden sein wollen.

10 Einerseits ist die Sprache vieler biblischer Texte den Schülern fremd; auf der anderen Seite ist sie häufig von einer ausdrucksstarken Bildhaftigkeit. Beides muss beim Einsatz der Bibel berücksichtigt werden. Für jüngere Schülerinnen ist auf kind- und jugendgerechte Übersetzungen zu achten.[12] Je älter die Schüler werden, desto mehr müssen sie mit präziser übersetzten und dadurch sperriger wirkenden Texten vertraut gemacht werden (z. B. Lutherbibel, Einheitsübersetzung, Bibel in gerechter Sprache). Um einen sicheren Umgang mit der Bibel zu erlernen, sollten die Schüler von vornherein Bibeln in die Hand bekommen und nicht nur einzelne Bibelstellen, die in Religionsbüchern oder auf Arbeitsblättern angeboten werden. Narrative Umformungen und Ausformungen von Bibeltexten motivieren, sich mit dem Original zu befassen.[13]

---

12 Vgl. z. B. *Die gute Nachricht* oder Halbfas, Hubertus: Die Bibel für kluge Kinder und ihre Eltern, Ostfildern 2013.

13 Z. B. Ter Linden, Nico: König auf einem Esel. Geschichten aus dem Alten und Neuen Testament für die ganze Familie, Hannover 2011; Baldermann, Ingo: Jesus von Nazareth, Düsseldorf 2009; Steinwede, Dietrich; Jesus von Nazareth, Düsseldorf 2001 (Kl. 5–8).

11 Methoden, welche die Schülerinnen in einen Dialog mit einem Bibeltext bringen (z. B. Textaktualisierung verfassen, Gegenposition einnehmen, Bibliolog, Rollenspiel etc.), rücken ihn näher, als dies bei einer Textanalyse der Fall ist. Auf letzere sollte aber nicht verzichtet werden. Für jüngere Schüler ist es sinnvoll, mit ihnen zunächst den handlungsorientierten Umgang mit dem Text zu reflektieren und diesen anschließend auf seinem historischen Hintergrund zu interpretieren. Um Bibelstellen interpretieren zu können, müssen die Schüler auch elementare Schritte historisch-kritischer Bibelexegese lernen. Sie müssen nach und nach auf altersgemäße Weise eingeführt werden (insbesondere: Berücksichtigung des historischen Kontextes, der Textgattungen, des Aufbaus, der Entstehung).
12 Wenn die Schülerinnen entdecken, dass das Interpretieren biblischer Texte kein Selbstzweck ist, sondern ihnen hilft, die Welt und sich selbst besser zu verstehen, werden sie die Arbeit mit der Bibel schätzen lernen.

Literatur

Baldermann, Ingo: Einführung in die Bibel, Göttingen [4]1996

Johannsen, Friedrich: Bibeldidaktik – biblische Didaktik elementar. In: Noormann, Harry/Becker, Ulrich; Trocholepczy/Bernd (Hg.): Ökumenisches Arbeitsbuch Religionspädagogik. Stuttgart [2]2004, S. 161–176

Meyer, Karlo: Von Destruktion bis Poesie. Die Bibel im Umgang mit anderen Religionen – gelesen in religionspädagogischer Sicht. In: Becker, Ulrich/Bolscho, Dietmar/Lehmann, Christine: Religion und Bildung im kulturellen Kontext – Analysen und Perspektiven für transdisziplinäres Begegnungslernen. Harry Noormann zum 60. Geburtstag, Stuttgart 2008, S. 101–127

Theißen, Gerd: Zur Bibel motivieren. Aufgaben, Inhalte und Methoden einer offenen Bibeldidaktik, Gütersloh 2003

4.4 Progression statt Addition – Schulcurriculum als Spiralcurriculum

Unter Spiralcurriculum ist ein didaktisches Konzept zu verstehen, das die Lerninhalte und damit verbundene Kompetenzen aufeinander aufbauend so anordnet, dass bereits erworbene Lerninhalte und Kompetenzen in neuen Zusammenhängen wiederholt werden können. Im Kontext dieser neuen Themen wird Wiederholen mit dem Erweitern um neue Fähigkeiten und neues Wissen verbunden. Unterrichtsinhalte werden in Form einer Spirale so angeordnet, dass Themen oder thematische Aspekte im Laufe der Schuljahre mehrmals, auf jeweils höherem Niveau, wiederkehren.

Ein Spiralcurriculum berücksichtigt fachliche Systematik, aber besonders auch entwicklungs- und lernpsychologische Gesichtspunkte: Bei der Auseinandersetzung mit der Gottesfrage stellt sich Erwachsenen in existenzieller Unmittelbar-

keit schnell die Theodizeefrage.[14] Auch in der systematischen Theologie ist sie ein zentrales Thema. Im Religionsunterricht bei der Behandlung des inhaltsbezogenen Kompetenzbereichs »Nach Gott fragen« im 5./6. Jahrgang sollte diese Thematik jedoch nicht im Zentrum stehen. Vielmehr liegt es von der Entwicklung der Kinder her näher, von Gottesbildern auszugehen und erst später die Theodizeefrage zu bearbeiten, weil es dazu einer gewissen Reife bedarf.

Das Schulcurriculum bietet einen Orientierungsrahmen für das Fachkollegium und die Schüler- und Elternschaft. Ein Schulcurriculum mit der Zuordnung der Themen, der Inhalte und Kompetenzen zu den einzelnen Schuljahrgängen trägt dazu bei, dass wichtige Ziele des Religionsunterrichts nicht aus dem Blick geraten und so eine längerfristige Planung möglich wird. So trägt es zum zentralen Ziel des Religionsunterrichts bei, der Förderung religiöser Bildung.

Zur Erarbeitung eines Schulcurriculums sind wichtige Rahmenbedingungen zu beachten: Bei der Auswahl der Themen, mit Hilfe derer die für einen Doppeljahrgang vorgesehenen Kompetenzen angebahnt werden sollen, ihrer Untergliederung in Teilthemen und der Anordnung der Themen im Verlaufe des Schuljahres müssen die neuesten Lehrpläne (in Niedersachsen: Kerncurricula) für Evangelische und Katholische Religion beachtet werden. Die verbindlichen Kompetenzen und Inhalte sollen den Kern des Schulcurriculums bilden. Jeder Lehrplan und jedes Kerncurriculum lässt Spielräume für Schwerpunktsetzungen in den einzelnen Schulen. Diese sollten mit Bezug auf ein evtl. vorhandenes Profil der Schule (z.B. Eine Welt-Arbeit, Schulpartnerschaft) und regionale Gegebenheiten (z.B. besondere religiöse Traditionen vor Ort, Zusammensetzung der Schülerschaft) individuell gesetzt werden. Für aktuelle Themen müssen Freiräume gelassen werden. Es ist Aufgabe der Fachgruppe Religion einer Schule, gemeinsam ein Schulcurriculum zu erarbeiten. Einzelne Lehrkräfte dürfen damit nicht allein gelassen werden.

Die Unterrichtsinhalte müssen nach dem Prinzip des Spiralcurriculums kumulativ aufeinander aufbauend den einzelnen Schuljahren zugeordnet werden, sollen wirklich Kompetenzen angebahnt und vertieft werden. Wenn sie unverbunden nebeneinander stehen und Themen wie »Islam« oder »Kirche« nur einmal in der Sekundarstufe I auftauchen und dann nie wieder, wird die Mentalität des Abhakens und Vergessens von behandeltem »Stoff« gefördert. So wie eine Fremdsprache nur erlernt wird, wenn bereits früher gelernte Vokabeln und grammatische Strukturen in zunehmend komplexeren Sprechsituationen immer wieder

14 Theodizeefrage bezeichnet in der Theologie die Frage nach der Vereinbarkeit des Glaubens an einen guten, liebenden Gott mit Erfahrungen des Bösen und des menschlichen Leids in der Welt.

angewendet und mit verwandten Elementen erweitert werden, muss auch im Religionsunterricht eine sich schrittweise erweiternde Fachsprache erworben werden. Sie hilft dabei, religiöse Phänomene zu erfassen und durch das Verknüpfen mit bereits erworbenem Wissen zu deuten. Es darf nicht einfach von Halbjahr zu Halbjahr geplant werden, sondern es muss stets der gesamte Prozess der Anbahnung religiöser Kompetenzen im Blick bleiben.

Was das konkret bedeutet, wird im Folgenden an zwei Themenbereichen veranschaulicht, die für den Religionsunterricht zentral sind: »Judentum und Islam« und »Kirchengeschichte«.

4.4.1 Lernen im Dialog – Beispiel eines Spiralcurriculums »Judentum und Islam« für die Jg. 5–10

Ökumenisches Lernen durch Auseinandersetzung mit den Weltreligionen

Die Auseinandersetzung mit den Weltreligionen, hier Judentum und Islam, bietet wichtige Chancen für das ökumenische Lernen. Ökumenisches Lernen will die Wechselwirkungen zwischen dem alltäglichen Handeln des Menschen in seinem begrenzten Umfeld (Oikos, griech. Haushalt) und dem großen Haushalt der gesamten Erde (Oikoumene) erfahrbar machen. Es zielt auf das solidarische Zusammenleben der Menschen auf der gesamten bewohnten Erde. Ökumenisches Lernen ist daher ein grenzüberschreitendes Lernen, das über die konfessionelle Kooperation hinausgeht und den Religionsunterricht um die interreligiöse und interkulturelle Perspektive erweitert. Das Lernen für eine bewohnbare Erde erfordert den »geschwisterlichen Streit«, d.h. es muss von Verständigungs- und Versöhnungsbereitschaft getragen sein. Ein solches Lernen, das das Leben bzw. das Überleben der Menschheit in den Mittelpunkt rückt, setzt neue Prioritäten: Es räumt den Gemeinsamkeiten einen höheren Stellenwert ein als dem, was Menschen und Religionen voneinander trennt.[15]

Ein Spiralcurriculum soll gewährleisten, dass das Judentum und der Islam nicht lediglich wie abfragbares Wissen behandelt und dann »abgehakt« werden, sondern im Sinne der Kompetenzorientierung während der gesamten Sekundarstufe I eine ständige Herausforderung zur Auseinandersetzung und zum interreligiösen Dialog bleiben. Neben neuen Aspekten werden solche, die bereits bearbeitet wurden, in späteren Schuljahren erneut aufgegriffen, vertiefend betrachtet und weitergeführt.

15 Becker, Ulrich: Ökumenisches Lernen. In: Lexikon der Religionspädagogik Bd. 2, Neukirchen-Vluyn 2001, S. 1444–1448.

Eine zusammenhängende Auseinandersetzung mit dem Islam als Schwerpunktthema ist in dem vorliegenden Beispiel für Jg. 5/6 vorgesehen, für das Judentum für Jg. 7/8.[16] Darüber hinaus werden in jedem Schuljahr bei geeigneten Themen des Religionsunterrichts muslimisches Leben, islamische Glaubensüberzeugungen und Traditionen ergänzend zur Sprache gebracht. Dies gilt ebenso für jüdisches Leben, jüdische Glaubensüberzeugungen und Traditionen.[17] Dauer und Intensität des Eingehens auf den Islam richten sich auch nach der Zusammensetzung der Schülerschaft, der Brisanz ihrer Fragen und dem Umfeld der Schule. Dem Judentum sollte als Mutterreligion des Christentums und wegen seiner wichtigen Bedeutung für die deutsche Geschichte –unabhängig von der Zusammensetzung der Lerngruppe und der Anzahl der in Deutschland lebenden Juden – stets eine zentrale Bedeutung im Religionsunterricht zukommen.

Der Religionsunterricht kann von der Herkunft und Denkweise seiner Lehrkräfte her nur aus europäisch-christlicher Perspektive erteilt werden und im Verhältnis zu Themenfeldern des Christentums ist eine Behandlung anderer Weltreligionen nicht in gleichberechtigter Schwerpunktsetzung möglich. In Anbetracht der christlichen Prägung Europas, deren Spuren überall sichtbar sind, steht das Christentum im Zentrum des Religionsunterrichts.

Auch Judentum und Islam haben wichtige Spuren in Europa hinterlassen und üben einen nicht zu unterschätzenden Einfluss auf unsere Gesellschaft aus. Alle drei Religionen führen ihren Ursprung auf Abraham als Stammvater zurück. Im Sinne des Lernens für eine bewohnbare Erde gilt es im Religionsunterricht, Voraussetzungen für ein friedliches Zusammenleben und einen fruchtbaren Dialog insbesondere zwischen diesen drei Weltreligionen zu schaffen. Geschichtliche und gegenwärtige Erfahrungen der Intoleranz, des Hasses und Unfriedens unterstreichen die Dringlichkeit dieses Anliegens. Didaktisch ist es sinnvoll, christliche, islamische und jüdische Perspektiven – wo immer es passt – vergleichend zu betrachten und zu beurteilen.

Hinduismus und Buddhismus werden nach den niedersächsischen Kerncurricula Religion (IGS) als Schwerpunktthemen in Jg. 9/10 behandelt. Oftmals führt die Auseinandersetzung mit dem Fremden dazu, dass die Schüler nach dem Eigenen fragen und sich vergewissern wollen, was ihnen wertvoll und wichtig ist.

16 Da diesem Beispiel die niedersächsischen Kerncurricula Ev. Religion und Kath. Religion für die Integrierte Gesamtschule zugrunde gelegt wurden, wurde die dort vorgenommene zeitliche Zuordnung der Schwerpunktthemen zu den Doppeljahrgängen übernommen. Die Kerncurricula sehen vor, dass beide Religionen darüber hinaus sowohl in den Jahrgängen 5/6 als auch in 7/8 behandelt werden. Das vorliegende Beispiel greift diese Empfehlung auf, konkretisiert sie und führt die Auseinandersetzung mit den beiden Religionen auch in den Jahrgängen 9/10 weiter.

17 Links für den Unterricht finden sich am Ende dieses Kapitels.

Auch Hinduismus und Buddhismus werden in Jg. 9/10 – sofern passend – bei weiteren Themen erneut aufgegriffen und damit ebenfalls Gegenstand ökumenischen Lernens. Wegen der geografischen, geschichtlichen und theologischen Nähe von Judentum und Islam zum Christentum muss diesen Weltreligionen in der Sekundarstufe I ein größeres Gewicht gegeben werden als asiatischen Weltreligionen, was natürlich kein Urteil über deren Bedeutung darstellt. Auch setzt die Auseinandersetzung mit den asiatischen Weltreligionen ein höheres Abstraktionsvermögen voraus als in den Klassen 5–8 vorausgesetzt werden kann. Fernöstliche Denkweisen unterscheiden sich beträchtlich vom europäischen Denken.

Das Projekt »Weltethos« ist ein Beispiel für eine ökumenische Lerngemeinschaft. Es setzt sich – anknüpfend an die Gemeinsamkeiten, die sich in allen religiösen und ethischen Traditionen der Menschheit finden – für Frieden zwischen den Nationen und den Religionen ein. Auf dem Parlament der Weltreligionen 1993 in Chicago wurde von Religionsvertretern aus aller Welt eine Erklärung verabschiedet, die die folgenden vier Weisungen als bindend anerkennt:

- Verpflichtung auf eine Kultur der Gewaltlosigkeit und der Ehrfurcht vor dem Leben
- Verpflichtung auf eine Kultur der Solidarität und eine gerechte Wirtschaftsordnung
- Verpflichtung auf eine Kultur der Toleranz und ein Leben in Wahrhaftigkeit
- Verpflichtung auf eine Kultur der Gleichberechtigung und die Partnerschaft von Mann und Frau[18]

Die Kernanliegen dieser Erklärung zielen – ebenso wie das ökumenische Lernen – auf Frieden, Gerechtigkeit und Bewahrung der Schöpfung. Der Religionsunterricht kann durch ökumenisches Lernen Haltungen, Kenntnisse und Fähigkeiten anbahnen, die zu einer Kultur der Gewaltlosigkeit, Gerechtigkeit, Toleranz und Gleichberechtigung beitragen.

Ökumenisches Lernen bedeutet, grenzüberschreitend, interreligiös und interkulturell zu lernen, um Verständigung anzubahnen. Es bedeutet ein Lernen, das von der Lehrkraft didaktisch als »ganzheitlicher Prozess« so geplant und durchgeführt wird, dass religiöses Lernen und soziales Lernen eine Einheit bilden und »Information, Partizipation, Feier, Kommunikation und Gemeinschaft« nicht zu kurz kommen.[19]

---

18 Vgl. Weingardt, Markus A.: Was Frieden schafft. Religiöse Friedensarbeit, Akteure, Beispiele, Methoden, Gütersloh 2014, S. 220–222; Küng, Hans: Handbuch Weltethos. Eine Vision und ihre Umsetzung, München 2012.

19 Becker, Ulrich: Ökumenisches Lernen. In: Lexikon der Religionspädagogik Bd. 2, Neukirchen-Vluyn 2001, S. 1446.

Beispiel eines Spiralcurriculums »Judentum und Islam« für die Sekundarstufe I

Hinweise:

Unter A. werden die Themen des Religionsunterrichts für jedes Schuljahr der Jahrgänge 5–10, zusammen mit dem geplanten Zeitumfang und einer exemplarischen Anforderungssituation (Herausforderung), genannt, bei denen sich Bezüge zum Judentum und zum Islam herstellen lassen. Solche Bezüge werden unter B. (Mögliche Aspekte) an jedem Thema konkretisiert.

Bezüge zum Islam werden unter B. **fett** hervorgehoben, Bezüge zum Judentum *kursiv*. ***Fett und kursiv*** gesetzte Aussagen beziehen sich auf beide Religionen. Diese Übersicht erhebt nicht den Anspruch auf Vollständigkeit.

Jahrgang 5

Ⓐ Thema: In der neuen Schule – einsam oder gemeinsam?
- (evtl. im Rahmen eines Unterrichtsvorhabens: »Wir lernen uns kennen«)
- Zeitumfang: ca. 10 Stunden
- Mögliche Anforderungssituation (Herausforderung): Fremd sein in einer neuen Klasse

Ⓑ Mögliche Aspekte:
- Die Schüler nehmen Gemeinsamkeiten untereinander wahr und beschreiben sie
- Wahrnehmen, Beschreiben und Akzeptieren von Verschiedenheit: Aussehen, Vorlieben, Hobbys, ***unterschiedliche Familienstrukturen und Lebensformen, Religionen, Bräuche, Feste***
- Wahrnehmen und Ausdrücken von Gefühlen wie Freude, Angst, Unsicherheit, Trauer, Einsamkeit, Verbundenheit
- Ich und du: Konkurrenz vs. gegenseitige Unterstützung
- Ich und wir: gemeinsam Regeln für die Klassengemeinschaft aushandeln
- *Liebe deinen Nächsten wie dich selbst* (*AT* und NT)
- **geschwisterliche Verbundenheit der Gläubigen**
- **Toleranz gegenüber den Schriftbesitzern (Christen und Juden)**

Ⓐ Thema: Wer bin ich? – Nachdenken über Schöpfung und Mitwelt
- Zeitumfang: ca. 14 Stunden
- Mögliche Anforderungssituation (Herausforderung): Als die Welt noch nicht vorhanden war – Nachdenken über »das Nichts«

Ⓑ Mögliche Aspekte:
- Aussageabsicht der ersten Schöpfungsgeschichte, Unterscheidung zwischen dem Weltbild der Bibel und dem modernem Weltbild

- Sprache der Schöpfungsgeschichte als Bildsprache der Bibel, Vergleich mit naturwissenschaftlicher Sprache
- Weltschöpfung als produktiver Prozess: ***Gott als Schöpfer*** in den *alttestamentlichen Schöpfungstexten* **und im Koran**
- *der Mensch als »Bild Gottes«* - Menschenwürde
- *der Schöpfungsauftrag und die daraus resultierende Verantwortung*
- *Sabbat - der siebte Tag als Ruhetag; Lob eines »unproduktiven« Tages*
- der christliche Sonntag als erster Tag der Woche; Erinnerung an die Auferstehung
- **das Freitagsgebet in der Moschee (der Freitag ist aber kein Ruhetag)**
- Gefährdungen der Natur
- Wie zum Erhalt der Schöpfung beitragen?

Ⓐ Thema: Haben Kinder Rechte? - Kinder in der Einen Welt
- Zeitumfang: ca. 10 Stunden
- Mögliche Anforderungssituation (Herausforderung): Positionierung zu einem Bericht über Kinderarbeit, der appelliert, benachteiligte Kinder zu unterstützen

Ⓑ Mögliche Aspekte:
- Lebensbedingungen von Kindern in Deutschland und in anderen Ländern
- Kinderarbeit
- Menschenwürde und Kinderrechte
- Jesus und die Kinder
- Nächstenliebe in Christentum, *Judentum* und **Islam**:
  - Motive und Aktionen christlicher Organisationen, die sich für benachteiligte Kinder engagieren (z. B. Kindernothilfe, World Vision, Arche Berlin)
  - *Motive und Aktionen der Organisation zur Unterstützung bedürftiger jüdischer Kinder aus aller Welt: http://www.kiju-aliyah.de/www/heute01.html*
  - *Zedeka (Wohltätigkeit) - eine der wichtigsten religiösen Pflichten eines Juden*
  - **Pflicht eines Moslem, einen bestimmten Teil seines Besitzes für Bedürftige abzugeben (Zakat)**

Ⓐ Thema: Brauchen wir Feier- und Festtage? Christliche, jüdische und islamische Feste
- Zeitumfang: ca. 8 Stunden
- Mögliche Anforderungssituation (Herausforderung): Antrag muslimischer Eltern, ihr Kind für ein islamisches Fest zu beurlauben, obwohl eine gemeinsam geplante Klassenaktion ansteht

Ⓑ Mögliche Aspekte:
- Eigene Erfahrungen mit Fest- und Feiertagen

- Bedeutung des Feierns: innehalten, den Alltag unterbrechen, sich an Vergangenes erinnern, das Leben loben, die Fülle des Lebens erfahren, alltägliche Routinen und Einschränkungen durch Nicht-Alltägliches überbieten, Mangel und Sorgen für eine gewisse Zeit »vergessen«, Vorwegnahme eines Lebens der Freude
- Entstehung religiöser Feste und Bräuche, z. B. *Chanukka,* Weihnachten, *Laubhüttenfest, Passah,* Karfreitag, Ostern, **Ramadan, Zuckerfest, Opferfest**

Jahrgang 6

Ⓐ Thema: Warum glauben Menschen an Gott? - Vorstellungen von Gott und von Göttern
- (evtl. im Rahmen des Unterrichtsvorhabens »Urgeschichte«)
- Zeitumfang: ca. 12 Stunden
- Mögliche Anforderungssituation (Herausforderung): Verunsicherte Eltern stellen sich die Frage, ob sie ihrem Kind von Gott erzählen sollen

Ⓑ Mögliche Aspekte:
- Gottesvorstellungen beschreiben
- Gründe skizzieren, an Gott zu glauben und Gründe, nicht an Gott zu glauben
- *Der Gott Israels und die antike Götterwelt*
- *Biblische Vorstellungen von Gott* beschreiben, z. B. *Abraham, Mose, Psalmen, Amos,* Gleichnisse Jesu
- Striktes »Bilderverbot« in *Judentum* und **Islam**
- **die 99 schönsten Namen Gottes**
- ***Glaubensbekenntnisse*** von *Juden,* Christen, **Muslimen** vergleichen
- Gottesvorstellungen in der Kunst zu biblischen und zu eigenen Gottesvorstellungen in Beziehung setzen

Ⓐ Thema: Freiheit - ein gefährdetes Gut
- (evtl. im Zusammenhang mit dem Unterrichtsvorhaben »Ägypten«)
- Zeitumfang: ca. 14 Stunden
- Mögliche Anforderungssituation (Herausforderung): Ein Kind, in dessen Land Unfreiheit herrscht, möchte mit seiner Familie nach Deutschland auswandern

Ⓑ Mögliche Aspekte:
- Freiheit beschreiben
- Situation von Menschen, die unterdrückt werden (Beispiele)
- *Unterdrückung der Israeliten in Ägypten*
- ***die Person des Mose*** *in AT* und **Koran**
- *Exodus Israels aus Ägypten*

- *Vorstellung von einem hörenden und mitgehenden Gott, der aus Ungerechtigkeit und Unterdrückung in die Freiheit führt; Befreiung als zentrale jüdische Gotteserfahrung*
- ***Vorstellung von einem mächtigen Gott, der in der Geschichte wirkt***
- *Entstehung und Aufbau des Alten Testaments als Exkurs zum Thema »Exodus«*
- *Weisungen für ein Leben in Freiheit: die Zehn Gebote*
- **Gebote im Koran nicht aufgelistet, sondern auf verschiedene Suren verteilt, z. B. die Eltern gut zu behandeln, nicht zu begehren, was anderen gehört, die Wahrheit zu sagen, Unzucht zu unterlassen**

Ⓐ Thema: Was glauben Muslime? – Wie begegnen wir einander?
- Zeitumfang: ca. 12 Stunden
- Mögliche Anforderungssituation (Herausforderung): Ein Besucher weigert sich, in einer Moschee die Schuhe auszuziehen

Ⓑ Mögliche Aspekte:
- **Glaube an den einen Gott**
- **der Mensch als Geschöpf Gottes**
- **Bedeutung des Gebets**
- **Leben Mohammeds**
- **Mohammed als Prophet, Religionsstifter und politischer Führer**
- **Aufbau und Bedeutung des Koran**
- **Gott als Schöpfer und Richter**
- **Religiöse Pflichten eines Moslem**
- **Aufbau und Funktion einer Moschee**
- **Moscheebesuch**
- **Gespräche mit Muslimen**
- **Wichtige Gemeinsamkeiten und Unterschiede zwischen Islam** und Christentum

Ⓐ Thema: Für mich gestorben? – Jesus auf die Spur kommen
- Zeitumfang: ca. 14 Stunden
- Mögliche Anforderungssituation (Herausforderung): verschiedene Christusdarstellungen der Kunst – Aufgabe, sich zu entscheiden, welche dem biblischen Jesus am nächsten kommt

Ⓑ Mögliche Aspekte:
- Wer ist Jesus für mich?
- Deutungen der Person Jesu
- Zeit und Umwelt Jesu
- *Jesus als Jude*

- Lebensstationen Jesu
- Gleichnisse
- Botschaft vom Reich Gottes
- das *Vaterunser* als Ausdruck des Glaubens Jesu; *Gott auch als Vater im Judentum*
- ***Jesus als Prophet***
- Exkurs 1: Aufbau des Neuen Testaments
- *Exkurs 2: jüdischer Kanon*

Jahrgang 7

Ⓐ Thema: Was glauben Juden? - Wie begegnen wir einander?
- Zeitumfang: ca. 14 Stunden
- Mögliche Anforderungssituation (Herausforderung): Jugendliche begegnen einem Mann mit einer Kippa, fragen sich, warum der Mann sie trägt und sind unsicher, was sie bedeutet

Ⓑ Mögliche Aspekte:
- *Juden und jüdisches Leben in Deutschland heute*
- *»Im Anfang ...«: grundlegende Erzählungen über das Dasein des Menschen*
- *Erzelternerzählungen*
- *Monotheismus*
- *Bund und Tora*
- *Gottesdienst und Gebet*
- *Messiaserwartung*
- *Propheten*
- *Aufbau und Funktion einer Synagoge*
- *jüdisches Lebens vor Ort (z. B. Synagoge, jüdisches Museum, Stolpersteine)*
- *Gespräche mit Juden*
- *wichtige Etappen der Entwicklung des Judentums (Schwerpunkt: Schoa)*
- *das Jüdische* im Christentum
- Unterschiede und Gemeinsamkeiten zwischen *Judentum,* **Islam** und Christentum

Ⓐ Thema: Gibt es eine »Dritte Welt?« - Was geht sie uns an?
- (evtl. im Rahmen eines Unterrichtsvorhabens »Armut und Reichtum«)
- Zeitumfang: ca. 10 Stunden
- Mögliche Anforderungssituation (Herausforderung): Positionierung zu einem fiktiven Plakat in einer Schülerzeitung, das dazu aufruft, keine Kleidung mehr aus Bangladesch zu kaufen.

Ⓑ Mögliche Aspekte:
- Die Spaltung der Welt in »Arm« und »Reich« - Hintergründe
- Herkunft und Problematik des Begriffs »Dritte Welt«
- Bedeutung von sozialer Gerechtigkeit und Recht
- *Gerechtigkeit als durchgängiges Thema in AT* und NT
- Verknüpfung der Frage nach Gott mit der Frage nach Gerechtigkeit als konstitutiv für die jüdisch-christliche Tradition[20]
- Verurteilung der schlechten Behandlung Not leidender und bedürftiger Menschen
- **Verbot der Anhäufung von Vermögen im Koran, Verurteilung von Wucher, gerechte Verteilung von Reichtum als Ziel**
- ***Abgaben an Notleidende als verbindliche religiöse Pflicht***
- Einsatz für die »Eine Welt« der Gerechtigkeit und Solidarität mit den Armen, unabhängig von Ethnie, Kultur und Religion als christlicher Auftrag
- Unterstützung fairen Handels als Beitrag, auf gerechtere Handelsstrukturen hinzuwirken
- ökumenisches Lernen als Teil des Weges

Jahrgang 8

Ⓐ Thema: Der Frieden - ein unerreichbarer Wunschtraum?
(evtl. im Rahmen eines Projekts »Schritte gegen Tritte«)
- Zeitumfang: ca. 14 Stunden
- Mögliche Anforderungssituation (Herausforderung): Der Frieden - ein unerreichbarer Wunschtraum? Sich begründet zu unterschiedlichen Statements zu dieser Frage positionieren oder zu der Behauptung »Frieden wird es nie geben. Die Menschen sind zu egoistisch und machtbesessen.«

Ⓑ Mögliche Aspekte:
- Formen der Gewalt in der Gesellschaft, Gewaltspiralen
- Begleiterscheinungen und Folgen von Krieg
- Eindämmung von Gewalt als wichtiges biblisches Motiv
- *Frieden, Schalom, als Wohlordnung, die immer mit der Gerechtigkeit gepaart ist*
- Frieden als Indikativ und Imperativ (vgl. Kap. 5.4)
- deeskalierender Charakter der Botschaft Jesu, Bergpredigt
- ***Gottesliebe,*** *Nächstenliebe,* Feindesliebe
- **Frieden durch den Glauben an Gott und seine Ordnungen**

---

20 Orth, Gottfried, Siehst du den Balken nicht? Soziale Gerechtigkeit. Religionsunterricht praktisch, Sekundarstufe II, Göttingen 2008, S. 22.

- **Gewalt erlaubt, um den Islam bei Bedrohung durch die Ungläubigen zu verteidigen; wenn keine Bedrohung vorliegt, besteht kein Grund, Gewalt anzuwenden**
- Motive und Aktionen von Einzelpersonen oder Organisationen, die sich für den Frieden engagieren

Ⓐ Thema: Als Muslim oder Muslima in Deutschland leben
- Zeitumfang ca. 8 Stunden
- Mögliche Anforderungssituation (Herausforderung): aktuelle Konfliktsituationen im Zusammenleben in Schule, Nachbarschaft, Stadt oder Land, z. B. Bau einer Moschee, Kopftuch, wechselseitige Beleidigungen wie »Schweinefleischfresser« oder »Gewalttäter«

Ⓑ Mögliche Aspekte:
- **Arbeitsmigration in den 1960er und 1970er Jahren**
- **Alltag von Muslimen**
- **Situation und Konflikte muslimischer Jugendlicher als religiöser Minderheit**[21]
- **Einfluss des Islam auf die europäische Geschichte**
- **Assimilation vs. religiöse und kulturelle Identität**
- **islamische Gruppierungen und Gemeinschaften (Sunniten, Schiiten, Aleviten)**
- Bedeutung von interreligiösem Dialog

Jahrgang 9

Ⓐ Thema: Was geht mich das an? - Verantwortung wahrnehmen
- Zeitumfang: ca. 14 Stunden
- Mögliche Anforderungssituation (Herausforderung): ein ethischer Konflikt, der zur Stellungnahme und Verantwortungsübernahme herausfordert, z. B. Diskriminierung eines Jugendlichen in der Schule aufgrund seiner Religion

Ⓑ Mögliche Aspekte:
- Beispiele zur Bedeutung von Verantwortungsübernahme im Alltag
- Goldene Regel
- Bergpredigt
- Grundzüge christlicher Ethik
- Gemeinsamkeiten und Unterschiede zwischen christlichen, *jüdischen* und **islamischen *Wertvorstellungen und Werteentscheidungen*** an exemplarischen

21 Akbas, Melda: So wie ich will: Mein Leben zwischen Moschee und Minirock, Bielefeld 2010.

ethischen Themen, z. B. Todesstrafe, Frauenrechte, Umgang mit Homosexualität, Abtreibung
- Positionen zur Abtreibung:
  - *bei Gefahr für das Leben der Mutter erlaubt; unterschiedliche Ansichten, was bei schweren gesundheitlichen Schäden des ungeborenen Kindes oder voraussehbaren schweren Leiden geschehen soll (einige Rabbiner sind für Abtreibung bis zum 40. Tag, andere gar bis zum 7. Monat); Auffassung, dass ein Abwägungsprozess notwendig ist, bei dem ein kompetenter Rabbiner beraten soll*
  - **Keine einheitliche Position, Vorstellung, dass die Seele erst nach einer gewissen Zeit (40., 80., 120. Tag) in den Fötus einzieht, was einem eindeutigen Verbot von Abtreibung entgegensteht**

Ⓐ Thema: Gott und die Frage nach dem Leid
- Zeitumfang: ca. 12 Stunden
- Mögliche Anforderungssituation (Herausforderung): Beispiel von einer Person, die einen schweren Schicksalsschlag erleidet, Beurteilung der Reaktionen von Verwandten/Freunden

Ⓑ Mögliche Aspekte:
- Erfahrungen mit Leid
- Naturkatastrophen vs. menschengemachte Katastrophen
- Theodizee - Rechtfertigung Gottes angesichts des Leids
- *Hiobs Schicksal, seine Klage und sein Einspruch gegen das Leid*
- *biblische Unterscheidung zwischen Gott und Mensch*
- *dunkle, unverständliche Seiten Gottes*
- *Theologie nach Auschwitz: hörender, mitfühlender und mitleidender Gott*
- **Leid als Prüfung durch Gott**
- Widerstand und Ergebung - Dietrich Bonhoeffers Antwort auf die Frage nach dem Umgang mit dem Leid

Jahrgang 10

Ⓐ Thema: Sterben, Tod und was dann?
- Zeitumfang: ca. 12 Stunden
- Mögliche Anforderungssituation (Herausforderung):
- Auseinandersetzung mit unterschiedlichen Formen des Umgangs einer Familie mit dem frühen Unfalltod eines Familienangehörigen

Ⓑ Mögliche Aspekte:
- Erfahrungen mit Tod und Trauer

- Unterschiedliche Weisen, mit Trauer umzugehen
- Trauernde trösten und begleiten
- die Bedeutung des Wissens um den Tod für das Leben
- Trauerrituale in Christentum, *Judentum,* **Islam**, Hinduismus, Buddhismus
- Nahtoderlebnisse – Blick ins Jenseits?
- *Tod als Nacht, Leben der Seele in der Ewigkeit oder Auferstehung der Toten am Jüngsten Tag*
- christliche Auferstehungshoffnung
- **zwei Todesengel, die den Menschen ins Jenseits geleiten, Vorstellung vom Gericht und vom Paradies**
- Sterbehilfe als ethisches Problem
- Ablehnung aktiver Sterbehilfe in Christentum, *Judentum* und **Islam**

Ⓐ Thema: Die Weltreligionen – tragen sie zu einem guten Leben für alle bei?
- Zeitumfang: ca. 12 Stunden
- Im Anschluss an die Unterrichtseinheiten »Hinduismus« und »Buddhismus« oder gegen Ende des Schuljahres werden Gemeinsamkeiten und Unterschiede zwischen den Weltreligionen zusammengetragen und diskutiert (und sofern möglich) authentische Vertreter eingeladen.

Ⓑ Mögliche Aspekte:
- Beurteilen von Positionen und Aktionen der Religionen z. B. zu:
  - Frieden
  - Gerechtigkeit
  - Menschenwürde, Menschenrechten
  - ethischen Konflikten
  - Erich Fromms Unterscheidung zwischen autoritärer und humanitärer Religion[22]
  - dem Projekt Weltethos

Links für Unterrichtsvorbereitung und Unterricht

– Informationen über jüdisches Leben in Deutschland und in Europa in Geschichte und Gegenwart: http://www.hagalil.com/judentum/rabbi/Internetseite des Zentralrats der Juden in Deutschland: www.zentralratdjuden.de/ Zentralwohlfahrtstelle der Juden in Deutschland: http://www.zwst.org/de/zwst-ueber-uns/Wochenzeitung für Politik, Kultur, Religion und jüdisches

22 Fromm, Erich: Psychoanalyse und Religion, GS Bd. IV, München 1989, S. 227–292, zit. nach Noormann, Harry: Religionsfreiheit, Religionskompetenz, Religionsdialog – drei Zeitansagen in religionspädagogischer Perspektive. In: Ökumenisches Arbeitsbuch Religionspädagogik, Stuttgart ³2007, S. 27 f.

Leben: http://www.juedische-allgemeine.de/Jüdische Rundschau, Monatszeitung, die über Politik, Glaube, Wissen, Kultur und jüdisches Leben berichtet: juedischerundschau.de/Zentralrat der Muslime in Deutschland (ZMD): www.zentralrat.de/Internetportal des ZMD: http://islam.de
- Islamische Gemeinschaft in Deutschland: http://igd-online.de/Internetseite der christlich-islamischen Gesellschaft: http://www.christenundmuslime.de/ Informationen über muslimische Jugendliche »Muslim, deutsch und aktiv«: http://www.kulturrat.de/islam/islam-4.pdf
- Evangelisches Institut für Islamfragen, ein Netzwerk von Islamwissenschaftlern: http://www.islaminstitut.de/Muslimische Jugend in Deutschland: www.muslimische-jugend.de/(Nicht unumstritten!)
- Islamische Zeitung: http://www.islamische-zeitung.de/(Nicht unumstritten!)

4.4.2 RU braucht Geschichte – Beispiel eines Spiralcurriculums »Kirchengeschichte«

Zur Bedeutung der Kirchengeschichte im Religionsunterricht

Die folgenden zehn Thesen und die Skizze eines Spiralcurriculums Kirchengeschichte für die Sekundarstufe I wollen zur Diskussion über den Stellenwert der Kirchengeschichte im Religionsunterricht anregen und zur Behandlung kirchengeschichtlicher Themen ermutigen. Das vorgelegte Spiralcurriculum muss mit den anderen Themen des Schulcurriculums sinnvoll verknüpft werden; dabei sind die Vernetzungen mit anderen inhaltsbezogenen Kompetenzen und entsprechenden Inhalten zu beachten:

1 Kirchengeschichtliche Themen spielen im Religionsunterricht häufig eine untergeordnete Rolle.

2 Auch die Kerncurricula Evangelische und Katholische Religion für die Sekundarstufe I der allgemeinbildenden Schulen in Niedersachsen thematisieren Kirchengeschichte eher marginal.

3 Die Auseinandersetzung mit Geschichte ist in der Schule notwendig, weil sie …
- durch das Anbahnen von Erkenntnissen über die eigene Herkunft und seine eigene kulturelle Bedingtheit Chancen und Grenzen eigener, aktueller Sichtweisen verdeutlicht (z. B. eurozentrische Perspektive bei politischen Einschätzungen);
- ein Wesensmerkmal von Humanität ausmacht: Wer sich im Sinne einer »Kultur der Erinnerung« intensiv mit seinen Vorfahren auseinandersetzt, lernt aus deren Leistungen und Fehlern, wird durch deren Visionen in eigenen Hoffnungen gestärkt und kann sich in die Opfer von Gewalt hineinversetzen.

4 Kirchengeschichte muss als Bestandteil der allgemeinen Geschichte und nicht als »Sondergeschichte« verstanden werden.

5 Religionsunterricht kann auf Kirchengeschichte nicht verzichten, weil Christentum und Kirche ohne Auseinandersetzung mit deren Entwicklung nur oberflächlich verstanden werden.

6 Kirchengeschichtliche Wertungen im Religionsunterricht sollten sich primär mit der Frage auseinandersetzen, welche Ursachen und Entwicklungsschritte zur heutigen Gestalt des Christentums beigetragen haben und inwieweit Kirche und wichtige Persönlichkeiten der Christenheit dem Auftrag des Evangeliums gerecht wurden. Beurteilungen der moralischen Qualität von Handlungen in der Vergangenheit müssen den Denkhorizont und die Lebensbedingungen der jeweiligen Zeit berücksichtigen.

7 Kirchengeschichtliche Themen müssen mit Hilfe lebensweltlicher Quellen sowie narrativer Elemente dargeboten werden. Nur so können sie die Schülerinnen und Schüler existenziell berühren.

8 Wegen der begrenzten Unterrichtszeit muss die Geschichte der Kirche(n) auf besondere Epochen und Leitmotive hin elementarisiert werden.[23] Es dürfen nicht ausschließlich negativ besetzte »Modethemen« (wie die Kreuzzüge) behandelt werden. Vielmehr müssen auch die kirchliche Armenfürsorge und der Beitrag der Klöster zu Kultur und Spiritualität Gegenstand der Auseinandersetzung mit dem Mittelalter sein. Grundsätzlich hat jedes Thema eine geschichtliche Dimension, welche der Religionsunterricht einbeziehen sollte.

8 Kirchengeschichtliche Themen dürfen nicht nur aus der Perspektive der eigenen Konfession bearbeitet werden. Vielmehr ist im Sinne ökumenischen und interkulturellen Lernens wesentlich die Außenwahrnehmung der Christen und Kirchen durch die jeweils anderen zu beachten (»Multiperspektivität«).[24]

9 Wenn die Religionslehrkraft didaktisch von »Erinnerungsorten« – im wörtlichen (z. B. Orte, Plätze und Denkmäler) und im metaphorischen Sinne (z. B. Zeichen, Schlüsselbiografien, weichenstellende Ereignisse) – ausgeht, berücksichtigt sie damit das aktuelle Nachwirken von Geschichte. Erinnerungsorte können Geschichte lebendig und interessant machen.[25] Je anschaulicher solche Orte durch narrative Elemente werden, desto greifbarer wird Geschichte.

23 Gutschera, Herbert/Lachmann, Rainer/Thierfelder, Jörg: Kirchengeschichtliche Grundthemen. Historisch – systematisch – didaktisch, Göttingen 2003.

24 Noormann, Harry (Hg.): Arbeitsbuch Religion und Geschichte. Das Christentum im interkulturellen Gedächtnis, Bd. 2, Stuttgart 2013, S. 9–23.

25 Vgl. Noormann, 2009, S. 22.

Beispiel eines Spiralcurriculums Kirchengeschichte

Jahrgang 5/6

Ⓐ Thema 1 (Jg. 5): Wie lebten die ersten Christen? – Was ist von ihnen geblieben?
- Praxis der Urgemeinde und neutestamentliche Texte (z. B. Abendmahl und Gemeindeleben nach der Apostelgeschichte)

Ⓑ Thema 2 (Jg. 6): Welche Feste feiern Christen? – Wo haben diese Feste ihren Ursprung?
- Von Passah zum Osterfest, vom Sabbat zum Sonntag, Weihnachten und die Wintersonnenwende, ausgewählte Symbole kirchlicher Feste – biblischer und heidnischer Ursprung (z. B. Osterkerze, Ei und Osterfeuer; Weihnachtsbaum und Krippe), Ausgestaltung von Feiertagen früher und heute

Ⓒ Anforderungssituation (Herausforderung):
- einem Nicht-Christen die Osterbräuche erläutern

Ⓓ Aktuelle Bezüge/Erinnerungsorte:
- Ideale von Gemeinschaft heute, christliche Wohngemeinschaften, Klosterleben, Kirchenjahr, Ausschmückung der Kirche zur Feier eines kirchlichen Hochfestes, Sakramentenpraxis früher und heute

Ⓔ Inhaltsbezogene Kompetenzen:[26] Die Schülerinnen und Schüler
- erklären die Bibel als Glaubensbuch, beschreiben ihre Entstehungsgeschichte und ihren Aufbau und finden vorgegebene Bibelstellen (Ev. und Kath. Religion).
- erläutern die Bedeutung wichtiger christlicher Feste und erklären und gestalten ihre Symbole (Ev. Religion).
- erläutern katholische Feste und ihre Symbole auf dem Hintergrund ihrer eigenen konfessionellen Verortung und gestalten ausgewählte christliche Symbole (Kath. Religion).

Jahrgang 7/8

Ⓐ Thema 1 (Jg. 7): Warum wurde das Christentum eine Weltreligion?
- Das Pfingstereignis in der Apostelgeschichte, Konflikte um die »Heidenmission«, Wirken des Apostels Paulus, römische Christenverfolgung, konstantinische Wende

26 Inhaltsbezogene Kompetenzen des Kompetenzbereichs: Nach Glaube und Kirche fragen. In: Niedersächsische Kerncurricula Ev. Religion und Kath. Religion.

Ⓑ Thema 2 (Jg. 8): Wieso gibt es in Deutschland zwei große Kirchen?
- Missstände und vorreformatorische Aufbrüche in der abendländischen Kirche, Luthers Kirchenkritik und die Reaktion Roms, Verlauf und Folgen der Reformation bis zum Tridentinum (1545–1563)

Ⓒ Anforderungssituationen (Herausforderungen):
- Erklären, warum es das Pfingstfest gibt; erläutern, wieso die Katholiken einen Papst haben und die evangelischen Christen nicht

Ⓓ Aktuelle Bezüge/Erinnerungsorte:
- Kolosseum und Petersdom in Rom, unterschiedliche ev. und kath. Glaubenspraktiken, Luthergedenkstätten, konfessionelle Prägung der Region

Ⓔ Inhaltsbezogene Kompetenzen: Die Schülerinnen und Schüler
- interpretieren die Existenz der Kirche als Konsequenz der Oster- und Pfingstereignisse (Ev. Religion).
- interpretieren die Existenz der Kirche im Zusammenhang der Oster- und Pfingstereignisse (Kath. Religion).
- benennen Gründe für die Kirchenspaltung (Ev. und Kath. Religion).

Ⓕ Anmerkung: Die Behandlung der genannten Themen greift kirchengeschichtlichen Kompetenzen des 9./10. Jahrgangs vor, um den Doppeljahrgang 9/10 nicht mit historischen Themen zu überfrachten.

Jahrgang 9/10

Ⓐ Thema 1: Warum sprechen die meisten Lateinamerikaner Spanisch und sind katholisch?[27]
- Kolumbus und Las Casas, Jesuitenreduktionen in Paraguay und Gründe für ihre Vernichtung, Missbrauch des Evangeliums zur Unterdrückung der indigenen Bevölkerung vs. emanzipatorische Kraft des Evangeliums in der Geschichte Lateinamerikas

Ⓑ Anforderungssituation (Herausforderung):
- Erläutern, warum die meisten Lateinamerikaner katholisch sind und spanisch oder portugiesisch sprechen bzw. wieso teilweise naturreligiöse und christliche Vorstellungen in der Volksfrömmigkeit vermischt sind.

Ⓒ Aktuelle Bezüge/Erinnerungsorte:
- Kolumbusdenkmal in Barcelona; Basisgemeinden und Befreiungstheologie; Widerstände dagegen; Kathedrale von San Salvador mit dem Grab Erzbischof

27 Martin Schmidt-Kortenbusch: Kolumbus und Las Casas – Eroberung und Evangelisation Lateinamerikas. In: Harry Noormann (Hg.): Arbeitsbuch Religion und Geschichte. Das Christentum im interkulturellen Gedächtnis, Bd. 2, Stuttgart 2013, S. 49–85.

Roméros als Spiegel dieses Gegensatzes (oben: europäisch geprägte Pracht; unten: schlichter Sarg)

Ⓓ Inhaltsbezogene Kompetenzen: Die Schülerinnen und Schüler
- beurteilen kritisch Stationen der Kirchengeschichte und interpretieren das Geschehen im historischen Zusammenhang (Ev. und Kath. Religion).

Ⓐ Thema 2: Was war Luthers Anliegen? - Was unterscheidet die evangelische von der katholischen Kirche?
- Luthers Rechtfertigungslehre und Kirchenverständnis, katholisches Kirchenverständnis vor und nach dem 2. Vatikanischen Konzil

Ⓑ Anforderungssituation (Herausforderung):
- Erläutern, woran man ev. und kath. Kirchen erkennen kann; die Unterschiede begründen

Ⓒ Aktuelle Bezüge/Erinnerungsorte:
- Lutherdekade, Lutherdenkmäler, Verehrung von Papst Johannes XXIII. als Heiligen in der kath. Kirche

Ⓓ Inhaltsbezogene Kompetenzen: Die Schülerinnen und Schüler
- deuten die reformatorische Erkenntnis Martin Luthers als Kern des evangelischen Bekenntnisses und interpretieren Reformation als andauernden Erneuerungsprozess (Ev. Religion).

Ⓔ Anmerkung: Für das 10. Schuljahr bietet es sich an, dass die Schüler weitere wichtige Themen der Kirchengeschichte in arbeitsteiligen Referatsgruppen erarbeiten und anschaulich präsentieren (z. B. katholische Sozialbewegungen, Kirche(n) im Nationalsozialismus; vgl. dazu Kap. 5.5).

Literatur:

Dam, Harmjan (Hg.): Kirchengeschichte lebendig (= Praxisideen Religion – Schönberger Impulse), Frankfurt a. M. 2002 (Dieses Heft enthält zahlreiche handlungsorientierte methodische Anregungen und interessante Materialien für einen kompetenzorientierten Unterricht)

Gutschera, Herbert/Lachmann, Rainer/Thierfelder, Jörg: Kirchengeschichtliche Grundthemen. Historisch –systematisch – didaktisch, Göttingen 2003

Noormann, Harry (Hg.): Arbeitsbuch Religion und Geschichte. Das Christentum im interkulturellen Gedächtnis. Bd. 1, Stuttgart 2009

Schmidt-Kortenbusch, Martin: Abiturwissen Mission, Ökumene, Eine Welt – Tradition, neue Strukturen, Perspektiven der Veränderung, Stuttgart/München/Düsseldorf/Leipzig 1996

Ders.: Kolumbus und Las Casas – Eroberung und Evangelisation Lateinamerikas. In: Noormann, Harry (Hg.): Arbeitsbuch Religion und Geschichte. Das Christentum im interkulturellen Gedächtnis, Bd. 2, Stuttgart 2013

4.5 Schritte der Unterrichtsplanung

4.5.1 Anstiftung zu einem Selbstversuch

Der vorliegende Vorschlag will Schritte, die für die Unterrichtsplanung notwendig sind, in einer sinnvollen Reihenfolge aufzeigen. Natürlich kann nicht jede Unterrichtsplanung idealtypisch und so ausführlich wie hier dargestellt erfolgen.

Beginnen Sie zuerst mit einem Selbstversuch. Bringen Sie die folgenden *vier grundlegenden Aufgaben,* die sich bei der Planung von Religionsunterricht stellen, in eine Reihenfolge, die Ihnen sinnvoll erscheint:

1 *Aufgaben, Materialien, Methoden und Zeitvorgaben planen*
2 *Das Thema und mögliche Leitfragen mit den Vorstellungen der Schüler abstimmen*
3 *Kompetenzen und Inhalte klären*
4 *Trotz Planung flexibel bleiben und Diskussionen fördern*

Ordnen Sie nun *diesen vier grundlegenden Aufgaben* die folgenden Schritte a. bis l. zu:

a Aufgaben, Materialien und Methoden sichten, auswählen bzw. selbst konzipieren
b Den Schülerinnen den Planungsentwurf vorstellen und ihr Vorwissen sowie ihre Fragen zusammentragen; den Planungsentwurf nach der gemeinsamen Besprechung ggf. modifizieren
c Arbeitseinheiten mit ungefähren Zeitvorgaben, differenzierenden Aufgabenstellungen, Materialien und Medien festlegen, alternative Vorgehensweisen überlegen
d Die existenziellen, theologischen, philosophischen und ggf. auch politischen Aspekte sowie Aufgaben und Materialverweise zu einer didaktischen Landkarte ordnen, die für die Lehrkraft und die Klasse als »roter Faden« bei der Bearbeitung des Themas dienen soll
e Kompetenzen klären, die bei den Schülerinnen durch die Auseinandersetzung mit der herausfordernden Situation angebahnt werden sollen
f Die elementaren existenziellen, theologischen, philosophischen und ggf. auch politischen Aspekte klären, die die herausfordernde Situation beinhaltet
g Diejenigen Aspekte auswählen, zu denen die Jugendlichen weiterführende Denkanstöße erhalten sollen; Aspekte, die weniger wichtig für die Unterrichtsplanung sind, streichen
h Leitfragen zum Thema formulieren und den geplanten Unterrichtsverlauf inhaltlich in Abschnitte gliedern, die fachdidaktisch schlüssig aufeinander aufbauen

[i] Eine gegenwärtige oder zukünftige herausfordernde Situation, Problemstellung bzw. »Anforderungssituation« (Gabriele Obst), vor der Jugendliche in Bezug auf das vorgegebene Unterrichtsthema stehen, antizipieren und beschreiben
[j] Bei der Unterrichtsdurchführung offen und flexibel für Überraschendes bleiben
[k] Das Thema für die Schüler verständlich und möglichst interessant formulieren
[l] Die Ergebnisse aus den differenzierenden Arbeitsphasen mit Hilfe der Leitfragen oder der thematischen Untergliederung immer wieder in Phasen der Präsentation und Diskussion im Klassenverband einspeisen

4.5.2 Vorschlag für ein idealtypisches Vorgehen bei der Planung von RU

Nun können Sie Ihr Vorgehen mit dem folgenden Vorschlag vergleichen. Diskutieren Sie über Fragen der Unterrichtsplanung auf der Fachkonferenz!

Erfahrene Lehrkräfte planen ihren Unterricht in gleichzeitigen, sich parallel vollziehenden Schritten, bei denen sie viele der hier genannten Aspekte berücksichtigen. Weil sich ein solches Vorgehen jedoch der Darstellbarkeit entzieht, kann der folgende Vorschlag die Schritte nur in der Form eines Nacheinanders abbilden.

1 *Kompetenzen und Inhalte klären*
[i] Eine gegenwärtige oder zukünftige herausfordernde Situation, Problemstellung bzw. »Anforderungssituation« (Gabriele Obst), vor der Jugendliche in Bezug auf das vorgegebene Unterrichtsthema stehen, antizipieren und beschreiben
[e] Kompetenzen klären, die bei den Schülerinnen durch die Auseinandersetzung mit der herausfordernden Situation angebahnt werden sollen
[f] Die elementaren existenziellen, theologischen, philosophischen und ggf. auch politischen Aspekte klären, die die herausfordernde Situation beinhaltet
[g] Diejenigen Aspekte auswählen, zu denen die Jugendlichen weiterführende Denkanstöße erhalten sollen; Aspekte, die weniger wichtig für die Unterrichtsplanung sind, streichen

2 *Das Thema und mögliche Leitfragen mit den Vorstellungen der Schülerinnen abstimmen*
[k] Das Thema für die Schüler verständlich und möglichst interessant formulieren
[h] Leitfragen zum Thema formulieren und den geplanten Unterrichtsverlauf inhaltlich in Abschnitte gliedern, die fachdidaktisch schlüssig aufeinander aufbauen

b Den Schülern den Planungsentwurf vorstellen und ihr Vorwissen sowie ihre Fragen zusammentragen; den Entwurf nach der gemeinsamen Besprechung ggf. modifizieren

3 *Aufgaben, Materialien, Methoden und Zeitvorgaben planen*
a Aufgaben, Materialien und Methoden sichten, auswählen bzw. selbst konzipieren
c Arbeitseinheiten mit ungefähren Zeitvorgaben, differenzierenden Aufgabenstellungen, Materialien und Medien festlegen, alternative Vorgehensweisen überlegen
d Die existenziellen, theologischen, philosophischen und ggf. auch politischen Aspekte sowie Aufgaben und Materialverweise zu einer didaktischen Landkarte ordnen, die für die Lehrkraft und die Klasse als »roter Faden« bei der Bearbeitung des Themas dienen soll

4 *Trotz Planung flexibel bleiben und Diskussionen fördern*
j Bei der Unterrichtsdurchführung offen und flexibel für Überraschendes bleiben
l Die Ergebnisse aus den differenzierenden Arbeitsphasen mit Hilfe der Leitfragen oder der thematischen Untergliederung immer wieder in Phasen der Präsentation und Diskussion im Klassenband einspeisen

4.6 Aufgabenkultur statt Fragekultur

Wer kennt das nicht aus seiner eigenen Schulzeit: Die Lehrkraft fragt immer wieder nach, bis ein Schüler endlich das richtige Stichwort liefert oder den sehnsüchtig erwarteten Satz. Wer kennt nicht die Tests, die aus einer Serie von W-Fragen bestehen, welche der Schülerin lediglich ein begrenztes Antwortspektrum zuweisen? Diese Praxis existiert immer noch und muss dringend verändert werden.

Wenn die Kompetenzorientierung im Religionsunterricht kein leeres Wort bleiben soll, ist eine andere Aufgabenkultur nötig als die oben beschriebene. Religiöse Bildung erfordert erfahrungsbezogenes Denken in Zusammenhängen, welches auf Handlungsoptionen ausgerichtet ist und dabei Wissen integriert. Zwei Extreme, die im Religionsunterricht anzutreffen sind, müssen überwunden werden: nämlich die Dominanz der Wissensabfrage einerseits und die Tendenz zu unstrukturierter Meinungsäußerung andererseits. Stattdessen müssen Wissen und Können, kognitive und gestalterische Tätigkeit, sinnvoll miteinander verknüpft werden.

Kompetenzformulierungen in Kerncurricula und Lehrplänen übernehmen weitgehend die Operatoren (Verben) der Einheitlichen Prüfungsanforderungen (EPA) der Kultusministerkonferenz (KMK). Die Kompetenzformulierungen und die Anforderungsbereiche der EPA (I, II, III) sind zu unterschiedlichen Zeiten in unterschiedlichen Kontexten entstanden, ergänzen und überschneiden sich daher.

Generell muss gelten, dass Kompetenzen mit ihren Operatoren so formuliert sind, dass man sie überprüfen kann. Negativbeispiel (eher Lernzielformulierung): »Die Schülerinnen kennen grundlegende Feste des Islam«; Positivbeispiel: »Die Schüler benennen und erläutern grundlegende Feste des Islam.«[28]

Daher ist es sinnvoll und in sich schlüssig, wenn Aufgaben zur Schulung von Kompetenzen mit dem Aufsteigen der Jahrgänge *immer häufiger* die Operatoren der Kerncurricula aufnehmen. Zur Überprüfung von Kompetenzen sollten die Aufgaben, wenn sie freie Formulierungen einfordern, *meist* die Operatoren der Kerncurricula verwenden.

Einige Operatoren sind sehr offen formuliert und geben den Schülerinnen Spielräume, geeignete Methoden zum Erreichen des Ziels der Aufgabe selbst zu finden (z. B. herausarbeiten, sich auseinandersetzen mit), andere definieren durch die Angabe von Kriterien genau die erwartete Tätigkeit (z. B. erläutern, erörtern). Mit folgendem Auszug aus der Operatorenliste der EPA soll das veranschaulicht werden. Fett gedruckt wird kommentiert, was die Definitionen offen lassen bzw. welche Methoden sie vorgeben.

Operatoren	Definitionen
heraus- arbeiten	aus Aussagen eines Textes einen Sachverhalt oder eine Position erkennen und darstellen **(Es wird offen gelassen, wie die Darstellung erfolgen soll.)**
erläutern, erklären, entfalten	einen Sachverhalt, eine These etc. ggf. mit zusätzlichen Informationen und Beispielen nachvollziehbar veranschaulichen **(Es werden Methoden genannt: »zusätzliche Informationen und Beispiele«.)**
sich aus- einander- setzen mit	ein begründetes eigenes Urteil zu einer Position oder einem dargestellten Sachverhalt entwickeln **(Es wird offen gelassen, wie die Position entwickelt werden soll.)**

28 »Erläutern« und »benennen« stehen auf der Liste der Einheitlichen Prüfungsanforderungen in der Abiturprüfung. Evangelische und Katholische Religionslehre, vgl. http://db2.nibis.de/1db/cuvo/datei/epa_10_kat-religion.pdf, entsprechend: http://www.kmk.org/fileadmin/veroeffentlichungen_beschluesse/1989/1989_12_01-EPA-Ev-Religion.pdf, Zugriff am 15.10.2015. Die Operatorenliste befindet sich auch im Anhang der niedersächsischen Kerncurricula für Evangelische und für Katholische Religion IGS, S. 40–41.

Operatoren	Definitionen
erörtern	die Vielschichtigkeit eines Beurteilungsproblems erkennen und darstellen, dazu Thesen erfassen bzw. aufstellen, Argumente formulieren, nachvollziehbare Zusammenhänge herstellen und dabei eine begründete Schlussfolgerung erarbeiten (dialektische Erörterung) **(Es werden Methoden genannt: »Thesen verfassen ... Argumente formulieren ...«.)**

Im Unterricht muss grundsätzlich zwischen Lern- und Leistungssituationen unterschieden werden (vgl. Kap. 6.2); Lernsituationen haben den Kompetenzerwerb zum Ziel, Fehler und Umwege gehören zum Lernprozess. In Leistungs- und Überprüfungssituationen sollen die Schülerinnen ihre Fähigkeiten nachweisen, erworbene Kompetenzen anzuwenden.

Die offeneren Operatoren eignen sich in der Sekundarstufe I eher für Lernaufgaben, die zweiten, konkreter formulierten, eher für Leistungs- bzw. Prüfungsaufgaben, weil die Methoden, welche die Schülerinnen anwenden müssen, definiert sind. Entsprechend klar kann der Erwartungshorizont formuliert werden.

Die Anwendung dieser Operatoren setzt voraus, dass deren Definitionen den Schülern vorher in vereinfachter und verständlicher Form (anders als die oben genannte Definition von »erörtern«) vermittelt werden. Operatoren sind nicht punktuell, sondern regelmäßig einzusetzen. Im Unterrichtsgespräch würde das ausschließliche Verwenden dieser Operatoren bei Impulsen zu einem eher schädlichen »Purismus« führen: In ein lebendiges Gespräch gehören ein breiteres Spektrum von Aufforderungsverben und auch provokative Fragen. In einigen Situationen ist auch die simple W-Frage »Wo steht das?« und nicht ein gekünsteltes »Erkläre, wo das steht!« sinnvoll. Wichtig ist, dass die Lehrkraft insgesamt mit ihren Fragen und Impulsen Spielräume eröffnet, zum selbstständigen Suchen nach Lösungen motiviert und zur Anwendung bereits erworbener Kompetenzen herausfordert.

Allerdings gehören zum Religionsunterricht notwendig auch Aufgaben, die nicht auf das Erlernen und Überprüfen der in den Kerncurricula formulierten Kompetenzen, sondern auf die Förderung sozialer, personaler und affektiver Fähigkeiten zielen und sich einer schulischen Überprüfung entziehen (z. B. Stille-Übungen, Staunen lernen durch Betrachtung von Bildern und Naturphänomenen – vgl. Kap. 5.3 –, Spiele zur Stärkung des Gruppenzusammenhalts). Religionsunterricht muss in diesem Sinne auf einen ganzheitlichen Lernprozess zielen und so handlungsorientierte und handlungsmotivierende Komponenten aufweisen. Allerdings muss er deutlich die Vermittlung überprüfbarer Kompetenzen von nicht überprüfbaren Fähigkeiten trennen. Letzteren ist gleichwohl von der Lehrkraft Wertschätzung entgegenzubringen, wenn sie im Unterricht sichtbar werden.

Nach Gabriele Obst sollten Lernaufgaben so angelegt werden, dass die Schüler differenzierte Leistungen erbringen können und sie in ihrem jeweils unterschiedlichen Lernfortschritt gefördert werden.[29] Sie sollten zusammenhängen und vernetztes Lernen unterstützen. Dazu sollten sie:

- bei einer herausfordernden, hinreichend komplexen Problemlage ansetzen, die möglichst auf die Erfahrungswelt der Kinder und Jugendlichen bezogen ist
- einen größeren Sachzusammenhang in exemplarischer Weise erschließen
- auf den Erwerb fachspezifischer Kompetenzen zielen
- den Schülerinnen Gelegenheit geben, das erforderliche Wissen eigenhändig zu beschaffen, anzueignen und anzuwenden
- den Zusammenhang von Aufgabe und Lösungsweg deutlich machen
- die Schüler befähigen, unterschiedliche Leistungsniveaus zu erreichen
- Selbstkontrolle ermöglichen

Gabriele Obst unterscheidet zwischen folgenden Aufgabentypen:

- komplexe Probleme
- komplexe Entscheidungsfälle
- komplexe Gestaltungsaufgaben
- komplexe Beurteilungen verschiedener Problemlösungen[30]

Laut Obst vollzieht sich ein Lernprozess in idealtypischer Weise wie folgt:

- Vorstellung der Problemsituation
- Vorbereitung der Aufgabenbearbeitung
- Bearbeiten der Lernaufgabe
- Kontrolle und Vertiefung
- Festigung und Verallgemeinerung[31]

Es kann nicht darum gehen, die genannten Kriterien kompetenzorientierter Aufgaben nach einem starren Schema abzuarbeiten. Eine enge Frage nach einem bestimmten Sachverhalt (z. B. einer Jahreszahl, einem Ereignis), die auch mit »W« beginnen darf, kann in bestimmten Unterrichtssituationen sinnvoll sein. Solche traditionellen Aufgabenstellen müssen jedoch komplexe, herausfordernde Aufgabenstellungen ergänzen und eine untergeordnete Rolle in mündlichen und schriftlichen Aufgaben spielen

29 Obst, Gabriele: Kompetenzorientiertes Lehren und Lernen im Religionsunterricht, Göttingen 2008, besonders S. 184 ff.
30 Obst 2008, S. 186.
31 Obst 2008, S. 187.

Im Downloadmaterial finden Sie: **4.6.1** Traditionelle und kompetenzorientierte Aufgaben – Ein Vergleich am Beispiel einer Unterrichtseinheit im Kompetenzbereich »Nach Glaube und Kirche fragen«

4.6.2 Binnendifferenzierung – Thesen und Anregungen

Es ist auffällig, dass es zum Thema Binnendifferenzierung für andere Fächer eine Fülle von Literatur und praktischen Handreichungen gibt, für den Religionsunterricht aber bislang kaum. Hängt das damit zusammen, dass Religionspädagogen immer schon offene, selbstdifferenzierende Aufgabenstellungen bevorzugen, die Ergebnisse auf unterschiedlichstem Niveau ermöglichen? Oder orientiert sich der Unterricht bei den Aufgabenstellungen einfach am unteren oder mittleren Leistungsniveau? Dies wäre sicherlich die schlechtere Variante, weil dann für ein breites Spektrum an Schülern angemessene Aufgaben fehlten. Da wegen der Vielfalt der Schülerinnen auch im Religionsunterricht Fragestellungen und damit verbundene Medien mit unterschiedlichem Anspruchsniveau bearbeitet werden müssen, reichen offene Aufgaben mit selbstdifferenzierendem Charakter nicht aus. Weitere Formen der Binnendifferenzierung müssen zum Einsatz kommen, um den ungleichen Voraussetzungen der Schüler gerecht zu werden. Folgende Thesen sollen eine schnelle Orientierung und praktische Anregungen für binnendifferenzierendes Arbeiten bieten.

Es werden zunächst wichtige Aspekte allgemeiner Art zur Binnendifferenzierung dargestellt und anschließend auf Fragestellungen zum Religionsunterricht bezogen.

Innere Differenzierung/Binnendifferenzierung in pädagogischem Verständnis

1 *Definition von Differenzierung/Infragestellung äußerer Differenzierung:*

- Differenzierung in Schule und Unterricht bezeichnet das Bemühen, unterschiedlichen Eingangsbedingungen gerecht zu werden.[32]
- »Unter Differenzierung wird einmal das variierende Vorgehen in der Darbietung und Bearbeitung von Lerninhalten verstanden, zum anderen die Einteilung bzw. Zugehörigkeit von Lernenden zu Lerngruppen nach bestimmten Kriterien.«[33]

32 Vgl. Riedl, 2008, S. 1.
33 Bönsch, 2009, S. 14.

- Es muss grundsätzlich zwischen Binnendifferenzierung und äußerer Differenzierung unterschieden werden.
- Während die äußere Neigungsdifferenzierung als unproblematisch erscheint, wird die äußere Leistungsdifferenzierung von Lehrkräften oft als administrativ angeordnetes Übel oder als Kapitulation vor den Herausforderungen der Heterogenität angesehen. Das Hauptziel der äußeren Leistungsdifferenzierung, leistungshomogene Gruppen zu erzeugen, erscheint zunehmend als pädagogisch fragwürdig. Kurse mit niedrigem Leistungsniveau tragen zur gegenseitigen Demotivation der Lernenden bei. Motivierende Effekte durch leistungsstarke Schüler fallen weg.

2 *Kriterien für die Binnendifferenzierung:*

- Die Kriterien zur Einteilung der Gruppen können unterschiedlich sein, z. B.:
  - Lerngeschwindigkeit und zu bewältigende Arbeitsmenge
  - Höhe der Leistungsfähigkeit
  - Bearbeitung von Lernschwierigkeiten durch das Schaffen vielfältiger Lernzugänge und Anregungen (z. B. visuell, akustisch, haptisch) für das komplexe Gehirn
  - Kooperationsfähigkeit
  - unterschiedliche Interessen[34]
- Binnendifferenzierung bleibt in der Regel »situations- und lernzielgebunden. Sie ist auf Individualisierung« der Lernprozesse gerichtet.[35] Das bedeutet für die Lehrkraft, bei der Erarbeitung differenzierender Aufgaben auf die Unterrichtsziele zu achten, die sich aus den verpflichtenden Kompetenzen ergeben, und auf die konkrete Lerngruppe.
- Wichtigste Unterscheidung ist die zwischen Leistungs- und Neigungsdifferenzierung.

3 *Unterschiedliche Gestaltung von Binnendifferenzierung:*

Didaktisch-methodische Entscheidungen zur Binnendifferenzierung lassen sich »nach ihren zentralen Gestaltungs- und Wirkungsbereichen zuordnen«:

a »Thematisch-intentionale Differenzierung« – Auswahl/Einsatz der Lerninhalte/Aufgaben nach Interessen, Arbeitstempo, Lernzielen, Schwierigkeitsgrad (Komplexität)

b »Methodische Differenzierung« – Zugang zu Unterrichtsinhalten durch unterschiedliche Methoden und dazu passende Arbeits- und Sozialformen

34 Bönsch 2009, S. 31.
35 Bönsch, 2009, S. 31.

c »Mediale Differenzierung« – Zugang zu Unterrichtsinhalten durch unterschiedliche Medien
d »Differenzierung anhand von Sozialformen« – Herstellung leistungsheterogener Gruppen zur gegenseitigen Unterstützung (soziales Lernen)[36]

Diese Bereiche der Binnendifferenzierung stehen miteinander in Interdependenz: Wer sich für eine Gestaltung der Binnendifferenzierung entscheidet, muss die Auswirkungen dieser Entscheidung auf die anderen genannten Bereiche berücksichtigen. Bei der Wahl einer Methode muss z. B. bedacht werden, zu welchen Sozialformen sie passt.

4 *Herausforderungen, auf die im Zusammenhang mit Binnendifferenzierung reagiert werden muss*
Das Prinzip der Binnendifferenzierung ist mit folgenden Herausforderungen verbunden:

- »Didaktischer Aspekt«: Bei weitgehender Leistungsdifferenzierung können sich die Leistungsstarken weit von den Leistungsschwächeren entfernen.
- »Organisatorischer Aspekt«: Die nötige »Infrastruktur« ist organisatorisch schwierig (z. B. Größe der Raumes, zur Verfügung stehende Materialien).
- »Diagnostischer Aspekt«: Die Lehrkraft braucht genaue Kenntnisse der Lerneingangsvoraussetzungen der Lernenden.
- »Motivationaler Aspekt«: Der Ansporn, sich an leistungsstarken Schülerinnen zu orientieren, fällt für leistungsschwächere Schüler unter Umständen weg, wenn sie zu lange in einer Gruppe arbeiten und von den anderen als abgesondert erscheinen.
- Aspekt der Leistungsbeurteilung: Die Arbeit in leistungsdifferenzierten Gruppen verkompliziert die Beurteilung von Schülerleistungen.
- Aspekt der Gruppenbildung: Die »fachbezogene Leistungsfähigkeit« ist nur ein möglicher Aspekt der Gruppenbildung, der nicht absolut gesetzt werden darf. Weitere Aspekte der Gruppenbildung sind: soziale Fähigkeiten, Interessen, Fertigkeiten.[37]

5 *Umfang von Binnendifferenzierung*

- Bei der Umsetzung der Binnendifferenzierung sind grundsätzlich kleine und große Lösungen in unterschiedlicher Strukturierung möglich. Kleine Lösungen unterbrechen den Unterricht immer wieder durch differenzierende Phasen.

36 Riedl 2008, S. 3.
37 Riedl 2008, S. 3–4.

- Große Lösungen tendieren zum Projektunterricht bzw. Lernbüro, delegieren wesentliche Aufgaben an die Schülerinnen und sehen die Rolle der Lehrkraft eher als die eines Moderators (vgl. Kap. 3.2).

Binnendifferenzierung im Religionsunterricht

1 *Wozu Binnendifferenzierung auch im Religionsunterricht?*

- Binnendifferenzierung ist notwendig, weil in jedem Religionskurs sehr unterschiedlich geprägte und begabte Schüler zusammen lernen.
- Binnendifferenzierung an integrierten Schulsystemen ist besonders dann notwendig, wenn Religion nicht nach Schulformen differenziert erteilt wird. Ohne Binnendifferenzierung laufen die Schülerinnen der 9./10. Klassen, die keinen erweiterten Sekundarabschluss I erreichen, Gefahr, schlechter benotet zu werden als diejenigen an der Haupt- und Realschule.

2 *Welche Formen von Binnendifferenzierung werden im Religionsunterricht schon häufig praktiziert?*

- Auswahl von Themen durch Schülergruppen
- Bearbeitung eines Themas mit unterschiedlichen Methoden in Einzel-, Partner- und Gruppenarbeit (z. B. Wahl zwischen dem Erstellen eines Comics und dem Schreiben einer Geschichte)
- Bearbeitung unterschiedlich langer und unterschiedlich schwieriger Texte zu einem Thema
- Arbeit in unterschiedlichen Gruppenzusammensetzungen zu jeweils unterschiedlichen Aspekten (z. B. arbeitsteilige Gruppenarbeit)

3 *Welche Formen der Binnendifferenzierung fehlen häufig und müssen noch hinzukommen?*

- Die inhaltsbezogenen Kompetenzen sind in den Kerncurricula und Lehrplänen der Bundesländer als Regelstandards so offen formuliert, dass sie auch auf unterschiedlichen Niveaus erreicht werden können. Die genannten Formen von Binnendifferenzierung sind daher im Bereich der thematisch-intentionalen Differenzierung (s. o. Innere Differenzierung/Binnendifferenzierung in pädagogischem Verständnis, 3. Unterschiedliche Gestaltung … a.) durch Aufgaben unterschiedlicher Komplexität zu ergänzen (vgl. Kap. 4.6.3). Der komplexere Lernweg muss aber möglichst genauso attraktiv gestaltet werden wie der grundlegende.
- Bei der Auswahl angemessener Aufgaben sollte die Lehrkraft die Schülerinnen nicht starren Leistungsniveaus zuordnen, sondern ihnen Entscheidungsspielräume bei der Auswahl gewähren. Weitgehende Transparenz lässt sich dabei

z. B. dadurch erreichen, dass den Schülern alle Aufgaben der unterschiedlichen Schwierigkeitsgrade zugänglich gemacht werden und sie daraus wählen können. Allerdings bedeutet Wahlfreiheit nicht, dass die Lehrkraft die Schülerinnen nicht kritisch beraten dürfte.[38]

- Binnendifferenzierung bedeutet auch, dass den Schülern unterschiedliche Lernwege angeboten werden, zwischen denen sie frei wählen können, z. B. emotionale Lernzugänge über Musik, Ton, Bild, Bewegung, Gestaltung; differenzierende Unterrichtsmedien, an denen vielfältige Tätigkeiten wie Sammeln, Ordnen, Zusammenfassen, Visualisieren, Imaginieren, Hinterfragen, Deuten, Argumentieren, Urteilen, Vernetzen, Übertragen, Wiederholen geübt werden können oder auch wechselnde Formen des Austausches und der Kooperation.
- Binnendifferenzierung muss alle prozessbezogenenen Kompetenzen berücksichtigen.[39] Dies macht es Schülerinnen, die in einigen prozessbezogenen Kompetenzbereichen Schwächen haben (z. B. Deutungskompetenz), auch möglich, in anderen Stärken zu zeigen (z. B. Gestaltungskompetenz). Binnendifferenzierung darf aber nicht bedeuten, dass leistungsschwächere Schüler lediglich reproduktive Aufgaben des Anforderungsbereiches I bearbeiten. Vielmehr müssen sie für ihre Lernentwicklung auch vielfältige Bearbeitungsmöglichkeiten von Aufgaben der Anforderungsbereiche II und III bekommen, die auf ihre Fähigkeiten hin konzipiert sind.

4 *Zum Verhältnis von differenzierendem und gemeinsamem Lernen im Religionsunterricht*

Es ergeben sich folgende Schlussfolgerungen und Forderungen:

- Binnendifferenzierung darf nicht durch einseitige Betonung der Leistungsdifferenzierung zur Spaltung der Lerngruppe führen.
- Religionsunterricht lebt von der Kommunikation vielfältiger Individuen; daher müssen die Ergebnisse von Einzel-, Partner- und Gruppenarbeit immer wieder in die gesamte Lerngruppe eingespeist werden, sodass die Schülerinnen von den Ergebnissen der anderen lernen und sich gegenseitig ergänzen und befragen können. Dies kann durch einen sinnvollen Wechsel zwischen Unter-

38 Natürlich muss die Lehrkraft intervenieren, wenn ein Schüler mit hohem Leistungsvermögen sich immer nur für die leichtesten Aufgaben entscheidet.

39 Im Kerncurriculum für die Integrierte Gesamtschule, Schuljahrgänge 5–10, Evangelische und Katholische Religion, S. 16–17, lauten diese z. B.: »Wahrnehmungs- und Darstellungskompetenz – religiöse Phänomene wahrnehmen und beschreiben« – »Deutungskompetenz – religiöse Sprache und Zeugnisse verstehen und deuten« – »Urteilskompetenz – in religiösen und ethischen Fragen begründet urteilen« – »Dialogkompetenz – am religiösen und ethischen Dialog teilnehmen« – »Gestaltungskompetenz – religiös relevante Ausdrucks- und Gestaltungsformen verwenden«.

richtsphasen differenzierenden Lernens und Phasen gemeinsamen Lernens erreicht werden.

- Die Arbeitsergebnisse unterschiedlicher Komplexität müssen regelmäßig zusammengeführt werden und für die Diskussion existenzieller Fragen in der gesamten Lerngruppe fruchtbar gemacht werden.
- Abstrakt denkende und formulierende Schüler sollen in diesen integrierenden Unterrichtsphasen dazu angehalten werden, komplexe Beiträge noch einmal mit anderen Worten kürzer und einfacher zu formulieren.
- Leistungsdifferenzierung muss für die Schülerinnen transparent sein. Sie müssen Wahlmöglichkeiten zwischen komplexeren und weniger komplexen Aufgaben erhalten.
- Der Anteil zwischen Leistungs- und Neigungsdifferenzierung muss ausgewogen sein.
- Für einen binnendifferenzierenden Religionsunterricht sind Doppelstunden sinnvoller als Einzelstunden.
- Je intensiver die Schüler in die Ziel- und Verlaufsplanung einbezogen sind und einen »roten Faden« für die Arbeit vor Augen haben, desto ertragreicher verspricht solches Lernen zu werden.

Literatur

Bönsch, Manfred: Erfolgreiches Lernen durch Differenzierung im Unterricht, Braunschweig 2009

Feindt, Andreas et al.: Kompetenzorientierung im Religionsunterricht. Befunde und Perspektiven, Münster 2009

Obst, Gabriele: Kompetenzorientiertes Lehren und Lernen im Religionsunterricht, Göttingen 2009

Entwurf, H. 4/2010 Differenzierung im RU

Riedl, Alfred: Innere Differenzierung – Herausforderung für modernen Unterricht. In: Föderale Ausbildungsagentur, Staatliche Technische Uraler Universität - USTU-UPI (Hg.): Wirtschaft und Linguistik – Wege einer Wechselwirkung. Eine Sammlung von Materialien einer internationalen wissenschaftlich-praktischen Konferenz von Studierenden und Doktoranden, Jekaterinburg 2008, S. 122–128

4.6.3 Komplexe und weniger komplexe Aufgaben - Beispiele

Komplexität bei Aufgabenstellungen

Komplexität bezeichnet im Folgenden die Spannweite der durch eine Aufgabenstellung ermöglichten Lösungsmöglichkeiten und die dazu gehörigen, vorausgesetzten analytischen und methodischen Kompetenzen.

Aufgaben höherer Komplexität enthalten in Bezug auf diese Lösungsmöglichkeiten einen weiteren Gestaltungsraum, indem sie mehr Denkoperationen, Verknüpfungen und selbstständige Schlussfolgerungen erfordern. Zugleich setzen sie stärker ausgeprägte Kompetenzen voraus.

Aufgaben geringerer Komplexität reduzieren durch einen weniger anspruchsvollen Operator (z. B. »nennen« statt »formulieren«) und gezielte methodische Vorgaben diese Komplexität, ohne sie dabei im Sinne einer traditionellen Aufgabenstellung gänzlich aufzuheben.[40] Dennoch dürfen leistungsschwächere Schülerinnen nicht grundsätzlich immer die gleichen Arten von Aufgabenstellungen mit weniger anspruchsvollen Operatoren bekommen. Zur Steigerung ihrer Kompetenzen sind sie wie die leistungsstärkeren Schüler langfristig und systematisch durch anspruchsvollere Operatoren und die Reduzierung methodischer Vorgaben zu mehr Selbstständigkeit zu befähigen.

In folgendem Schema werden zu ausgewählten Operatoren in den einheitlichen Prüfungsanforderungen für die Abiturprüfung, erstellt und herausgegeben von der Kultusministerkonferenz,[41] Standardformulierungen bzw. Beispielaufgaben geringerer und höherer Komplexität formuliert. Es ist notwendig, diese Operatoren bereits in der Sekundarstufe I schrittweise und systematisch einzuführen (vor allem bei schriftlichen Aufgaben und in Tests), damit die Schülerinnen diese durch ständige Übung internalisieren und dann auch in Abschlussprüfungen der Sekundarstufe I und besonders im Abitur sicher beherrschen.[42] Denn Operatoren geben an, »welche Tätigkeiten beim Lösen von Prüfungsaufgaben erwartet werden.«[43] In niedrigen Jahrgängen bei schriftlichen Aufgaben (z. B. Tests) und in der gesamten Sekundarstufe I im Bereich der sonstigen Mitarbeit (z. B. Unterrichtsgespräch, Gruppenarbeit) muss ein breiteres Spektrum an Operatoren verwendet werden als es die EPA bieten.

---

40 Vgl. Kap. 4.7.1.

41 Beschlüsse der Kultusministerkonferenz: Einheitliche Prüfungsanforderungen (EPA) in der Abiturprüfung Katholische Religionslehre (i. d. F. vom 16.11.2006), 12–13. (Die Auswahl und Definition der Operatoren ist identisch mit Evangelische Religion.)

42 In konsequenter Anwendung dieses Prinzips enthalten die Kerncurricula Evangelische und Katholische Religion für die Sekundarstufe I in Niedersachsen für alle Schulformen eine Liste dieser Operatoren mit ihren Definitionen im Anhang.

43 EPA 2012, S. 12.

Beispiele[44]

Operatoren	Aufgabe geringerer Komplexität	Aufgabe höherer Komplexität
Anforderungsbereich I[45]		
Nennen Formulieren	Nenne stichwortartig aus Lk 22,66-71; 23,1-25 mindestens einen Anklagepunkt, der gegen Jesus vorgebracht wird.	Formuliere mit eigenen Worten die Anklagepunkte, die gegen Jesus vorgebracht werden.
Wiedergeben Zusammenfassen	Gib den Inhalt des Textes wieder, indem du Abschnitt für Abschnitt kurz zusammenfasst.	Fasse die Kernaussagen des Textes zusammen.
Beschreiben	Beschreibe das Bild, indem du Folgendes besonders berücksichtigst: ...	Beschreibe das Bild.
Anforderungsbereich II		
Zuordnen Einordnen	Ordne folgende Aussagen den beschriebenen Personengruppen zu.	Ordne folgende Aussagen in ihren historischen Kontext ein.
Anwenden	Wende die »Goldene Regel« auf das beschriebene Alltagsbeispiel an.	Wende eine passende ethische Norm auf das beschriebene Alltagsbeispiel an.
Belegen Nachweisen	Belege deine Aussagen am Text/durch Alltagsbeispiele.	Weise die Fehler folgender Aussage nach.
Begründen	Begründe diese These mit treffenden Argumenten, die du in folgender Auswahl findest ...	Begründe diese These mit mehreren Argumenten.
Erläutern,	Erläutere das Verhalten von ..., indem du folgende Informationen berücksichtigst.	Erläutere das Verhalten von ...
Herausarbeiten	Arbeite die Meinung von ... aus der Geschichte heraus.	Arbeite die zentralen Aussagen des Textes heraus.

44 Niedersächsisches Kultusministerium: Curriculare Vorgaben IGS Ev. und Kath. Religion, Juli 2011.

45 Definitionen der Anforderungsbereiche, vgl. a. a. O., S. 11, Anforderungsbereich (AFB) 1: »Zusammenfassung von Texten, [...] Beschreibung von Materialien und die Wiedergabe von Sachverhalten unter Anwendung bekannter bzw. eingeübter Methoden und Arbeitstechniken«; AFB 2: »[...] umfasst das selbstständige Erklären, Bearbeiten und Ordnen bekannter Inhalte und das Anwenden gelernter Methoden auf neue Sachverhalte.«; AFB 3: »selbstständige systematische Reflexion und das Entwickeln von Problemlösungen, um zu eigenständigen Deutungen, Wertungen, Begründungen, Urteilen und Handlungsoptionen sowie zu kreativen Gestaltungs- und Ausdrucksformen zu gelangen«.

Operatoren	Aufgabe geringerer Komplexität	Aufgabe höherer Komplexität
Anforderungsbereich II		
Vergleichen	Vergleiche die Anklagepunkte in Lk 22,66-71 mit denen in Lk 23,1-5, indem du sie tabellarisch gegenüberstellst.	Vergleiche die unterschiedlichen Anklagepunkte in Lk 22,66-71; 23,1-25.
Untersuchen Analysieren	Untersuche das Gleichnis unter Berücksichtigung folgender Fragen und Methoden ...	Analysiere das Gleichnis in Bezug auf seinen Aufbau.
In Beziehung setzen	Setze das Bild und den Text unter Berücksichtigung folgender Aspekte in Beziehung ...	Setze Text und Bild in Beziehung.
Anforderungsbereich III		
Sich auseinandersetzen mit	Setze dich mit der Meinung von ... auseinander, indem du Folgendes berücksichtigst: ...	Setze dich mit der Meinung von ... auseinander.
Beurteilen	Beurteile diese ethische Auffassung, indem du folgende Aspekte berücksichtigst ...	Beurteile diese ethische Auffassung.
Erörtern	Erörtere folgende These, indem du Pro- und Contra-Argumente nennst.	Erörtere folgende These ...
Prüfen	Prüfe die genannten Argumente, indem du Kenntnisse in folgendem Bereich berücksichtigst: ...	Prüfe folgende Argumente.
Interpretieren	Interpretiere folgende Karikatur, indem du auf Übertreibungen achtest.	Interpretiere folgende Karikatur.
Gestalten Entwerfen	Gestalte ein Gespräch von zwei jüdischen Kindern, die sich über den Prozess Jesu unterhalten.	Stell dir vor, du bist der Anwalt Jesu. Entwirf ein Plädoyer für Jesu Unschuld.

4.7 Profil im Fächerübergriff - ein Projekt planen und durchführen

4.7.1 Warum Projekte?

Projektunterricht gibt es an den Schulen seit Jahrzehnten. Allerdings meinen nicht alle das gleiche, wenn sie von Projekten reden. Der Erziehungswissenschaftler Herbert Gudjons hält es für notwendig, zwischen zwei Projektverständnissen zu unterscheiden, weil diese sich auf die Planung und Durchführung von

Unterrichtsprojekten auswirken: ein eher »sozial-technologisches« Konzept, das den Menschen fit für die Leistungsgesellschaft machen wolle und ein »sozialreformerisch-politisches«, das auf Demokratisierung und Humanisierung gesellschaftlicher Verhältnisse gerichtet sei.[46] Das letztere korrespondiert mit dem Bildungsauftrag der Schule und würde für den Unterricht Folgendes bedeuten (nach John Dewey):

1 Projekte sind mehr als eine Methode. Sie zielen auf demokratisches Handeln in Schule und Gesellschaft.

2 Projekte sind auf gesellschaftliche Probleme und Herausforderungen gerichtet und wollen zu deren Lösung befähigen.

3 Projekte machen ein Lernen durch Erfahrung möglich. Das eigene Erkennen und Tun, »die denkende Erfahrung«, durch die sich der einzelne an einer gemeinsamen Tätigkeit beteiligt, sind untrennbar miteinander verbunden.[47]

Projekte, die im Sinne Deweys diese Bezeichnung verdienen, zielen auf selbstbestimmtes und gemeinsames Lernen. Sie haben in besonderer Weise das Potenzial, Schüler zu motivieren, ihre Lebenswelt bewusst wahrzunehmen, nach Problemlösungen zu suchen und sich in die Gestaltung des Schullebens oder ihres Umfeldes einzubringen.

Projekte im Religionsunterricht fördern die selbstständige Auseinandersetzung mit Religion. Sie schulen die Wahrnehmung religiöser Phänomene in der Alltagswelt und in der Kultur und tragen dazu bei, sie zu deuten und zu bewerten. Projekte bieten den Schülerinnen Raum, ihre religiösen Vorstellungen und Fragen zu formulieren und in Auseinandersetzung mit neuen Inhalten zu bearbeiten. Durch Projekte lernen die Schüler, in der Projektgruppe zu kooperieren, ein Thema zu strukturieren, eigene Schwerpunkte zu setzen, Inhalte selbstständig zu erschließen, neue Methoden zu erproben und ihre Ergebnisse nach außen zu kommunizieren. Auf diese Weise können Erfahrungen mit Projektarbeit auch das Lernen im herkömmlichen Religionsunterricht hin zu mehr Selbstständigkeit verändern. Darüber hinaus kann Projektarbeit Schülerinnen motivieren, sich im Schulleben und außerhalb von Schule mehr für ethische und religiöse Zusammenhänge zu interessieren oder gar zu engagieren.

46 Gudjons, Herbert: Projektunterricht. Ein Thema zwischen Ignoranz und Inflation. In: Projektunterricht gestalten. Zeitschrift für Pädagogik, H. 1/2008, S. 7.

47 Dies sind die drei Elemente des Projetansatzes, den John Dewey zu Beginn des 20. Jh. entwickelt hat. Sie sind auch heute noch unverzichtbar, vgl. Gudjons, 2008.

4.7.2 Merkmale von Projekten und mögliche Stolpersteine

- »Das Projekt soll an reale, gesellschaftlich relevante Probleme und Bedürfnisse anknüpfen und an den lebensweltlichen Interessen der Lernenden orientiert sein.«[48]
- Das Projektthema ist für die Schüler relevant.
- Projekte erfordern fächerübergreifendes Lernen, weil seine Fragestellungen über die Grenzen eines Faches hinausreichen.
- Das Thema kann sowohl von der Lehrkraft als auch von den Schülerinnen vorgeschlagen werden.
- Schüler und Lehrkraft einigen sich auf das Projektthema, die Teilthemen und das Vorgehen.
- Im Projekt wird handlungs- und produktorientiert gearbeitet.
- Die Schüler arbeiten in Teams.
- Projekte beziehen außerschulische Lernorte ein.
- Projektergebnisse werden einer Öffentlichkeit in Form von Präsentationen und Diskussionen vorgestellt.
- Reflexionen über die Ergebnisse und den Arbeitsprozess finden sowohl während des Projekts als auch am Ende statt.
- Projektformen können sein: Projekte im Rahmen eines Unterrichtsfaches, fächerübergreifende Projekte in Zusammenarbeit mit anderen Unterrichtsfächern (bei Religion z. B. Deutsch, Gesellschaftslehre, Kunst, Naturwissenschaft) oder Teilprojekte, die zu einem schulischen Gesamtprojekt gehören.

Nachdem er mehrere seiner Unterrichtsprojekte ausgewertet hatte, formulierte der Religionspädagoge Torsten Hubel vier Herausforderungen, auf die beim Projektunterricht zu achten sei:

1 *Projektarbeit muss gelernt werden; sie fällt weder den Lehrkräften noch den Schülerinnen in den Schoß.*

Anmerkung: Für den Projektunterricht bedeutet das, den Schülern Hilfen an die Hand zu geben, ohne sie zu gängeln. Ferner sollten regelmäßige gemeinsame Zwischenreflexionen durchgeführt werden, um Absprachen zu prüfen oder Unstimmigkeiten auszuräumen.

2 *Selbstständiges Lernen braucht Begleitung.*

Anmerkung: Lehrkräfte müssen qualifiziert beraten. Gleichzeitig müssen sie darauf achten, dass sie Ergebnisse nicht vorwegnehmen.

---

48 Emer, Wolfgang/Lenzen, Dieter: Projekteigene und projektnahe Methoden im Überblick. In: Projektunterricht gestalten. Zeitschrift für Pädagogik, H.1/2008, S. 16–19.

3 *Erfolgreiches Lernen benötigt auch Phasen direkter Instruktion und individueller Vertiefung.*
Anmerkung: Für die Projektarbeit bedeutet das, dass die Schüler zu Beginn – und möglicherweise auch im Projektverlauf – in schwierige Fragestellungen oder Aufgaben eingeführt werden und an Beispielen Lösungsmöglichkeiten aufgezeigt bekommen.
4 *Beratung und Bewertung bleiben trotz der Freiräume eine komplexe und schwierige Aufgabe.*[49]
Anmerkung: Dies macht es erforderlich, dass sich die Lehrkraft inhaltlich in das Projekt einarbeitet, Kriterien für die Bewertung entwickelt und diese den Schülerinnen transparent macht.

4.7.3 Projektbeispiel »Religion meets Lyrik – Lyrik meets Religion« (Jg. 9/10)

Im folgenden Beispiel wird davon ausgegangen, dass es an einer Schule für die Jahrgänge 9 und 10 vier Wochenstunden »Projektunterricht« gibt. Jeder Schüler soll an drei bis vier unterschiedlichen Projekten pro Schuljahr teilnehmen, d. h. während zweier Schuljahre an sechs bis acht Projekten. Die Schülerinnen sollen während dieser Zeit Projekte unterschiedlicher Fächerkombinationen wählen. Das Fach Religion beteiligt sich an dem Projektunterricht, indem es jeweils zusammen mit einem anderen Fach (im vorliegenden Beispiel: Deutsch) für den Doppeljahrgang 9/10 ein bis zwei Projektthemen anbietet. Möglich sind auch andere Fächerkombinationen wie z. B. Religion und Gesellschaftslehre oder Religion und Naturwissenschaften. Bei dem Projektthema »Religion meets Lyrik – Lyrik meets Religion« ist es sinnvoll, dass eine Lehrperson das Projekt leitet, die Religion und Deutsch unterrichtet.

Warum ein Projekt »Religion meets Lyrik – Lyrik meets Religion«? Lyrik verdichtet. Sie erschließt und deutet Wirklichkeit. Sie beobachtet genau, kreist um das, was den Menschen bewegt und weist auf Wesentliches hin. Sie wirkt der Banalisierung der Sprache und des Lebens entgegen und beflügelt die Fantasie. Sie weitet die Sinne für Alternativen und lässt erahnen, dass das, was ist, nicht alles ist. Das hat die Lyrik mit dem Religionsunterricht gemeinsam.

---

49 http://www.religionsunterricht-ekm.de:8001/attachment/1d329d46ca3211dd8c5afd55d2abfa7efa7e/1e06991c43e3e14699111e0b4d8dd4231eae141e141/Projekte_im_RU.pdf, Folie 28, Zugriff am 05.08.2015.

Im Deutschunterricht der Sekundarstufe I fristet die Lyrik nicht selten ein Schattendasein, weil anderer Unterrichtsstoff wichtiger erscheint. Somit liegt es im Interesse beider Unterrichtsfächer, die Lyrik zum Thema eines Projekts zu machen.

Wie der Religions- und Deutschunterricht im Fächerübergriff Profil zeigen können, wird an folgenden Zielen deutlich:

- Die Schüler können ihre Sprach- und Deutungskompetenz erweitern, indem sie sprachliche Mittel bewusst wahrnehmen, religiöse Motive erschließen und diese in die Interpretation der Gedichte einbeziehen.
- Die Schülerinnen können ihre Wahrnehmungs- und Urteilskompetenz weiterentwickeln, indem sie ihre Hoffnungen, Ängste, Wünsche und Zukunftsvorstellungen zu denen eines lyrischen Ichs in Beziehung setzen oder indem sie sich mit den Fragen auseinandersetzen, die einen Lyriker zu seiner Zeit umgetrieben haben.
- Sie erweitern ihre Sprachfähigkeit, indem sie ihre Hoffnungen, Ängste, Wünsche und Zukunftsvorstellungen in eigenen Gedichten oder in Parallelgedichten zur Sprache bringen.
- Ein solchermaßen geschärftes Sprachbewusstsein trägt auch dazu bei, dass die Schüler biblische Sprache besser verstehen lernen und religiöse Phänomene bewusster wahrnehmen.

Während des Projekts arbeiten die Schülerinnen in Vierergruppen an selbst gewählten Teilthemen. Sie können sich z. B. auf einen Lyriker spezialisieren, sich mit Gedichten verschiedener Lyriker beschäftigen oder Gedichte aus einer bedeutsamen Epoche auswählen (z. B. die DDR vor der Wende, Deutschland kurz nach dem Zweiten Weltkrieg, die Zeit des Nationalsozialismus).

Die Lehrkraft hat zunächst die Aufgabe, in das Thema einzuführen und den Schülerinnen eine Projektskizze vorzulegen, die einen ersten Überblick gibt (vgl. Kap. 4.7.4).[50] Als Gedichte für die einführende Arbeit bieten sich beispielsweies an:

- Mascha Kaléko: *Grundlos vergnügt,* mit dem biblischen Motiv der Himmelsleiter und der Frage nach dem Glück[51]
- Hilde Domin: *Bitte,* mit dem biblischen Motiv der Sintflut und der Frage nach dem Umgang mit Schicksalsschlägen[52]

---

50 Ideal wäre, die Projektskizze schon vorher in einer Planungsgruppe gemeinsam mit ein paar interessierten Schülern zu erstellen.

51 *Grundlos vergnügt* von Mascha Kaléko finden Sie z. B. unter http://www.deutschelyrik.de/index.php/sozusagen-grundlos-vergnuegt.html, Zugriff am 09.10.2015.

52 *Bitte* von Hilde Domin finden Sie in ihrem Werk: Sämtliche Gedichte, Frankfurt a. M. 2009, S. 181–182 oder z. B. auch unter http://www.lyrik-projekt.de/gedichtbeispiele/bitte.htm, Zugriff am 09.10.2015.

- Dorothee Sölle: *vor dem tanz,* mit dem Motiv des Lebensbaumes und der Frage nach der Macht des Todes[53]

Auf der Grundlage der Auseinandersetzung mit diesen drei Gedichten sammeln die Schüler ihre Fragen, formulieren ihre Interessen und Ideen und legen gemeinsam mit der Lehrkraft eine Projektplanung fest. Sie ist das verbindliche Gerüst für die Arbeit, das im Verlauf ergänzt und präzisiert werden kann.

> Weitere Planungsdetails und Vorschläge zur Durchführung des Projektbeispiels »Religion meets Lyrik - Lyrik meets Religion« finden Sie unter **4.7.4–4.7.6** im Downloadmaterial.

Literaturhinweise und Links

Emer, Wolfgang/Lenzen, Klaus-Dieter: Projektunterricht gestalten - Schule verändern, Baltmannsweiler ^{2}2005

Bastian, Johannes/Gudjons, Herbert: Das Projektbuch II, Hamburg ^{4}2006

www.projektdidaktik.de/– Der gemeinnützige Verein für Projektdidaktik (VfPd) hat das Ziel, zentrale Begriffe und Konzepte einer Projektdidaktik zu klären und ein bundesweites Netzwerk für den Austausch und die Zusammenarbeit Interessierter aufzubauen.

Langenhorst, Georg: Gedichte zur Bibel. Texte – Interpretationen – Methoden. Ein Werkbuch für Schule und Gemeinde, München ^{2}2004

Langenhorst, Georg: Gedichte zur Gottesfrage. Texte – Interpretationen – Methoden. Ein Werkbuch für Schule und Gemeinde, München 2003

Halbfas, Hubertus: Die Bibel, Düsseldorf 2001 – Diese Bibel enthält neben zahlreichen Gedichten auch vielfältige Darstellungen der Kunst.

Die deutsche Gedichtebibliothek: http://gedichte.xbib.de/Gesprochene Lyrik mit Informationen über Lyriker: http://deutschelyrik.de

Biblische Spuren in der deutschsprachigen Lyrik nach 1945: http://www.lyrik-projekt.de

Görner, Lutz: Lyrik für alle. Eine kleine gesprochene Literaturgeschichte der Lyrik in 200 Folgen: http://www.lutzgoerner.de/3sat

Schonherz, Richard/Fleer, Angelica: Rilke Projekt: http://gedichte.xbib.de/

53 *Vor dem tanz* von Dorothee Sölle finden Sie in ihrem Werk: Loben ohne Lügen, Berlin 2000, S. 58 oder z. B. auch unter https://prezi.com/vnzf-rob0ptm/dorothee-solle-vor-dem-tanz/, Zugriff am 09.10.2015.

5 RU gestalten – Inklusive Aufgabenbeispiele und Unterrichtssequenzen für die Jg. 5/6, 7/8, 9/10

5.1 Leitgedanken

Grundsätze inklusiven Unterrichtens wurden bereits in Kapitel 2.7 dargelegt. Hier werden Beispiele für inklusive Aufgaben im Religionsunterricht der Jahrgänge 5–7 vorgestellt.

Dann folgen drei Unterrichtssequenzen, deren Themen zentrale Fragen des Religionsunterrichts berühren:

- die nach dem Ich und seiner Stellung in der Welt (Schöpfung), Kap. 5.3,
- die nach den Voraussetzungen und Wegen eines lebensdienlichen Zusammenlebens der Menschheit (Frieden), Kap. 5.4,
- die der Rolle und Bedeutung der Kirche in Geschichte und Gegenwart (Die Kirchen im Nationalsozialismus), Kap. 5.5.

Die Unterrichtsentwürfe setzen unterschiedliche didaktische Akzente.

Im Unterrichtsentwurf »Wer bin ich? – Nachdenken über Schöpfung und Mitwelt« stehen folgende Aspekte im Mittelpunkt:

- erfahrungsbezogene Lernzugänge, Sensibilisierung für scheinbar Selbstverständliches,
- theologisch-philosophische Gespräche über Schöpfung und die Verortung des Menschen,
- das Anbahnen selbstständigen Lernens durch Stationenarbeit und Phasen der Gruppenarbeit.

Der Unterrichtsentwurf »Der Frieden – ein unerfüllbarer Wunschtraum?« rückt folgende Aspekte ins Zentrum:

- ausführliche didaktische Überlegungen,
- das Beschreiben und Deuten von Bildern und Friedenssymbolen,
- das Einbeziehen der Schüler in die Unterrichtsplanung mittels einer Lernlandkarte,

- das Anbahnen von Dialogkompetenz durch Diskussionen mit dem Kurs des Alternativfaches über die biblische und die philosophische Sicht des Friedens.

Der Unterrichtsentwurf »Die Kirche hat doch immer nur mit den Mächtigen paktiert« … – die Kirchen im Nationalsozialismus“ stellt folgende Aspekte in den Mittelpunkt:
- Prinzipien der inneren Differenzierung und des selbstgesteuerten Lernens,
- Wahl von Aufgaben nach Schülerinteressen,
- selbstständiger Umgang mit Text- und Bildquellen,
- Verhalten beider Kirchen vor, während und nach der Herrschaft der Nationalsozialisten,
- die Frage, ob die Kirchen sich eher angepasst oder Widerstand geleistet haben.

5.2 Inklusiv unterrichten – unterschiedliche Lernwege beschreiten

Kriterium für die Auswahl der folgenden Aufgabenbeispiele war, an verschiedenen Themenbereichen der Jahrgänge 5–7 unterschiedliche, sich ergänzende Aneignungsformen und Zugangswege zu veranschaulichen (Kap. 2.7.6, vgl. These 3 in der Übersicht).

Mögliche Aneignungsformen (im Folgenden A.) sind:
- *basal-rezeptive A.:* Wahrnehmung von sich und der Umwelt durch die Sinne – z. B. fühlen, riechen, hören;
- *konkret-gegenständliche A.:* Erkundung von sich selbst und der Umwelt durch Handeln – z. B. konkreter Umgang mit Dingen;
- *anschauliche A.:* Entwicklung einer Vorstellung von sich selbst und der Umwelt – z. B. durch Rollenspiel;
- *abstrakt-begriffliche A.:* Wahrnehmen und Erkunden der Welt mit Hilfe von Zeichen, Symbolen und Texten. Alle Schülerinnen mit ihren unterschiedlichen religiösen Kompetenzen und Lernvoraussetzungen bringen sich kontinuierlich in den Unterricht ein.[1]

1 Die hier vorgestellten Aneignungsformen entstammen dem Bildungsplan mit dem Förderschwerpunkt Geistige Entwicklung in Baden Württemberg: Bildungsplan Schule für Geistigbehinderte. Ministerium für Kultus, Jugend und Sport (Hg.), Stuttgart 2009, S. 14 f.

Es werden Aufgaben bevorzugt, die ohne größeren organisatorischen Aufwand durchgeführt werden können. Es handelt sich vorwiegend um nicht leistungsdifferenzierte, offene Aufgabestellungen, die weitgehend von allen Schülerinnen bearbeitet werden können.[2] Allerdings sind für die Resultate der Aufgabenbearbeitungen sehr unterschiedliche Leistungsniveaus zu erwarten, die entsprechend den Lernvoraussetzungen der Schüler unterschiedlich gewürdigt werden müssen. Es soll deutlich werden, dass inklusives Unterrichten nicht bedeutet, ständig individuell zugeschnittene Aufgaben zu einem Thema zu formulieren. Allerdings ist zu beachten, dass zum Erreichen der genannten anzubahnenden Kompetenzen weitere Aufgaben auf unterschiedlichen Anforderungsniveaus notwendig sind.

Jahrgang 5

Beispielaufgaben zum Thema »Ich und Du – Nachdenken über Freundschaft und Gemeinschaft«

● Anzubahnende Kompetenzen:
- Menschliche Ausdrucksmöglichkeiten als Voraussetzung positiver zwischenmenschlicher Beziehungen bewusst wahrnehmen und darstellen
- Merkmale von Freundschaft beschreiben

○ *Basal-rezeptive Aneignungsform:*
1. Stellt euch paarweise gegenüber auf.
2. Drückt durch Handbewegungen und euren Gesichtsausdruck unterschiedliche Gefühle aus, z. B. gute Laune, Freundlichkeit, Ärger …
3. Sagt euch gegenseitig, welche Gefühle ihr wahrgenommen habt.

○ *Konkret-gegenständliche Aneignungsform:*
1. Beobachte einen Tag lang, wie deine Mitschüler in den Pausen miteinander umgehen.
2. Sprich dann mit einer Schülerin deines Vertrauens über deine Beobachtungen: Woran konntest du erkennen, wer mit wem befreundet ist?

○ *Anschauliche Aneignungsform:*
1. Stell dir folgende Situation vor: Du magst einen anderen Jungen bzw. ein anderes Mädchen und willst dich mit ihm/ihr anfreunden.

---

2 Leistungsdifferenzierte Aufgaben werden in den Kapiteln 4.7.1, 4.7.2 und 4.7.3 behandelt.

2. Bereitet ein Rollenspiel vor, in dem ihr zeigt, dass ihr euch für eine Person interessiert.
3. Spielt das Rollenspiel der Klasse vor.

○ *Abstrakt-begriffliche Aneignungsform:*

1. Wähle die Worte aus, die zu einer Freundschaft passen:

Vertrauen, Gemeinsamkeiten, Unterschiede, Sympathie, Misstrauen, gemeinsame Hobbys, Streit, Neid, Aussehen, Nähe, Dauer, Altersunterschied

2. Erkläre deinem Nachbarn, warum du diese Worte ausgesucht hast.
3. Beschreibe deine ideale Freundin/deinen idealen Freund.

Jahrgang 7

Beispielaufgaben zum Thema »Jesus erzählt von einem neuen Himmel und einer neuen Erde«

● Anzubahnende Kompetenzen:

- Gleichnisse als bildhafte Darstellung des befreienden Wirkens Jesu gegenüber Armen und Außenseitern wahrnehmen und darstellen
- Jesu Verständnis von Nächstenliebe erklären
- zur Bedeutung von exemplarischen Gleichnissen Stellung nehmen

Folgende Aufgaben beziehen sich auf das Gleichnis vom barmherzigen Samariter (Lk 10,25–37).[3]

○ *Basal-rezeptive Aneignungsform:*

Der Überfallene und Verletzte erinnert sich später daran, was ihm passiert ist. Suche ein Psalm-Wort aus, das zu seiner Situation passt.

→ *Hier können die Schüler aus Psalm 25,16; 102,8; 13,2; 9,6 und 121,3 wählen.*

○ *Konkret-gegenständliche Aneignungsform:*

1. Lest bitte das Gleichnis vor (mit verteilten Rollen oder ein Einzelner).
2. Sucht Gegenstände aus, die zur Geschichte passen. Legt diese auf ein Tuch oder ein großes Blatt Papier.

3 Im Folgenden werden Musteraufgaben des Comenius-Instituts übernommen und leicht verändert, Comenius-Institut 2014, B 7, M 1.

3. Erklärt den anderen, warum ihr die Gegenstände ausgewählt habt oder erzählt die Geschichte mit Hilfe der Gegenstände.

○ *Anschaulicher Aneignungsweg:*

1. Nennt Personen, die in dem Gleichnis vorkommen.
2. Gestaltet in Kleingruppen ein Standbild, das zu dem Gleichnis passt. Stellt das Standbild vor der Klasse dar und lasst die anderen raten, welche Szene ihr dargestellt habt.
3. Wählt einen Beobachter, der euch Fragen stellen soll: Wie geht es dir jetzt? – Wie fühlst du dich jetzt? – Wie denkst du jetzt über die anderen Personen, die im Standbild dargestellt sind?
4. Fotografiert euer Standbild und sprecht über seine Wirkung.

○ *Abstrakt-begriffliche Aneignungsform:*

1. Es haben sich zwei Männer nicht um den Überfallenen gekümmert. Wir wissen nicht, warum. Aber vielleicht fallen dir Gründe für deren Verhalten ein. Schreibe ihnen einen Brief.
2. Stellt euch vor, ihr seid Zeitungsreporter und sollt nun ein Interview mit dem Retter führen.
   - Überlegt euch Fragen und haltet sie schriftlich fest.
   - Überlegt euch anschließend dazu passende Antworten.
   - Spielt der Klasse ein Interview vor.

Beispielaufgaben für Jahrgang 6 zum Thema »Exodus – die Israeliten erfahren Jahwe als befreienden Gott« finden Sie im Downloadmaterial.

5.3 »Wer bin ich? – Nachdenken über Schöpfung und Mitwelt« (Jg. 5/6)[4]

5.3.1 Didaktische Überlegungen

Der Schöpfungsgedanke berührt grundlegende Fragen des Einzelnen: Wo komme ich her? In welcher Beziehung stehe ich zu den anderen Lebewesen? Auf wen kann ich mich verlassen? Gibt es eine höhere Instanz, der ich mich verdanke

4 Diesen Unterrichtsentwurf mit konkreten Materialien als Kopiervorlagen finden Sie in unserem Materialband: Dialogorientierter Religionsunterricht an integrierten Schulsystemen. Unterrichtsplanungen und -materialien zu zentralen Themen der Sek I, Göttingen 2016.

und die in der Welt wirkt? Wo gehe ich hin? All diese Ungewissheiten laufen auf die Frage »Wer bin ich?« hinaus. Sie steht im Mittelpunkt dieses Unterrichtsentwurfs. Die Kompetenzen aus den niedersächsischen Kerncurricula Evangelische Religion und Katholische Religion für die integrierte Gesamtschule, die in ihren Kompetenzformulierungen weitgehend übereinstimmen, wurden dem, was es für die Schüler zu lernen gibt, zugrunde gelegt:

- Die Schülerinnen und Schüler stellen dar, dass Christen den Menschen als einzigartiges Geschöpf und Ebenbild Gottes verstehen, begründen dieses biblisch und nehmen dazu Stellung (inhaltsbezogener Kompetenzbereich »Nach dem Menschen fragen«).
- Die Schülerinnen und Schüler beschreiben Inhalt, Aufbau und Aussageabsicht einer biblischen Schöpfungserzählung (inhaltsbezogener Kompetenzbereich »Nach der Verantwortung in der Welt und der Gesellschaft fragen«).
- Die Schülerinnen und Schüler stellen dar, dass alle Lebewesen aufeinander angewiesen sind und als Geschöpfe Gottes ein gemeinsames Lebensrecht besitzen (inhaltsbezogener Kompetenzbereich »Nach der Verantwortung in der Welt und der Gesellschaft fragen«).
- Die Schülerinnen und Schüler erläutern Möglichkeiten, zum Erhalt der Schöpfung beizutragen (inhaltsbezogener Kompetenzbereich »Nach der Verantwortung in der Welt und der Gesellschaft fragen«).
- Die Schülerinnen und Schüler analysieren und interpretieren zentrale theologische Texte (prozessbezogener Kompetenzbereich »Deutungskompetenz – religiöse Sprache und Zeugnisse verstehen und deuten«).
- Die Schülerinnen und Schüler gestalten Aspekte des christlichen Glaubens – und kath.: »exemplarisch auch anderer Religionen« – ästhetisch, künstlerisch und medial (prozessbezogener Kompetenzbereich »Gestaltungskompetenz – religiöse Ausdrucks- und Gestaltungsformen verwenden«).[5]
- Die Schülerinnen und Schüler beschreiben Situationen, in denen existenzielle Fragen des Lebens bedeutsam werden (prozessbezogener Kompetenzbereich »Wahrnehmungs- und Darstellungskompetenz – religiöse Phänomene wahrnehmen und beschreiben«).

5 Niedersächsisches Kultusministerium (Hg.): Kerncurriculum für die Integrierte Gesamtschule, Jahrgänge 5–10, Evangelische Religion und Kerncurriculum für die Integrierte Gesamtschule, Jahrgänge 5–10, Katholische Religion für die Integrierte Gesamtschule, Jahrgänge 5–10, Hannover 2009.

In Zusammenhang mit der Frage »Wer bin ich?« ist das Anbahnen von Wahrnehmungs- und Darstellungskompetenz ein wesentliches Anliegen.[6] Fühlen, hören, sehen, riechen, schmecken, sich freuen, genießen, nachdenken, fragen und sich ausdrücken zu können gehören zum Kern des Mensch-Seins. Das bewusste Wahrnehmen vermeintlich alltäglicher Dinge kann die Sinne öffnen und Haltungen anbahnen, die den Umgang mit der Schöpfung verändern. Die Wertschätzung alles Seienden und die Bereitschaft zu teilen, statt zu resignieren, wurzeln auch in spirituellen Erfahrungen der Zusammengehörigkeit und des Eingebunden-Seins in ein großes Ganzes. Im vorliegenden Entwurf gehen Aufgaben zur Wahrnehmungsschulung oder das Hören von *Der Frühling* aus den *Vier Jahreszeiten* von Vivaldi in diese Richtung. Sie wollen Raum geben für solche Erfahrungen, entbinden die Lehrkraft aber nicht von der Aufgabe einzuschätzen, was in ihrer Klasse möglich ist. Dem Religionsunterricht sind enge Grenzen gesetzt, spirituelle Erfahrungen anzubahnen.

Fachdidaktisch sind folgende Aspekte bedeutsam: In der Bibel wird auf einer anderen Ebene als in der die Naturwissenschaft über das Leben nachgedacht und es werden andere Fragen als in der Urknalltheorie beantwortet. Die Bibel fragt danach, wo der Platz des Menschen in der Welt ist und wie alles zusammenhängt. Urknall und Schöpfung widersprechen sich nicht: Die Bibel beantwortet nicht die Frage, wie die Welt entstanden ist, sondern wer alles geschaffen hat, welche Stellung der Mensch gegenüber Gott hat und wie er mit den anderen Geschöpfen umgehen soll. Weil Gott kein Gegenstand der Natur ist, ist Gott naturwissenschaftlich nicht fassbar. Er lässt sich weder beobachten noch berechnen. Jeder der beiden Zugänge zur Wirklichkeit, der naturwissenschaftliche und der biblische, ist auf seine Weise wahr.

Die erste Schöpfungserzählung folgt einem regelmäßigen Aufbau, dessen Merkmale Wiederholungen, feierliche Sprache und die Entwicklung vom Chaos zur Ordnung sind. Der Schöpfungsvorgang wird bildhaft beschrieben: Gott sieht, spricht, sagt, erschafft, trennt Elemente, benennt, erschafft, befiehlt, weist dem Seienden einen Platz zu, segnet, ruht sich aus. Gott steht in Beziehung zu seinen Geschöpfen, ist das Gegenüber eines jeden Menschen. Er wurde »Gott zum Bild« geschaffen. Die Gottesebenbildlichkeit ist ein Verhältnisbegriff, der besagt: Gott setzt sich so in Beziehung zum Menschen, dass dieser dem entsprechen kann, wie er gemeint ist.

Menschen, Tiere und Pflanzen bilden eine Schöpfungsgemeinschaft. Der Mensch bekommt den Auftrag, die Schöpfung verantwortungsvoll zu nutzen, sie zu bewahren.

6 Vgl. KC Ev. Religion, KC Kath. Religion, S. 16.

Wichtig ist, dass die Schülerinnen ihre Vorstellungen und Erfahrungen, die sie mit der Schöpfungsthematik verbinden, in Sprache fassen. Dadurch werden sie ihnen bewusst, lassen sich mitteilen und miteinander teilen. Letzteres tun die Schüler, indem sie im Sinne des Konzepts *Theologisieren mit Jugendlichen* in Gesprächen gemeinsam darüber nachdenken, was es bedeutet, wenn man die Welt als Schöpfung, den Menschen als Geschöpf und die anderen Lebewesen als Mitgeschöpfe wahrnimmt. Auf diese Weise werden Grundlagen für eine Gesprächskultur gelegt, auf die der Religionsunterricht immer wieder zurückgreifen kann.

Damit sich jeder Schüler aktiv zu wichtigen Fragen und Positionen in Beziehung setzen kann, wird Wert darauf gelegt, ihm Möglichkeiten für individuelles und gemeinsames Gestalten zu bieten, z. B. indem er die Aussagen eines Textes als Skizze zeichnerisch umsetzt, indem er unterschiedliche Texte sinngestaltend vorträgt oder indem eine Kleingruppe das ökologische Engagement einer Person oder eines Verbandes mittels einer typischen Handbewegung charakterisiert. Solche Prozesse brauchen Zeit. Daher geht der vorliegende Entwurf davon aus, dass auch der Religionsunterricht nach dem Doppelstundenprinzip organisiert ist. Das setzt sich inzwischen an immer mehr Schulen durch.

Literaturhinweis

Oberthür, Rainer: Das Buch vom Anfang von Allem. Bibel, Naturwissenschaft und das Geheimnis unseres Universums, München 2015

5.3.2 Übersicht möglicher Materialien zur Unterrichtseinheit

M1

Abbildung von einem Kind in einem Feld bei Sonnenlicht

Jeden Tag … – Gedicht von Ulrike Berg, in Andere Zeiten-Magazin, Hamburg 2012, Heft 3, S. 14–15

M2.1

Erkundungsbogen – Bewusst wahrnehmen

Suche dir ein ruhiges Plätzchen und bearbeite die Aufgaben allein!

1. Gucke in den Himmel und beschreibe, was du siehst.
2. Schließe die Augen! Was hörst du? Beschreibe.
3. Iss ganz langsam ein Stück Apfel, konzentriere dich auf den Geschmack und beschreibe ihn.
4. Suche dir eine Pflanze, befühle sie und beschreibe, was du fühlst.
5. Rieche an der Pflanze und beschreibe den Geruch.
6. Notiere Tiere, die es hier auf dem Gelände gibt. Denke auch an die Tiere, die man nicht gleich sieht!
7. Beschreibe etwas aus der Natur, das dir sehr gut gefällt.
8. Beschreibe etwas aus der Natur, das dir Angst macht.

Zusatzaufgabe: Bringe einen kleinen Gegenstand aus der Natur mit in die Klasse.

M2.2

Fotos »Schöpfung wahrnehmen« als Alternative zur Naturerkundung, z. B. http://www.gbv-vortraege.de/vortragsthemen/vortrag/paradies-erde/http://www.foto-community.de/pc/pc/display/29645786
https://de.wikipedia.org/wiki/Embryo
https://vimeo.com/channels/414840
(Zugriff bei allen Internetseiten am 02.11.2015)

M3 Musik Frühling *aus Antonio Vivaldi* Die vier Jahreszeiten

M4 Schülerbrief zur Unterrichtseinheit (zu finden unter Kap. 3.5)

M5

Wer denkt die Welt? Gedichtauszug von Peter Härtling: Die kleine Welt, Stuttgart 1987

Exemplarische Aufgaben:

- Markiere die Verse in dem Gedicht, die dich ansprechen.
- Stelle die Fragen oder Aussagen des Gedichtes in einer Skizze dar. *Oder*
- Wer denkt die Welt? Schreibe verschiedene Meinungen, die es dazu gibt, in Sprechblasen. *Oder*
- Schreibe eine weitere Strophe zu dem Gedicht.

M6

Was wir zählen und messen können … – Gedicht von Günther Weber, in: Steinwede, Dietrich/Ruprecht/Sabine (Hg.): Vorlesebuch Religion 2, Lahr/Schwarzwald 1974, S. 208

M7.1–M7.7

1. Mose 1–2,4

Aufbereitet für betontes, arbeitsteiliges Vortragen von acht Gruppen mit den identischen Arbeitsaufträgen:

- Jeder liest die schattierte Strophe des Gedichts aufmerksam.
- Fasst als Gruppe den Inhalt eurer Strophe mit eigenen Worten zusammen und klärt Wörter, die ihr nicht versteht.
- Schreibt die Verben auf, die beschreiben, was Gott tut. Schreibt die Elemente und die Lebewesen auf, die in eurer Strophe genannt werden.
- Jeder übt, eure Strophe gut betont vorzutragen. Einigt euch, wer vor der Klasse welchen Vers vorlesen soll.

Der sechste Tag wird aufgrund seiner Länge in zwei Teile (M8.6a und M8.6b) unterteilt.

Eine mögliche Fassung für dieses Material wäre die von Rainer Oberthür: Die Bibel für Kinder und alle im Haus, München [2]2004, S. 21–26

M8.1–M8.4

Kurze Informationstexte und Abbildungen über Weltbilder im Wandel: Das Weltbild im alten Orient und in der Bibel (M8.1), das Weltbild des Ptolemäus (M8.2), das Weltbild des Kopernikus (M8.3) und das heutige Weltbild (M8.4)

M9.1–M9.4 Kurze Informationstexte und Abbildungen zur Entwicklung des Weltalls vor 13,7 Milliarden Jahren bis zur Entwicklung der Arten

M10 Kurzer Informationstext »Unsere Erde – klein aber kostbar« zu den Bedingungen des Entstehens von Leben

M11

Der Anfang der Welt und ich

Auszug aus Rainer Oberthür: Neles Buch der großen Fragen. Eine Entdeckungsreise zu den Geheimnissen des Lebens, München 2002, S. 25

M12

Impuls zum Stundenbeginn »Schöpfung oder Zufall?«

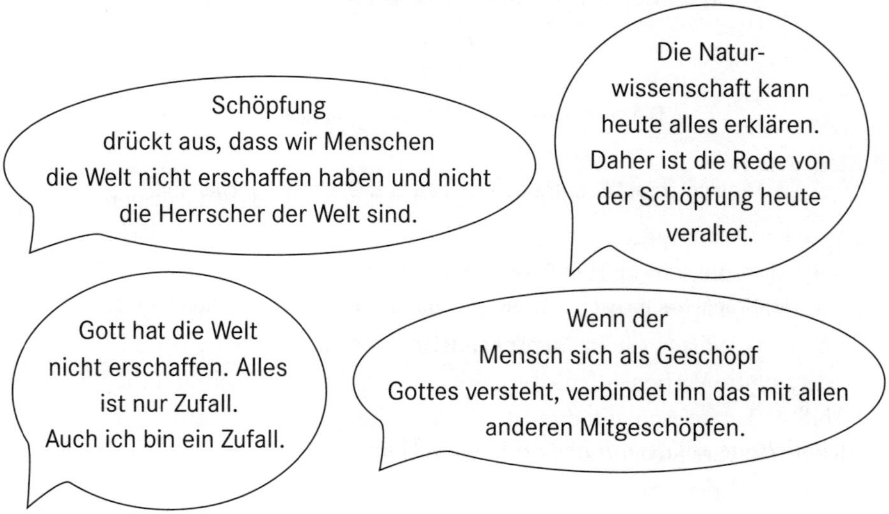

M13

Die biblische Schöpfungserzählung – eine veraltete Geschichte?

Eine Unterhaltung zwischen Bettina und ihrer Mutter über Schöpfungserzählung und Urknall und den Wahrheitsgehalt der Bibel

M14

Ist die biblische Schöpfungserzählung unwahr?

Dreispaltige Tabelle, links sind Bettinas Fragen aufgeführt. Die Schüler sollen die mittlere Spalte mit den passenden Antworten der Mutter aus M13 und die rechte Spalte mit eigenen Fragen und Gedanken füllen.

M15

Zeitungsinformation über die Geburt von Jungen und Mädchen mit Babyfotos, Braunschweiger Zeitung, 06.08.2015, S. 18

M16

Geburtsanzeigen: Wie Eltern die Geburt ihres Kindes deuten

Exemplarische Aufgaben:

- Vergleicht die Geburtsanzeigen.
- Schreibt Gemeinsamkeiten und Unterschiede auf.
- Entwerft selbst eine Geburtsanzeige.

Ja, Gott muss noch immer große Freude daran haben, Menschen ins Leben zu rufen und sie mit größter Liebe, Sorgfalt und Kreativität zu erschaffen. Du bist der beste Beweis dafür! **Marvin** * 19.05.2015 Die glücklichen Eltern Vera und Thomas Hofer

Ab sofort auf Schritt und Tritt, gehen zwei kleine Füßchen mit. **Nadine** * 15.04.2015, 3222 Gramm, 50 cm Mit Nadja freuen wir uns riesig über die Geburt unserer zweiten Tochter. Caroline & Heiner Schmidt

M18
Bastelanleitung »Bilderrahmen« mit Spiegelfolie

5.3.3 Planungsübersicht[7]

1./2. Stunde: Schöpfung wahrnehmen – mit allen Sinnen

1. Hinführung: Die SuS betrachten und beschreiben das Bild auf M 1, freies UG, anschließend Überlegungen, welche Gedanken das Kind haben könnte.
2. Erarbeitung: »Bewusst wahrnehmen« - Erkundungstour in der Natur (M2. 1) Alternativ können auch Bilder angeschaut werden (M2.2).
3. Ergebnissicherung: UG über die Naturerkundungen; die SuS setzen ihre Erfahrungen zu M 1 in Beziehung.
4. Vertiefung: Überleitung zum Gedicht (M 1) durch L, der nur den Gedichtanfang darbietet; die SuS schreiben M 1 weiter oder schreiben über eine eigene Naturerfahrung. Mögliche Aufgabe für SuS mit Förderbedarf »Lernen«: Male ein Bild von einer Situation, in der du dich ähnlich wie das Kind auf dem Feld gefühlt hast.

7 Legende: M=Materialien, UG=Unterrichtsgespräch, S=Schüler/Schülerin, SuS=Schülerinnen und Schüler, GA=Gruppenarbeit, PA=Partnerarbeit, L=Lehrkraft, TA=Tafelanschrieb, TG=Tischgruppe; USE=Unterrichtssequenz), GR=Gruppe/Gruppen, PL=Plenum.

3./4. Stunde: Naturerfahrungen wahrnehmen, darstellen und eigene Ideen zum Thema einbringen

1. Hinführung: SuS hören den *Frühling* von Vivaldi (M3), äußern im Anschluss Gefühle und Gedanken; setzen die Musik zur vorausgegangenen Stunde in Beziehung.
2. Ergebnissicherung zur letzten Stunde: Fortsetzungen von M1 werden vorgestellt. SuS achten auf Gefühle, die in den Texten zur Sprache kommen und kommen darüber ins Gespräch. S liest Originalgedicht M1 vor, SuS vergleichen es mit ihren Gedichten.
3. L-Information und Ideensammlung zur USE: L stellt geplante UE vor; jeder S schreibt anhand von M4 erste Gedanken, Fragen und Ideen zum Thema auf. SuS tragen diese in ihrer GR zusammen.
4. Plenumsgespräch, Langzeitaufgabe und Gruppenbildung: Die SuS tragen Ergebnisse vor. L erläutert Langzeitaufgabe: Vorstellen einer Person oder Gruppe, die sich für die Bewahrung der Schöpfung einsetzt und deren Engagement mit einer typischen Bewegung veranschaulichen (4 Wochen Zeit). SuS bilden dazu Vierer-GR. L sammelt Zettel mit den Gedanken und Fragen der SuS zum Thema ein, um sie auszuwerten.

5./6. Stunde: Die Welt und ich – Schöpfung oder Zufall?

1. Hinführung: L präsentiert das Foto und den Gedichttitel *Wer denkt die Welt?* (M5). Jeder S schreibt seine Assoziationen, Gedanken oder Fragen, die das Foto und die Frage auslösen, auf einen kleinen, vorbereiteten Zettel. L sammelt die Zettel ein und liest sie vor (ohne Namensnennung). UG über den Inhalt der Zettel.
2. Erarbeitung: L liest das Gedicht vor, es wird ein UG geführt, bei dem sein Inhalt mit den Gedanken auf den Zetteln verglichen wird. SuS bearbeiten Aufgaben von M5 in PA, EA oder GA.
3. Würdigung der Ergebnisse: Die SuS gehen umher (Methode: Bleistift-Rundgang), betrachten die Bilder und schreiben dazu kurze Kommentare auf vorbereitete kleine Zettel (mit dem eigenen Namen versehen).
4. Ergebnissicherung: Die SuS präsentieren ihre Ergebnisse, stellen Rückfragen und führen ein UG über ihre Fragen und Gedanken in Zusammenhang mit dem Gedicht *Wer denkt die Welt?*

7./8. Stunde: Religiöse Sprache – wie und was die Bibel von »Schöpfung« erzählt

1. Hinführung: L stellt kurz eine Bibel vor und sagt, dass sie von Dingen in unserer Welt erzählt, die man nicht zählen oder messen kann.[8] L stellt Aufgabe: Jeder S notiert drei Dinge, die man nicht zählen oder messen kann und drei Dinge, bei denen dies möglich ist.

8 Hier gibt es verschiedene Möglichkeiten: vollständige Fassungen wie z. B. die Einheitsübersetzung oder die Lutherbibel für dich oder auch gekürzte und aufbereitete Fassungen wie z. B. Hubertus Halbfas: Die Bibel für kluge Kinder und ihre Eltern, Ostfildern 2013 oder Rainer Oberthür: Die Bibel für Kinder und alle im Haus, München ²2004.

Evtl. Sammlung an Tafel oder Whiteboard. Ein S trägt Gedicht M6 vor; die SuS vergleichen es mit ihrer Sammlung.
2. Erarbeitung: L leitet zum Stundenthema über: Nachdenken über ein feierliches Gedicht zum Ursprung und Sinn der Welt. Die SuS lesen und bearbeiten Gen 1,1–2,4a in arbeitsteiliger GA, üben betontes Vortragen (M7.1–M7.7).
3. Ergebnissicherung I: Die Gr tragen ihren Text vor. Zuhörer machen sich Stichpunkte zu den Aspekten: Aufbau der Erzählung, Verben, die im Zusammenhang mit Gott genannt werden, Elemente und Lebewesen, die vorkommen. SuS tragen ihre Stichpunkte zu Merkmalen und Aussagen von Gen 1,1–2,4a im PL zusammen.
4. Vertiefung: Die SuS erstellen in PA eine Skizze, wie laut Schöpfungserzählung Gott, Tiere, Pflanzen und der Mensch miteinander in Beziehung stehen.
5. Ergebnissicherung II: Die SuS gehen umher (Methode Bleistift-Rundgang) und würdigen die Zeichnungen ihrer Mitschüler durch Kommentare, Gedanken oder Fragen zum Inhalt, die sie auf kleine Zettel schreiben (namentlich unterzeichnen lassen). Kurzer Austausch über den Inhalt der Bilder im Plenum.

9./10. Stunde: Naturwissenschaftliche Sprache und Erklärungsmodelle zur Entstehung der Welt

1. Hinführung: TA (Sprechblase): »Über mein Alter spreche ich nicht gerne. Außerdem fällt es mir jedes Jahr schwerer, die vielen Hunderttausend Geburtstagskerzen auszublasen.« SuS äußern Vermutungen über diese »Person«, ihr genaues Alter und ihre Entstehung. (Gemeint ist die Erde). L leitet zum Stationen-Lernen über.
2. Erarbeitung: Lernen an Stationen: Weltbilder alter Orient, Ptolemäus, Kopernikus, unsere Zeit (M8.1–M8.4), Entwicklung des Weltalls (M9.1–M9.4), Unsere Erde – klein, aber kostbar (M10), Der Anfang der Welt und ich (M11). L legt je nach Leistungsvermögen ihrer Klasse Pflicht- und Wahlstationen fest. Die SuS fertigen sich Notizen zu den Stationen an (Skizzen und Stichwörter).
3. Ergebnissicherung: Die SuS begegnen sich in einem Außen- und Innenkreis (Methode: Kugellager) und erzählen sich, was sie herausgefunden haben.[9]
4. Vertiefung: Wichtige Aspekte werden im Plenum geklärt und diskutiert. L erinnert an den Termin für die Präsentationen der Langzeitaufgabe.

9 Vgl. http://www.sn.schule.de/~sud/methodenkompendium/module/2/4_5.htm, Zugriff am 05.11.2015.

11./12. Stunde: Ist die biblische Schöpfungserzählung unwahr?

1. Hinführung: TA: Vier Sprechblasen mit unterschiedlichen Auffassungen über die Bedeutung der Schöpfungserzählung (M 12), UG.
2. Erarbeitung: Das Gespräch zwischen Bettina und ihrer Mutter (M 13) wird mit verteilten Rollen gelesen; spontane SuS-Äußerungen dazu; die SuS bearbeiten M 14.
3. Ergebnissicherung: Die SuS lesen sich gegenseitig ihre mittlere und ihre rechte Spalte von M 14 vor und stellen ggf. Rückfragen.
4. Vertiefung: Die SuS diskutieren im PL: »Ist die biblische Schöpfungserzählung unwahr?«

13./14. Stunde: Und Gott schuf den Menschen zu seinem Bilde (Gen 1,27) – Nachdenken über das biblische Bild vom Menschen

1. Hinführung: Zuerst werden die Bilder von den Neugeborenen betrachtet (M 16), dann wird der untere Satz »Und Gott schuf den Menschen zu seinem Bilde« sichtbar gemacht; freies UG.
2. Erarbeitung: SuS vergleichen drei Geburtsanzeigen (M 17).
3. Ergebnissicherung: SuS tragen ihre Ergebnisse vor und setzen sie zu Gen 1,27 in Beziehung. Sie erläutern das biblische Bild vom Menschen mit eigenen Worten.
4. Vertiefung: SuS basteln einen Bilderrahmen mit einer Spiegelfolie (M 18). L. stellt die Aufgabe: Schaut in den Spiegel. Schreibt verdeckt unter die umgeknickten Ecken mindestens drei Eigenschaften von euch, von denen ihr meint, dass sie anderen nützen. UG: Die SuS beziehen den Bilderrahmen auf Gen 1,27.

15./16. Stunde: Wofür, warum, wie und wo Menschen sich für die Bewahrung der Schöpfung einsetzen

1. Schülervorträge: Die GR stellen ihre Personen oder Gruppen vor. Die Zuhörer fragen nach und geben Rückmeldungen zu den Kurzvorträgen. Wenn SuS zu ihrem Beispiel einen Steckbrief anfertigen, reichen 10 Min. pro Vortrag aus (7 Min. Vortragszeit, 3 Min. Nachfragen und Kommentare). So können in einer Doppelstunde Ergebnisse von sieben GR vorgestellt und besprochen werden. Jeder S macht sich zu jedem Vortrag Notizen. Aspekte: Person bzw. Gruppe, wofür, warum, wie, wo setzen sie sich ein?
2. Ergebnissicherung: SuS diskutieren über das Wofür, Warum und Wie des Engagements.

3. Vertiefung: Jeder S nimmt schriftlich Stellung, welche Person bzw. Gruppe er überzeugend findet. Einige SuS tragen ihre Stellungnahme vor.
4. Schlussreflexion: Offene Fragen werden besprochen. SuS geben Rückmeldungen zur USE und über Gelerntes.

In einer der Folgestunden kann ein Test geschrieben werden. Ein Testvorschlag und ein Rückmeldebogen sind in Kapitel 6.3.1 zu finden.

5.4 »Der Frieden – ein unerfüllbarer Wunschtraum?« – Eine Unterrichtssequenz für Klasse 7/8 nach dem Dialogmodell[10]

5.4.1 Didaktische Überlegungen: Was kann der Religionsunterricht zur Friedens-Bildung beitragen?

Ambivalenz von Religion

Religion ist ambivalent. Sie bringt Akte der Nächstenliebe und Gewaltfreiheit hervor, wird aber auch zur Rechtfertigung von Gewalt in Anspruch genommen. Im Namen Gottes wurden über Jahrhunderte Kriege gerechtfertigt. Auch heutzutage wird Religion für Interessenkonflikte instrumentalisiert: Diese werden zu Wertekonflikten hochstilisiert und Menschen dazu missbraucht, im Namen ihrer Religion andere Menschen ihrer Lebensperspektiven zu berauben. Gewalt ist jede Maßnahme und Aktion, die ein Individuum oder Gruppen von Menschen physisch, psychisch oder sozial schädigt. Der Friedensforscher Johan Galtung unterscheidet drei Formen von Gewalt:[11]

- Personale (direkte) Gewalt – sie ist mit bloßem Auge erkennbar.
- Strukturelle Gewalt – sie zeigt sich in sozialer Ungerechtigkeit und Herrschaft von Menschen über Menschen.
- Kulturelle Gewalt – sie zeigt sich in der Kultur, wenn z. B. in der Sprache, Ideologie, Religion, Kunst die direkte oder die strukturelle Gewalt für rechtens erklärt wird.

---

10 Diesen Unterrichtsentwurf mit konkreten Materialien als Kopiervorlagen finden Sie in unserem Materialband: Dialogorientierter Religionsunterricht an integrierten Schulsystemen. Unterrichtsplanungen und -materialien zu zentralen Themen der Sek I, Göttingen 2016.

11 Galtung, Johan: Frieden mit friedlichen Mitteln. Friede und Konflikt, Entwicklung und Kultur, Opladen 1998, S. 362 f.

Kulturelle Gewalt sei am schwersten veränderbar, weil sie zur Tiefenstruktur einer Kultur gehöre und die Wahrnehmungen und Weltauffassungen einer Gesellschaft in grundlegender Weise präge. Religion ist Teil der Kultur und kann durch den Aufbau von Haltungen, Einstellungen und Bereitschaften zu Vertrauensfähigkeit und Versöhnung, aber auch zu Intoleranz und Ausgrenzung beitragen.

Religionsunterricht muss Friedens-Bildung sein. Wachsende globale und gesellschaftliche Konflikte unterstreichen die Dringlichkeit dieses Auftrags. Daraus erwächst für Religionslehrkräfte die Aufgabe, Zielsetzungen und Schwerpunkte einer Bildung zur Friedensfähigkeit beständig zu reflektieren und sie in Auseinandersetzung mit biblischen und theologischen Grundlagen fortzuschreiben.

Gewalt, Krieg und Frieden in der Bibel

Die Bibel leugnet Gewalt nicht. Sie zeichnet ein realistisches Bild vom Menschen (z. B. Kain und Abel, David, Uria und Batseba, Mose). Sie führt die gewaltsame Austragung von Konflikten auf das Begehren zurück. Es richtet sich darauf, was der andere besitzt oder vermeintlich besser kann (z. B. Kain und Abel, Sarah und Hagar). Doch auch der Schuldige findet Zuwendung und Begleitung durch Gott (z. B. Kain, David, Paulus, Petrus).

Die Bibel übt Kritik an Unterdrückung und struktureller Gewalt (z. B. 1. Sam 8,10–20). Sie beschönigt die Wirklichkeit nicht, zeigt Probleme, Wege und Irrwege. Bei der Schilderung nimmt sie die Perspektive derer ein, denen Gerechtigkeit vorenthalten wird (z. B. in den Psalmen). Hass- und Rachegefühle werden offen ausgesprochen. Das Alte Testament zeigt Gewalt als Sünde der Menschheit (1. Mose 6,11) und erzählt, dass die Erde nichtsdestotrotz durch Gottes Intervention erhalten wird.

Vor allem in den geschichtlichen Büchern der Hebräischen Bibel finden sich Kriegsberichte, die das gängige Vorurteil vom gewaltbereiten alttestamentlichen Gott zu bestätigen scheinen. Friedrich Johannsen weist nach, dass solche Texte einen relativ geringen Raum einnehmen im Verhältnis zu jenen, in denen der Teufelskreis der Vergeltung durchbrochen wird.[12] Bei den Schilderungen kriegerischer Aktionen sei zu bedenken, dass sie in einer gemeinorientalischen Tradition stehen, d. h. man ging seinerzeit selbstverständlich davon aus, dass die Götter mit ihren Völkern mitkämpfen.[13] Als Beispiel für besondere Grausamkeit werde häufig Jos 8 angeführt. Die Erzählungen von der Landnahme schilderten jedoch kein reales Geschehen. Vielmehr verfolgten sie das Ziel, die Israeliten zu

---

12 Johannsen, Friedrich: Alttestamentliches Arbeitsbuch für Religionspädagogen, München ^{3}2005, S. 179–181.

13 Auch der Liedvers in Ex 15.3 »JHWH ist ein Kriegsmann« reiht sich in diese Tradition ein.

ermutigen, als ihre Identität bedroht war, indem sie daran erinnerten, dass sich die Landverheißung der Väter erfüllt hatte.

Die Überlieferungen zum sogenannten Bannkrieg (z. B. 1. Sam 15,3) stammen aus einer Zeit, in der Israel aufgrund seiner verlorenen staatlichen Autonomie keine Kriege mehr führen konnte.[14] Liest man die grausamen Schilderungen allerdings als reales Geschehen, wird man zu Recht erschrecken und sie aus heutiger Sicht verurteilen.

Die Bibel erzählt, wie Israel sich auf den Weg zur Überwindung der Gewalt macht: Schutzbestimmungen der Tora (5. Mose 5,16–19; 5. Mose 20), das Delegieren der Rache an Gott (z. B. 5. Mose 32,35; Ps 94,15), die Warnung vor Hochrüstung (Jes 30,15–17), das Erinnern an die Schöpfung, die auf Frieden zwischen allen Geschöpfen gerichtet ist (Jes 11,5–9). »Schalom« hat im Alten Testament eine hohe Bedeutung. Es kommt mehr als 400 Mal vor und ist ein Leitwort für soziale Prozesse, die den Rechtlosen zugutekommen. Schalom umschreibt ein Beziehungsgefüge zwischen Gott und Mensch, Mensch und Mitmensch sowie zwischen Mensch und Mitgeschöpf, das heil ist. Schalom und Gerechtigkeit, die als Parteinahme für die Schwachen und als Beherzigen der Goldenen Regel verstanden wird (Mt 7,12), gehören in der Bibel zusammen.

Ein Durchbruch zur Verneinung von Gewalt ist bei den Propheten zu finden. Sie formulieren Kritik an Ungerechtigkeit und Krieg, geben ihren Hoffnungen vom Ende des Krieges Ausdruck, erzählen von einer Zeit, in der es keine Waffen mehr geben wird und die Völker nicht mehr das Kriegshandwerk lernen (Jes 2,4; Mi 4,3; Sach 9,10). Diese Hoffnung wird von ihnen in knappen Bildern skizziert (Mi 4,4). Dabei spielt auch das Verhältnis zwischen Mensch und Natur eine wichtige Rolle, und es wird das Bild von einem neuen, befriedeten Zusammenleben von Mensch und Tier gezeichnet (Hos 2,20; Jes 11,6–8).

In der Gesamtkomposition der Hebräischen Bibel ist die theologische Auseinandersetzung von dem Grundgedanken geleitet, dass Gottes Wille auf eine Unterbrechung der Gewaltspirale und schließlich auf ein Ende der Gewalt zielt. Der Gewaltverzicht Gottes mündet in Hoffnungsbilder vom gerechten Frieden. Dieser umfasst auch den Frieden mit der Natur (z. B. Jes 11 und 32). Indem zu ersten Schritten ermutigt wird (Jes 2,5), wird die Zukunftsvision für Israel zu einer Gegenwartsorientierung, der es schon jetzt zu folgen gilt.[15]

Im Neuen Testament deckt Jesus Christus Gewaltstrukturen auf und lebt Strategien der Entfeindung. Er nimmt Gewalt nicht hin, sondern »entwaffnet seinen

---

14 Grundgedanke des Bannkrieges ist, dass alle Beute, auch das Leben der Besiegten, der Gottheit gehört (vgl Johannsen ^{3}2005, S. 180). Bei aller Grausamkeit tritt damit zumindest das Motiv der Bereicherung an den Gütern der anderen in den Hintergrund.

15 Johannsen ^{3}2005, S. 205.

Gegner«, indem er die Nächstenliebe auf die Feindesliebe ausdehnt. Mt 5,38 »Wenn dich einer auf die rechte Backe schlägt, dann halte ihm auch die andere hin« wird immer wieder angeführt, um die »Weltfremdheit« christlicher Überzeugungen zu belegen. Dabei wird übersehen, dass Jesus seinen Zuhören, die zu den Opfern gehörten, einen durchaus aktiven, gewaltfreien, dritten Weg aufzeigt: Zur Zeit Jesu war es üblich, dass der Grundbesitzer seine Untergebenen und Sklaven züchtigte. Der Schlag mit der Rückhand auf die rechte Backe drückte die ungleiche, menschenverachtende Beziehung aus. Gleichrangige schlug man nicht, denn dafür wurde man bestraft. Nach dem jüdischen Gesetz durfte mit der linken, für unreine Tätigkeiten bestimmten Hand, nicht geschlagen werden; daher wurde mit der rechten Rückhand die rechte Wange des Gegenübers geschlagen – als Geste der Demütigung.[16] Die linke Wange kann bequem mit der rechten Handfläche und nur durch Verdrehen des Armes mit der Rückhand geschlagen werden.[17] Somit zielt die Aufforderung, auch diese Backe hinzuhalten, darauf, dem Demütiger zu zeigen: Du kannst mich nicht demütigen! Ich bin ein Mensch wie du!

Das neutestamentliche Friedensverständnis ist eng an die messianische Erwartung und Hoffnung im Alten Testament gebunden: Jesus ist der Friedensbringer, wie er im Alten Testament angekündigt wurde (z. B. Jes 9,1–6; 11,1–16; Mi 5,1–5; Jer 23,5 f.). Seine Vorhersage der künftigen Gottesherrschaft bedeutet die Verheißung einer Welt frei von Gewalt (Mt 12,28). Nach seinem Tod praktizierten die Christen anfangs die Nicht-Kooperation mit der pax romana, die den Frieden durch Unterwerfung sicherte. Die ersten Christen bezeugten mit dieser Verweigerung, dass die pax christiana, der Frieden des biblischen Gottes, im Widerspruch zu den Göttern der Macht steht.[18]

»Frieden« theologisch

In seiner Schrift *Zum Wesen des Friedens* formuliert Eberhard Jüngel systematisch-theologische Überlegungen.[19] Seine Ausgangsthese ist, dass der Frieden deshalb so bedroht sei, weil er bislang nicht hinreichend als eigenständiger Begriff – also nicht nur als Gegenbegriff zu Krieg – entdeckt sei. Jüngel versteht den Menschen als ein zum Frieden bestimmtes Wesen. Dazu greift er einen Gedanken des Kirchenvaters Augustinus auf. Kein irdisches Wesen könne ohne ein Minimum an

16 Wink, Walter: Der dritte Weg Jesu. In: Ev.-luth. Missionswerk in Niedersachsen: Schritte gegen Tritte. Für eine Kultur des Friedens und der Gerechtigkeit, Hermannsburg [3]2003, S. 39–43.

17 Dies kann vorsichtig ausprobiert werden.

18 Vertiefend vgl. auch: Lohfink, Norbert: Gewalt und Friede in der Bibel. Hinführung zum Schreiben der deutschen Bischöfe ›Gerechter Friede‹, www.sankt-georgen.de/leseraum/lohfink17.html, Zugriff am 02.11.2015.

19 Jüngel, Eberhard: Zum Wesen des Friedens, München 1983.

Frieden existieren, denn jedes Lebewesen sei darauf angewiesen, die Ansprüche seines Leibes zu befriedigen. Selbst der Böse wisse, dass er die Natur nicht vernichten dürfe, denn dann ginge er selbst zugrunde. Diese Grundbedingung der Existenz, die Bestimmung des Daseins aller Lebewesen durch einen auf Gemeinschaft ausgerichteten Friedenswillen, hat Augustinus so ausgedrückt: »Selbst das Verkehrte und Schlechte muss nach der Regel, dass kein Fehler so sehr gegen die Natur gerichtet ist, dass er deren Grundzüge vernichtete, wenigstens teilweise befriedet sein – sonst wäre es überhaupt nicht.«[20] Unter Frieden versteht Augustinus eine Wohlordnung, in der verschiedene Größen so aufeinander bezogen sind, dass sie gemäß ihrer natürlichen Bestimmung existieren können. Diese Wohlordnung schließt alle Geschöpfe ein.

Im allgemeinen Sprachgebrauch wird unter Frieden ein dem Krieg entgegengesetzter Zustand verstanden, der durch Rechtsakte gesichert werden muss. Wenn der Frieden aber nur als eine Folge individueller Anstrengung gedacht wird, werde er damit, so Jüngel, auf eine ethische Kategorie reduziert, die im moralischen Imperativ begründet liege. Dem stellt Jüngel die biblische Rede vom Frieden gegenüber. Der sei kein äußerlicher, dem Krieg entgegengesetzter Zustand. Vielmehr sei Schalom mit Freude und Gerechtigkeit verbunden: Frieden, Freude und Gerechtigkeit werden als Wesensmerkmale des Reiches Gottes genannt (vgl. Röm 14,17) und es ist die Rede davon, dass Gerechtigkeit und Frieden sich küssen (Ps 85,11). Der Frieden ist die Auswirkung von Gerechtigkeit, ist die Praxis von Wahrheit und Recht. Schalom ist verwandt mit dem aramäischen Wort salamu: genug haben, gleichsetzen; in der buchstäblichen Bedeutung »gesund und vollständig sein«.

Die aktuelle Friedensforschung versteht den Frieden nicht als einen idealen Zustand, sondern als einen dynamischen Prozess, der durch eine neue Qualität im Umgang mit Konflikten gekennzeichnet ist. Die neue Qualität zeige sich darin, dass der Respekt vor dem anderen gewahrt wird. Frieden müsse durch die friedliche Bearbeitung von Konflikten immer wieder aufs Neue ausgehandelt und austariert werden. An diese Vorstellung ist die biblische Rede von der Wohlordnung, in der die Beziehungen aller Geschöpfe in gegenseitiger Begünstigung stehen, durchaus anschlussfähig. In der theologischen Diskussion kommt jedoch mitunter der Prozesscharakter des Friedens zu kurz.

Für das Neue Testament, so Jüngel, sei charakteristisch, dass hier vom Frieden indikativisch gesprochen werde, d. h. als sei er jetzt schon Wirklichkeit. Dies unterscheide den biblischen von einem ethisch fundierten Friedensbegriff. Nach neutestamentlichem Verständnis ist Jesus Christus die Quelle des Friedens, weil

20 Augustinus: De civitate Dei XIX, S. 12, zit. nach Jüngel, S. 26.

sein Leben und Wirken den Geist des Friedens offenbar werden lassen. Diesen Frieden kann die Welt sich aber nicht selbst geben, weil Neid, Begehren und Konkurrenzdenken die Menschen daran hindern, friedlich zusammenzuleben. Da der Frieden durch den Menschen weder konstituiert noch garantiert werden könne, sei er darauf angewiesen, von einer anderen Wahrheit begründet und getragen zu werden. In der Bibel empfangen die Jünger ihn von Jesus als ein Geschenk: »Den Frieden lasse ich euch, meinen Frieden gebe ich euch. Nicht gebe ich euch, wie die Welt gibt. Euer Herz erschrecke nicht und fürchte sich nicht« (Joh 14,27–28). An der Geschichte des Jesus von Nazareth haben die Evangelisten in einer von Gewalt geprägten Umwelt den uralten Mechanismus aufgedeckt, dass eine Gesellschaft einen Sündenbock braucht, den sie zum Opfer macht.[21] Sie haben gezeigt, dass Jesus Christus seine Anhänger von Gegengewalt zurückhält und das erfahrene Leid mit allen Konsequenzen erduldet. Das Leiden eines Unschuldigen durchbricht den immer wiederkehrenden Zyklus der Gewalt und entlarvt diesen Mechanismus als Unrecht. Die Evangelien sind aber nicht dabei stehengeblieben, sondern sie erzählen allesamt von der Auferweckung, der Auferstehung Jesu. Nach Jüngel hat Gott damit den gewaltfreien Weg des Jesus von Nazareth öffentlich ins Recht gesetzt. Alle nachfolgenden Generationen leben von dieser österlichen Wahrheit, dass Frieden ist, selbst wenn die Wirklichkeit noch unter Krieg und Zerstörung leidet.

Der Frieden, den Gott schenkt, erweist sich somit als höher als alle menschliche Vernunft. Menschen müssen und können ihn nicht selbst herstellen, sondern zehren durch die Auferweckung Jesu von ihm. Jüngel drückt dies theologisch so aus, dass die Wahrheit des Menschen durch den Indikativ des Friedens und nicht durch menschliches Verhalten bestimmt ist. Den Indikativ des Friedens schafft Gott. Der Mensch könnne von ihm zehren, selbst dann, wenn Unfrieden herrsche.

Die »Pädagogik des Anderen«, die sich u. a. auf den Philosophen Emmanuel Lévinas bezieht, geht ebenfalls davon aus, dass nicht dem Krieg, sondern dem Frieden das Erstgeburtsrecht zukommt. Begründet wird dies mit der Verantwortung für den anderen: Verantwortung sei keine ethische Forderung, sondern eine Qualität des Individuums. Das Individuum müsse auf die Anrufung seines Gewissens, auf den Ruf »Du sollst nicht töten«, antworten. Das Angerufen-Werden stelle eine Voraussetzung des Menschen und des Menschlichen dar.[22] Indem die Verantwortung für den anderen als Ursprung gedacht wird, verändert sich das Verständnis von Frieden. Er wird damit zu der dem Menschen gemäßen Form

21 Vertiefend dazu vgl. Girard, René: Ich sah Satan vom Himmel fallen wie einen Blitz. Eine kritische Apologie des Christentums, München 2002.

22 Lêvinas, Emmanuel: Die Spur des Anderen, München 1983, zit. nach Wintersteiner, Werner: Pädagogik des Anderen, Münster 1999, S. 136–151.

der Vergesellschaftung und der Krieg dagegen zur Störung. Auch hier zeigen sich Berührungspunkte zwischen theologischem und philosophischem Denken.

Zum Schluss definiert Jüngel den Indikativ des Friedens als diejenigen Verhältnisse, unter denen der Mensch ganz sein kann. Ausgehend von dem biblischen Schalom präzisiert er ihn anthropologisch-theologisch als:

1 schöpferische Geborgenheit,
2 Fähigkeit zu vertrauen und
3 menschliche Verantwortung, die den Indikativ des Friedens bewahrt.

Diese drei Aspekte werden im Folgenden erläutert und ihre Bedeutung für den Religionsunterricht skizziert:

1 *Schöpferische Geborgenheit – »Der Mensch ist ein Wesen des Friedens, weil und insofern zu seinem Dasein die Angewiesenheit auf schöpferische Geborgenheit gehört«:*

Biblisch repräsentiert das Paradies den ungestörten Indikativ des Friedens. Dieser sei, so Jüngel, durch den Sündenfall nicht zerstört, aber zutiefst problematisiert worden – der Mensch lebe nun nicht mehr aus der Fülle dieses Friedens, sondern er zehre nur noch von ihm. Es herrsche Entfremdung, denn der Mensch habe aufgehört, ganz zu sein. Aber er habe nicht aufgehört, sich danach zu sehnen, ein ganzer Mensch zu werden. Ohne ein Minimum an schöpferischer Geborgenheit könne der Mensch nicht aus sich selbst herausgehen, um den Ansprüchen seiner Umwelt nachzukommen und seine Bedürfnisse zu befriedigen. Jüngel bezeichnet die zum Frieden gehörende Geborgenheit als schöpferische, weil sie anthropologisch so stabilisiere, dass das Ich es wage, tätig zu werden und in Beziehung zu treten.[23] Schöpferisch geborgen könne der Mensch nur in der Gemeinschaft, in Kontakt mit seiner Mitwelt sein: „Wo das Selbstverhältnis eines Ich, sein Weltverhältnis und sein Gottesverhältnis im Verhältnis gegenseitiger Begünstigung stehen, da ist der Mensch schöpferisch geborgen, da herrscht Frieden. Die Bibel nennt diese Verhältnismäßigkeit Gerechtigkeit.

Denk-Anstöße aus den theologischen Überlegungen zur schöpferischen Geborgenheit für den Religionsunterricht:

Wenn der Mensch von schöpferischer Geborgenheit lebt und auf sie angewiesen ist, um menschlich zu sein, käme es darauf an, solche Erfahrungen bewusst zu machen und zu vertiefen. Aufgabe für den Religionsunterricht wäre, Erfahrungen von Aufgehoben-Sein, Zufriedensein, Schönheit zugänglich zu machen, zu beschreiben und zu teilen. Wichtig wäre, Gelungenes in Beziehungen wahrzunehmen und damit verbundene Gefühle auf vielfältige Weise (pantomimisch,

23 Jüngel, S. 64.

in Standbildern, szenisch) zum Ausdruck zu bringen. Aus theologischer Sicht wird dem Menschen in solchen Erfahrungen der Indikativ des Friedens immer wieder neu zugesprochen.

Nichtsdestotrotz wären auch gestörte Beziehungsstrukturen bewusst zu machen und Ideen für deren Umgestaltung zu entwickeln. Letztere wären daran zu messen, ob sie die Lebensbedürfnisse und Entwicklungsmöglichkeiten aller Mitgeschöpfe achten und schützen. In Auseinandersetzung mit Erfahrungen schöpferischer Geborgenheit können Jugendliche zu der Einsicht gelangen, dass jedes Lebewesen ein Minimum an Frieden braucht, um überhaupt existieren zu können. Dies fördert bei ihnen ein Denken in Beziehungen: Wenn sie begreifen, dass auch sie Leben sind, das leben will, inmitten von Leben, das leben will (Albert Schweitzer), kann der Frieden als Prozess und Produkt der friedlichen Konfliktaustragung – als ein fruchtbares Miteinander der Verschiedenen – Kontur gewinnen.[24] Auch die Vorstellung von der Oikoumene, dem Haushalt der gesamten bewohnten Erde, markiert Gemeinsamkeiten, an die ein Dialog zwischen religionspädagogischer Friedenserziehung und allgemeiner Friedenserziehung anknüpfen kann.

2 *Fähigkeit zu vertrauen – »Der Mensch ist ein Wesen des Friedens, weil und insofern zu seinem Dasein Vertrauensfähigkeit und Vertrauenswürdigkeit gehören«:* Die Schöpfung ist auf Vertrauen hin angelegt. Wenn es kein Minimum an gegenseitigem Vertrauen gäbe, gäbe es keinen beziehungsfähigen und in diesem Sinne menschlichen Menschen. Kein Mensch könne menschlich leben, wenn er niemandem vertrauen könne. Und kein Mensch wäre menschlich, wenn er nicht vertrauenswürdig wäre. Vertrauen lässt sich allerdings nicht einfordern oder erzwingen, sondern der Mensch kann allenfalls darum bitten und dafür werben. Er verlässt sich auf einen anderen, wenn er ihn für glaubwürdig hält. Verlassen könne man sich, so Jüngel, nach biblischem Sprachgebrauch auf das, was es verdient, als wahr bezeichnet zu werden. Auf diese Wahrheit müsse man jederzeit zurückkommen können. Wo dies geschieht, könne der Frieden sich entfalten.

Auch bei diesem Aspekt gibt es Berührungspunkte zwischen philosophischem und theologischem Denken: Die Pädagogik des Anderen gründet in der Vorstellung, dass der Mensch nur existieren könne, indem er sich vom anderen unterscheide. Wenn es den anderen nicht gibt, kann man sich nicht von ihm unterscheiden. Das Ich brauche den anderen, um ein Ich zu sein. Daraus erwachse ein neuer Umgang mit dem Mitmenschen, nämlich der Respekt vor dem »Antlitz des Anderen«.[25]

24 Vgl. http://www.schweitzer.org/2012/de/leben-und-werk/ehrfurcht-vor-dem-leben, Zugriff am 02.11.2015.

25 Lévinas, Emmanuel 1983, S. 211 und S. 215–216, zit. nach Wintersteiner 1999, S. 137.

Denk-Anstöße aus den theologischen Überlegungen zur Vertrauensfähigkeit und Vertrauenswürdigkeit für den Religionsunterricht:

Erfahrungen mit Vertrauen prägen das Verhältnis, das Jugendliche zur Welt einnehmen. Aufgabe religionspädagogischer Friedens-Bildung wäre, gute Erfahrungen mit gewährtem Vertrauen ebenso bewusst zu machen wie Erfahrungen enttäuschten Vertrauens. In Auseinandersetzung mit Konflikten wäre zu lernen, wie fehlendes Vertrauen den Frieden zerstören kann. Feindbilder sind bewusst zu machen und durch Feindbilder zu relativieren, die von der Gegenseite verbreitet werden. An Beispielen kann durchgespielt werden, wie Misstrauen abgebaut und Vertrauen angebahnt werden könnte. Anhand von Erzählungen, aktuellen Ereignissen oder Dilemmata kann der Glaube an die Macht militärischer Mittel problematisiert werden. Vergleiche zwischen Vorstellungen zur Friedenssicherung in Politik und Gesellschaft und Vorstellungen in der Bibel bieten sich an. Die Schüler können dabei erkunden, worauf Menschen vertrauen, welche Mächte sie für vertrauenswürdig halten und wem sie Glauben schenken.

Die biblische Rede vom Frieden kann dazu beitragen, dass Heranwachsende einen positiven Friedensbegriff gewinnen. Schalom als Prozess gelingender Beziehungen zum Mitmenschen, zu anderen Mitgeschöpfen und zu Gott ist ein Weg-Wort, an dem sie sich reiben können und das sie auf ihrer Suche nach dem guten Leben begleiten kann.

3 *Menschliche Verantwortung – »Der Mensch ist ein Wesen des Friedens, weil und insofern zu seinem Dasein die Verantwortung für den Indikativ des Friedens gehört«:* Die Haltung, doch nichts ändern zu können, ist in der Gesellschaft weit verbreitet. Erich Fried beschreibt dies eindringlich in seinem Gedicht *Gründe.*[26] Zum Frieden, von dem der Mensch zehrt, gehört auch, dass er ihn wahrt und ausbaut. Der Frieden – so Jüngel – macht den Menschen ganz, aber er braucht den Menschen auch, um andere Menschen ebenfalls ganz zu machen. Er will in alle Bereiche des Lebens eindringen, denn er ist ein eschatologischer Frieden, der sich nicht nur am Menschen, sondern mit dem Menschen in der ganzen Welt durchsetzen will. Jesu Leben, Leiden und Auferstehung ruft den Menschen in die Nachfolge. Die Überwindung von Gewalt ist eine Gotteskraft, eine Auferstehungskategorie. Sie ist die Wahrheit des Friedens Gottes, die in unsere Wirklichkeit hinein spricht und die bestehenden Gewaltzyklen unterwandert. In diesem Sinne ist der Geist Gottes präsent als Kraft des Widerstands, als beharrliche und schöpferische Gegen-Energie, als Lebens-Energie (vgl. Didaktische Landkarte im Folgenden).

---

26 Fried, Erich: Gesammelte Werke, Gedichte I, Frankfurt a. M./Wien, 1993, S. 365–366.

Der Frieden ruft den Menschen in die Verantwortung und macht ihn zum Mitarbeiter Gottes. Dies macht verständlich, warum Jesus jeden seligpreist, der ein Friedensstifter ist. »Christsein ist kein Zustand, Christsein ist Bewegung. Einen Christen treibt die Sehnsucht nach Auferstehung mitten im Leben und die Erwartung, dass diese Auferstehung Wirklichkeit wird«, so Britta Baas in einem Artikel zum Osterfest.[27]

Denk-Anstöße aus den theologischen Überlegungen zur Friedensverantwortung für den Religionsunterricht:

Der Aspekt »Verantwortung für den Frieden« ist in der religionspädagogischen Friedens-Bildung von den drei genannten didaktisch bislang am stärksten verankert. Es wird viel Mühe darauf verwendet, verantwortliches, friedvolles Handeln zu entwickeln: Streit-Schlichter-Programme, Anti-Gewalttraining oder Mediatoren-Programme zeugen von solchem Engagement, an dem Religionslehrkräfte maßgeblich beteiligt sind. Didaktisch wäre es aber wichtig, dem Indikativ des Friedens mehr Aufmerksamkeit zu schenken. Friedensförderliche Aktivitäten müssen biblisch-theologisch erschlossen werden, um den Frieden nicht ethisch-moralisch auf angemessenes Handeln zu verkürzen. Wenn Schülerinnen ihr Friedenshandeln von dem Indikativ des Friedens getragen wissen, kann ihnen das z. B. helfen, dem Vorwurf argumentierend zu begegnen, dass ein Vertrauensvorschuss oder der Verzicht auf Vergeltung ein Zeichen für Schwäche sei.

Jüngels drei theologisch-anthropologische Bestimmungen des Friedens führen religionspädagogisch weiter, weil sie auf Haltungen, Fähigkeiten und Kenntnisse abzielen, die entscheidend zur Heranbildung von Friedensfähigkeit beitragen.

Für die Schüler gibt es zum Thema Vieles zu lernen:
- Krieg und Gewalt aus der Perspektive der Opfer wahrzunehmen,
- ihrer Angst vor Krieg und der Sehnsucht nach Frieden eine Sprache zu geben,
- den Frieden als eine Vorgabe zu begreifen, die alle Geschöpfe brauchen, um ihre Grundbedürfnisse zu befriedigen,
- in Auseinandersetzung mit biblischen Verheißungen einen positiven Friedensbegriff zu gewinnen,
- Feindbilder zu hinterfragen und Perspektivenwechsel zu üben,
- im Dialog mit biblischen Erzählungen Vorstellungen von gewaltfreiem Handeln auszubilden,
- (christlich-)religiöse Motive von Menschen zu erläutern, die die Gewaltspirale durchbrechen, und deren Handeln zu beurteilen,

27 Baas, Britta: Und alles wird neu. In: Publik-Forum 8 (2011), S. 38 ff.

- anhand vergangener oder gegenwärtiger Kriege Ideen für vertrauensbildende Maßnahmen und Versöhnung zu entwickeln,
- eine Haltung liebevoller Achtsamkeit gegenüber allem Leben aufzubauen und Religionen danach zu beurteilen, was sie zum Abbau von Krieg, Gewalt und Unrecht beitragen.

Dies alles kann nicht im Rahmen einer Unterrichtssequenz geschehen, sondern Friedens-Bildung braucht in Form von Projekten, Unterrichtseinheiten, Langzeitaufgaben, Arbeitsgemeinschaften und Schulveranstaltungen einen festen Platz im Schulleben. Religionspädagogische Friedens-Bildung zielt darauf, dass Heranwachsende die Möglichkeiten und Grenzen friedensstiftenden Engagements realistisch einschätzen lernen, ohne mutlos zu werden oder zu verzweifeln. Trotz der Realität des Krieges und der alltäglichen Gewalt kann christliches Denken die Hoffnung auf eine friedliche Welt durchhalten, weil es sich getragen weiß von einer Kraft, die höher ist als alle menschliche Vernunft. Das Friedensgebet des Franz von Assisi (B4/M6) kann dabei inspirierend und orientierend wirken. Es eignet sich als Leitmotiv für religionspädagogische Friedens-Bildung, weil es theologische Gedanken verdichtet zum Ausdruck bringt: Jeder Einzelne mit seinen Fähigkeiten und Möglichkeiten ist gemeint. Jeder und jedem wird zugetraut, Friedensstifter zu werden. Frieden ist der Ernstfall, bei dem Gott und Mensch nicht getrennt voneinander handeln, sondern bei dem die Menschen »Gottes Hände« sind.

Die bisherigen didaktischen Überlegungen werden auf einer didaktischen Landkarte (siehe S. 209) visualisiert, um der Lehrkraft einen Überblick über elementare fachliche Strukturen zu geben.

Anzubahnende Kompetenzen

Die Schüler

- beschreiben Begleiterscheinungen und Folgen, die Krieg und Gewalt für die Opfer mit sich bringen
- stellen dar, dass alle Lebewesen aufeinander angewiesen sind und als Geschöpfe Gottes ein gemeinsames Lebensrecht besitzen[28]
- erläutern, dass die Gewalt im Alten Testament als ein Mittel angesehen wurde, um in einem Umfeld der Gewalt die Rechte der Unterdrückten durchzusetzen. Sie erklären weiterhin, dass das Bemühen um eine Eindämmung von Gewalt ein wichtiges biblisches Motiv ist

28 Vgl. Niedersächsisches Kultusministerium (Hg.): Kerncurriculum Katholische Religion für die Integrierte Gesamtschule Jahrgänge 5–10, Hannover 2009, S. 24.

- gestalten biblische Verheißungen und Hoffnungsbilder von Frieden und Gerechtigkeit
- erläutern, dass Jesus einen dritten Weg, jenseits von Gewalt und jenseits von Passivität, gegangen ist
- erläutern, dass die Gebote der Gottes-, Nächsten- und Feindesliebe den Kern christlicher Ethik darstellen[29]
- schildern die Motive eines Christen oder einer christlichen Organisation, sich für Versöhnung und Frieden einzusetzen
- beschreiben, dass Haltungen und Handlungen wie z. B. Vertrauensfähigkeit und Gesten der Versöhnung den Frieden schützen und entwickeln helfen
- stellen wichtige Merkmale von Frieden gestalterisch dar

Organisation des Unterrichts und Differenzierung

Diese Unterrichtssequenz orientiert sich an dem Dialogmodell, das zusätzlich zu einer Kursphase eine Klassenphase vorsieht. In dieser Phase finden ein Austausch und eine Diskussion zwischen Religion und dem Alternativfach statt. Grundlegende Ausführungen zu den Leitgedanken und Organisationsformen dieses Modells wurden in den Kap. 1.6 – Kap. 1.7 gemacht.

Leitendes Prinzip für die Kursphase ist die Wahldifferenzierung; d. h. Schüler, die ein Teilthema bearbeiten, haben die Möglichkeit, sich mehrere Aufgaben unterschiedlicher Lernzugänge und Schwierigkeitsgrade auszusuchen. Dabei müssen sie aber beachten, dass manche Aufgaben aufeinander aufbauen.

Wie aus der Lernlandkarte (siehe S. 207–208) ersichtlich wird, beginnt die Unterrichtseinheit mit einer Klassenphase (A1) und geht in eine Kursphase (B) über. Während dieser bearbeiten die Schüler in Kleingruppen fünf Teilthemen (B1–B6). Am Ende der Kursphase präsentieren und diskutieren sie ihre Ergebnisse (B6). Die Einheit endet mit einer Klassenphase (A2).

Die Impulsmaterialien haben eine entsprechende Kennzeichnung: B4/M2 bedeutet, dass das Material für die Kursphase (B) vorgesehen ist, von Arbeitsgruppe 4 verwendet werden soll und dass es sich dabei von den Materialien (M) für diese Gruppe um die Nummer 2 handelt.

29 Vgl. Niedersächsisches Kultusministerium (Hg.): Kerncurriculum Evangelische Religion für die Integrierte Gesamtschule Jahrgänge 5–10, Hannover 2009, S. 24.

5.4.2 Leitgedanken, Unterrichtshinweise und Materialien

A1 Klassenphase zu Beginn der Unterrichtseinheit: Sich gemeinsam ins Thema und in Leitfragen hineindenken (2 Doppelstunden)

Leitgedanken und Unterrichtshinweise:

Das Plakat »Es ist Krieg! Entrüstet euch« (Phase A1/M1) dient als Einstimmung in das Unterrichtsthema. Die Schülerinnen beschreiben es in einem ersten Schritt und erkennen, dass die Friedenstaube blutet und gekreuzigt wurde. Sie arbeiten die Doppeldeutigkeit des Imperativs »Es ist Krieg – Entrüstet euch!« heraus und tragen dazu ihre Assoziationen sowie Beispiele zusammen.

Nach einer Verständigung über den Begriff Krieg (A1/M3) können folgende Materialien vertiefend herangezogen werden: Das Lied »Kein vernünftiger Mensch« (A1/M2) korrespondiert mit der Aussage des Plakates. Es kann vorgespielt und mit Beispielen gefüllt werden. Die vier Statements »Kommt durch den Krieg der Frieden?« (A1/M4) führen über eine moralische Empörung hinaus und regen zum Fragen an. Sie können auch während der Dialogphase am Schluss der Unterrichtseinheit zum Einsatz kommen.

Nach der thematischen Einstimmung erläutert die Lehrkraft das Unterrichtsthema »Der Frieden – ein unerfüllbarer Wunschtraum?« einschließlich seiner Teilthemen. In der Mitte der Lernlandkarte werden gemeinsam Leitfragen festgehalten. Sie sind gleichzeitig Dialogthema für die Klassenphase am Schluss der Unterrichtseinheit (Phase A2). Es folgt das Beispiel zweier Lernlandkarten, die den gesamten Rahmen und die Arbeit während der Kursphase Religion abbilden. Die erste Lernlandkarte ist für die Schüler gedacht. Sie bietet einen Überblick über die Organisation der Unterrichtssequenz und die zu bearbeitenden Teilthemen. Die zweite Lernlandkarte ist die Version für die Lehrkraft. Sie enthält zusätzlich wichtige didaktische Aspekte, die während der Erarbeitungs- und Diskussionsphasen von Bedeutung sind.

Für den Kurs des Alternativfaches muss ebenfalls eine Lernlandkarte erstellt werden, auf der auch die gemeinsamen Leitfragen für die beiden Kurse fixiert sind. Folgende Teilthemen können darauf verzeichnet und bearbeitet werden:

- Gewalt hat viele Gesichter (Gewaltbegriff nach Johan Galtung) einschließlich Beispielen
- Wie Philosophen über den Frieden denken (Grundelemente der Friedenstheorien von Hobbes und Kant)
- Friedenssymbole – Entstehung, Aussage, Verwendung (säkulare Symbole, z. B. Friedensrune, weiße Flagge, zerbrochenes Gewehr, Kranich)
- Organisationen, die Frieden stiften – ihre Überzeugungen und ihre Aktionen
- Pazifismus und seine Begründungen aus säkularer Perspektive

Es wäre wünschenswert, dass Klassen, die im selbständigen Arbeiten geübt sind, an der Findung der Teilthemen beteiligt werden. Dabei wäre seitens der Lehrkräfte darauf zu achten, dass religionsdidaktische Aspekte, die für die Kursphase Religion bzw. philosophisch-ethische Aspekte, die für die Kursphase des Alternativfaches relevant sind, Berücksichtigung finden (vgl. dazu für Religion die didaktische Landkarte sowie die Lernlandkarte für die Lehrkraft). Die Lernlandkarte bildet die organisatorische und inhaltliche Struktur des Vorgehens ab und ist der »rote Faden« der Unterrichtssequenz, der für alle sichtbar aufgehängt werden sollte.

Sollte geplant sein, die Arbeit und die Ergebnisse der Gruppen als Testersatzleistung zu werten, müssen die Modalitäten den Schülern am Ende der Klassenphase A1 erläutert werden. Anregungen finden sich in Kapitel 6.3.2.

Die vorliegenden Unterrichtshinweise skizzieren den Einsatz der Impulsmaterialien und umreißen Aspekte, die darüber hinaus zu bearbeiten wären. Die Beispielaufgaben eröffnen unterschiedliche Lernzugänge und tragen zur Anbahnung inhalts- und prozessbezogener Kompetenzen bei. Während der Kleingruppenphase sollen die Schülerinnen weitere geeignete Materialien recherchieren und selbständig erschließen.

Impulsmaterialien für Phase A1 (2 Doppelstunden)

A1/M1 Plakat der Ökumenischen FriedensDekade von 2010 unter dem Motto »Es ist Krieg. Entrüstet euch!«, in: www.friedensdekade.de (Zugriff am 03.11.2015)

A1/M2 Kanon: Kein vernünftiger Mensch von Bertha von Suttner (Text) und Siegfried Macht (Musik), in: Macht, Siegfried: Eine Welt oder keine. Kanons für Frieden, Umwelt, Eine Welt, Mainz 2007

A1/M3 Was wird als »Krieg« bezeichnet? Informationstext der Bundeszentrale für politische Bildung: http://www.bpb.de/nachschlagen/lexika/politiklexikon/17756/krieg (Zugriff am 03.11.2015)

A1/M4 Streit der Meinungen: Kommt durch den Krieg der Frieden?

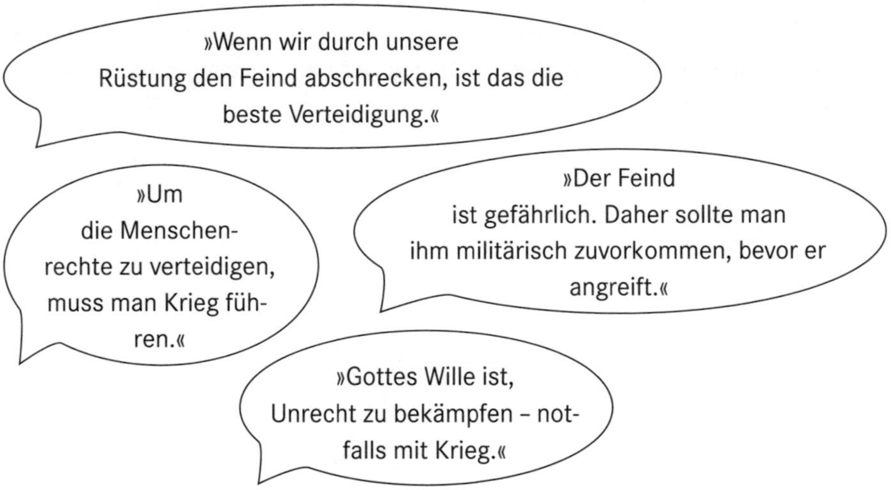

Beispielaufgaben zu den Impulsmaterialien A1/M1, A1/M2, A1/M4

- Haltet eure Gedanken und Fragen zu dem Plakat in einer Mindmap fest.
- Deutet das Plakat, indem ihr die Doppeldeutigkeit der Aufforderung erklärt.
- Schildert euch gegenseitig Gefühle und Gedanken, die der Kanon *Kein vernünftiger Mensch* bei euch auslöst. Vergleicht die Aussage des Kanons mit der Aussage auf dem Plakat.
- Schreibt ein eigenes Statement zu der Frage »Kommt durch den Krieg der Frieden?« in die leere Sprechblase hinein.
- Nehmt Stellung zu einem Statement eurer Wahl und diskutiert eure Meinungen, indem ihr sie zu der Frage »Kommt durch den Krieg der Frieden?« in Beziehung setzt.

Lernlandkarte für die Schülerhand

<table>
<tr>
<td colspan="2">Teilthema B1 für die Kursphase: Ist die Bibel ein Buch der Gewalt? Wie deutet sie die Ursachen von Gewalt?

Impulsmaterialien: B1/M1–M6</td>
<td colspan="2">Teilthema B2 für die Kursphase: Vorstellungen vom Frieden in der Bibel – heute noch aktuell?

Impulsmaterialien: B2/M1–M6</td>
</tr>
<tr>
<td>Teilthema B3 für die Kursphase: Christliche Friedenssymbole – wo sie herkommen und was sie bedeuten

Impulsmaterialien: B3/M1–M5</td>
<td colspan="2" rowspan="2">Thema: Der Frieden – ein unerfüllbarer Wunschtraum?

A1 Thematische Annäherungen während einer Klassenphase von Religion und Alternativfach zu Beginn der Unterrichtseinheit: Sehnsucht nach Frieden und die Realität des Krieges (Dauer der Klassenphase A1: 2 Doppelstunden)

Unsere Leitfragen:
- Warum gibt es Krieg?
- Wie kann Frieden genauer beschrieben werden?

Impulsmaterialien: A1/M1–M4</td>
<td>Teilthema B4 für die Kursphase: Christen oder christliche Organisationen, die Frieden stiften – Was sie tun und wie sie ihr Engagement begründen

Impulsmaterialien: B4/M1–M5</td>
</tr>
<tr>
<td rowspan="2">Teilthema B5 für die Kursphase: Was meint Pazifismus? Was bedeutet es, pazifistisch zu handeln?

Impulsmaterialien: B5/M1–M5</td>
<td rowspan="2">Abschluss B6 der Kursphase: Präsentieren und Diskutieren der Ergebnisse; individuelle Gestaltungen
(Dauer der gesamten Kursphase: 5 Doppelstunden)

Materialien: alle Unterlagen der Gruppen</td>
</tr>
<tr>
<td colspan="2">A2 Dialogthema für die Klassenphase am Schluss der Unterrichtseinheit: Der Frieden – ein unerfüllbarer Wunschtraum? (Dauer der Klassenphase A2: 1–2 Doppelstd.)

Materialien: Gruppenergebnisse und individuelle Gestaltungen</td>
</tr>
</table>

Lernlandkarte für die Lehrkraft

Teilthema B1 für die Kursphase: Ist die Bibel ein Buch der Gewalt? Wie deutet sie die Ursachen von Gewalt?
Didaktische Aspekte: Eindämmung und Begrenzung von Krieg und Gewalt, prophetischer Einspruch gegen Gewalt, der dritte Weg Jesu
Impulsmaterialien: B1/M1–M6

Teilthema B2 für die Kursphase: Vorstellungen vom Frieden in der Bibel – heute noch aktuell?
Didaktische Aspekte: Aufeinander-Bezogen-Sein aller Geschöpfe (1. Mose 1); Frieden als Indikativ: bewahrt werden (Paradieserzählung); Frieden als Imperativ: bewahren; Schalom als Wohlordnung: Frieden und Gerechtigkeit, Bergpredigt: neue Möglichkeiten des Zusammenlebens experimentell entdecken
Impulsmaterialien: B2/M1–M6

Teilthema B3 für die Kursphase: Christliche Friedenssymbole – wo sie herkommen und was sie bedeuten
Didaktische Aspekte: Regenbogen als Symbol der Verbundenheit Gottes mit den Menschen, Taube als Symbol für eine bewohnbare Erde **Impulsmaterialien: B3/M1–M5**

Teilthema B5 für die Kursphase: Was meint Pazifismus? Was bedeutet es, pazifistisch zu handeln?
Didaktische Aspekte: gewaltfreier Widerstand als schöpferische Lebensenergie, Schalom als Weg-Wort, Glaube und Ethik Jesu
Impulsmaterialien: B5/M1–M5

Thema: Der Frieden – ein unerfüllbarer Wunschtraum?

A1 Thematische Annäherungen während einer <u>Klassenphase</u> von Religion und Alternativfach zu Beginn der Unterrichtseinheit: Sehnsucht nach Frieden und die Realität des Krieges (Dauer der Phase A1: 2 Doppelstunden)
Didaktische Aspekte: Begriffe Krieg und Frieden, Ursachen, Auswirkungen, Folgen von Krieg,
Erarbeiten von Leitfragen, z. B.:
Warum gibt es Krieg?
Wie kann Frieden genauer beschrieben werden?
Wie entsteht Frieden?
Warum ist es so schwer, dauerhaft in Frieden zusammenzuleben?
Impulsmaterialien: A1/M1–M4

A2 Dialogthema für die <u>Klassenphase</u> am Schluss der Unterrichtseinheit: Der Frieden – ein unerfüllbarer Wunschtraum? (Dauer der Klassenphase A2: 1–2 Doppelstd.)
Materialien: Gruppenergebnisse und individuelle Gestaltungen

Teilthema B4 für die Kursphase: Christen oder christliche Organisationen, die Frieden stiften – Was sie tun und wie sie ihr Engagement begründen
Didaktische Aspekte: Vertrauensbildende Maßnahmen als Wagnis, der Glaube als Quelle von Kraft und Hoffnung
Impulsmaterialien: B4/M1–M5

Abschluss B6 der Kursphase: Präsentieren und Diskutieren der Ergebnisse; individuelle Gestaltungen
(Dauer der gesamten Kursphase: 5 Doppelstunden)
Didaktische Aspekte: Diskutieren der Leitfragen, Gelerntes kreativ zum Ausdruck bringen
Materialien: alle Unterlagen der Gruppen

Didaktische Landkarte

Globale Herausforderungen	**Was kann das Fach Religion zu einer Kultur des Friedens beitragen?** Didaktische Landkarte für die Lehrkraft **zur Elementarisierung religionspäd. Friedens-Bildung**		**Religionspäd. Orientierungen Biblische und systematisch-theologische Impulse**
1.1 **Existieren unter der Gefahr der Selbstvernichtung** Atomwaffen globale ökologische und ökonomische Katastrophen Teufelskreise der Gewaltausübung 1.2 **Unser »Frieden«: labil und unbiblisch** Wirtschaftlicher Reichtum durch Export von Todesgütern Bereicherung an armen Nationen 1.3 **Emotionale und intellektuelle Fassunglosigkeit** Verdrängung als Reaktion 1.4 **Psychische Folgen** partielle Gefühllosigkeit (Zynismus, Indifferenz, Konsumismus) Violentismus Streben, Kleinheit zu überwinden; Stillen des Sicherheitsbedürfnisses durch Waffen	1. Kulturelle Gewalt Unterscheidung: personale, strukturelle, **kulturelle Gewalt** (Tiefenstruktur einer Gesellschaft) Krieg als totale Konfrontation, bei der die Vernichtung des Gegners um den Preis der Selbstvernichtung in Kauf genommen wird.	2. Kultur des Friedens *dynamischer und umfassender Prozess der Konfliktaustragung mit gewaltfreien Mitteln bei gleichzeitiger zunehmender Verwirklichung der Menschenrechte und damit sozialer Gerechtigkeit und Demokratie* *Das Fach Religion hat Teil an dieser Aufgabe und setzt dabei eigene Akzente.*	2.1 **Mit der Bibel um Antworten auf Gewalt ringen** Eindämmung, Begrenzung von Gewalt, Kritik und Überwindung des Krieges; der 3. Weg Jesu 2.2 **Der Mensch lebt und zehrt vom Indikativ des Friedens** (E. Jüngel) 2.3 **Der Haushalt der gesamten bewohnten Erde (Oikoumene)** als Sinnbild dafür, dass alle Geschöpfe aufeinander bezogen sind 2.4 Biblische Vorstellungen vom Frieden – **Schalom als »Weg-Wort«** 2.5 **Überwindung von Gewalt als schöpferische Lebensenergie** das Friedensgebet des Franz von Assisi als Leitmotiv 2.6. **Frieden als Indikativ und Imperativ erfahren lernen:** bewahrt werden – vertrauen können; bewahren – Widerstandsenergie entwickeln, Frieden stiften

B1 bis B6 Kursphase: Teilthemen B1–B5 in Kleingruppen erschließen; B6: Ergebnisse präsentieren, diskutieren und individuell gestalten (ca. 6 Doppelstunden)

Zu Beginn werden Kleingruppen mit vier bis sechs Teilnehmern zu den fünf Teilthemen gebildet und Absprachen über das Vorgehen, die Dauer der Arbeitszeit und die erwarteten Ergebnisse getroffen. Je nach Kursgröße kann es zu den Teilthemen B1 und B2 eine Parallelgruppe geben. Jede Kleingruppe legt fest, welche Aufgaben sie bearbeiten will, verteilt diese und tauscht sich in regelmäßigen Abständen über Ergebnisse aus.

Am Anfang oder Ende jeder Doppelstunde werden während der gesamten Kursphase ca. 15 Minuten Zeit für Zwischenberichte von ein bis zwei Gruppen eingeplant. So erhalten Kursteilnehmer und Lehrkraft Gelegenheit, Anregungen zu geben und Fragen zu stellen. Das entlastet die Präsentationen der Teilgruppen am Ende der Kursphase (B6) und motiviert die Schüler, zu vorweisbaren Ergebnissen zu kommen.

Kursphase, Teilthema B1: Ist die Bibel ein Buch der Gewalt? Wie deutet sie die Ursachen von Gewalt und Krieg?

Leitgedanken und Unterrichtshinweise:

Das Plakat »Gier Macht Kr!eg« (B1/M1) wirft die Frage nach den Ursachen von Krieg und Gewalt auf. Die Schülerinnen entdecken, dass es sich auf zweierlei Weise lesen lässt und sammeln Beispiele, die seine Aussage entweder stützen oder ihr zuwiderlaufen. Der Slogan führt in die Frage hinein, wie in der Bibel Ursachen von Gewalt und Krieg gedeutet werden. Hier bietet sich die Erzählung von Kain und Abel an (1. Mose 4). Sie führt den Mord des Menschenbruders auf Neid und Begehren zurück und nimmt den Menschen als Hüter seiner Menschengeschwister in die Verantwortung.

Die Auseinandersetzung der Schüler mit Jos 8 scheint das Vorurteil zu bestätigen, die Bibel sei ein Buch der Gewalt. Wenn sie Jos 8 mit 5. Mose 20 und 5. Mose 5,16–19 vergleichen, können sie jedoch entdecken, wie Israel sich durch Schutzbestimmungen auf den Weg zur Überwindung der Gewalt gemacht hat (vgl. Kap. 5.4.1 Didaktische Überlegungen).

Der Aufnäher »Schwerter zu Pflugscharen« und das Foto mit dem Banner am Greifswalder Dom (B1/M2 und B1/M3) rücken am Beispiel von Micha 4,1–3 (B1/M4) den Einspruch alttestamentlicher Propheten gegen Krieg und Gewalt in die heutige Lebenswelt hinein. Michas Vorstellungen von einer Welt ohne Krieg können inspirieren, Vorstellungen von einem friedlichen Zusammenleben der Menschen heute auszubilden. Das Gedicht *der dritte Weg* (B1/M5) macht deutlich, dass die Gewaltfreiheit Jesu nicht mit Passivität gleichzusetzen ist und regt dazu an, in den Evangelien nach Beispielgeschichten zu suchen, in denen Jesus die Macht- und Herrschaftsstrukturen seiner Zeit gewaltfrei unterwanderte. Beispiele finden sich in B1/M6.

Impulsmaterialien für Teilthema B1/M1–B1/M6

B1/M1 Plakat der Ökumenischen FriedensDekade von 2011; Motto: »Gier macht Kr!eg«, in: www.friedensdekade.de (Zugriff am 03.11.2015)

B1/M2 »Schwerter zu Pflugscharen«, Aufnäher der staatsunabhängigen Friedensbewegung der DDR seit 1980; nunmehr Logo der Ökumenischen FriedensDekade, in: www.friedensdekade.de (Zugriff am 03.11.2015)

B1/M3

Ein Banner »Schwerter zu Pflugscharen« am Dom der Stadt Greifswald, © Christine Lehmann

B1/M4 Worte des Propheten Micha, Micha 4,1–3
nach der Einheitsübersetzung mit einer Leerzeile für eine eigene Überschrift

B1/M5 der dritte weg – Gedicht von Dorothee Sölle, in: Den Rhythmus des Lebens spüren. Inspirierter Alltag, Freiburg 2003, S. 147

B1/M6 Vom Umgang Jesu mit der Gewalt – Auszug aus einem Text von Margot Käßmann, in: Käßmann, Margot, Wecker, Konstantin (Hg.): Entrüstet euch! Warum Pazifismus für uns das Gebot der Stunde bleibt, Gütersloh ^{3}2015, S. 98–99

Beispielaufgaben zu B1/M1–B1/M6

- Lest die Geschichte von Kain und Abel (1. Mose 4,1–16). Zeichnet Denkblasen und schreibt hinein, was Kain denken könnte, als er weniger erfolgreich ist als sein Bruder Abel.
- Schreibt die letzte mögliche Stelle heraus, wo die Geschichte von Kain und Abel doch noch einen anderen Verlauf hätte nehmen können. Nehmt diese Stelle als Beginn für eine eigene Fortsetzung und schreibt eure Geschichte auf.
- Erzählt euch mit eigenen Worten, was der Prophet Micha im Namen Gottes für das Ende der Tage verspricht (B1/M4). Zeigt auf, was mit der Formulierung »am Ende der Tage« gemeint ist und gebt dem Prophetenwort eine treffende Überschrift.
- Welche Sprachbilder würde Micha vielleicht heute wählen, um zu beschreiben, was Frieden ist? – Formuliert einen Text oder entwerft ein Plakat.
- Skizziert an einem Konflikt eurer Wahl, wie ein »dritter Weg« aussehen könnte.

Teilthema B2: Vorstellungen vom Frieden in der Bibel – heute noch aktuell?

Leitgedanken und Unterrichtshinweise:
Das Interview mit dem Psychoanalytiker Horst Eberhard Richter (B2/M1) konfrontiert die Schülerinnen anhand von Erlebnissen eines Soldaten während des Zweiten Weltkrieges mit der Frage nach den Haltungen, die Menschen einander entgegenbringen. Richter vertritt die Auffassung, Psychoanalytiker könnten anderen dabei helfen, zu verstehen »dass die Welt friedloser wird, wenn wir das Vertrauen verlieren, dass im Menschen Mitmenschlichkeit und Versöhnlichkeit angelegt sind.« Die Welt werde zudem friedloser, »wenn Menschen sich auf die erpresserische Übermacht von Waffen mehr verlassen als darauf, ihr Zusammenleben auf Gleichheit, Ebenbürtigkeit und Gerechtigkeit zu gründen.« Es bietet sich an, dass die Schüler seine Vorstellungen mit biblischen Vorstellungen vom Frieden vergleichen. Unterschiedliche Facetten des biblischen Friedensbegriffs kommen in B2/M2 zur Sprache.[30] Die Schüler können bei einem Vergleich von B2/M1 mit B2/M2 Gemeinsamkeiten und Unterschiede zwischen biblischen und säkularen Begründungen herausfinden.

Material B2/M3 bündelt biblische Vorstellungen vom Frieden. Er wird als intakte Beziehungen zu den Mitmenschen, den Mitgeschöpfen und zu Gott qualifiziert. Für die Schüler kann diese Aussage anhand der urgeschichtlichen Erzählungen von Schöpfung (1. Mose 1) und Paradies (1. Mose 2,4–25) nachvollziehbar werden. Hier wird in anschaulichen Bildern der ungestörte Indikativ der gesamten Schöpfungsgemeinschaft (Oikoumene) geschildert und der Frieden als Urzustand gedeutet.

30 Vgl. Kap. 5.4.1 Didaktische Überlegungen.

Die Seligpreisungen Mt 5,6 und Mt 5,9 sowie weitere thematisch relevante Teile der Bergpredigt (vom Töten: Mt 5,21–26; von der Feindesliebe: Mt 5,43–48; vom Beten Mt 6,5–15) markieren eine Ethik der Nachfolge Jesu. Sie laden ein, Verantwortung zu übernehmen und das zu suchen und zu tun, was dem Leben dient: »Die Weisungen der Bergpredigt überbieten ein von der Logik der Entsprechung bestimmtes Handeln («Wie du mir so ich dir») durch eine Unterbrechung gewohnter Reaktionsmuster, die Raum für neue Möglichkeiten schafft. [...] Der Gehalt der Bergpredigt ist als Denkanstoß für neue Möglichkeiten des Lebens ins Spiel zu bringen, im Rückgriff auf den ›Bergprediger Jesus‹, der die Bedingungen dieser Möglichkeiten freigelegt hat.«[31]

Die Auseinandersetzung mit Teilen der Bergpredigt wirft die Frage nach deren Bedeutung für christliche Friedensarbeit heute auf. Eine knappe Information über den Friedensbeauftragten der EKD mit Links zu seiner Arbeit und zu dem Video *Der Frieden* hilft den Schülern bei einer zielgerichteten Recherche (B2/M4). Alternativ können die Schüler über die Überzeugungen und Aktionen der katholischen Friedensbewegung pax christi recherchieren (B2/M5).

Die Lieder (B2/M6), die im Kontext der Friedensbewegung der 1980er Jahre entstanden sind, eröffnen einen emotionalen Lernzugang. Auch aus ihnen lassen sich christliche Vorstellungen vom Frieden herauslesen.

Impulsmaterialien für Teilthema B2/M1–B2/M6

B2/M1 Interview mit dem Psychoanalytiker Horst-Eberhard Richter über seine verlorene Jugend in der Nazi-Zeit und das Urerlebnis des Krieges (gekürzt), geführt von Beate Lakotta und Katja Thimm, veröffentlicht im SPIEGEL 40/2006, online unter: http://www.spiegel.de/spiegel/print/d-49067611.html (Zugriff am 03.11.2015)

B2/M2 Vorstellungen vom Frieden in der Bibel – heute noch aktuell?
Hier werden folgende Bibelstellen genannt: Römer 12,21; Johannes 13,34; Psalm 85,9–11; Jesaja 32,17; Jesaja 32,17; Jesaja 54,10; Römer 14,17; 1. Korinther 14,33; Matthäus 5,9; Matthäus 5,5; Psalm 34,15; Jesaja 32,17; Matthäus 26,52; Jesaja 32,18; Jakobus 3,18

B2/M3 »Frieden« im Alten Testament
Eine hohe Bedeutung hat im Alten Testament das Wort »Schalom«. Es ist das hebräische Wort für Frieden und kommt dort mehr als vierhundertmal vor.

31 Johannsen, Friedrich: Selig sind die Friedensstifter. Die Bergpredigt: Erinnerung an eine zukunftsträchtige Alternative. In: Becker, Ulrich/Johannsen, Friedrich/Noormann, Harry: Neutestamentliches Arbeitsbuch für Religionspädagogen, Stuttgart ^{3}2005, S. 52.

Schalom bedeutet so viel wie »heil sein«, »vollständig sein«, »unbeschädigt sein«.

Die Bibel erzählt davon, dass der Mensch in guten Beziehungen leben muss, um heil sein zu können:

- in intakten Beziehungen zu seinen Mitmenschen,
- in intakten Beziehung zu seinen Mitgeschöpfen,
- in einer intakten Beziehung zu Gott.

Zu einer guten Beziehung gehört auch die Gerechtigkeit. Frieden ohne Gerechtigkeit kann es nach biblischer Vorstellung nicht geben.

B2/M4 Aber, was ist das eigentlich, Frieden?
Videoclip *Der Frieden:* http://www.ekd.de/glauben/e-wie-evangelisch/e_frieden.html und Informationen zum Friedensbeauftragten der Evangelischen Kirche: Pastor Renke Brahms mit Verweis auf die entsprechende Internetseite: http://www.ekd.de/friedensbeauftragter/texte_und_konzepte.html (Zugriff am 03.11.2015)

B2/M5 Christliche Friedensarbeit heute
Kurze Selbstvorstellung von pax christi, siehe www.paxchristi.de (Zugriff am 03.11.2015)

B2/M6 Friedenslieder, die von Christen gesungen werden

- *Gib Frieden, Herr, gib Frieden* von Jürgen Henkys, Ev. Gesangbuch, Ausgabe für die Evangelisch-lutherische Landeskirche Mecklenburgs, Nr. 430
- *Komm in unsre stolze Welt* von Hans von Lehndorf, Ev. Gesangbuch, Ausgabe für die Evangelisch-lutherische Landeskirche Mecklenburgs, Nr. 428
- *Bewahre uns Gott* von Eugen Eckert, Ev. Gesangbuch, Ausgabe für die Evangelisch-lutherische Landeskirche Mecklenburgs, Nr. 171 und Kath. Gebetbuch Gotteslob Nr. 453, mit ö (Ökumene) gekennzeichnet.

Beispielaufgaben zu den Materialien B2/M1–B2/M6

- Warum fällt es dem Menschen so schwer, Frieden zu halten? – Lest dazu das Interview mit Horst Eberhard Richter (B2/M1). Klärt ggf., was ihr nicht versteht. Zeichnet dann den Umriss eines Menschen auf ein großes Blatt (Format A3) und schreibt Haltungen hinein, die – laut Richter – ein friedensfähiger Mensch braucht.
- Wie wird vom Frieden in der Bibel gesprochen? Markiert dazu in B2/M2 alle Wörter rot, die den Frieden näher beschreiben. Schreibt sie außen um den Umriss des Menschen herum und sammelt dazu Beispiele.

- Markiert in B2/M2 friedensförderliche Haltungen und Handlungen grün. Gestaltet eurer A3-Blatt, indem ihr auch diese Wörter und Beispiele an passender Stelle hinzufügt.
- Bereitet eine musikalische Präsentation mit einer Einführung in die Lieder (B2/M6) vor. Formuliert dazu mit eigenen Worten, was sie über den Frieden sagen. Die Noten findet ihr im Gesangbuch.
- Stellt dar, was ihr über »Frieden in der Bibel« herausgefunden habt. Ihr könnt z. B. eine Rollenbiografie schreiben, in der der Frieden sich selbst vorstellt: seine Herkunft, Erscheinung, seine Ansichten, Gedanken und Gefühle, z. B. zu Entwicklungen in unserer Gesellschaft oder in der Welt. Beginnt so: »Mein Name ist Frieden …«

Teilthema B3 Christliche Friedenssymbole – wo sie herkommen und was sie bedeuten

Leitgedanken und Unterrichtshinweise:

Die Fotos B3/M1 und B3/M2 von einem Soldatenfriedhof in der französischen Normandie eröffnen einen emotionalen Lernzugang. Die vielen Kreuze und der Davidstern (B3/M2) erinnern nicht nur an die vielen Einzelschicksale des Leidens und Sterbens im Zweiten Weltkrieg, sondern rücken den Tod in einen christlichen und einen jüdischen Deutungshorizont. Das Symbol »Kreuz« ist ambivalent: als römisches Folterinstrument steht es für das Leiden und Sterben Jesu. Es steht aber auch für die Auferstehung, dafür, dass Gott die Gewaltfreiheit Jesu ins Recht gesetzt hat. Das Kreuz als Symbol der Gewalt und seiner Überwindung lässt nach der Bedeutung anderer Friedenssymbole fragen. Friedenstaube und Regenbogen, die auf Bannern und in Logos von Friedensgruppen begegnen, gehen auf die biblische Geschichte von Noah zurück, die sich die Schüler in dieser Teilgruppe erarbeiten (B3/M5). Die Schülerinnen erschließen den biblischen Ursprung der beiden Symbole und erläutern, warum christliche Friedensgruppen sie verwenden. Diese Symbole haben auch in nicht-christlichen Friedensgruppen Verbreitung gefunden. Die Pace-Fahne, ursprünglich ein Symbol der italienischen Friedensbewegung, gibt das Farbenspektrum des Regenbogens in umgekehrter Reihenfolge wieder.

Dieses Teilthema eignet sich aufgrund seiner geringeren Komplexität auch für Förderschüler. Der umfangreiche Text kann ihnen vorgelesen oder als Hörversion zum Mitlesen zur Verfügung gestellt werden.

Die Frage, ob auch das Kreuz ein Friedenssymbol ist, kann in die Diskussion der Ergebnisse am Ende der Kursphase einfließen.

Impulsmaterialien zu Teilthema B3/M1-B3/M5

B3/M1

B3/M2

Soldatenfriedhof in der französischen Normandie, © Christine Lehmann

➠ *B3/M3 Abbildung einer Friedenstaube,* z. B.: https://de.wikipedia.org/wiki/Friedenstaube#/media/File:Friedenstaube_weiss_blau_kreis.svg (Zugriff am 03.11.2015)

➠ *B3/M4 Abbildung einer Friedensflagge mit dem Schriftzug »pace«,* in Regenbogenfarben, http://www.friedensdekade.de/downloadcategory/downloadarchiv/ (Zugriff am 03.11.2015)

➠ *B3/M5 »Noach und der Regenbogen – Gott schließt einen Bund mit den Menschen«,* 1. Mose 9,8–17; ein Beispiel für eine gelungene Erzählung dieser Bibelgeschichte findet sich in Rainer Oberthürs *Die Bibel für Kinder und alle im Haus,* München ^{2}2004, S. 37–43.

Beispielaufgaben zu den Materialien B3/M1–B3/M5

- Auf B3/M2 seht ihr außer den Kreuzen eine Stele mit einem Davidstern. Kreuz und Davidstern sind Symbole, die häufig auf Grabmalen verwendet werden. Sprecht über ihre Bedeutung und recherchiert zusätzliche Informationen.
- Entwerft zu B3/M3 ein kurzes Infoblatt, auf dem ihr erklärt, warum Christen die Taube zum Symbol für die Friedensarbeit gewählt haben.
- Malt ein Friedenssymbol, das ihr überzeugend findet. Stellt es vor und erklärt, warum ihr dieses Symbol gewählt habt.
- Auch christliche Friedensgruppen verwenden Symbole. Warum sie häufig die Taube oder den Regenbogen in ihrem Logo haben, erfahrt ihr, wenn ihr die Geschichte B3/M5 lest. Markiert wichtige Stellen, erzählt euch die Geschichte und fertigt dazu eine Skizze an.

Teilthema B4 Christen oder christliche Organisationen, die Frieden stiften – Was sie tun und wie sie ihr Engagement begründen

Leitgedanken und Unterrichtshinweise:

Das Nagelkreuz von Coventry (B4/M1 und B4/M2) ist ein Mahnmal für den Frieden. Es erinnert an die Leiden, die Menschen einander im Zweiten Weltkrieg zugefügt haben, und lässt sich als Aktualisierung des Leidens und der Auferstehung Jesu deuten. Inzwischen gibt es auf der ganzen Welt Nagelkreuzgemeinschaften (www. http://nagelkreuz.org/).

In dem Friedensgebet von Coventry (B4/M3) kommt der Geist der Versöhnungsbereitschaft englischer Christen nach dem Zweiten Weltkrieg zum Ausdruck. Es wirft die Frage auf, welche Überzeugungen den Menschen die Kraft geben, dem ehemaligen Gegner trotz des erfahrenen Leids die Hände zu reichen. Zu dieser Frage können die Schüler mit Hilfe der angegebenen Links (B4/M4) recherchieren und dabei vielfältige Formen des Engagements von Christen für den Frieden entdecken.

In dem Gebet des Franz von Assisi (B4/M5) finden sich komprimiert christliche Handlungsprinzipien und -motive des Einsatzes für den Frieden. Es hebt hervor, dass der Mensch auf Gott angewiesen ist, um friedensfähig zu werden: Der Beter bittet Gott als den Ursprung und die Quelle des Friedens (z. B. 1. Mose 1; 1. Mose 2) darum, ihn zu einem Werkzeug seines Friedens zu machen und ihn auf diesem Weg zu unterstützen.

Impulsmaterialien zu dem Teilthema B4/M1–B4/M5

B4/M1 Abbildung vom Nagelkreuz von Coventry,
http://nagelkreuz.org/(Zugriff am 03.11.2015)

B4/M2 Informationen zum Nagelkreuz von Coventry,
http://nagelkreuz.org/nkg-international/geschichte (Zugriff am 03.11.2015)

B4/M3 Das Versöhnungsgebet von Coventry, zu finden auf: http://nagelkreuz.org/wp-content/uploads/2014/04/deutsch.pdf (Zugriff am 03.11.2015)

B4/M4 Christliche Organisationen, die sich für den Frieden einsetzen:
- Ökumenische Friedensdekade: www.friedensdekade.de
- Stiftung Weltethos: www.weltethos.org
- pax christi – internationale katholische Friedensbewegung: www.paxchristi.de
- Antikriegshaus Sievershausen: www.antikriegshaus.de → Klaus Rauterberg
- Aktion Sühnezeichen: www.asf.de
- Aktionsgemeinschaft Dienst für den Frieden: www.friedensdienst.de
- Eirene: www.eirene.org
- Internationaler Versöhnungsbund: https://www.versoehnungsbund.de → Über uns
- Quäker: quaeker.org → Glaube und Wirken; Ökumene und Friedenskirchen
- Mennoniten: www.meno-friedenszentrum.de

B4/M5 Das Friedensgebet des Franz von Assisi, http://www.ekd.de/download/ekd_friedensgebete_2003.pdf, S. 5 (Zugriff am 03.11.2015)

Beispielaufgaben zu den Materialien B4/M1–B4/M5
- Zeichnet ein Nagelkreuz. Recherchiert und schreibt einen informierenden Text unter das Kreuz, wo es Nagelkreuzgemeinschaften in Deutschland gibt und für welche Ziele sie sich einsetzen.

- Stellt die Leitgedanken einer Friedensorganisation eurer Wahl dar und zeigt an einem Beispiel, wie sie für den Frieden arbeitet.
- Erklärt mit Hilfe des Friedensgebetes des Franz von Assisi, wie Christen sich für den Frieden einsetzen können und zeigt dies an Beispielen auf.
- Formuliert ein eigenes Friedensgebet.

Teilthema B5: Was meint Pazifismus? Was bedeutet es, pazifistisch zu handeln?

Leitgedanken und Unterrichtshinweise:

Das Denkmal *Non violence* (B5/M1) fordert heraus, sich mit den Begründungen, Formen und der Umsetzbarkeit pazifistischer Überzeugungen auseinanderzusetzen. Es steht vor einem Museum in der Stadt Caen in der Normandie. Das Museum dokumentiert die europäische Geschichte des 20. Jahrhunderts und berücksichtigt dabei insbesondere die beiden Weltkriege und deren Folgen.

Die Sequenz aus dem Film *Gandhi* führt in die Auseinandersetzung mit Motiven und Methoden gewaltfreien Widerstands hinein (B5/M2). In der PowerPoint-Präsentation »Streitkunst Gütekraft« (B5/M3) finden sich Begründungen für gewaltfreies Handeln. Es wird argumentiert, dass jedem Menschen die Kraft innewohne, Gutes zu tun. Diese Kraft wird als Gütekraft bezeichnet. Sie werde in privaten Konflikten häufig angewendet, komme aber in globalen Konflikten bislang zu wenig zum Tragen. Längerfristig gehe es daher um eine Umorientierung weg von einem egozentrischen Selbstbild hin zu einem beziehungszentrischen Selbstbild. Dabei würden die Menschen entdecken, was sie verbindet, und erkennen, dass es im Interesse aller liegt, einen Missstand abzubauen.

Bei der Recherche über die ökumenische Organisation »Gewaltfrei handeln e. V.« (B5/M4) erfahren die Schüler, dass es Gruppen gibt, die sich für solche Ziele einsetzen. Der Textauszug von Margot Käßmann (B5/M5) thematisiert die biblischen Wurzeln gewaltfreien Handelns und macht deutlich, dass dies durchaus kein einfacher Weg ist.

Impulsmaterialien für Teilthema B5/M1–B5/M5

B5/M1

Denkmal »Non violence« in der französischen Stadt Caen © Christine Lehmann

B5/M2 Filmszene zum gewaltfreien Handeln
Transkript einer Sequenz aus dem Film *Gandhi.* In dieser Sequenz (ab Min. 17 ff.) wollen weiße Jugendliche Gandhi vom Bürgersteig vertreiben. Politischer Hintergrund ist, dass Nicht-Weiße seinerzeit in Südafrika kein Recht hatten, neben Weißen die Bürgersteige zu beanspruchen. Zu finden unter: http://www.martin-arnold.eu/?page_id=1387 → Downloads. Die andere Wange hinhalten?? Jugendliche wollen Gandhi vom Bürgersteig vertreiben (Zugriff am 03.11.2015)

B5/M3 PowerPoint-Präsentation »Streitkunst Gütekraft«
In: www.Martin-Arnold.eu → Forschung, Ergebnisse → Downloads (Zugriff am 03.11.2015)

B5/M4 Die Organisation gewaltfreihandeln e. V. – Ökumenisch Frieden lernen, in: http://www.gewaltfreihandeln.org (Zugriff am 03.11.2015)

B5/M5 Plädoyer von Margot Käßmann, der Gewaltfreiheit absoluten Vorrang einzuräumen, in: Käßmann, Margot: Plädoyer für eine Prima Ratio, in: Käßmann, Margot, Wecker, Konstantin (Hg.): Entrüstet euch! Warum Pazifismus für uns das Gebot der Stunde bleibt, Gütersloh ^{3}2015, S. 99–100

Beispielaufgaben zu den Materialien B5/M1–B5/M5

- Vergleicht die Aussage der Film-Szene B5/M2 mit der Aussage der PowerPoint-Präsentation (B5/M3) und haltet eure Ergebnisse schriftlich fest.
- Diskutiert, welche Auffassungen von B5/M3 ihr teilt und welche ihr kritisch seht. Fasst eure Ergebnisse schriftlich zusammen.
- Recherchiert, wofür die Organisation *gewaltfrei handeln e. V.* sich einsetzt und setzt ihre Ziele zu den Aussagen von B5/M3 in Beziehung.
- Gestaltet eine Spielszene, in der ihr einen Konflikt, der normalerweise in Gewalt münden würde, gewaltfrei löst.

Kursphase B6 »Der Frieden - ein unerfüllbarer Wunschtraum«? Die Schüler präsentieren und diskutieren ihre Ergebnisse, formulieren Antworten auf die Leitfragen und gestalten ein persönliches Ergebnis

Leitgedanken und Unterrichtshinweise:

Das Ende der Kursphase dient dazu, Ergebnisse zu sichern, Positionen zu diskutieren, Antworten auf die Leitfragen zu formulieren, den Dialog im Klassenverband (Klassenphase A2, vgl. Lernlandkarte) vorzubereiten und abschließend ein persönliches Ergebnis zu gestalten.

Während der Präsentationen und Diskussionen muss die Lehrkraft mehr als eine Moderatorenrolle einnehmen: Sie hakt nach, hinterfragt, verstärkt, korrigiert, gibt Impulse und nimmt Stellung. Die didaktische Landkarte und die ausführliche Version der Lernlandkarte können sie bei dieser nicht ganz einfachen Aufgabe unterstützen.

Während der Ergebnispräsentation im Plenum machen sich die Schüler Notizen, z. B. zu folgenden Aspekten:

- Welche Informationen, Deutungen, Überzeugungen waren neu für mich?
- Was möchte ich noch genauer erklärt bekommen?
- Wo stimme ich zu?
- Was sehe ich anders?

Nach einer Klärung von Verständnisfragen werden die Ergebnisse und Positionen der jeweiligen Teilgruppe diskutiert und Antworten auf die Leitfragen formuliert (vgl. Lernlandkarte).[32] Pro Doppelstunde ist es ratsam, zwei bis drei Präsentationen zu diskutieren.

---

32 Es ist auch denkbar, die Ergebnispräsentation in Wirbelgruppen zu organisieren. In jedem Falle sollten sich alle Schüler dabei Notizen machen, um auf die Diskussion im Plenum vorzubereitet zu sein.

In der ggf. verbleibenden Zeit kann mit den individuellen Gestaltungen begonnen werden: Jeder Schüler soll seine Einsichten zum Thema »Der Frieden – ein unerfüllbarer Wunschtraum?« auf kreative Weise darstellen, indem er ein Produkt anfertigt, das Informationen, Deutungen, Überzeugungen, die ihm wichtig sind, anschaulich zum Ausdruck bringt (z. B. einen Text, ein Gedicht, ein Bild, eine Bildergeschichte, eine Schatzkiste »Frieden«, eine Plastik, ein Puzzle, ein Memory, ein Comic ...). Hilfreich wäre, wenn die Schüler für ihre Gestaltungen anregende Materialien wie farbiges Papier, Bilder zum Ausschneiden oder Verfremden, Pappe, Knete oder Fimo, Farben etc. zur Verfügung hätten.

Die individuellen Gestaltungen können – ergänzt durch eine Mappe mit Ergebnissen der Arbeit in der Teilgruppe – als Testersatzleistung gewertet werden (siehe Kap. 6.3.2).

A2 Klassenphase als Abschluss der Unterrichtseinheit mit einer gegenseitigen Information und einer Diskussion der Leitfragen und der Ergebnisse

Leitgedanken und Unterrichtshinweise (1–2 Doppelstunden):
Anhand eines Museumsrundgangs, eines exemplarischen Produktes oder eines ausgewählten Impulsmaterials gibt jeder Kurs einen kurzen Einblick in seine Arbeit. Anschließend stellt jeder Kurs seine Antworten auf die Leitfragen oder ein Statement als Diskussionsbeitrag vor. Während der Diskussion achtet die Lehrkraft darauf, dass Schüler aus beiden Gruppen sich in einem ausgewogenen Verhältnis artikulieren können. Sie leitet die Diskussion und trägt dafür Sorge, dass unterschiedliche Positionen vorgebracht, angehört und reflektiert werden.

Materialien für die Klassenphase A2
- ein exemplarisches Produkt pro Kurs *oder*
- ein exemplarisches Ergebnis *oder*
- ein exemplarisches Impulsmaterial *oder*
- Antworten aus den beiden Kursen auf die Leitfragen *oder*
- ein Statement des jeweiligen Kurses zum Dialogthema

Abschließend werden Verlauf und Ertrag der Unterrichtseinheit ausgewertet. Dies kann in Form eines Blitzlichtes oder auch mit Hilfe eines Evaluationsbogens geschehen. Vorschläge der Schülerinnen für die Bearbeitung der nächsten Unterrichtseinheit runden den Rückblick ab.

Literatur

Jüngel, Eberhard: Zum Wesen des Friedens. Frieden als Kategorie theologischer Anthropologie, München 1983

Käßmann, Margot, Wecker, Konstantin (Hg.): Entrüstet euch! Warum Pazifismus für uns das Gebot der Stunde bleibt, Gütersloh ³2015

Weingardt, Markus: Was Frieden schafft. Religiöse Friedensarbeit. Akteure, Beispiele, Methoden, Gütersloh 2014

Wintersteiner, Werner: Pädagogik des Anderen. Bausteine für eine Friedensarbeit in der Postmoderne, Münster 1999

Oberthür, Rainer: Die Bibel für Kinder und alle im Haus, München ²2004

Links

www.bpb.de
www.friedenspaedagogik.de
www.hsfk.de
www.friedensdekade.de

5.5 »Die Kirche hat doch immer mit den Mächtigen paktiert« …? – Die Kirchen im Nationalsozialismus (Jg. 9/10)[33]

5.5.1 Didaktische Überlegungen

Die Rolle der beiden großen Kirchen in Deutschland unmittelbar vor und während der Zeit des Nationalsozialismus ist umstritten. Die Meinungen über den Grad der Verstrickung der evangelischen und der katholischen Kirche in die Machenschaften des verbrecherischen Naziregimes gehen auseinander. Allerdings ist bei der Mehrzahl derer, die sich heute intensiv mit diesem Thema auseinandersetzen, unumstritten, dass beide Kirchen nicht entschieden genug Widerstand geleistet haben – vor allem nicht am Anfang, wo dieses noch hätte wirkungsvoll sein können – und in ihrer Gesamtheit die jüdische Bevölkerung Europas ihrem Schicksal überlassen haben.[34] Verschiedene Schuldbekenntnisse beider Kirchen

---

33 Diesen Unterrichtsentwurf mit konkreten Materialien als Kopiervorlagen finden Sie in unserem Materialband: Dialogorientierter Religionsunterricht an integrierten Schulsystemen. Unterrichtsplanungen und -materialien zu zentralen Themen der Sek I, Göttingen 2016.

34 Vgl. Breuer, Thomas: Christen und Nazis. In: Noormann, Harry (Hg.): Arbeitsbuch Religion und Geschichte. Das Christentum im interkulturellen Gedächtnis, Bd. 2, Stuttgart 2013, S. 158–187, bes. S. 181 ff. und ausschließlich in Bezug auf die Katholische Kirche siehe Mertens, Annette: Widerstand gegen das NS-Regime? In: http://www.rheinische-geschichte.lvr.de/themen/Das%20Rheinland%20im%2020.%20Jahrhundert/Seiten/KatholischeKircheundKatholikenimRheinland1933%E2%88%921945.aspx, Zugriff am 03.11.2015.

verdeutlichen, dass das heute auch von den Kirchenleitungen so gesehen wird (vgl. Kap. 5.5.3: M4.6 und M4.7). Häufig wird in der Öffentlichkeit die Meinung geäußert, dass nur einzelne, prominente »Märtyrer« wie der evangelische Theologe Dietrich Bonhoeffer und der katholische Jesuit Alfred Delp sich aktiv gegen die Verbrechen der Nationalsozialisten einsetzten. Dabei werden aber die zahlreichen »kleineren« Gesten der Hilfe gegenüber den Verfolgten des NS-Regimes und anonyme Heldentaten zur Rettung von Juden übersehen. Denn als Ergebnis historischer Forschung kann ebenfalls festgehalten werden, dass es eine aktive und nicht zu vernachlässigende Minderheit von Christen gab, die sich der Gleichschaltung der Kirchen mit dem totalitären Staat widersetzten.[35] Wie groß diese war, lässt sich allerdings schwer bestimmen.

Bei den Schülerinnen eines 9. oder 10. Schuljahres kann ein grobes Vorverständnis über die Nazi-Zeit vorausgesetzt werden. Allerdings werden in der Regel noch keine Detailkenntnisse über das Verhältnis der beiden großen Kirchen zum Nationalsozialismus vorhanden sein. Anzunehmen ist jedoch, dass eine Reihe von Schülern, bedingt durch – teilweise diffuse – Informationen in Medien und durch ihre Eltern, eher zu einer pauschalen Verurteilung der Kirchen neigen. Auch werden viele Schülerinnen wissen, dass sich die Mehrzahl der Deutschen vor 1945 als Christen verstanden hat. So erscheint es als möglich, dass viele in ihrer Kirchendistanz bestärkt werden.

Diese Unterrichtssequenz hat das Hauptziel, die Schüler durch selbstständige Erforschung von Bild- und Textquellen sowie Internetrecherche eine sachlich fundierte und differenzierte Beurteilung des Verhaltens der beiden großen Kirchen finden zu lassen. Das bedeutet auf der einen Seite, dass keine Pauschalverurteilung erfolgen darf, die auch der Zwangslage vieler Deutscher während der NS-Zeit nicht gerecht würde. Eine Rechtfertigung bzw. Verharmlosung auf der anderen Seite würde noch im Nachhinein die zahllosen Opfer verhöhnen. Eine abschließende, objektive Beurteilung der Rolle der beiden Kirchen im Nationalsozialismus kann nicht erreicht werden, da diese aufgrund der Komplexität der historischen Situation und auch der Widersprüchlichkeit des Handelns von Christen in der NS-Zeit nicht möglich ist. Wohl aber soll die Bereitschaft

35 Vgl. Kottje, Raymund/Moeller, Bernd (Hg.): Ökumenische Kirchengeschichte, Bd. 3, Mainz/München [4]1989, S. 296–310, bes. 309 f.; damit übereinstimmend folgende Internetquellen, die zahlreiche Einzelpersonen und Gruppen angeben, die sich den Nationalsozialisten widersetzten: http://www.bpb.de/apuz/32092/widerstand-von-protestanten-im-ns-und-in-der-ddr?p=all; http://de.evangelischer-widerstand.de/#/zeiten/19421945 (Zugriff am 03.11.2015). – Diese Quelle stellt übersichtlich, anschaulich, detailliert und geordnet nach Zeiten und Orten zahlreiche Beispiele vor und ist ein geeignetes Medium für die Unterrichtsvorbereitung und eigenständige Schülerrecherchen.

gefördert werden, Vorurteile abzubauen und durch Auseinandersetzung mit historischen Quellen zu einer differenzierten Beurteilung zu kommen, welche stets für neue Forschungsergebnisse offen ist. Gleichzeitig soll exemplarisch die Rolle der Kirche in einer Diktatur reflektiert und zu einer Diskussion darüber angeregt werden, welche Bestimmung der Kirche im Verhältnis zum Staat sich aus der biblischen Aufforderung zur Nachfolge Jesu ergibt.

Eine Kooperation mit den Fächern Geschichte, Politik bzw. Gesellschaftslehre in einer Projektphase bietet sich an. Zumindest sollte das Thema Nationalsozialismus im Geschichtsunterricht vor dieser Unterrichtssequenz oder parallel zu ihr behandelt werden, weil die Vermittlung von grundlegenden historischen Informationen über den Nationalsozialismus, z. B. über Hitlers Machtergreifung, in dieser Einheit nicht möglich ist, aber vorausgesetzt werden muss.

Anbindung an die entsprechenden Kompetenzen Evangelische und Katholische Religion für die Integrierte Gesamtschule

Prozessbezogene Kompetenzen:[36]

- Situationen beschreiben, in denen existenzielle Fragen des Lebens bedeutsam werden (Wahrnehmungs- und Darstellungskompetenz)
- Zentrale biblische und theologische Texte analysieren und interpretieren (Deutungskompetenz)
- Kriterienbewusst zwischen lebensförderlichen und lebensfeindlichen Formen von Religionen und Religiosität unterscheiden und sie in ihrer gesellschaftlichen Relevanz beurteilen (Urteilskompetenz)
- Aspekte des christlichen Glaubens und exemplarisch auch anderer Religionen ästhetisch, künstlerisch und medial gestalten (Gestaltungskompetenz)

Inhaltsbezogene Kompetenz im Kompetenzbereich »Nach Glaube und Kirche fragen«, die am Ende von Schuljahrgang 10 zu erreichen ist: »Die Schülerinnen und Schüler beurteilen kritisch Stationen der Kirchengeschichte und interpretieren das Geschehen im historischen Zusammenhang.«[37]

36 Niedersächsisches Kultusministerium (Hg.): Kerncurriculum für die Integrierte Gesamtschule, Schuljahrgänge 5–10. Evangelische Religion, Hannover 2009, S. 15–16 und Niedersächsisches Kultusministerium (Hg.): Kerncurriculum für die Integrierte Gesamtschule, Schuljahrgänge 5–10. Katholische Religion, Hannover 2009, S. 16–17.

37 Kerncurricula (2009) Evangelische und Katholische Religion, S. 26.

Religionspädagogische Akzente dieser Unterrichtssequenz

- Die Kompetenzorientierung soll durch Bezug auf die Kerncurricula, kompetenzorientierte Aufgabenstellungen, sequenzielles Vorgehen und Bearbeitung einer Herausforderung (Anforderungssituation) umgesetzt werden.[38]
- Es wird in ökumenischer Perspektive sowohl das Verhalten der evangelischen als auch der katholischen Kirche prinzipiell gleichgewichtig analysiert, miteinander verglichen und diskutiert.
- Die Unterrichtssequenz ist durchgängig nach den Prinzipien innerer Differenzierung sowie selbstständigen Lernens strukturiert, durch …
  - freie Wahl von Aufgaben höherer Komplexität (erfordern mehr Eigenständigkeit, Sprach- und Abstraktionsvermögen) und niedrigerer Komplexität (stärker vorstrukturiert; vgl. Kap. 4.6.3) sowie Interessen der Schülerinnen,
  - freie Wahl von Arbeits- und Sozialformen (Einzelarbeit, Partnerarbeit, Gruppenarbeit), Arbeitspartnern und Gruppen,
  - selbstständiges Bearbeiten von Quellen, Internetrecherche und Dokumentieren der Ergebnisse (in einer Mappe oder einem Portfolio),
  - einen hohen zeitlichen Anteil (ca. zwei Drittel) von kooperativen Arbeitsformen.

5.5.2 Methodische Hinweise

Das Quellenmaterial und eine Übersicht über die Aufgaben bekommen die Schüler zu Beginn der Unterrichtseinheit komplett ausgehändigt (am besten geheftet). Sie sind für dieses Material und ihre Arbeitsergebnisse während der gesamten Sequenz selbst verantwortlich. Die Schülerinnen sollen die Aufgaben vorwiegend in Gruppen- oder Partnerarbeit bearbeiten und müssen sich nach Fähigkeiten und Interessen zusammenfinden. Dabei muss die Lehrkraft beachten, dass sich leistungsschwächere Schüler nicht mit zu schwierigen Aufgaben überfordern. Jeder Einzelne muss die Ergebnisse festhalten, um in der Lage zu sein, Ergebnisse zu präsentieren. Daher sind die Aufgaben meist im Singular formuliert. Wenn einzelne Schülerinnen die Aufgaben für eine Teileinheit in Einzelarbeit bearbeiten wollen, sollte das zugelassen werden.

Nach der Erarbeitung der jeweils durch eine Leitfrage gekennzeichneten Teileinheit (Sequenzen 1–4) erfolgt stets eine Präsentation der Schülerergebnisse und deren Diskussion. Diese Phasen sind äußerst wichtig, weil sich die

38 Sequentielles Vorgehen bezeichnet in der Didaktik das Verfahren, Lernschritte in sinnvoller Reihenfolge aufeinander aufbauend anzuordnen, wobei lernpsychologische und fachliche Erfordernisse zu berücksichtigen sind. Unterrichtssequenzen bestehen aus mehreren Unterrichtseinheiten, die nur wenige Unterrichtsstunden umfassen.

Aufgaben niedrigerer und höherer Komplexität inhaltlich ergänzen und sich erst durch die Zusammenschau der Ergebnisse ein Gesamtbild ergibt. Es empfiehlt sich, zunächst die leistungsschwächeren Schülerinnen ihre Ergebnisse vorstellen zu lassen, damit nicht deren Ergebnisse durch die anderen Schüler vorweggenommen werden. Die Präsentation kann sich auf eine geringere Auswahl von Ergebnissen beschränken, wenn die Schülerinnen ein Portfolio erstellen, welches von der Lehrkraft gelesen und mit einer schriftlichen Rückmeldung gewürdigt wird.

5.5.3 Materialien zur Unterrichtssequenz: »Die Kirche hat doch immer mit den Mächtigen paktiert.« ...? – Die Kirchen im Nationalsozialismus

M1.1 Herausforderung
Rebekka (15) und Mareike (16) sind Freundinnen. Während Rebekka sich als Christin versteht und in einer evangelischen Kirchengemeinde aktiv ist, steht Mareike der Kirche distanziert gegenüber. Mareike schlägt vor, am Donnerstagnachmittag einen gemeinsamen Stadtbummel zu machen, und Rebekka antwortet, dass sie dann keine Zeit habe. Sie müsse genau zu diesem Zeitpunkt die Pfadfindergruppe ihrer Kirchengemeinde leiten. Mareike reagiert darauf genervt: »Du immer mit deiner Kirche! Mag ja sein, dass die auch viel Gutes tut. Aber mein Vater hat mir erzählt, dass beide Kirchen in der Vergangenheit stets nur mit den Mächtigen paktiert haben. Sie haben sogar brutale Diktaturen als von Gott gegeben gerechtfertigt. Teilweise passiert das heute noch. Besonders deutlich wird das Ganze am Nationalsozialismus. Weil die Kirchen nichts gemacht haben, mussten Millionen Menschen sterben, vor allem Juden. Deshalb glaube ich der Kirche nichts mehr. Kannst Du da so einfach drüber hinwegsehen und in Ruhe deine Pfadfinder leiten?«

Wie würdest du Mareikes Frage beantworten? – Ist Mareikes These in Bezug auf den Nationalsozialismus berechtigt?

M1.2 Foto von Adolf Hitler beim Verlassen der Marinekirche in Wilhelmshaven
Diese Abbildung diente der NSDAP vor 1933 als Werbung für kirchentreue Wähler. Ab 1934 wurde es nicht mehr verwendet. Die Marinekirche war damals ein Museum, z. B. in: http://schuldekan-schorndorf.de/index.php?id=1131 → Bild_Hitler_in_der_Garnisonskirche.doc (Zugriff am 03.11.2015)

M1.3 Aus dem Paragraphen 24 des Parteiprogramms der NSDAP vom 24. Februar 1920
Punkt 4: Staatsbürger kann nur sein, wer Volksgenosse ist. Volksgenosse kann

nur sein, wer arischen Blutes ist, ohne Rücksichtnahme auf Konfession. Kein Jude kann daher Volksgenosse sein.
Punkt 5: Wer nicht Staatsbürger ist, soll nur als Gast in Deutschland leben können und muss unter Fremdengesetzgebung stehen.
Punkt 6: Das Recht, über Führung und Gesetze des Staates zu bestimmen, darf nur dem Staatsbürger zustehen. Daher fordern wir, daß jedes öffentliche Amt, gleichgültig welcher Art, gleich ob Reich, Land oder Gemeinde, nur durch Staatsbürger bekleidet werden darf. […]
Punkt 24: Wir fordern die Freiheit aller religiösen Bekenntnisse im Staat, soweit sie nicht dessen Bestand gefährden oder gegen das Sittlichkeits- und Moralgefühl der germanischen Rasse verstoßen.
Die Partei als solche vertritt den Standpunkt eines positiven Christentums, ohne sich konfessionell an ein bestimmtes Bekenntnis zu binden. Sie bekämpft den jüdisch-materialistischen Geist in und außer uns und ist überzeugt, daß eine dauernde Genesung unseres Volkes nur erfolgen kann von innen heraus auf der Grundlage: Gemeinnutz vor Eigennutz.

Auszug aus: Parteiprogramm der NSDAP, § 24, von 1920 z.B. unter http://www.documentarchiv.de/wr/1920/nsdap-programm.html (Zugriff am 14.12.2015)

M1.4 Wahlaufruf von Gauleiter Grube für die evangelische Reichskirche
In: Brennpunkte der Kirchengeschichte, S. 218
Zusätzliche Hinweise zur Quelle: Durch Mobilisierung von Wählern, die bisher an Kirchenwahlen noch nie teilgenommen hatten, gelang es den Nationalsozialisten, fast ein Drittel aller Sitze der Gemeindekörperschaften zu besetzen. Mit der katholischen Kirche wurde ein anderer Weg versucht. Im Gegensatz zur evangelischen Kirche, die von keiner Partei direkt vertreten wurde, hatte die katholische Kirche vor allem für ihre kulturpolitischen Forderungen eine unmittelbare Vertretung in der Zentrumspartei. Taktisch klug, griff die NSDAP allein das Zentrum an, während sie die katholische Kirche unbehelligt ließ. Ihre Parole war: Respekt vor der Kirche – Tod dem politischen Katholizismus! Neben den Juden und Marxisten wurden darum die »Schwarzen« zum bevorzugten Angriffsziel nationalsozialistischer Propaganda.

M1.5 Foto zweier Männer vor einer Berliner Kirchentür, die mit Wahlschildern Wahlpropaganda für die Wahl am 23. Juli 1933 machen.
Die Schrift auf dem einen Schild wird verdeckt, auf dem anderen Schild kann man lesen: »Kirche muß Kirche bleiben! Wählt Liste: Evangelium und Kirche.«, in: http://www.surf-inn.net/HugoDistler/?Zeitgeschichte:Der_Knabenchor_von_St._Jakobi_und_die_HJ (Zugriff am 03.11.2015)

M1.6 Verwirrende Vielfalt in der Evangelischen Kirche
Die evangelische Kirche bot ein viel verworreneres Bild als die katholische. Das Meinungsspektrum war breit und reichte von der Zustimmung zum Nationalsozialismus, über ein »Ja« mit verschiedenen Einschränkungen, bis zur kompletten Ablehnung.

Quellenbelege finden sich in den Richtlinien der Glaubensbewegung *Deutsche Christen* vom 26. Mai 1932; bei Hermann Sasse, Herausgeber des Kirchlichen Jahrbuchs 1932; Walter Künneth, 1931, in: Brennpunkte der Kirchengeschichte, S. 220

M1.7 Brief der NSDAP, Gauleitung Hessen (Abteilung Presse), an das Bischöfliche Ordinariat Mainz vom 27.9.1930; Antwort des Bischöflichen Ordinariates Mainz vom 30.9.1930 (Auszug)
Die NSDAP fragt beim Ordinariat wegen einer NSDAP-kritischen Predigt eines Pfarrers nach, deren Legitimation das Ordinariat bestätigt, in: http://ivv7srv15.uni-muenster.de/mnkg/pfnuer/o-mainz.htm (Zugriff am 03.11.2015)

Exemplarische Aufgaben zu M1.4–M1.7
Geringerer Schwierigkeitsgrad: Vergleiche das Verhalten der beiden Kirchen und nimm dazu Stellung.
Höherer Schwierigkeitsgrad: Bewerte das Verhalten der beiden Kirchen und erkläre, wodurch es zu unterschiedlichen Reaktionen der evangelischen und der katholischen Kirche kommen konnte. Berücksichtige dabei die unterschiedlichen Strukturen beider Kirchen.

M2.1 Foto von 1934: Hitler mit Abt Schachleiter und dem evangelischen Reichsbischof Müller auf einem Nürnberger Reichsparteitag
Z. B. in: http://sola-scriptura.ch/karl-barth-evangelischer-papst/ (Zugriff am 03.11.2015)

M2.2 Auszug aus den Verlautbarungen der Fuldaer Bischofskonferenz vom 28. März 1933
In: http://schuldekan-schorndorf.de/index.php?id=1132 → Text_Katholische_Kirche_im_Umschwung_1933.doc (Zugriff am 03.11.2015)

M2.3
Flagge der Deutschen Christen, 1932

M2.4 Die Deutsche Evangelische Kirche (DEK)

Mit Hilfe der 1932 gegründeten Bewegung der *Deutschen Christen* versuchte Hitler, die evangelischen Landeskirchen von innen zu erobern. Um diese »gleichzuschalten«, d. h. in seinem Sinne zu vereinheitlichen und der NS-Ideologie anzupassen, begünstigte er die Schaffung der von den *Deutschen Christen* geforderten einheitlichen Reichskirche. Nach Verhandlungen zwischen den deutschen Landeskirchen wurde eine Verfassung für eine Deutsche Evangelische Kirche (DEK) ausgearbeitet. Die Gründung der Deutschen Evangelischen Kirche mit einem Reichsbischof an der Spitze fand jedoch erst im Juli 1933 als Nachfolgerorganisation des Deutschen Evangelischen Kirchenbundes von 1922 statt.

Bei den Kirchenwahlen am 23. Juli 1933 errangen die *Deutschen Christen* beachtliche Erfolge und verstärkten ihren Einfluss auf kirchliche Entscheidungen. In einem preußischen Kirchengesetz vom 6. September 1933, welches den sogenannten Arierparagraphen enthielt, wird das besonders deutlich. Danach durfte nur noch derjenige als Geistlicher oder kirchlicher Beamter berufen werden, welcher sich bedingungslos für den nationalen Staat und die Deutsche Evangelische Kirche einsetzte. Personen nicht-arischer Abstammung oder diejenigen, welche mit einer Person nicht arischer Abstammung verheiratet waren, durften weder Pfarrer noch kirchlicher Beamter werden.

M2.5 Das Reichskonkordat

Nach schwierigen Verhandlungen kam es am 20.07.1933 zum sogenannten Reichskonkordat, einer rechtlich verbindlichen Vereinbarung zwischen der deutschen Reichsregierung und dem Heiligen Stuhl. Aussagekräftige Auszüge bilden die Artikel 1, 5, 31 sowie 32.
In: http://www.ibka.org/artikel/ag97/reichskonkordat.html
(Zugriff am 03.11.2015)

M2.6 Auszug aus der Entschließung der Berliner Sportpalastkundgebung der Deutschen Christen am 13.11.1933

Aus: Böhm: Kirchen zwischen Widerstand und Anpassung

M2.7 »Pfarrernotbund« und »Bekennende Kirche«

Kurzer Informationstext

M 2.8 Abbildung der Selbstverpflichtung des Pfarrernotbundes vom 21. September 1933

Aus: Sammlung Kirchenkampf, Landeskirchenamt Nürnberg

M2.9 1. These der Barmer Theologischen Erklärung der Bekennenden Kirche
Jesus Christus, wie er uns in der Heiligen Schrift bezeugt wird, ist das eine Wort Gottes, das wir zu hören, dem wir im Leben und im Sterben zu vertrauen und zu gehorchen haben. Wir verwerfen die falsche Lehre, als könne und müsse die Kirche als Quelle ihrer Verkündigung außer und neben diesem einen Wort auch noch andere Ereignisse und Mächte, Gestalten und Wahrheiten als Gottes Wort anerkennen.
Z. B. unter http://www.ekd.de/glauben/bekenntnisse/barmer_theologische_erklaerung.html (Zugriff am 03.11.2015)

Exemplarische Aufgaben zu M2.2–M2.9:
Geringerer Schwierigkeitsgrad: Schreibe aus der Perspektive eines Christen, vor welche Schwierigkeiten du dich in dieser Diktatur gestellt siehst.
Höherer Schwierigkeitsgrad: Schreibe aus der Perspektive eines kirchlichen Funktionsträgers (z. B. Pastor, Bischof), vor welche Schwierigkeiten du dich in dieser Diktatur gestellt siehst.

M3.1 Dokument: Todesurteil des Reichsgerichts gegen Pfarrer Friedrich Stellbrink im Jahre 1943
Aus: Böhm, Evangelische Kirche zwischen Kreuz und Hakenkreuz. Bilder und Texte einer Ausstellung, Stuttgart [4]1990, S. 106

M3.2 Foto von Alfred Delp und Dietrich Bonhoeffer
Z. B. in: http://www.spiegel.de/fotostrecke/widerstandsbriefe-leben-ist-mehr-als-ueberleben-fotostrecke-106817–14.html; http://www.planet-wissen.de/politik_geschichte/drittes_reich/dietrich_bonhoeffer/index.jsp (Zugriff am 03.11.2015)

M3.3 Abschrift vom Breslauer Stadtdekan Rundschreiben Nr. 36 vom 2. September 1941
Aus: Abschrift Rundschreiben Nr. 36, in: Eberhard Röhm, Klaus Thierfelder, Evangelische Kirche zwischen Kreuz und Hakenkreuz, Stuttgart o. J., S. 135

M 3.4 Foto von Menschen mit dem von den Nationalsozialisten eingeführten sog. »Judenstern«
Z. B. in: http://www.lookintofuture.com/wp-content/uploads/2012/05/Judenstern.jpg (Zugriff am 03.11.2015)

M4.1 Foto vom während des Zweiten Weltkriegs zerstörten Stuttgart
Z. B. aus: http://www.leonhardskirche.de/bild.php?bild=images/seyfferrathaus_big.jpg (Zugriff am 03.11.2015)

M4.2 Auszug aus der Stuttgarter Schulderklärung vom 18./19. Oktober 1945
Z. B. in: http://www.ekd.de/glauben/bekenntnisse/stuttgarter_schulderklaerung.html (Zugriff am 03.11.2015)

M4.3 Präses Wilhelm Halfmann aus der schleswig-holsteinischen Kirchenleitung im Herbst 1945 zur Stuttgarter Erklärung (Auszug)
Aus: Bohmeier u. a.: Schwierigkeiten mit Verantwortung und Schuld, S. 11

M4.4 Kardinal Joseph Frings zur Rolle der Katholischen Kirche im Nationalsozialismus in einer Denkschrift vom 2. August 1945 (Auszug)
Deren Thema war die Frage nach der Schuld des deutschen Volkes am Nationalsozialismus und am Zweiten Weltkrieg.
Aus: Bohmeier u. a.: Schwierigkeiten mit Verantwortung und Schuld, S. 3 f.

M4.5 Privater Brief Konrad Adenauers an den Bonner Pastor Bernhard Custodis vom 23.06.1946 (Auszug)
Aus: Bohmeier u. a.: Schwierigkeiten mit Verantwortung und Schuld, S. 6

M4.6 Aus dem Beschluss der Gemeinsamen Synode der katholischen Bistümer in der Bundesrepublik Deutschland vom 22.11.1975
Aus: Bohmeier u. a.: Schwierigkeiten mit Verantwortung und Schuld, S. 13

M4.7 Stellungnahme der Evangelischen Kirche im Rheinland zum Themenkreis Christen und Juden von 1980 (Auszug)
Aus: Bohmeier u. a.: Schwierigkeiten mit Verantwortung und Schuld, S. 14

Exemplarische Aufgaben zu M4.2–M4.7
Niedrigerer Schwierigkeitsgrad: Schreibe deine Erwartungen an das aktuelle Verhalten beider Kirchen in Bezug auf ihre Position während des Nationalsozialismus auf.
Höherer Schwierigkeitsgrad: Schreibe aus heutiger Sicht einen Brief eines Bischofs an seinen Freund, in dem der Bischof erklärt, was die Kirche nach 1945 getan hat, um Lehren aus der Geschichte zu ziehen, und was sie versäumt hat. Berücksichtige dabei die Materialien M4.2–M4.7.

M5 Collage von John Heartfield in der Arbeiter-Illustrierte Zeitung (AIZ) Nr. 23, 15. Juni 1933.
Jesus trägt das Kreuz, woran ein Nationalsozialist Haken montiert; die Beschriftung lautet »Zur Gründung der Staatskirche. Das Kreuz war noch nicht schwer genug« – eine karikierende Darstellung der Deutschen Christen und deren Ideologie eines nationalsozialistischen Christentums
Z. B. in: http://4.bp.blogspot.com/_4FCVPFLwH0o/S9eVAgj4EpI/AAAAAAAAAJ0/Fz32UQMhpcw/s400/karikatur807.gif (Zugriff am 03.11.2015)

5.5.4 Planungsübersicht[39]

1. Stunde: Einstieg in Thematik und Arbeitsweise

1. Herausforderung: L trägt die Herausforderung vor (M 1.1). Anschließend äußern die SuS mögliche Antworten auf die genannten Fragen.
2. Hinführung: Die SuS beschreiben das Bild M 1.2 (Hitler kommt aus der Marinekirche in Wilhelmshaven) und äußern sich zur Wirkung.
3. Erarbeitung: Die SuS formulieren Fragen zum Verhältnis von Kirche und Nationalsozialismus, die das Bild aufwirft. Sie werden von L mit TA festgehalten.
4. Instruktion: L erläutert Planung und die selbstständige, binnendifferenzierte Arbeitsweise der Unterrichtssequenz. Er fordert die SuS auf, festzustellen, in welcher Einheit ihre Fragen (aus der Erarbeitungsphase – 3.) beantwortet werden können. Dabei beziehen sie ihre Fragen auf die eingangs formulierte Herausforderung (1.). Anschließend stellt L ihnen die Ziele der Unterrichtseinheit wie folgt vor (TA, vorbereitete Folie, Papier zur Planung): *Am Ende der Unterrichtsreihe* - »kannst du beschreiben und bewerten, wie und warum Kirchenmitglieder und Funktionsträger den Nationalsozialismus mit Worten und Taten unterstützten, ablehnten oder ignorierten, - kannst du erläutern, wie Menschen Widerstand gegen den Nationalsozialismus geleistet haben und was ihnen den Mut dazu gegeben hat, - kannst du wichtige Dokumente der Kirchen in Bezug auf den Nationalsozialismus nennen sowie deren Inhalt und Bedeutung darstellen, - kannst du das Reden und Handeln der beiden Kirchen differenziert bewerten und gut begründete Antworten auf die Leitfragen geben.«

39 Legende: M=Materialien, UG=Unterrichtsgespräch, S=Schüler/Schülerin, SuS=Schülerinnen und Schüler, GA=Gruppenarbeit, PA=Partnerarbeit, L=Lehrkraft, TA=Tafelanschrieb.

2.–4. Stunde: Wie reden und handeln die beiden Kirchen vor der Machtergreifung der Nationalsozialisten?

1. Hinführung: L fordert SuS auf, zu wiederholen, wie in dieser Unterrichtssequenz gearbeitet werden soll.
2. Erarbeitung I (EA, PA, GA): SuS arbeiten mit Hilfe von M1.3 (Auszug aus dem Parteiprogramm der NSDAP von 1920) das rassistische Verständnis der Nationalsozialisten von Staatsbürgerschaft und deren Diskriminierung des Judentums heraus. Sie setzen sich mit dem Begriff »positives Christentum« und der nationalsozialistischen Auffassung von Religionsfreiheit auseinander.
3. Erarbeitung II (EA, PA, GA): Die SuS erarbeiten mit Hilfe von M1.3–M1.7 die unterschiedlichen Reaktionen von Evangelischer und Katholischer Kirche auf den wachsenden Einfluss der Nationalsozialisten.
4. Präsentationen und Diskussion (UG): Die SuS stellen die Ergebnisse ihrer Arbeit vor. Einzelne Aspekte werden diskutiert. Dabei werden besonders Fragen der SuS, die sie in der ersten Stunde gestellt haben, berücksichtigt.

5.–7. Stunde: Wie ändert sich das Verhalten der beiden Kirchen während des Nationalsozialismus?

1. Hinführung: Die SuS betrachten M2.1 (Hitler mit Abt Schachleiter und Reichsbischof Müller) und äußern im UG ihre Beobachtungen in Bezug auf das Verhältnis zwischen Hitler und diesen beiden Geistlichen.
2. Erarbeitung (EA, PA, GA): Mit Hilfe von M2.2- M2.9 arbeiten die SuS in EA, PA oder GA die Schwierigkeiten heraus, vor die sich Christen in der Zeit des Nationalsozialismus gestellt sahen. Sie erschließen sich die Spaltung der evangelischen Kirche in *Deutsche Christen* und *Bekennende Kirche* und die Bedeutung des Reichskonkordates für die katholische Kirche.
3. Präsentationen und Diskussion (UG): Vgl. Punkt 4 der 2.–4. Stunde

8.–9. Stunde: Leisten die Kirchen Widerstand gegen die Nationalsozialisten?

1. Hinführung: M3.1 (Todesurteil gegen Pfarrer Stellbrink) dient als gemeinsamer Einstieg. Die SuS äußern Vermutungen über die Gründe für die Hinrichtung Stellbrinks, indem sie die Urteilsbegründung »Vorbereitungen zum Hochverrat« beachten.
2. Erarbeitung (EA, PA, GA): Mit Hilfe von M3.1-M3.4 und eigener Internetrecherche arbeiten die SuS heraus, wie einige evangelische und katholische Geistliche Widerstand leisteten und wie das nationalsozialistische Regime darauf reagierte. Durch Gestaltungsaufgaben werden sie aufgefordert, Argumente aus damaliger Sicht zu formulieren, indem sie die Situation dieser Geistlichen antizipieren.
3. Präsentationen und Diskussion (UG): Vgl. Punkt 4 der 2.–4. Stunde

10.–12. Stunde: Wie reden und handeln die Kirchen nach der Befreiung vom Nationalsozialismus?

1. Hinführung: Mit M4.1 (Bild vom zerstörten Stuttgart) werden die SuS auf die Nachkriegssituation eingestimmt. Sie sollen Vermutungen äußern (UG), wie die Kirchen in der unmittelbaren Nachkriegssituation ihre Rolle im Dritten Reich selbst bewerteten.
2. Erarbeitung (EA, PA, GA): In Auseinandersetzung mit M4.2-M4.7 erarbeiten sie die unterschiedlichen Reaktionen aus den Kirchen. Sie werden durch Gestaltungsaufgaben dazu herausgefordert, sich gedanklich in die damalige Situation hineinzuversetzen.
3. Präsentationen und Diskussion (UG): Vgl. Punkt 4 der 2.-4. Stunde

13.–14. Stunde: Diskussion: Anpassung der Kirchen oder Widerstand?

1. Hinführung: L nennt noch einmal die Kernthese aus der Herausforderung (1. Stunde): »Die Kirchen haben doch immer mit den Mächtigen paktiert« und fordert zu spontanen Reaktionen heraus.
2. Erarbeitung: Die SuS vergleichen das Verhalten der beiden Kirchen, stellen Pro- und Contra-Argumente gegeneinander und bereiten eine Diskussion vor.
3. Problematisierung: Durchführung der Diskussion: L sollte nach dem Austausch der Pro- und Contra-Argumente und deren Bewertung durch Impulse die Diskussion auf die Fragestellung lenken, was die Menschen heute aus dem Thema über die Rolle der Kirche in einer vergangenen Diktatur und das Verhältnis von Kirche und Staat lernen können.
4. Zusammenfassung und Feedback: Ein S fasst die Diskussionsergebnisse zusammen. Die SuS reflektieren den Verlauf der Unterrichtssequenz und die Arbeitsweise (evtl. Methode Blitzlicht).

Literatur

Röhm, Eberhard/Thierfelder, Jörg: Evangelische Kirche zwischen Kreuz und Hakenkreuz. Bilder und Texte einer Ausstellung, Stuttgart [4]1990

Bohmeier, Axel/Knolle-Tiesler, Uta/Kößler, Gottfried: Schwierigkeiten mit Verantwortung und Schuld. Pädagogische Materialien 7, Frankfurt a. M.: Fritz Bauer Institut 2001 (online unter http://lernarchiv.bildung.hessen.de/hessenatlas/hlg/60nk/kriegsende/schuldfrage/IV_3_Kirchen_und_Schuldfrage.pdf, Zugriff am 03.11.2015)

Breuer, Thomas: Christen und Nazis. In: Noormann, Harry (Hg.): Arbeitsbuch Religion und Geschichte. Das Christentum im interkulturellen Gedächtnis, Bd. 2, Stuttgart 2013, S. 158–187

Gutschera, Herbert/Thierfelder, Jörg: Brennpunkte der Kirchengeschichte, Paderborn 1976

Mertens, Annette: Widerstand gegen das NS-Regime? In: Mertens, Annette: Widerstand gegen das NS-Regime? In: http://www.rheinische-geschichte.lvr.de/themen/Das%20Rheinland%20im%2020.%20Jahrhundert/Seiten/KatholischeKircheundKatholikenimRheinland1933%E2%88%921945.aspx

Wichtige Links für Schüler oder Lehrkräfte

http://www.bpb.de/apuz/32092/widerstand-von-protestanten-im-ns-und-in-der-ddr?p=all
http://de.evangelischer-widerstand.de/#/zeiten/19421945

6 Leistung sehen, fördern und bewerten – Impulse, Materialien, Beispiele

6.1 Leitgedanken

1

Angesichts der seit Jahrzehnten – auch empirisch belegten – Fragwürdigkeit von Zensuren müssen Schulen ihre Position zur Leistungsbewertung neu klären. Die Verständigung auf einen pädagogischen Leistungsbegriff verlangt nach neuen Formen der Bewertung und Rückmeldung.

Zensuren skalieren Lernergebnisse. Weil Ziffern keine inhaltlichen Aussagen zum Lernprozess machen, können sie auch keine Beratungsfunktion erfüllen. Ein pädagogischer Leistungsbegriff unterscheidet sich grundsätzlich von dem gesellschaftlich dominierenden Leistungsbegriff. Der ist auf Auslese und vor allem auch auf Konkurrenz angelegt, und es zählt ausschließlich das richtige Ergebnis. Was einen pädagogischen Leistungsbegriff ausmacht, welche Kriterien für Leistungsbeurteilungen gelten und wie Zensuren verantwortlich in ein Beratungskonzept eingebunden werden können, skizziert Kap. 6.2 in Form von Thesen.

2

Mit einem pädagogischen Leistungsbegriff ist verbunden, dass Lehrkräfte und Schüler regelmäßige Gespräche über Lernschwierigkeiten und Lernfortschritte führen, dabei nicht nur Ergebnisse, sondern auch Prozesse berücksichtigen und sich über Maßnahmen und Ziele verständigen (vgl. Kap. 3.7).

So trägt z. B. ein Beobachtungsbogen (Kap. 6.2.1) dazu bei, dass die Lehrkraft ihre Einschätzungen zum Lernverhalten eines Schülers systematisiert und verstetigt. Ein Selbstbeurteilungsbogen für die Schülerin (Kap. 6.2.2) hilft dieser, sich in der Reflexion über das eigene Lernen, über persönliche Stärken und zu bearbeitende Schwächen einzuüben. Beide Instrumente unterstützen Lehrkraft und Schüler, Prozesse zu erfassen und sich gezielt auf Lern-Entwicklungsgespräche vorzubereiten.

3

Ein pädagogischer Leistungsbegriff zieht einen neuen Umgang mit Tests und deren Auswertung nach sich.

Nicht wenige Schüler werden durch die vielfältigen Angebote des Internets dazu verleitet, sich anstelle einer eigenständigen Bearbeitung von Aufgaben fremder Ergebnisse zu bedienen. Daher kann auf Tests als Nachweis individueller Leistungsfähigkeit nicht verzichtet werden. Tests dienen dazu, Lehrkräften und Schülern zu zeigen, ob die erwarteten Kompetenzen erreicht und auf einen abgegrenzten Themenbereich sachgerecht angewendet wurden. Damit Tests diese Aufgabe erfüllen und die Schülerinnen sich angemessen beurteilt fühlen, bedarf es eines exakten Erwartungshorizonts und eines gut verständlichen Beurteilungsbogens. Besonders bei Themen, bei denen Gestaltungskompetenz einer der Schwerpunkte war, eignen sich auch Testersatzleistungen. In Kap. 6.3 werden exemplarisch zwei Tests einschließlich Rückmeldebögen und Erwartungshorizont vorgestellt: zum Thema »Schöpfung« für Jg. 5/6 (Kap. 6.3.1 und Unterrichtsentwurf Kap. 5.3) und zum Thema »Kirchen im Nationalsozialismus« für die Jg. 9/10 (Kap. 6.3.3 und Unterrichtsentwurf Kap. 5.5). Zum Thema »Frieden« (Doppeljahrgang 7/8) wird skizziert, wie eine Testersatzleistung aussehen könnte (Kap. 6.3.2 und Unterrichtsentwurf Kap. 5.4).

4

Lernentwicklungsberichte sind eine sinnvolle Alternative zu Ziffernzeugnissen. Sie beschreiben für jedes Unterrichtsfach den Lernstand am Ende eines Schulhalbjahres und erläutern wichtige Aspekte zum Lernprozess. Sie geben den Schülerinnen und Eltern Hinweise für die weitere Lernentwicklung.

Kap. 6.4 stellt zunächst konzeptionelle Überlegungen zu den Aufgaben und zur Gestaltung von Lernentwicklungsberichten vor. Sie zeigen, dass reine Ankreuzverfahren von Kompetenzstufen und vorformulierten Leistungsbeschreibungen dem Anspruch eines Lernentwicklungsberichtes nicht gerecht werden. An einem LEB-Formular wird erläutert, welche Vorzüge eine solche Form der Rückmeldung bietet. Es wird aber auch darauf eingegangen, an welchen Punkten es schwierig ist, stimmige Kategorien für die Rückmeldung zu finden und diese verständlich und informativ zu füllen (Kap. 6.4.2). Das wird auch an den ausgefüllten Muster-LEBs deutlich (Kap. 6.4.3 Downloadmaterial).

6.2 Leistung in pädagogischem Maß - Neun Thesen

1 *Ziffernnoten sind fragwürdig*, bestehen jedoch fort, weil sie die am einfachsten und vielseitigsten handhabbare Beurteilungsform sind.[1] Sie haben Rückmelde-, Disziplinierungs- und Auslesefunktion. Wenn trotz ihrer Fragwürdigkeit (kein Informationsgehalt über Gelungenes und weniger Gelungenes, Milde- und Strenge-Fehler, Tendenz zur Mitte, Messfehler) an der Notengebung festgehalten wird, sollten Ziffernnoten zumindest durch differenzierte Zusatzinformationen, Leistungsrückmeldungen und -gespräche ergänzt werden.

2 *Individuelles Lernen macht einmal mehr deutlich, dass neue Formen der Beurteilung und Beratung notwendig sind.* Dazu gehört auch, dass Lehrkräfte (und Schüler) ihre Einstellung gegenüber Fehlern verändern und diese als Chance sehen. Beurteilung und Beratung dienen primär der Förderung; sie liefern *in erster Linie Informationen für die Schülerinnen und nicht über sie.*

3 *Ein pädagogischer Leistungsbegriff beinhaltet folgende Aspekte:*

- Nicht nur das individuelle Produkt, sondern auch der individuelle Lernprozess zählt als Leistung.
- Gruppenprozesse und -produkte zählen ebenfalls als Leistung.
- Leistung muss sich an vielfältigen, kompetenzorientierten Aufgabenstellungen zeigen können, Kritikfähigkeit und persönliche Stellungnahme zählen ausdrücklich dazu.
- Die individuelle und die fachliche Bezugsnorm stehen im Vordergrund.
- Die Bewertungskriterien sind den Schülerinnen bekannt und für sie transparent.

4 Die Orientierung an einem pädagogischen Leistungsbegriff hat zur Konsequenz, dass *die Lehrkraft die individuellen Lernfortschritte des Schülers wahrnimmt, würdigt und rückmeldet.* Das gelingt desto besser, je mehr die Schülerinnen Vertrauen in die eigenen Fähigkeiten entwickeln, ihre Talente entdecken, entfalten und verantwortlich einsetzen können.

5 Die Orientierung an einem pädagogischen Leistungsbegriff bedeutet auch, dass die *Schüler durch geeignete didaktische Instrumente* – wie z. B. Selbstbeobachtung oder Feedback (vgl. Kap. 3.7) – *einüben, die Entwicklung des eigenen Lernens realistisch einzuschätzen.*

6 *Eine neue Lernkultur macht es erforderlich, Lernen und Leistung umfassender zu definieren:*

- fachlich-inhaltlich (wissen, erkennen, beurteilen; z. B. von Tatsachen, Zusammenhängen und Positionen)

---

1 Zur Vertiefung vgl. Jürgens, Eiko: Leistung und Beurteilung in der Schule. Eine Einführung in Leistungs- und Bewertungsfragen aus pädagogischer Sicht, Sankt Augustin ^{7}2010.

- methodisch-strategisch (z. B. exzerpieren, nachschlagen, organisieren, planen)
- sozial-kommunikativ (z. B. zuhören, argumentieren, diskutieren, kooperieren)
- persönlich (z. B. Lernfortschritte, Leistungsmotivation, Frustrationstoleranz)

7 Bei der Bewertung *muss zwischen Lern- und Leistungssituationen unterschieden werden.* In Lernsituationen müssen Fehler im Sinne selbstständigen, kreativen Ausprobierens als Chance gesehen werden, die richtige Lösung zu finden. Fehler bei der Erarbeitung neuer Inhalte dürfen sich also nicht negativ auf die Bewertung auswirken (positive Fehlerkultur).

Nichtsdestotrotz werden unter »sonstige Mitarbeit« auch Leistungen in Lernsituationen beurteilt. Dabei geht es dann aber nicht vorrangig um die Bewertung richtiger Ergebnisse. Vielmehr wird beurteilt, wie aktiv sich ein Schüler an der Lösung eines Problems beteiligt, z. B. indem er Sachverhalte hinterfragt, Erarbeitetes zusammenfasst, Fehler entdeckt oder Hypothesen formuliert. Dazu gehört auch, ob er kritische Fragen stellt, Wissen einbringt, das er in früheren Schuljahren erarbeitetet hat, oder grundlegende methodische Fähigkeiten zeigt.

Auf diese Weise kann die Bewertung der »sonstige(n) Mitarbeit« auch Verzerrungen der tatsächlichen Leistungsfähigkeit eines Schülers ausgleichen, die bei Tests – z. B. durch Prüfungsängste – entstehen können.

8 *Die Leistungsbeurteilung stellt nur eine Form der Rückmeldung neben anderen Formen der Wertschätzung, des Ernstnehmens und der Förderung dar.* Jeder Beurteilung hat die Wertschätzung der Schülerpersönlichkeit, jeder Forderung eine Förderung vorauszugehen. Dies darf aber nicht mit Anspruchslosigkeit hinsichtlich der Anforderungen an die Schülerinnen verwechselt werden. Der Religionsunterricht setzt sich kritisch mit dem gesellschaftlichen Leistungsdenken auseinander. Er erinnert daran, dass der Mensch mehr ist als das, was er leistet, nämlich dass er jenseits aller Leistung von Gott angenommen und geliebt ist. Vor diesem Hintergrund können Religionslehrer wichtige Impulse zum Umgang mit Leistung geben und dazu beitragen, dass die Schule ihre Bewertungs- und Rückmeldekultur weiterentwickelt.

9 In Zeiten eines um sich greifenden Messens von erreichten Kompetenzen ist daran zu erinnern, dass *Lernen mehr ist als das, was gemessen werden kann.* »Schule lebt auch wesentlich von der Außerkraftsetzung des Prüfens und Messens, wenn sich Lernende und Lehrende auf die Freude und die Anstrengung, auf die eigene Last und Lust des Lernens einlassen. Im Zentrum des Religionsunterrichts steht das religiöse Lernen.« Leistungsmessung und -beurteilung sind »diesem Zentrum zugeordnet und sollen so gut wie möglich, aber auch in den gebotenen Grenzen über das Erreichte Auskunft geben.«[2]

---

2 Deutscher Katecheten-Verein e. V.: Leistungsbewertung und Notengebung in Schule und Religionsunterricht. Neun Thesen aus dem Vorstand des Deutschen Katecheten-Vereins e.V,

Literatur

Deutscher Katecheten-Verein e. V.: Leistungsbewertung und Notengebung in Schule und Religionsunterricht. Neun Thesen aus dem Vorstand des Deutschen Katecheten-Vereins e.V, Brixen 2003: www.katecheten-verein.de/relaunch.2011/pdf/stellungnahmen/sn_leistungsbewertungundnotengebung9thesen.pdf, Zugriff am 20.10.2015

EKD: Maße des Menschlichen. Evangelische Perspektiven zur Bildung in der Wissens- und Lerngesellschaft. Eine Denkschrift, Gütersloh 2003

Feind, Andreas u. a. (Hg.): Kompetenzorientierung im Religionsunterricht. Befunde und Perspektiven, Münster 2009

Jürgens, Eiko: Leistung und Beurteilung in der Schule. Eine Einführung in Leistungs- und Bewertungsfragen aus pädagogischer Sicht, Sankt Augustin [7]2010

Jürgens, Eiko: Pädagogische Diagnostik. Grundlagen und Methoden der Leistungsbeurteilung in der Schule, Weinheim/Basel 2015

Brixen 2003: www.katecheten-verein.de/relaunch.2011/pdf/stellungnahmen/sn_leistungsbewertungundnotengebung9thesen.pdf, Zugriff am 20.10.2015.

6.2.1 Leistungen des Schülers wahrnehmen – Beispiel für einen Beobachtungsbogen

Basis für die Beurteilung von »sonstige Mitarbeit« (Sekundarstufe I)

BEOBACHTUNGSBOGEN											
Name:		Klasse: Fach:									
Beobachtungskriterien	Beobachtetes Verhalten	Zeitraum und Bewertung: ++ + o – –– (Beobachtungsdatum!)									
Arbeits- und Kooperationsverhalten											
erledigt Aufgaben selbstständig											
arbeitet ausdauernd und konzentriert											
kooperiert: lässt sich helfen und hilft											
führt seine Mappe/sein Heft sorgfältig											
erledigt Aufgaben termingerecht, vollständig und sorgfältig											
beginnt pünktlich mit der Arbeit											
Fachliche Qualität											
zeigt Fachwissen											
drückt sich verständlich aus											
bringt eigene Ideen ein											
reproduziert Inhalte eigenständig und inhaltlich korrekt											
analysiert Medien (Texte, Bilder, Filme) sachgerecht und selbstständig											
nimmt begründet Stellung											
Gesprächsverhalten und Gestaltungsfähigkeit											
beteiligt sich engagiert am Unterrichtsgespräch											
ist aufmerksam											
präsentiert anschaulich und frei											
beteiligt sich aktiv an Gestaltungsaufgaben (z. B. Rollenspiele)											
Zeichenerklärung: Das Verhalten ist deutlich (++), weitgehend (+), mittelmäßig (o), weniger (–), nicht (––) ausgeprägt.											

6.2.2 Die eigene Leistung einschätzen lernen – Beispiel für einen Selbsteinschätzungsbogen

Basis für Selbsteinschätzung »sonstige Mitarbeit« (Sekundarstufe I)

Name:	Klasse:					Unterrichtsfach:				
Qualitätsmerkmale »sonstige Mitarbeit«	**Meine Einschätzungen; passendes Zeichen bitte einsetzen.**					**Einschätzung der Lehrerin/des Lehrers**				
Diesen Bogen füllst du in Absprache mit deiner Lehrerin bzw. deinem Lehrer zu einem vereinbarten Zeitpunkt im Schulhalbjahr aus.	++, +, o, –, -- Trage das jeweilige Datum hier in die grauen Felder ein.				Insgesamt ++, +, o, –, -- für jeden Bereich und: Was ich dazu sagen möchte	++, +, o, –, -- jeweiliges Datum				Anmerkungen
Arbeits- und Sozialverhalten										
Ich habe konzentriert gearbeitet.										
Ich habe aktiv zur Tischgruppenarbeit beigetragen.										
Ich habe schriftliche Aufgaben gründlich bearbeitet.										
Ich habe meine schriftlichen Unterlagen sorgfältig geführt.										
Ich habe stets pünktlich mit der Arbeit angefangen.										
Fachliche Leistungen										
Ich habe Inhalte von Texten mit eigenen Worten richtig wiedergegeben.										
Ich habe Bilder treffend beschrieben.										
Ich habe wichtige Begriffe und Zusammenhänge verständlich erklärt.										
Ich habe Aussagen/Absichten von Texten oder Bildern treffend erklärt.										
Ich habe meine Meinung mit wichtigen Argumenten belegt.										
Ich habe eigene Gedanken oder Ideen in den Unterricht eingebracht.										
Gesprächsverhalten und Mitarbeit										
Ich habe den anderen aufmerksam zugehört.										
Ich habe mich regelmäßig am Unterrichtsgespräch beteiligt.										
Ich habe mich aktiv an Gestaltungsaufgaben beteiligt (z. B. Rollenspiel).										

6.3 Herausfordern statt nur abzufragen – Testbeispiele

6.3.1 Test und Rückmeldebogen zum Unterrichtsentwurf »Schöpfung« (Jg. 5/6)

Religionstest zum Thema: Wer bin ich?
Nachdenken über Schöpfung und Mitwelt

Name: ______________________________ *Datum:* __________

Wenn du die *Aufgaben auf grundlegendem Niveau (g)* bearbeitest, musst du weniger Aufgaben richtig lösen als auf erweitertem Niveau (e) (bei Nr. 2). Du musst einmal eine andere Aufgabe bearbeiten (Nr. 8 statt Nr. 7). Eine Aufgabe brauchst du dann gar nicht zu bearbeiten (Nr. 4).

Aufgaben

1. *g+e:* Die Schöpfungserzählung handelt von Geschöpfen Gottes. Schreibe sieben Geschöpfe auf. Du kannst sie auch zeichnen und beschriften.
2. *g+e:* Kreuze an! (g: 5 Sätze, e: alle Sätze)

Merkmale und Aussagen der Schöpfungserzählung	richtig	falsch
Die Schöpfungserzählung steht am Ende des Alten Testaments.		
Die Schöpfungserzählung sagt aus, dass Gott Himmel und Erde geschaffen hat.		
Die Strophen sind ähnlich aufgebaut und es gibt einige Aussagen, die in mehreren Strophen vorkommen.		
Die Schöpfungserzählung ist kein naturwissenschaftlicher Bericht, wie die Welt entstanden ist.		
Die Schöpfungserzählung sagt aus, dass Gott Pflanzen, Tieren und Menschen das Leben schenkt.		
Die Schöpfungserzählung sagt aus, dass Gott nach der Erschaffung des Menschen nicht wirklich zufrieden war.		
Die Schöpfungserzählung sagt aus, dass Gott sich nach der Erschaffung des Meeres von der Arbeit ausruhte		
In der Schöpfungserzählung steht nichts darüber, wie der Mensch mit der Schöpfung umgehen soll.		

3. *g+e:* Streiche die Verben aus, die in der Schöpfungserzählung nicht in Zusammenhang mit Gott genannt werden:

Gott sprach – Gott schuf – Gott fragte – Gott trennte – Gott ruhte – Gott nannte – Gott segnete – Gott schimpfte – Gott befahl – Gott erklärte

4. *Nur e:* Vervollständige auf einem Blockblatt drei der genannten Tätigkeiten, indem du so, wie es in der Schöpfungserzählung steht, aufschreibst, was Gott genauer tut. Du darfst eigene Worte benutzen.

5. *g+e:* Die Schöpfungserzählung handelt davon, wie Gott, Mensch, Tiere und Pflanzen zueinander in Beziehung stehen. Stelle diese Beziehungen (z. B. mit Hilfe von Pfeilen) auf einem Blockblatt in einer Skizze dar. Verwende dafür ein extra Blatt. Arbeite zuerst mit Bleistift, damit du radieren kannst.

6. *g+e:* Die Bibel erzählt vor allem von Dingen, die man nicht zählen und messen kann. Schreibe vier Dinge auf, die man nicht zählen und messen kann.

7. *Nur e:* Begründe auf einem Blockblatt, ob die folgende Behauptung richtig oder falsch ist:

> Die Schöpfungserzählung zeigt, was Pflanzen, Tiere und Menschen miteinander verbindet. Dennoch räumt sie dem Menschen eine besondere Stellung ein.

8. *Nur g:* Schreibe auf, ob die Behauptung in der Sprechblase richtig oder falsch ist. Verwende ein Blockblatt und begründe deine Meinung in vollständigen Sätzen.

> Die Schöpfungserzählung behauptet, dass der Mensch ganz auf sich allein gestellt ist.

Rückmeldebogen zum Religionstest: Wer bin ich?
Nachdenken über Schöpfung und Mitwelt

Name: ______________________________ *Datum:* __________

Aufgaben

1. *g+e:*

Wie du die Aufgabe bearbeitet hast	Anzahl
Du hast unterschiedliche Pflanzen, Tiere und den Menschen genannt. So viele Geschöpfe hast du richtig aufgeschrieben oder gezeichnet:	

2. *g+e:* Kreuze an! (g: 5 Sätze, e: alle Sätze):

Merkmale und Aussagen der Schöpfungserzählung	richtig	falsch
Die Schöpfungserzählung steht am Ende des Alten Testaments.		x
Die Schöpfungserzählung sagt aus, dass Gott Himmel und Erde geschaffen hat.	x	
Die Strophen sind ähnlich aufgebaut und es gibt einige Aussagen, die in mehreren Strophen vorkommen.	x	
Die Schöpfungserzählung ist kein naturwissenschaftlicher Bericht, wie die Welt entstanden ist.	x	
Die Schöpfungserzählung sagt aus, dass Gott Pflanzen, Tieren und Menschen das Leben schenkt.	x	
Die Schöpfungserzählung sagt aus, dass Gott nach der Erschaffung des Menschen nicht wirklich zufrieden war.		x
Die Schöpfungserzählung sagt aus, dass Gott sich nach der Erschaffung des Meeres von der Arbeit ausruhte.		x
In der Schöpfungserzählung steht nichts darüber, wie der Mensch mit der Schöpfung umgehen soll.		x

Du hast ______ Sätze richtig angekreuzt.

3. *g+e:* Die durchgestrichenen Verben werden in Zusammenhang mit Gott nicht in der Schöpfungserzählung genannt:

Gott sprach – Gott schuf – Gott ~~fragte~~ – Gott trennte – Gott ruhte – Gott nannte – Gott segnete – Gott ~~schimpfte~~ – Gott befahl – Gott ~~erklärte~~

Du hast ______ Verben richtig durchgestrichen.

4. *Nur e:* Du hast z. B. aufgeschrieben, dass Gott sah, dass es gut war, dass Gott die Menschen segnete oder dass Gott sich am Ende von seiner Arbeit ausruhte.

Du hast ______ richtige Sätze geschrieben.

5. *g+e:* Du hast eine übersichtliche Skizze darüber angefertigt, wie in der biblischen Schöpfungserzählung Gott, Mensch, Tiere und Pflanzen zueinander in Beziehung stehen. Du hast in deiner Skizze deutlich gemacht, dass alle Lebewesen zu Gott, ihrem Schöpfer, in Beziehung stehen. In deiner Skizze wird außerdem deutlich, dass die Tieren und die Pflanzen Mitgeschöpfe des Menschen sind und der Mensch sie zum Leben braucht.

trifft zu	trifft teilweise zu	trifft noch nicht zu

6. *g+e:* Du hast ______ Dinge richtig genannt, die man nicht zählen und messen kann, z. B. Liebe, Freundschaft, Frieden, Verständnis.

7. *Nur e:* Du hast verständlich begründet, dass die folgende Behauptung richtig ist: »Die Schöpfungserzählung zeigt, was Pflanzen, Tiere und Menschen miteinander verbindet. Dennoch räumt sie dem Menschen eine besondere Stellung ein.« Du hast z. B. dem Sinn nach einige der folgenden Aspekte genannt: dass Gott nach der Erschaffung des Menschen alles als »sehr gut« bezeichnet hat, dass Gott den Menschen zu seinem Bild geschaffen hat, damit er Gott ähnlich werde, dass Gott dem Menschen den Auftrag gegeben hat, mit der Schöpfung sorgsam umzugehen.

Wie du Aufgabe 7 bearbeitet hast	**ja**	**nein**
Du hast erkannt, dass die Behauptung richtig ist.		
Du hast verständlich begründet, warum die Behauptung richtig ist.		
Du hast in deiner Begründung _____ Argumente richtig verwendet.		

8. *Nur g:* Du hast verständlich begründet, dass die folgende Behauptung falsch ist: »Die Schöpfungserzählung behauptet, dass der Mensch ganz auf sich allein gestellt ist.« Du hast z. B. Folgendes geschrieben: die Schöpfungserzählung schildert, dass die Menschen nicht nur untereinander (z. B. als Mann und Frau), sondern auch zu Gott und zu den anderen Geschöpfen in Beziehung stehen.

Wie du Aufgabe 8 bearbeitet hast	ja	nein
Du hast erkannt, dass die Behauptung falsch ist.		
Du hast verständlich begründet, warum die Behauptung richtig ist		
Du hast in deiner Begründung mindestens ein Argument richtig verwendet.		

Zusammenfassende Rückmeldung zu deinem Test

Wie du die Aufgaben bearbeitet hast	trifft zu
Du hast alle Aufgaben oder die meisten Aufgaben überwiegend richtig bearbeitet.	
Du hast einige Aufgaben richtig bearbeitet.	
Du hast wenige Aufgaben richtig bearbeitet.	
Du hast die Aufgaben gründlich bearbeitet.	
Du hast die Aufgaben noch nicht gründlich genug bearbeitet.	
Du hast die Aufgaben sorgfältig bearbeitet.	
Du hast die Aufgaben noch nicht sorgfältig genug bearbeitet.	
Du hast deine Meinung verständlich begründet.	
○ Du hast auf grundlegendem Niveau gearbeitet. ○ Du hast auf erweitertem Niveau gearbeitet.	
Bemerkungen/Hinweise/Tipps:	

(Unterschrift Lehrkraft)

gesehen: Unterschrift Erziehungsberechtigte

6.3.2 Testersatzleistung und Bewertungskriterien zum Unterrichtsentwurf »Frieden« (Jg. 7/8)

Die Fachkonferenz Religion kann beschließen, pro Schuljahr eine der schriftlichen Lernkontrollen durch eine andere Form der Lernkontrolle zu ersetzen.[3]

In diesem Fall können die Schüler das Gelernte schriftlich auf andere Weise darstellen als in einem Test; sie können aber auch eine fachpraktische Arbeit anfertigen und diese mündlich präsentieren.

Die Fachkonferenz regelt Umfang und Kriterien, die für die Beurteilung einer Testersatzleistung gelten sollen. Die Testersatzleistung zum Thema »Frieden« setzt sich aus zwei Teilen zusammen. Der eine Teil, der bewertet wird, ist die Mappe, die jeder Schüler während der Kleingruppenarbeit führt. Darin soll er Ergebnisse der Gruppe festhalten, die zu ausgewählten Aufgaben erarbeitet wurden, Zusatzmaterialien nebst zugehöriger Auswertungsergebnisse dokumentieren und regelmäßige Aufzeichnungen über die Zusammenarbeit in der Gruppe und das eigene Arbeitsverhalten machen. Der zweite Teil der Testersatzleistung ist ein »Produkt«, das jeder Schüler anfertigt. Es soll neue Einsichten, die er zum Thema gewonnen hat, auf kreative Weise darstellen.

Die folgenden Bewertungskriterien wurden für eine Schule konzipiert, an der bis Klasse 9 keine Noten erteilt, sondern Lernentwicklungsberichte gegeben werden. Sie können aber auch als Grundlage für eine Benotung oder als notenergänzende Rückmeldung verwendet werden. Die Schüler sollten die Kriterien kennen, bevor sie mit der Arbeit beginnen.

Information der Schülerinnen zu Testersatzleistung und Bewertungsbogen

Liebe Schülerinnen und Schüler!

Zum Thema »Der Frieden – ein unerfüllbarer Wunschtraum?« sollt ihr eine Testersatzleistung erbringen. Bewertet wird

1. eure Mappe. Hier dokumentiert jede/r die Arbeit der Gruppe.
2. ein persönliches »Produkt«. Jede/r soll zeigen, was er gelernt hat und was ihm/ihr an dem Thema wichtig ist. Man kann z. B. eine Zeichnung, ein Plakat, eine Plastik anfertigen. Man könnte ein Spiel entwerfen, z. B. ein Memory. Man kann ein Gedicht oder eine Geschichte schreiben oder eine »Schatzkiste Frieden« zusammenstellen. Das Produkt muss bis zum ____________ fertig sein. Es gibt Produkte, die ihr erklären müsst, z. B. wenn jemand eine Plastik

3 In Niedersachsen ist dies in § 6.7 des Erlasses »Die Arbeit in den Schuljahrgängen 5 bis 10 der Integrierten Gesamtschule (IGS)« geregelt. Schüler der Jahrgänge 7 bis 9 können dort eine Testersatzleistung erbringen.

geformt hat. Er bzw. sie muss dann in einem kurzen Text aufschreiben, welche Gedanken er/sie sich dabei gemacht hat.

Bewertungskriterien für die Mappe

Wie du deine Mappe geführt hast	besonders gut gelungen	gelungen	mit Einschränkungen gelungen	noch nicht gelungen
Du hast die Ergebnisse, die in deiner Gruppe erarbeitet wurden, gründlich dokumentiert.				
Du hast Zusatzmaterialien und Auswertungsergebnisse gründlich dokumentiert.				
Du hast in regelmäßigen Abständen beschrieben, was euch zusammen in der Gruppe gelungen ist und was euch weniger gelungen ist.				
Deine Mappe enthält ein Inhaltsverzeichnis.				
Du hast deine Mappe sorgfältig geführt.				

Bewertungskriterien für das »Produkt«

Aussagen zu deinem Produkt	besonders gut gelungen	gelungen	mit Einschränkungen gelungen	noch nicht gelungen
An deinem Produkt wird deutlich, dass es um das Thema Frieden geht.				
Dein Produkt drückt wichtige Aspekte des Themas Frieden aus.				
Dein Produkt zeigt, was dir persönlich bei diesem Thema wichtig ist.				
Dein Produkt ist ansprechend gestaltet.				
An deinem Produkt wird deutlich, dass du dir viele Gedanken zum Thema gemacht hast.				

6.3.3 Test mit Erwartungshorizont und Rückmeldebogen zum Unterrichtsentwurf »Nationalsozialismus« (Jg. 9/10)

Name: ______________________________ *Datum:* __________

Thema: Das Verhältnis von Nationalsozialismus und Kirchen bis 1933

I. Textquellen zu den Aufgaben 1–2

§ 24 des Parteiprogramms der NSDAP von 1920

Wir fordern die Freiheit aller religiösen Bekenntnisse im Staat, soweit sie nicht dessen Bestand gefährden oder gegen das Sittlichkeits- und Moralgefühl der germanischen Rasse verstoßen.

Die Partei als solches vertritt den Standpunkt eines positiven Christentums, ohne sich konfessionell an ein bestimmtes Bekenntnis zu binden. Sie bekämpft den jüdisch-materialistischen Geist in und außer uns und ist überzeugt, dass eine dauernde Genesung unseres Volkes nur erfolgen kann von innen heraus auf der Grundlage: Gemeinnutz vor Eigennutz.

http://www.documentarchiv.de/wr/1920/nsdap-programm.html

Hitler in einer Rede im Jahre 1928

Ich habe nur den einzigen Wunsch, dass in der Partei niemals der Zustand einreißt, dass es einem Katholiken oder Protestanten Gewissenskonflikte unmöglich machen würden, der Partei anzugehören. Die Partei muss stets so geleitet werden, dass jeder fromme Katholik, ohne in Konflikt mit seinem Gewissen zu kommen, ihrer Politik zustimmen kann. Wenn jemand sagt: dann werden Sie Diener einer Konfession, so sagen wir im Gegenteil: nicht Diener einer Konfession, sondern Diener des Deutschen Volkes (lebhafter Beifall) im Kampf für die Zukunft unseres deutschen Volkes gegen die Todfeinde unseres Volkes, gegen die jüdische Blut- und Rassenvergiftung […]

Gutschera, Herbert/Thierfelder, Jörg: Brennpunkte der Kirchengeschichte, Paderborn 1976, S. 217

Hitler in einem privaten Gespräch im Jahre 1933

Mit den Konfessionen, ob nun diese oder jene: das ist alles gleich. Das hat keine Zukunft mehr. Für die Deutschen jedenfalls nicht. Der Faschismus* mag in Gottes Namen seinen Frieden mit der Kirche machen. Ich werde das auch tun. Warum nicht? Das wird mich nicht abhalten, mit Stumpf und Stiel, mit all seinen Wurzeln und Fasern das Christentum in Deutschland auszurotten […]. Man ist entweder Christ oder Deutscher. Beides kann man nicht sein.

* So heißt die dem Nationalsozialismus ähnliche Ideologie in Italien zur Zeit Mussolinis.

Gutschera, Herbert/Thierfelder, Jörg: Brennpunkte der Kirchengeschichte, Paderborn 1976, S. 217

II. Aufgaben

Basisaufgaben sind mit einem Stern (*), Aufgaben mit höherem Schwierigkeitsgrad mit zwei Sternen gekennzeichnet (**). Aufgaben ohne Stern **(fett gedruckt)** müssen von allen bearbeitet werden.

1. **Ergänze in folgender Tabelle sinnvoll mit eigenen Worten die Leerfelder (Zeit/Quelle ergänzen oder stichwortartig Hitlers Position bzw. die der NSDAP zu Christentum und Kirche ergänzen!). Beschränke Dich auf das Wesentliche.**

Zeit/Quelle	Hitlers Position/Position der NSDAP zu Christentum und Kirchen
	Frieden mit der Kirche/dennoch Vernichtung des Christentums in Deutschland/Christ und Deutscher sein schließen sich aus
Parteiprogramm von 1920	
Hitlerrede von 1928	

______ /7 Punkte

Bei folgender Aufgabe soll jeweils nur die Einstern- (a) oder die Zweisternaufgabe (b) bearbeitet werden.

2. a) Trage in folgende Tabelle ein, was Hitlers Position aus dem Jahre 1928 von der im Jahre 1933 wesentlich unterscheidet.*

Hitlers Aussage zum Christentum 1928	Hitlers Aussage zum Christentum 1933

______ /4 Punkte

2. b) Nimm auf einem Blockblatt zu der Frage Stellung, ob Hitler im Verlauf der Jahre seine Meinung zum Christentum (und Judentum) geändert hat oder ob diese eigentlich immer gleich geblieben ist. Begründe Deine Meinung und berücksichtige die Quellen oben (I.).**

______ /4 Punkte

3. Ergänze die fehlenden Felder in folgender Tabelle.

Grad der Zustimmung zum NS	Name der Gruppierung innerhalb der Ev. Kirche	Einstellungen und Haltungen von Christen zum Nationalsozialismus in der Evangelischen Kirche
Ja		
	Bekennende Kirche/Evangelium und Kirche	
		Grundsätzliches Begrüßen des Nationalsozialismus wegen seines Dienstes am Volk und seines Willens zu sozialer Neugestaltung/ kritische Fragen in Bezug auf die nationalsozialistische Rasselehre

______ /4 Punkte

4. Erläutere auf einem Blockblatt kurz die Haltung der deutschen katholischen Bischöfe vor 1933 zum Nationalsozialismus.

______ /3 Punkte

Bei folgenden Aufgaben soll jeweils nur die Einstern- (a) oder die Zweisternaufgabe (b) bearbeitet werden.

5. a) Nimm auf einem Blockblatt zu der Frage Stellung, wieso sich Nationalsozialismus und Christentum ausschließen müssen.*
5. b) Verfasse auf einem Blockblatt fiktive Flugblattforderungen der Bekennenden Kirche, welche die Bevölkerung vor den Auffassungen und Absichten Hitlers warnen sollen.**

______ /3 Punkte

Zusatzaufgabe:

Tischgebet in NS-Waisenhäusern:
Führer, mein Führer, von Gott mir gegeben,
beschütz und erhalte noch lange mein Leben.
Hast Deutschland gerettet aus tiefster Not,
Dir danke ich heute mein täglich Brot.
Bleib lange noch bei mir, verlass mich nicht,
Führer, mein Führer, mein Glaube, mein Licht.
Gutschera, Herbert/Thierfelder, Jörg: Brennpunkte der Kirchengeschichte, Paderborn 1976, S. 226

6. a) Ordne auf einem Blockblatt dieses Tischgebet einer Richtung der Evangelischen Kirche während des Nationalsozialismus zu und begründe Deine Zuordnung.*
6. b) Erläutere, warum dieses »Gebet« im Sinne des Christentums kein Gebet sein kann.**

______ /2 Zusatzpunkte

Viel Erfolg!

Erwartungshorizont

Thema: Das Verhältnis von Nationalsozialismus und Kirchen bis 1933

II. Aufgaben zu den Textquellen – Lösungen *(kursiv)*

1. Ergänze in folgender Tabelle sinnvoll mit eigenen Worten die Leerfelder (Zeit/Quelle ergänzen oder stichwortartig Hitlers Position bzw. die der NSDAP zu Christentum und Kirche ergänzen!). Beschränke Dich auf das Wesentliche.

Zeit/Quelle	Hitlers Position/Position der NSDAP zu Christentum und Kirchen
1933/Hitler in einem privaten Gespräch (1 Punkt)	Frieden mit der Kirche/dennoch Vernichtung des Christentums in Deutschland/Christ und Deutscher sein schließen sich aus.
Parteiprogramm von 1920	- *Freiheit religiösen Bekenntnisses, soweit nicht gegen die Moral der germanischen Rasse verstoßen wird;* - *positives Christentum ohne konfessionelle Bindung;* - *Kampf gegen Judentum.* (3 Punkte)
Hitlerrede von 1928	- *Zugehörigkeit zur NSDAP dürfe keinem Katholiken oder Protestanten Gewissenkonflikte bereiten;* - *dadurch werde die NSDAP nicht »Diener« einer Konfession, sondern »Diener« des deutschen Volkes im Kampf gegen das Judentum.* (3 Punkte)

2. a) Trage in folgende Tabelle ein, was Hitlers Position aus dem Jahre 1928 von der im Jahre 1933 wesentlich unterscheidet.*

Hitlers Aussage zum Christentum 1928	Hitlers Aussage zum Christentum 1933
Zugehörigkeit zu einer Kirche und zur NSDAP muss miteinander vereinbar sein. (2 Punkte)	*Konfessionen haben keine Zukunft mehr. Man kann nicht zugleich Christ und Deutscher sein.* (2 Punkte)

2. b) Nimm auf einem Blockblatt zu der Frage Stellung, ob Hitler im Verlauf der Jahre seine Meinung zum Christentum (und Judentum) geändert hat oder ob diese eigentlich immer gleich geblieben ist. Begründe Deine Meinung und berücksichtige die Quellen oben (I.).**

Folgende Argumentationsansätze sind möglich:

- *Er hat seine Auffassung verändert:*
  - *Hitler hat seine Meinung von 1920 (schlägt sich im Parteiprogramm der*

NSDAP nieder) bis 1933 geändert: 1920 grundsätzlich positive Haltung zu einem überkonfessionellen Christentum, die 1928 in einer Rede bestätigt wird (Verweis auf die Vermeidung von Gewissenkonflikten), 1933 äußert sich Hitlers Vernichtungswille gegenüber dem Christentum; (3 Punkte)
- *Seine antisemitische Haltung, die er im Zusammenhang mit dem Christentum äußert (1920, 1928), war von vornherein vorhanden und hat sich nie verändert. (1 Punkt)*

– *Er hat seine Auffassung in Wahrheit nie verändert:*
  - *Seine positiven Äußerungen zum Christentum sind reine Propaganda, seine wahre Auffassung, die er nie verändert hat, äußert sich in seinem privaten Gespräch von 1933. (1 Punkt)*
  - *Dafür spricht auch, dass Hitler in anderen Zusammenhängen stets Propagandalügen einsetzte, um seine politischen Ziele zu erreichen. Hitler war nicht aufrichtig, was sich auch darin zeigte, dass er sich an Verträge mit den Kirchen (z. B. Reichskonkordat) nicht hielt. (1 Punkt)*
  - *Hitler äußerte seine Ablehnung des Christentums nicht öffentlich, sondern in einem privaten Gespräch. (1 Punkt)*
  - *Seine antisemitische Haltung hat er nie verändert. (1 Punkt)*

3. Ergänze die fehlenden Felder in folgender Tabelle.

Grad der Zustimmung zum NS	Name der Gruppierung innerhalb der Ev. Kirche	Einstellungen und Haltungen von Christen zum Nationalsozialismus in der Evangelischen Kirche
Ja	*Deutsche Christen* (1 Punkt)	*Unterstützung des Nationalsozialismus, Kirche muss sich diesem anpassen und antisemitisch sein.* (1 Punkt)
Nein (1/2 Punkt)	Bekennende Kirche/Evangelium und Kirche	*Die biblische Botschaft und der Nationalsozialismus schließen sich aus, die Kirche darf sich dem Nationalsozialismus nicht anschließen.* (1 Punkt)
Ja und Nein (1/2 Punkt)		Grundsätzliches Begrüßen des Nationalsozialismus wegen seines Dienstes am Volk und seines Willens zu sozialer Neugestaltung/ kritische Fragen in Bezug auf die nationalsozialistische Rasselehre

4. Erläutere auf einem Blockblatt kurz die Haltung der deutschen katholischen Bischöfe vor 1933 zum Nationalsozialismus.

Die katholischen Bischöfe lehnten vor 1933 den Nationalsozialismus radikal ab. Sie erklärten die Mitgliedschaft in der NSDAP mit der Zugehörigkeit zur katholischen Kirche als unvereinbar. Als einen Hauptgrund nennen sie die Orientierung an einer sog. germanischen Rasse, welche die katholische Kirche als Infragestellung ihres weltweiten Anspruches und Abwertung anderer Völker verurteilt. Als zweiten Hauptgrund nennen sie die Ablehnung einer von den Nazis geforderten deutschen Reichskirche. (3 Punkte)

5. a) Nimm auf einem Blockblatt zu der Frage Stellung, wieso sich Nationalsozialismus und Christentum ausschließen müssen.*

Folgende Argumente sind sinnvoll (3 Punkte):
- *Christentum und Nationalsozialismus müssen sich ausschließen, weil das Christentum aus dem Judentum entstanden ist und Jesus Jude war;*
- *Judenfeindschaft und Christentum schließen sich von daher aus, der Herrschaftsanspruch einer sog. »germanischen Rasse« über andere Menschen ist unchristlich;*
- *Hitler und die NSDAP verletzen permanent das Gebot der Nächstenliebe.*

5. b) Verfasse auf einem Blockblatt fiktive Flugblattforderungen der Bekennenden Kirche, welche die Bevölkerung vor den Auffassungen und Absichten Hitlers warnen soll.**

Inhaltliche Forderungen des fiktiven Flugblattes sind fachspezifisch wichtiger als dessen äußere Gestaltung. Dennoch kann für eine besonders gelungene Gestaltung ein Punkt vergeben werden.
Folgende Forderungen können in dem Flugblatt genannt werden (3 Punkte):
- *Jesus war Jude, deshalb fordern wir einen Stopp der Judenverfolgung.*
- *Hitler bekämpft in Wahrheit das Christentum, folgt ihm deshalb nicht.*
- *Seine Auffassung von der Überlegenheit der germanischen Rasse widerspricht der Botschaft des Evangeliums fundamental.*

Zusatzaufgaben:

6. a) Ordne auf einem Blockblatt dieses Tischgebet einer Richtung der Evangelischen Kirche während des Nationalsozialismus zu und begründe Deine Zuordnung.*

Das Tischgebet mit der Anbetung Hitlers kann so nur von den »Deutschen Christen« gebilligt werden, da sie den »Führer« unterstützen (2 Zusatzpunkte).

6. b) Erläutere, warum dieses »Gebet« im Sinne des Christentums kein Gebet sein kann.**

Dieser Text kann im Sinne des Christentums kein Gebet sein, weil hier Hitler angebetet und wie Gott dargestellt wird. Von ihm wird das »tägliche Brot« und Rettung erwartet (bzw. ihm Dank dafür erwiesen), nicht von Gott, der hier völlig im Hintergrund steht. Christen dürfen nur Gott anbeten. (2 Zusatzpunkte)

Bewertung

Die Punkte müssen bei den frei formulierten Bearbeitungen von Aufgaben flexibel verteilt werden. Es ist auch möglich, für besonders präzise Formulierungen einen Punkt zu vergeben, auch wenn ein inhaltlicher Aspekt fehlt. Je nach Verlauf des Unterrichts können auch andere Schwerpunkte bei der Vergabe der Punkte gesetzt werden.

Bewertungsschlüssel:

Punkte	21–19	18–16	15–13	12–10	9–6	5–0
Zensur	1	2	3	4	5	6

Beurteilungsbogen

Beurteilungsbogen zum Test »Kirchen im Nationalsozialismus« für

Name: ______________________________

Zu Aufgabe 1:

Aufgabe	ausgezeichnet gelungen	gut gelungen	mit Einschränkungen gelungen	nicht gelungen
Ausfüllen der Leerfelder der Tabelle: Hitlers Position zu Christentum und Kirche				

______ **/7 Punkte**

Zu Aufgabe 2 a* (alternativ zu 2 b**)

Aufgabe	ausgezeichnet gelungen	gut gelungen	mit Einschränkungen gelungen	nicht gelungen
In Tabelle eintragen, was Hitlers Position aus dem Jahr 1928 von der 1933 unterscheidet				

______ /4 Punkte

Zu Aufgabe 2 b** (alternativ zu 2 a*)

Aufgabe	ausgezeichnet gelungen	gut gelungen	mit Einschränkungen gelungen	nicht gelungen
Stellung nehmen, ob Hitler seine Meinung zum Christentum im Laufe der Zeit geändert hat.				

______ /4 Punkte

Zu Aufgabe 3

Aufgabe	ausgezeichnet gelungen	gut gelungen	mit Einschränkungen gelungen	nicht gelungen
Ausfüllen der Leerfelder einer Tabelle: Gruppierungen innerhalb der evangelischen Kirche in der Zeit des Nationalsozialismus				

______ /4 Punkte

Zu Aufgabe 4

Aufgabe	ausgezeichnet gelungen	gut gelungen	mit Einschränkungen gelungen	nicht gelungen
Erläuterung der Haltung der katholischen Bischöfe zum Nationalsozialismus vor 1933				

______ /3 Punkte

Zu Aufgabe 5 a* (alternativ zu 5 b**)

Aufgabe	ausgezeichnet gelungen	gut gelungen	mit Einschränkungen gelungen	nicht gelungen
Stellung nehmen, wieso sich Christentum und Nationalsozialismus ausschließen müssen				

_____ /3 Punkte

Zu Aufgabe 5 b** (alternativ zu 5 a*)

Aufgabe	ausgezeichnet gelungen	gut gelungen	mit Einschränkungen gelungen	nicht gelungen
Verfassen fiktiver Flugblattforderungen der Bekennenden Kirche				

_____ /3 Punkte

Zur Zusatzaufgabe 6 a* (alternativ zu 6 b**)

Aufgabe	ausgezeichnet gelungen	gut gelungen	mit Einschränkungen gelungen	nicht gelungen
Zuordnung einer Richtung der evangelischen Kirche zum Tischgebet				

_____ /2 Punkte

Zur Zusatzaufgabe 6 b** (alternativ zu 6 a*)

Aufgabe	ausgezeichnet gelungen	gut gelungen	mit Einschränkungen gelungen	nicht gelungen
Erläutern, warum dieser Text im christlichen Sinne kein Gebet sein kann				

_____ /2 Punkte

Bemerkungen/Tipps:

Gesamtpunktzahl der Pflichtaufgaben: _____/21
Punktzahl der Zusatzaufgabe: _____/2
Punktzahl insgesamt: _____
Note: _____ Datum/Namenszeichen: __________

6.4 Lernentwicklungsberichte statt Zensuren

6.4.1 Konzeptionelle Empfehlungen für Lernentwicklungsberichte[4]

I Sinn/pädagogische Funktion des Lernentwicklungsberichts (LEB)

I.1 Der LEB soll die erbrachte Leistung des einzelnen Schülers vor dem Hintergrund seiner Entwicklung aufzeigen und Verbesserungsmöglichkeiten benennen.

I.2 Der LEB bildet die Grundlage für die Selbstreflexion des Lerners über sein Lernen und für den Dialog mit der Lehrkraft über den weiteren Lernprozess.

I.3 Der LEB ist nicht unmittelbar in Noten übersetzbar.

II Adressat

Der LEB ist zuerst für die Schülerin konzipiert und sodann für die Eltern.

III Didaktische Leitgedanken

III.1 Dem LEB liegt ein pädagogischer Leistungsbegriff zugrunde (vgl. Kap. 6.2).

III.2 Um die Transparenz zu erhöhen und den Schülerinnen die Möglichkeit zu geben, sich als aktive Lerner einzubringen, sollen ihnen zu Beginn einer Unterrichtseinheit Inhalte und Ziele bekannt gegeben werden.

III.3 Durch Leistungsrückmeldung an den einzelnen Schüler am Ende jeder Unterrichtseinheit entsteht sukzessive ein LEB, der sich zum Schluss des Halbjahres aus den bereits erteilten Rückmeldungen zusammenfügen lässt.

III.4 Durch den LEB erhalten Selbstreflexion sowie der Dialog über das Lernen einen verbindlichen und verlässlichen Rahmen.

III.5 Bei der Rückmeldung zum individuellen Lernprozess wird der Entwicklungsaspekt (fordern und fördern) besonders berücksichtigt.

III.6 Die Sprache ist verständlich und einfühlsam, aber dennoch deutlich.

III.7 Der LEB regt zur Selbstreflexion und zum Dialog über Gelerntes – einschließlich des Arbeits- und Sozialverhaltens – an. Er ist Gegenstand des Schüler-Elternsprechtages (dialogisches Prinzip).

III.8 Kompetenzen sind ein Orientierungsrahmen für die Unterrichtsplanung der Lehrkraft. Die umfangreichen, zum Teil sehr allgemein gehaltenen Kompetenzformulierungen aus den KC eignen sich in der Regel nicht als

4 Den Empfehlungen liegt der folgende Erlass zugrunde: Niedersächsisches Kultusministerium: Die Arbeit in den Schuljahrgängen 5 bis 10 der Integrierten Gesamtschule (IGS), RdErl. d. MK v. 1.8.2014 – 34–81071 (SVBl. 9/2014 S. 442) – VORIS 22410 – § 6.

Rückmeldekategorien. Stattdessen sollten Formulierungen verwendet werden, die eine persönliche Sicht des Schülers auf sein Lernen ermöglichen.

III.9 Ein LEB, der hauptsächlich auf der Skalierung von Wissensständen und Kompetenzen beruht, läuft den genannten didaktischen Leitgedanken zuwider.

IV Struktur/Aufbau des LEB

IV.1 Allgemeiner Teil (verfasst von den Klassenlehrern, häufig als Brief formuliert, auch Tutorenbrief genannt; sinnvoll ist auch eine Antwortmöglichkeit der Schülerinnen.)

IV.1.1 Die Aussagen zum Arbeitsverhalten beziehen sich vor allem auf folgende Gesichtspunkte (vgl. Erlass):

- Leistungsbereitschaft und Mitarbeit
- Ziel- und Ergebnisorientierung
- Kooperationsfähigkeit
- Selbstständigkeit
- Sorgfalt und Ausdauer
- Verlässlichkeit

IV.1.2 Die Aussagen zum Sozialverhalten beziehen sich vor allem auf folgende Gesichtspunkte (vgl. Erlass):

- Reflexionsfähigkeit
- Konfliktfähigkeit
- Vereinbaren und Einhalten von Regeln, Fairness
- Hilfsbereitschaft und Achtung anderer
- Übernahme von Verantwortung
- Mitgestaltung des Gemeinschaftslebens

IV.2 Der Umfang des LEB ist für den Schüler überschaubar. Dies erfordert eine Reduktion auf wesentliche Aspekte. Der LEB muss für die Lehrkräfte vom Arbeitsaufwand her praktikabel sein.

IV.3 Fachlicher Teil (verfasst von den Fachlehrerinnen)

IV.3.1 Angabe der im letzten Halbjahr behandelten Inhalte

IV.3.2 Angabe der zugehörigen Ziele und Fähigkeiten (angelehnt an die inhalts- und prozessbezogenen Kompetenzen)

IV.3.3 Aussagen zum individuellen Lernprozess in gebundener und in freier Form: Leistungsstand, Lernfortschritte und ggf. Lernschwierigkeiten werden exemplarisch – möglichst an konkreten Unterrichtssituationen – beschrieben.

IV.3.4 Dem Schüler werden Tipps für seine weitere Arbeit gegeben.

6.4.2 Erläuterungen zu einem Lernentwicklungsbericht für die Jg. 5–8

An besagter Gesamtschule gibt es in den Klassen 5–8 Lernentwicklungsberichte statt Ziffernzeugnisse.[5] Wegen der Komplexität der Anforderungen an einen Lernentwicklungsbericht kann es keinen idealen LEB geben. So ist es z. B. kaum möglich, ihn von seinem Umfang her überschaubar zu halten und gleichzeitig den Schülern ihr Lernverhalten an konkreten Beispielen zu erläutern. Wir können aber dennoch einen vorstellen, der sich bislang in der Praxis bewährt hat. Er soll Anregungen für die Entwicklung eigener Fach-LEBs Religion geben.

In das obere Feld »Unterrichtsthemen im 2. Halbjahr – was du wissen und können solltest« – trägt die Lehrkraft inhaltsbezogene Kompetenzen ein, die der Schüler am Ende des Schuljahres erworben haben sollte. Für Schülerinnen mit sonderpädagogischem Förderbedarf werden zieldifferente Kompetenzen formuliert. In den folgenden drei Feldern macht die Lehrkraft Aussagen zu den Leistungen, die der Schüler während des 1. und 2. Halbjahres gezeigt hat: Im ersten Feld hält sie Aussagen zur Wahrnehmungs-, Darstellungs- und Urteilskompetenz fest. Im zweiten Feld macht sie Aussagen zur Deutungs- und Urteilskompetenz und im dritten zur Dialog- und Gestaltungskompetenz. Um auf jeden Schüler individuell eingehen zu können, wurde zugunsten frei formulierter Texte auf ein Ankreuzverfahren verzichtet. Zur Arbeitserleichterung ist es aber auch denkbar, die individuelle Rückmeldung mit einer Ankreuzmöglichkeit (z. B. zur Mappenführung) oder mit einem vorformulierten Lückentext zu kombinieren (vgl. Kap. 6.4.4 Downloadmaterial). Der individuell formulierte Teil sollte jedoch gegenüber dem standardisierten überwiegen. Das bringt allerdings eine höhere Arbeitsbelastung mit sich. Um die Textfülle zu reduzieren, empfiehlt es sich, dass die Jahrgänge sich für jedes Halbjahr auf Beobachtungs- und Beurteilungsschwerpunkte einigen.

Als Alternative wird ein LEB-Formular vorgelegt, das durch Ausfüllen von Lücken leichter zu handhaben ist, aber weniger Möglichkeiten für individuelle Beschreibungen bietet.

An den Formularen wird deutlich, dass es schwierig ist, die erwarteten Fähigkeiten so zu formulieren, dass sie für die Schüler verständlich und dennoch aussagekräftig sind. Daher sollte die Fachlehrerin den Schülerinnen und den Eltern zu Beginn des 5. Schuljahres den LEB vorstellen und erläutern. Wenn die Lehrkraft den Schülern zu Beginn einer Unterrichtseinheit außerdem erklärt, was sie am Ende können sollen (vgl. Kap. 3.5), dürften ihnen die Formulierungen im LEB bekannt vorkommen.

5 Das vorliegende Beispiel stammt aus der IGS Franzsches Feld in Braunschweig.

Weithin wird deutlich, dass es nicht machbar ist, in einem LEB-Formular, das für vier Schuljahre gilt, nicht nur die prozessbezogenen Kompetenzen, sondern auch die jeweiligen inhaltsbezogenen Kompetenzen anzugeben. Das müssen die Religionslehrkräfte eines Jahrgangs am Ende jedes Halbjahres leisten. Es gibt keinen idealen Lernentwicklungsbericht, der die Lernentwicklung des Schülers sehr individuell beschreibt und gleichzeitig leicht zu handhaben ist. Die Arbeitszeit der Lehrkräfte, die für jede Schülerin und für jedes Unterrichtsfach einen Lernentwicklungsbericht zu schreiben hat, ist begrenzt; der Mehraufwand gegenüber dem Erteilen von Zensuren ist hoch. Jede Schule muss zwischen dem Gegensatzpaar Genauigkeit und Praktikabilität einen vernünftigen Kompromiss suchen.

Der frei formulierte LEB bietet sehr individuelle Rückmeldemöglichkeiten und somit konkrete Ansatzpunkte für einen Dialog zwischen Lehrkräften, Schülerinnen und Eltern über die geleistete Arbeit. Die IGS Franzsches Feld führt wenige Wochen nach den Halbjahreszeugnissen Eltern-Schüler-Sprechnachmittage durch, an denen die LEB im Mittelpunkt stehen. Hier haben Eltern und Schüler die Möglichkeit, nachzufragen, wenn ihnen Formulierungen unklar sind. Sie können sich zu den Einschätzungen der Lehrkraft äußern und Veränderungen, die im kommenden Halbjahr angestrebt werden, festhalten.

Wenn Fachgruppen sich die Zeit nehmen, ihre bisherige Praxis der Leistungsmessung und Bewertung kritisch zu bilanzieren, wird deutlich werden, ob und wo Handlungsbedarf besteht. Entscheidet sich eine Fachgruppe dafür, einen neuen LEB zu konzipieren, ist es sinnvoll, sich darauf zu einigen, welche der in Kap. 6.4.1 genannten Merkmale ein besonderes Gewicht haben sollen.

6.4.3 Lernentwicklungsberichte - Formblätter und Muster-LEBs aus einer Integrierten Gesamtschule

Im Folgenden finden Sie Beispiele aus unserer Arbeit mit Lernentwicklungsberichten – ein Beispiel für einen frei formulierten LEB hier im Buch.

Beispiele für einen ausgefüllten frei formulierten LEB, ein LEB-Formular mit Lückentext, inklusive Formulierungshilfen und einem ausgefüllten Formular, finden Sie im Downloadmaterial.

Beispiel für einen frei formulierten LEB

IGS:FF
Integrierte Gesamtschule
Franzsches Feld
Braunschweig

Lernentwicklungsbericht Religion
1.+2. Halbjahr Schuljahr 2014/15

Name: ______________________ *Klasse:* ______

Unterrichtsthemen im 2. Halbjahr – was du wissen und können solltest

Erwartete Fähigkeiten
und Aussagen zu den Leistungen, die du im 1. und 2. Halbjahr gezeigt hast:

Traditionen, Ausdrucksformen und Situationen beschreiben, in denen religiöse Fragen bedeutsam werden können, und dazu einen eigenen Standpunkt einnehmen:

Inhalte wiedergeben, Texte, Geschichten und Situationen auswerten:

Sich mit Meinungen anderer zu religiösen Fragen und zu Fragen nach verantwortlichem Handeln auseinandersetzen sowie Themen kreativ gestalten:

Bemerkungen/Empfehlungen für die weitere Arbeit:

Braunschweig, Unterschrift:

7 Religion im Schulleben

7.1 Leitgedanken

1

Religion sollte nicht nur im Unterricht, sondern auch im Schulleben einen Platz haben.

Religiöse Phänomene kommen in allen Bereichen des Lebens vor. Religion ist aus der Auseinandersetzung mit Sinn- und Wertfragen nicht wegzudenken, und die findet in der Schule nicht nur im Religionsunterricht statt. In Deutschland endet die positive Religionsfreiheit nicht vor dem Schultor. Es entspricht dem Bildungsauftrag, wenn Religion auch in außerunterrichtlichen Projekten und Aktivitäten einen Platz hat.[1] Die Schule soll den Schülerinnen auch Gelegenheit geben, ihre Religion auszuüben (z. B. Unterrichtsbefreiung für muslimische Schüler zum Opferfest) und Schulgottesdienste ermöglichen.

2

Religion im Schulleben einen Platz einzuräumen bedeutet, Religion sichtbar werden zu lassen und einen Gestaltungsraum für religiös motiviertes, sozialförderliches Handeln zu bieten.

Dies heißt zunächst, kulturelle und religiöse Vielfalt in der Schülerschaft wahrzunehmen und sie für die Schülerinnen erfahrbar zu machen. Dies heißt aber auch,

1 So heißt es im Niedersächsischen Schulgesetz in § 2.1: »Die Schule soll […] die Persönlichkeit der Schülerinnen und Schüler auf der Grundlage des Christentums, des europäischen Humanismus und der Ideen der liberalen, demokratischen und sozialen Freiheitsbewegungen weiterentwickeln.«: http://www.mk.niedersachsen.de/portal/live.php?navigation_id=24742&article_id=6520&_psmand=8, Zugriff am 20.10.2015.

lebensfeindliche Elemente in Zusammenhang mit Religion aufzudecken (z. B. Funktionalisierung für Gehorsam und Anpassung; Banalisierung für Konsum in der Werbung). Das heißt schließlich, solchen Elementen von Religion einen Entfaltungsraum zu bieten, die die Schüler in ihrer Entwicklung stärken können. Die grundsätzliche Bedeutung von Religion im Schulleben wird in Kap. 7.2.1 thesenhaft dargestellt. Welche anderen Möglichkeiten es außer Schulgottesdiensten dafür gibt, wollen die Beispiele in diesem Kapitel zeigen.

3

Ein ganztägiger religionsphilosophischer Studientag fördert das Nachdenken und den Dialog über Sinn- und Wertfragen und weckt in besonderer Weise Interesse für »große Fragen«.

In Workshops ihrer Wahl begegnen die Schüler engagierten Erwachsenen von außerhalb der Schule und denken mit ihnen auf Augenhöhe über »große Fragen« nach (vgl. Kap. 2.6). Wie für den 10. Jahrgang ein solcher Studientag gestaltet werden kann, wird unter Kap. 7.2.2 ausgeführt.

4

In Jahrgang 8, der wegen der pubertären Entwicklung als schwierig gilt, bietet ein Projekt »Soziale Verantwortung« den Schülern Selbstwirksamkeitserfahrungen.

Die Schülerinnen arbeiten für einen längeren Zeitraum in einer sozialen Einrichtung und erfahren durch ihr ehrenamtliches Engagement an einem außerschulischen Lernort, dass sie gebraucht werden (Kap. 7.2.3).

5

Eine Schulpartnerschaft fördert das ökumenische Lernen.

Das Fach Religion kann eine Partnerschaft mit einer Schule aus einem »Entwicklungsland« initiieren oder im Rahmen einer bestehenden Partnerschaft wichtige Akzente setzen. Es kann mit den Schülern der Partnerschule einen E-Mail-Austausch über das alltägliche Leben, über Lebensträume und Zukunftserwartungen in die Wege leiten und unterrichtlich begleiten. Auf diese Weise wird für die Schülerinnen erfahrbar, wie Jugendliche in einer anderen Kultur leben und welche Hoffnungen und Sorgen sie haben. Im Rahmen des Unterrichts können Informationen über das Land der Partnerschule erarbeitet werden, um sie anschließend der Schulöffentlichkeit zu präsentieren. Wie Unterstützungsmöglichkeiten aussehen können, zeigt Kap. 7.2.4. Eine Klassenpatenschaft erfordert weniger Kraft als die Pflege einer Schulpartnerschaft, ist aber umstritten. Dies wird in Kap. 7.2.5 erörtert.

6

Die Sensibilisierung der Schüler für fair gehandelte Produkte eröffnet ihnen vielfältige Möglichkeiten, sich als Gruppe oder Klasse an der Schule gemeinnützig zu engagieren.

Das Argument, als Einzelner doch nichts gegen Ungerechtigkeit machen zu können, ist auch unter Schülerinnen verbreitet. Fair gehandelte Produkte setzen auf die Macht der Verbraucher. Sie können Strukturen ungerechten Handelns bewusst machen und helfen, kleine Veränderungen auf den Weg zu bringen. Möglichkeiten, wie Schüler im Rahmen von Fair Trade aktiv werden können, werden in Kap. 7.2.6 aufgezeigt.

7

Wenn Religion im Schulleben einen Platz hat, können die Schüler an unterschiedlichen Initiativen und Aktionen erfahren, dass christlicher Glaube etwas mit ihrem Leben und seiner Ausgestaltung zu tun hat.

7.2 Religion auch außerhalb von Unterricht sichtbar machen – Thesen und Beispiele

7.2.1 Religion im Schulleben – Sechs Thesen

1 *Kinder und Jugendliche bringen unterschiedliche kulturelle Erfahrungen, Überzeugungen und Glaubenspositionen mit in die Schule und müssen hier lernen, sinnvoll mit Vielfalt umzugehen.*
Dazu bedarf es einer Schulkultur, in der die Menschen sich offen begegnen und den Dialog über Gemeinsamkeiten und Unterschiede führen. Der Fachbereich Religion kann zu einer dialogischen Schulkultur beitragen, indem er den Schülerinnen auch außerhalb des Religionsunterrichts »Erfahrungsräume« anbietet, in denen kulturelle, religiöse und weltanschauliche Vielfalt wahrgenommen, bearbeitet und erlebt werden kann. Auf solche Weise trägt er zur Anbahnung von Pluralitätsfähigkeit bei (vgl. auch Kap. 1.3 und 1.7).

2 *Religion lässt sich an der Schule in unterschiedlichen »Erfahrungsräumen« zeigen und gestalten.*

Die Denkschrift der EKD *Religiöse Orientierung gewinnen* unterscheidet folgende »Erfahrungsräume«:[2]

- situative Erfahrungsräume (Schulveranstaltungen religiösen Charakters oder Themas, Versammlungen zum gemeinsamen Feiern, zu Besinnung und Nachdenken, S. 116) – Je nach Art dieser Veranstaltungen ist das Gebot der Freiwilligkeit zu beachten.
- gemeinschaftsbezogene Erfahrungsräume (Austausch in kleineren Gruppen über große Fragen, religiös-interkulturelles Lernen mit Angehörigen unterschiedlicher Religionen, S. 117)
- projektförmige Erfahrungsräume (gemeinsame Gestaltung eines Vorhabens, das thematische Bezüge zu Religion hat oder auch religiöse Fragen berührt, S. 118)
- personal bestimmte Erfahrungsräume (Bearbeitung von Grenzerfahrungen, individuellen Lebensproblemen, Krisen, erschütternden Ereignissen, S. 118–119)

3 *Bei der Planung von Aktionen, die solche »Erfahrungsräume« eröffnen, muss die Situation der Schule sorgfältig bedacht werden.*

Dazu gehören: die Religionszugehörigkeit der Schülerschaft, Anzahl und Engagement der Fachlehrkräfte, Akzeptanz des Faches durch Kollegium und Schulleitung, die Beziehung zu den Kirchengemeinden sowie Herausforderungen, die im Umfeld der Schule liegen. Sinnvoll ist, zu Beginn des Schuljahres im Rahmen einer Fachkonferenz zu beraten, auf welche Weise Religion im Schulleben vorkommen kann und solche Planungen mit Kollegen des Alternativfaches abzustimmen.

4 *Die Fachgruppe sollte ihren Beitrag zum Schulleben für einen längeren Zeitraum planen.*

Sie sollte Vereinbarungen über Schwerpunkte, Ziele, Aktivitäten, Zuständigkeiten, Verantwortliche und Kooperationspartner treffen, die für ein oder zwei Schuljahre gelten. Wenn die Fachkonferenz sich für die Durchführung von Schulgottesdiensten entscheidet, darf das Prinzip der freiwilligen Teilnahme der Schüler nicht verletzt werden. Wenn Kooperationen mit Kirchengemeinden geplant werden, ist darauf zu achten, die Unterschiede zwischen Schule und Kirche nicht zu verwischen.

2 Der Begriff »Erfahrungsräume« wurde aus der Denkschrift der EKD übernommen. Kirchenamt der EKD: Religiöse Orientierung gewinnen. Evangelischer Religionsunterricht als Beitrag zu einer pluralitätsfähigen Schule. Eine Denkschrift des Rates der EKD, Gütersloh 2014, S. 116–119.

5 *Die Fachgruppe sollte Vorbereitungen treffen, um Schülerinnen in Grenzsituationen angemessen begleiten zu können.*
Dass es in einer Schulgemeinschaft immer wieder Menschen geben wird, die Schicksalsschläge durchleiden müssen, ist unvermeidbar. Daher sollte die Fachgruppe beraten, wie sie Trauerprozesse von Einzelnen oder Gruppen begleiten und Menschen in Trauersituationen stärken kann. Hilfreich ist, wenn es Lehrkräfte gibt, die – immer in Rücksprache mit der Fachgruppe – diesen Erfahrungsraum verantwortlich gestalten und als Ansprechpartner fungieren.[3]
6 *Zur Planung künftiger Aktivitäten sollte die Fachgruppe ihre Aktivitäten zum Schulleben in regelmäßigen Abständen auswerten.*
Auch Schüler- und Elternschaft sollten ermutigt werden, Rückmeldungen zu durchgeführten Aktivitäten oder Wünsche für künftige Aktionen an die Fachgruppe zurückzumelden, damit die Bedürfnisse Vieler in künftige Planungen einfließen können.

7.2.2 Große Fragen in kleinen Gruppen – Der religionsphilosophische Studientag in Jg. 10

Die Durchführung eines religionsphilosophischen Studientages in Jahrgang 10 ist ein Beispiel für einen gemeinschaftsbezogenen Erfahrungsraum (vgl. Kap. 7.2). Hier kann der Austausch über existenzielle Fragen geübt werden.[4]

Der Studientag wird an der IGS Franzsches Feld seit acht Jahren in Folge durchgeführt. Er entstand aus der Idee, religiöse und philosophische Positionen miteinander ins Gespräch zu bringen. Am Vormittag wird klassenübergreifend in Workshops gearbeitet. Um kleine Gruppen zu gewährleiten, ist es sinnvoll, etwa doppelt so viele Workshops wie Klassen einzurichten. Die Workshops werden von einem Tandem, bestehend aus einer Lehrkraft und einer fachkundigen Person von außerhalb der Schule, vorbereitet und geleitet. Dies können z. B. sein: Krankenhausseelsorger, Personen aus der Jugendberatung, Diakoninnen, Pastoren, Ordensleute, Mitarbeiter philosophischer oder theologischer Abteilungen von Universität oder Fachhochschule. Sie müssen Monate im Voraus informiert

3 Es gibt Fachgruppen, die inzwischen einen *Trauerkoffer* angeschafft haben. Er enthält u. a. Texte, Lieder, Gebete, Kerzen, ein Kreuz, schwarze Tücher und ist schnell zur Hand. Ein Trauerkoffer kann die pädagogische Arbeit der Lehrkraft nicht ersetzen, aber organisatorisch unterstützen: http://www.schuldekan-ravensburg.de/fileadmin/mediapool/einrichtungen/E_schuldekan_ravensburg/dokumente/Trauerkoffer.pdf, Zugriff am 20.10.2015.

4 Unter M1/7.2.2 ist im Downloadmaterial eine PowerPoint-Präsentation mit kompakten Informationen zum religionsphilosophischen Studientag zu finden, die für Besprechungen eingesetzt werden kann.

und angefragt werden.[5] Damit der Studientag zu einer Veranstaltung der ganzen Schule wird und breite Unterstützung erfährt, ist es sinnvoll, eine Vorbereitungsgruppe einzurichten, die sich aus mindestens zwei Lehrkräften des Fachbereichs, der Jahrgangsleitung und interessierten Schülern zusammensetzt. Wünschenswert ist auch eine Elternbeteiligung, da interessierte Eltern häufig über nützliche Kontakte für eine solche Veranstaltung verfügen.

Die Vorbereitungsgruppe muss entscheiden, welche Themen an dem Studientag behandelt werden sollen. Zur Entscheidungsfindung bieten sich verschiedene Möglichkeiten an, bei denen die Schüler für den Studientag immer einen Erst- und einen Zweitwunsch angeben:

- Die Workshop-Themen werden von der Vorbereitungsgruppe vorgegeben, und die Schülerinnen legen sich auf einen Erst- und einen Zweitwunsch fest.
- Die Vorbereitungsgruppe gibt ein Rahmenthema vor (z. B. »Brauchen wir Religion? Naturwissenschaft und Religion im Gespräch« oder »Religionen und Gewalt«). Dazu können dann die Schüler aller 10. Klassen Fragen oder Unterthemen formulieren, die sie interessieren.
- Die Schülerinnen bestimmen alle Workshop-Themen selber. Im Religionsunterricht erarbeiten sie nach einer kurzen Information über den Studientag Fragen, die anschließend von der Vorbereitungsgruppe ausgewertet und zu Workshop-Themen gebündelt werden.

An der IGS Franzsches Feld wurden bislang die beiden letzten Möglichkeiten erprobt und für praktikabel befunden. Eine beispielhafte Zusammenstellung von Fragen eines 10. Jahrgangs findet sich unter M4/7.2.1 im Downloadmaterial.

Zu Beginn des Studientages ist eine thematische Einstimmung mit allen Schülerinnen des Jahrgangs und mit allen Workshop-Leitungen wichtig. Nach der Begrüßung kann z. B. ein Kurzfilm gezeigt werden, an den die Workshop-Gruppen anknüpfen können. Denkbar ist auch, dass Schüler mit einem Beitrag (Text, Lied) ins Thema hineinführen. Anschließend werden die Workshop-Leitungen vorgestellt und letzte Informationen zum organisatorischen Verlauf des Tages gegeben.

Nun haben die Workshop-Gruppen bis zur Mittagspause Zeit, an ihrem Thema zu arbeiten. Bei der Gestaltung der Workshops war den Schülerinnen der IGS Franzsches Feld wichtig, dass sie einen (kürzeren) fachlichen Input durch die Workshop-Leitungen bekommen sowie kreative Arbeitsvorschläge und hinreichend Zeit für Diskussionen.

5 Ein Muster für eine Anfrage findet sich im Downloadmaterial unter M2/7.2.2. Ein grober Zeitplan mit Informationen, was im Zusammenhang mit einem Studientag alles bedacht sein will, findet sich unter M3/7.2.2.

Um die Tandems zeitlich zu entlasten, liegt die für den Nachmittag vorgesehene Vorstellung und Diskussion der Ergebnisse in den Händen der Tutoren der 10. Klassen. Das hat Vor- und Nachteile. Von Vorteil ist, dass die Tutoren, die Mathematik und naturwissenschaftliche Fächer unterrichten, dadurch einen Einblick in die Inhalte des Studientages bekommen und ihre Schüler noch einmal von einer anderen Seite erleben. Von Nachteil ist, dass die Tutoren nicht in die Workshops eingebunden sind. Daher findet in der IGS Franzsches Feld in der Mittagspause eine halbstündige gemeinsame Sitzung von Workshop-Leitungen und Tutoren statt, auf der Erstere die Tutorinnen informieren und sich gleichzeitig über Gelungenes und über Schwierigkeiten austauschen.

Die Ergebnispräsentationen und Diskussionen können entweder im Klassenverband oder in den Workshop-Gruppen stattfinden. In letzterem Fall werden alle Workshop-Gruppen in zwei Hälften geteilt. Hälfte Nr. 1 verbleibt im Workshop-Raum, stellt während des 1. Zeitaktes die Ergebnisse der Gruppe vor und initiiert darüber eine Diskussion. Teilnehmer sind diejenigen Schüler aus allen Hälften Nr. 2, die diesen Workshop als Zweitwunsch angegeben hatten bzw. diejenigen, deren Erstwunsch bei der Workshop-Zuteilung nicht berücksichtigt werden konnte. Im 2. Zeittakt wird dann gewechselt. So erhält jede Schülerin die Chance, sowohl zu seinem Erst- als auch zu seinem Zweitwunsch neue Erkenntnisse zu gewinnen.

Bei einer Zusammenschau aller Rückmeldebögen aus den vergangenen Jahren wurde deutlich, dass die Schüler den religionsphilosophischen Studientag schätzen und ihn nicht entbehren möchten.

Im Downloadmaterial finden Sie unter »7.2.2 M1 PPP Religionsphilosophischer Studientag« die PowerPoint-Präsentation zum Religionsphilosophischen Studientag. Unter M2/7.2.2 finden Sie ein Beispiel für eine Anfrage an externe Workshop-Leiter und unter M 4/7.2.2 ein Beispiel für Wünsche der Schülerinnen und Schüler eines 10. Jahrgangs geordnet nach Ober- und Teilthemen.

M3/7.2.2 Grober Zeitplan für einen Studientag, der im November stattfindet

- *März:* erste Anfragen an mögliche Referenten (vgl. M2/7.2.2)
- *Juni:* Eine Vorbereitungsgruppe – möglichst mit Schülern – wird gebildet. Der Studientag wird in den Klassen durch die Religionslehrkräfte angekündigt, und sein Sinn wird erläutert. Die Schülerinnen tragen ihre Themenwünsche schriftlich zusammen. Die Vorbereitungsgruppe wertet die Themenwünsche aus und formuliert attraktive Workshop-Themen. Das Jahrgangsteam klärt, wie es den Studientag logistisch (vgl. November) unterstützt und welche Lehrkräfte für Tandems bereitstehen.
- *September:* Die Schüler wählen ihr erstes und ein zweites Wunschthema. Zwei Lehrkräfte aus dem Jahrgangsteam werten die Wahlen aus und erstellen die Teilnahmelisten für die Workshops. Die Tandems treffen sich zur Vorbereitung ihres Workshops. Die Jahrgangsleitung reserviert alle Räume, die am Studientag benötigt werden.
- *November, etwa eine Woche vor dem Studientag:* Die Jahrgangsleitung hängt die Übersicht über die Workshop-Angebote und die Teilnahmelisten aus. Die Lehrkraft in den Tandems kümmert sich um technische Hilfsmittel, Medien und Materialien, die in ihrem Workshop benötigt werden.
- *Ein Tag vor dem Studientag:* Die Lehrkräfte jedes Tandems richten ihren Raum her (Sitzordnung, technische Geräte, Materialien wie Plakate, Stifte, Klebeband etc). Die Jahrgangsleitung besorgt Geräte oder Materialien, sofern diese für die gemeinsame Einstimmung zu Beginn des Studientages benötigt werden. Zwei Kollegen aus dem Team tätigen den Einkauf für ein kleines Frühstück für die Workshop-Leitungen, das am Studientag in der großen Pause gereicht wird.
- *Am Studientag:* Zwei Kolleginnen aus dem Team bereiten das Frühstück für die Workshop-Leitungen vor. Die Tutoren sorgen am Ende des Studientages dafür, dass alle Ergebnisse aus den Workshops ausgestellt werden.

7.2.3 Soziale Verantwortung übernehmen – ein Projekt für Jg. 8

Warum ein Projekt soziale Verantwortung?

Die Frage, wie Schüler lernen, soziale Verantwortung zu übernehmen, treibt Lehrkräfte an vielen Schulen um. Ein Bericht der Süddeutschen Zeitung äußerte sich anerkennend über die Trägerschule des deutschen Schulpreises 2015, die Gesamtschule Barmen in Wuppertal. Die soziale Verantwortung sei eine ihrer drei pädagogischen Säulen: »Jeder soll seine Aufgabe erledigen. Es gibt ein eigenes Team für den Schulteich, jugendliche Sanitäter oder sogar ›Energiewächter‹, die dazu beigetragen haben, dass die Schule Tausende Euro Stromkosten eingespart hat.

So schafft man Bindung zur Schule. Selbst die teuren Tablet-Computer vertrauen die Lehrer Schülerinnen an, die dann die Geräte auf Bestellung ins Klassenzimmer bringen. Noch nie hat ein Schüler ein Gerät gestohlen.«[6]

Zusätzlich zu solcherlei schulinternem Engagement bauen Schulen auf die Wirkung sozialpraktischer Erfahrungen, die die Schüler in außerschulischen Einrichtungen machen sollen. Der Religionspädagoge Lothar Kuld, der Ende der 1990er Jahre in Baden-Württemberg das Projekt *Compassion* ins Leben gerufen und wissenschaftlich begleitet hat, hebt die positiven Wirkungen von sozialen Praktika hervor: »Wir haben Jugendliche an Compassion-Schulen und an Schulen ohne Sozialpraktika gefragt, was sie zu folgender Frage meinen: Ob man langfristig besser dasteht, wenn man sich für andere einsetzt, Frieden stiftet, anderen hilft, ›anständig‹ ist. Die Antworten kann man statistisch so zusammenfassen: An den Schulen ohne Sozialpraktikum sinkt die Quote derer, die diese Frage bejahen, innerhalb eines Jahres und mit zunehmendem Alter der Schülerinnen mit weiter fallender Tendenz. In Compassion-Schulen dagegen steigt sie an. Der Trend zur Entsolidarisierung ist nicht nur zu stoppen. Man kann ihn auf dem Wege reflektierter Erfahrungen auch umdrehen.«[7]

Was das Projekt *Compassion* auszeichnet

Compassion meint die Haltung des Mitgefühls und der Solidarität mit denjenigen, die – aus ganz unterschiedlichen Gründen – auf die Hilfe anderer angewiesen sind: kleine Kinder, behinderte, kranke, alte oder verarmte Menschen.

Das Projekt will sozial verantwortliche Haltungen Jugendlicher stärken. Zu diesem Zweck bringen Compassion-Schulen ihre Schüler im Rahmen eines in der Regel zweiwöchigen Praktikums mit Menschen in Kontakt, denen die meisten in ihrem Alltag vermutlich nie begegnen würden. Sie arbeiten bei der Caritas, der Diakonie, in Behinderteneinrichtungen, in Krankenhäusern, Kirchengemeinden oder bei Wohlfahrtsverbänden.

An Compassion-Schulen ist das Praktikum für alle Schülerinnen der Klasse verpflichtend. Sie werden am Praktikumsort von den Lehrkräften besucht, die die Praktika in ihrem Fachunterricht vorbereitend und reflektierend begleiten. Diese Reflexion ist das pädagogisch Neue am Compassion-Projekt. Es baut darauf, dass

6 Artikel: Mehr Platz an der Sonne, Süddeutsche Zeitung vom 10.06.2015, online unter: http://www.sueddeutsche.de/bildung/deutscher-schulpreis-fuer-gesamtschule-mehr-platz-an-der-sonne-1.2515122, Zugriff am 20.10.2015.

7 Kuld, Lothar: »Menschsein für andere«. Das Projekt Compassion. Erfurt 16.03.2007: http://www.ak-gemeindepaedagogik.de/files/downloads/symposium-2007/Kuld-Compassion.pdf, Zugriff am 20.10.2015 und Kuld, Lothar/Gönnheimer, Stefan: Compassion – Sozialverpflichtetes Lernen und Handeln, Stuttgart 2000.

soziale und überhaupt moralische Haltungen auf Einsicht beruhen. Durch die Reflexion unterscheidet sich das Projekt Compassion von erlebnispädagogisch ausgerichteten Maßnahmen.

Wirkungen bei den Schülern – Ergebnisse aus mehrfachen Befragungen

Kuld belegt anhand mehrfacher Befragungen, dass sich die Haltungen der Schüler zum sozialen Praktikum im Verlauf des Projekts deutlich veränderten. Zunächst seien die Praktika bei den Jugendlichen weder auf Zustimmung noch auf Ablehnung gestoßen. Von selbst wären sie vermutlich nicht auf die Idee gekommen, derlei Erfahrungen machen zu wollen, aber sie hätten sich auch nicht verweigert. Aus einer Haltung der Indifferenz sei zum Ende eine Haltung der begründeten Zustimmung geworden: Die Schülerinnen hätten überwiegend das Gefühl gehabt, »gebraucht zu werden«, hielten Praktikum und den Unterricht »für eine gute und wichtige Erfahrung«, waren der Auffassung, sie hätten »etwas Wichtiges geleistet«. Ein Viertel der Befragten habe eine Fortsetzung des Praktikums ins Auge gefasst. Der das Projekt begleitende Unterricht habe dazu geführt, dass die Jugendlichen ihre Haltung deutlich verändert hätten: Sie hätten dem Unterricht zugetraut, dass er etwas mit dem Leben zu tun hat, dass er »zum Nachdenken über mich beiträgt«. 89 % der Schüler stimmten der Auffassung zu: »Mit moralischem Verhalten, d. h. wenn man andere nicht ausnutzt, sondern sie fördert, wenn man hilfsbereit ist und Frieden stiftet, steht man langfristig besser da, als wenn man das Gegenteil tut.«[8]

Wie ein soziales Praktikum organisiert werden kann

Es ist deutlich geworden, dass das Projekt »Soziale Verantwortung« gut zum Konzept des Religionsunterrichts passt. Aufgabe der Fachkonferenz wäre, zu entscheiden, ob sie der Gesamtkonferenz die Einführung eines Projekts »Soziale Verantwortung« vorschlagen und es im Falle seiner Verabschiedung mit ausgestalten und begleiten will. Derzeit werden an Schulen zwei Modelle erprobt: das verpflichtende Praktikum, zeitlich als Block von zwei bis drei Wochen ab Klasse 8 oder »Soziale Verantwortung« (SoVa) als freiwilliges Angebot. Es findet neben dem Unterricht in kleinen Zeiteinheiten statt und erstreckt sich über einen längeren Zeitraum, meist ein halbes Schuljahr.

In der IGS Franzsches Feld findet SoVa im 8. Jahrgang statt und wird bis zu den Herbstferien im Unterricht vorbereitet. Es wird ein Elternbrief (s. u.) verteilt, die Eltern werden auf dem ersten Klassenelternabend des neuen Schuljahres über

---

8 Kuld, Lothar/Gönnheimer, Stefan (Hg.): Praxisbuch Compassion – Soziales Lernen an Schulen. Praktikum und Unterricht in den Sekundarstufen I und II, Donauwörth 2004, S. 12–17.

das Projekt informiert. In den folgenden Wochen suchen sich die Schülerinnen, die sich an dem Projekt beteiligen wollen, eine Einrichtung oder eine Person, die sie unterstützen wollen. Ein Schreiben der Schule an potentielle Partner enthält wichtige Informationen über das Projekt. Ferner erhalten die Schüler den Vordruck für einen Vertrag, den sie mit der Einrichtung oder der Person abschließen (siehe M1–4/7.2.3 im Downloadmaterial).

In einem Zeitraum, der nach den Herbstferien beginnt und mit den Osterferien endet, gehen die Schülerinnen ihrer ehrenamtlichen Tätigkeit nach: Einige helfen z. B. in einem Kindergarten, andere machen Botengänge für hilfsbedürftige Menschen, wieder andere lesen in Seniorenheimen vor oder machen sich in einer Grundschule bei der Hausaufgabenbetreuung nützlich.[9] Die Tätigkeit soll eine bis zwei Stunden pro Woche beanspruchen, und die Schüler können dafür während einer Randstunde des Faches »Persönliches Lernen« beurlaubt werden.[10] Die Tätigkeit kann aber auch zeitlich geblockt an Wochenenden oder unterrichtsfreien Tagen absolviert werden. Die Lehrkraft, die das Projekt begleitet, sollte darauf achten, dass die Schülerinnen sich einerseits genügend einbringen können, sich andererseits aber auch nicht überfordert fühlen.

Erfahrungen der Schüler, die sie in den Einrichtungen machen, werden regelmäßig im Religionsunterricht thematisiert und ausgewertet. Die Schülerinnen können sie außerdem im Ich-Buch verarbeiten (Kap. 3.6). Nach den Osterferien wird das gesamte Projekt im Religionsunterricht nachbereitet, und die Schülerinnen bekommen ein Zertifikat für die geleistet Arbeit. Nicht akzeptabel ist, das Projekt »Soziale Verantwortung« vollständig auf den Religionsunterricht abzuschieben und für dessen Durchführung ausschließlich die Religionsstunden zu verwenden. Das schadet dem Fach Religion, denn dadurch wird der Eindruck erweckt, es sei »Verfügungsmasse« für außerunterrichtliche Vorhaben.

Beispiele für einen Elternbrief, ein Informationsschreiben sowie Zertifikate finden Sie im Downloadmaterial.

9 Es wäre zu diskutieren, ob »SoVa« für alle Schüler verbindlich sein sollte, an der IGS Franzsches Feld ist dies der Fall.

10 Während des Persönlichen Lernens erledigen die Schülerinnen Pflicht- und Wahlaufgaben für die Unterrichtsfächer.

Literatur

Hahn, Matthias/Brause, Peter: Compassion – Sozialverpflichtetes Lernen und Handeln, Drübeck/Magdeburg 2005: http://www.mk.bildung-lsa.de/bildung/na-compassion.pdf, Zugriff am 20.10.2015

Kuld, Lothar/Gönnheimer, Stefan: Compassion – Sozialverpflichtetes Lernen und Handeln, Stuttgart 2000

Kuld, Lothar/Gönnheimer, Stefan (Hg.): Praxisbuch Compassion – Soziales Lernen an Schulen. Praktikum und Unterricht in den Sekundarstufen I und II, Donauwörth 2004

Kuld, Lothar: »Menschsein für andere«. Das Projekt Compassion. Erfurt 16.03.2007: http://www.ak-gemeindepaedagogik.de/files/downloads/symposium-2007/Kuld-Compassion.pdf, Zugriff am 20.10.2015

7.2.4 Distanzen überbrücken – eine Schulpartnerschaft pflegen

Die sogenannte »Dritte Welt« ist vielen Schülerinnen fern und durch mediale Katastrophenmeldungen eher vage und klischeehaft präsent. Die Bereitschaft, sich ernsthaft für Menschen in armen Ländern zu interessieren oder gar zu engagieren, ist nach unseren persönlichen Erfahrungen zunächst gering. Das liegt sicherlich nicht an grundsätzlich mangelnder Empathie heutiger Jugendlicher, sondern an medialer Reizüberflutung, zunehmender Individualisierung und mangelnden Identifikationsmöglichkeiten mit dem Schicksal von Menschen in anderen Ländern. Der Versuch, ihnen diese durch möglichst authentische Filme und Erzählungen näherzubringen, trägt schon zum ökumenischen Lernen bei und sollte in einer integrierten Schule selbstverständlich sein. Die Wirkung solcher Methoden ist jedoch begrenzt.

Partnerschaften zwischen Schulen in Deutschland und Ländern der *Dritten Welt* stellen eines der wirkungsvollsten Mittel ökumenischen Lernens dar. Sie streben ein dialogisches Verhältnis zwischen den Schülern und Lehrkräften hier und in einem fernen Land an, und sie stellen Identifikationsmöglichkeiten her. Es bereichert das Schulleben, wenn die Gäste die Schule besuchen, in den Unterricht kommen und Informationen über ihr Land und ihre Schule geben. Manche Schülerinnen erinnern sich noch Jahre nach solchen Begegnungen gerne daran zurück.

Die Verwirklichung einer Schulpartnerschaft stellt aber hohe Ansprüche an alle Beteiligten. Ohne entsprechende Rahmenbedingungen können solche Partnerschaften leicht scheitern und hinterlassen Frustrationserfahrungen. Dennoch treten wir dafür ein, dass gerade integrierte Schulen mit ihrer heterogenen Schülerschaft Schulpartnerschaften einrichten und pflegen. Denn viele Schüler verfügen nicht über Auslandserfahrungen und Kontakte mit Menschen aus anderen Kulturen. Gerade durch sie können Schülerinnen angesichts einer um sich greifenden Resignation gegenüber Armut und Ungerechtigkeit – in einem überschaubaren Rahmen – ihre Selbstwirksamkeit wahrnehmen und erfahren, dass solidarisches Handeln sie selbst bereichert.

Ziele und Organisationsformen von Schulpartnerschaften sind allerdings sehr unterschiedlich, und wer bei den Schülern ökumenisches Lernen anbahnen will, sollte sie kennen. Das staatliche Interesse an einer Förderung von Schulpartnerschaften besteht zunächst darin, die internationale Kooperationsfähigkeit mit Jugendlichen aus anderen Ländern und Kulturen zu fördern und dort ein angemessenes Deutschlandbild zu vermitteln.[11] Das sind wichtige, unterstützenswerte Ziele. Bei solchen Partnerschaften wird aber nicht zwischen Schulen in armen und Schulen in wohlhabenden Ländern unterschieden.

Eine Partnerschaft, welche aus christlicher Motivation heraus eingegangen wird, zielt primär auf das Verstehen von Menschen in anderen religiös-kulturellen Kontexten und auf eine Solidarisierung mit Schülerinnen und Lehrkräften, die Unterstützung von außerhalb benötigen. Im Unterschied zu einer Patenschaft ist diese Beziehung jedoch nicht eindimensional, denn der finanziell Gebende bekommt auch etwas dafür. Er macht bereichernde Erfahrungen im Umgang mit den Partnern. Das können Gastfreundschaft, Improvisationsgabe, Fröhlichkeit und Gottvertrauen – trotz scheinbar aussichtsloser Lage – sein. Das können aber auch bereichernde pädagogische Ideen aus einem weniger reglementierten Kontext sein.[12] Zur Partnerschaft gehört auch, dass die Partner aus ärmeren Ländern der Einen Welt maßgeblich bestimmen, was sie an Hilfe benötigen, und ihre Projekte eigenverantwortlich leiten. Trotz der unterschiedlichen Ziele der staatlich geförderten Schulpartnerschaften und der Solidaritätspartnerschaften kann eine staatlich geförderte Schulpartnerschaft mit einer Schule in einem armen Land im Sinne ökumenischen Lernens weiter ausgebaut werden. Damit müssten aber alle Beteiligten einverstanden sein.

Für eine solche Schulpartnerschaft wären folgende Bedingungen und Maßnahmen erforderlich:

- Unterstützung durch die gesamte Schulöffentlichkeit (Schülerschaft, Elternschaft, Mehrheit der Lehrkräfte)
- Beschluss der Gesamtkonferenzen beider Partnerschulen
- organisatorisch gesicherte Strukturen in der Partnerschule im Ausland mit verlässlichen Ansprechpartnern
- Vertrauenswürdigkeit und Zuverlässigkeit der Repräsentanten der Partnerschule

11 Comenius-Partnerschaften und die PASCH-Initiative der KMK verfolgen primär die genannten Ziele, vgl. https://www.kmk-pad.org/programme.html unter der Rubrik »Schulpartnerschaften und Projekte«, Zugriff am 12.10.2015.

12 Der Verfasser konnte bei mehrmaligen Besuchen in El Salvador genau diese Erfahrungen machen.

- Möglichkeit der Kommunikation durch genügend Lehrkräfte mit guten Fremdsprachenkenntnissen auf einer oder auf beiden Seiten
- eine offene Kommunikation über die benötigte finanzielle Unterstützung für die Partnerschule (Vorschlagsrecht liegt bei der Schule, welche die Unterstützung benötigt)
- sichere Überweisungswege für finanzielle Unterstützung und Rückmeldepflicht der Partner über die sachgerechte Verwendung der Gelder (eine enge Zusammenarbeit mit einem Hilfswerk ist in diesem Zusammenhang sinnvoll)
- Bereitschaft der unterstützten Schule, regelmäßig mit Bildern und Texten über ihre Arbeit zu berichten
- regelmäßige persönliche Kontakte zwischen Repräsentanten der Partnerschulen durch E-Mails und per Skype
- punktuelle gegenseitige Besuche von Repräsentanten beider Schulen[13]
- schulcurricularer Einbezug der Partnerschule und des Landes in den Unterricht (z. B. Religions-, Gesellschaftslehre- oder Fremdsprachenunterricht) und ins Schulleben
- regelmäßige Solidaritäts- und Informationsprojekte
- ein Koordinationskreis für Partnerschaftsaktivitäten

Nach Erfahrungen an der IGS Franzsches Feld mit einer Partnerschaft mit Schulen in El Salvador gibt es zwei Möglichkeiten für einen Koordinationskreis:
1 Es wird eine Partnerschaftsarbeitsgemeinschaft im AG-Bereich der Schule angeboten. Eine Lehrkraft leitet diese AG und vermittelt den Schülerinnen die notwendigen Kontakte zur Partnerschule.

Vorteile: Eine AG wird in der Regel wöchentlich mit zwei Schulstunden angeboten, sodass die Schüler viel Zeit haben, sich über das Partnerland zu informieren und eigene Ideen zu entwickeln. Es müssen kaum zusätzliche Termine gesucht werden, da die AG einen festen Platz im Stundenplan hat. Für die Lehr-

13 Im Rahmen der Schulpartnerschaft zwischen der IGS Franzsches Feld und Schulen in El Salvador wurden wir mehrfach von Lehrkräften besucht. Einen Besuch von Schülergruppen unserer Schule dort hielten wir aus Sicherheitsgründen für nicht verantwortbar. Wenn die Sicherheitslage eines Landes es zulässt, sind solche Besuche jedoch zu empfehlen, da sie mehr zum gegenseitigen Verstehen beitragen als jede andere Art von Kommunikation. Bei einer Risikoeinschätzung für den Besuch eines »Dritte Welt«-Landes helfen die Länderseiten des Auswärtigen Amtes. Wird eine Entscheidung für eine Schülerdelegation getroffen, muss sie von der Schulleitung und den Eltern – nach genauer Information über die Lage im entsprechenden Land – genehmigt werden. Es ist natürlich auch sinnvoll, Schülergruppen mit Lehrkräften aus der Partnerschule einzuladen. Allerdings muss zuvor die Frage der Finanzierung, der Krankenversicherung und nach den Einreisebestimmungen der Gäste genau geklärt werden (häufig sind bei der Einreise in den »Schengen-Raum« eine Einladung der entsprechenden Institution und für jede Person genügend Geldmittel erforderlich, selbst, wenn *keine* Visumspflicht besteht).

kraft ist die Leitung der AG Unterricht, der innerhalb ihrer Stundenverpflichtung angerechnet wird.

Nachteile: Eltern und weitere Lehrkräfte lassen sich erfahrungsgemäß schwer in die Arbeit einer solchen AG integrieren, sodass deren Unterstützung bei der Koordinationsarbeit fehlt.

2 Es wird ein Arbeitskreis aus Lehrern, Eltern und Schülern gegründet. Dieser trifft sich mehrmals im Halbjahr nach dem Unterricht.

Vorteile: Ein solcher Arbeitskreis wird nicht nur von einer Lehrkraft und Schülern getragen, sondern auch von einer breiteren Schulöffentlichkeit. Die Häufigkeit der Treffen kann flexibel gestaltet werden.

Nachteile: Es bedeutet für Lehrkräfte und Schülerinnen ein zusätzliches Engagement außerhalb des Unterrichts. Daher wird die Tagungszeit knapp sein. Für eine intensivere Auseinandersetzung mit dem entsprechenden Land bleibt kaum Zeit.

Beide Formen sind praktikabel. Die Entscheidung hängt letztlich auch davon ab, wer an der Arbeit in einer solchen Koordinationsgruppe Interesse hat.

Die folgende Projekte und Aktionen dienen als Anregung:

- Sponsorenlauf (Im Vorfeld werden Einzelpersonen oder Firmen gesucht, die dem einzelnen Schüler für jede Runde einen bestimmten Betrag spenden.)
- Projekttag »Menschen in der Einen Welt« mit Workshops für die ganze Schule (Langfristige Absprachen mit der Schulleitung, die Unterstützung des Lehrerkollegiums und eine Erweiterung des Koordinationskreises zur Vorbereitung sind dringend erforderlich.)
- Lotterie mit gespendeten Gewinnen
- regelmäßiger Verkauf von fair gehandelten Produkten und kunstgewerblichen Gegenständen aus dem Partnerland, verbunden mit einer von Schülern erstellten Ausstellung (vgl. Kap. 7.2.6)
- Besuche von Lehrkräften aus der Partnerschule (Gespräche in vielen Lerngruppen, besonders Religion, Fremdsprache), Besuch einer Lehrkraft in der Partnerschule
- Diskussion von Berichten aus der Partnerschule und dem entsprechenden Land
- gegenseitiger E-Mail-Austausch und Chat-Termine (z. B. mit Skype)
- bei Schülern mit mangelnden Fremdsprachenkenntnissen: Austausch von Bildbriefen
- Behandlung des Landes der Partnerschule im Fremdsprachenunterricht, in Gesellschaftslehre und in Religion
- ältere Schülerinnen informieren Fünftklässler über die Schulpartnerschaft

Resümee aus eigenen Erfahrungen

Der Verfasser verfügt über langjährige Erfahrungen mit kirchlicher Partnerschaftsarbeit für Sozialprojekte in einem Armenviertel in Soyapango, einer Stadt in El Salvador, die direkt an die Hauptstadt San Salvador grenzt.[14] Die Schulpartnerschaft zwischen der IGS Franzsches Feld mit den Schulen der Gemeinde vom 22. April in El Salvador erwuchs aus einer Gemeindepartnerschaft zwischen der katholischen Pfarrgemeinde St. Albertus Magnus in Braunschweig und der Gemeinde vom 22. April.[15] Bezüglich der Überweisung von Spendengeldern, des Nachweises von deren sachgerechter Verwendung und der Organisation von Partnerschaftsbesuchen arbeiten die Pfarrgemeinde und die IGS Franzsches Feld eng zusammen. Das bestätigt die Auffassung, dass für Schulpartnerschaften verlässliche, öffentlich-rechtlich anerkannte Partner wie Kirchengemeinden, Hilfsorganisationen und kirchliche Institutionen wichtig sind. Es sind schon Partnerschaften daran gescheitert, dass sich die Repräsentanten der unterstützen Schule nicht mehr gemeldet haben und die Verwendung gespendeter Gelder nicht mehr ordnungsgemäß nachweisbar war.

Zahlreiche Schüler haben durch ihre Arbeit Bestätigung erfahren, dass Engagement Früchte trägt. Die Begegnung mit Lehrkräften aus unseren Partnerschulen hat ihnen neue Horizonte eröffnet. Sie haben aber auch erfahren, dass Partnerschaftsarbeit Geduld und Ausdauer erfordert. Denn die sozialen Probleme El Salvadors – wie das Bandenunwesen und eine hohe Kriminalitätsrate – wirken sich hinderlich auf die Arbeit in den Partnerschulen aus. Nicht alle Nachrichten von dort sind positiv und unsere Partner müssen sich aus verständlichen Gründen mit ihren Antworten auf unsere Fragen Zeit lassen.

Es war und ist nicht immer einfach, ausreichend Mitarbeiter für die Arbeit in der Koordinationsgruppe zu finden, gelingt dann aber letztlich doch. Auch in dieser Hinsicht bedarf es eines langen Atems. Die Partnerschaftsarbeit belohnt dafür alle aktiv Mitwirkenden durch Erfahrungen praktischer Solidarität, spannende Begegnungen und neue Perspektiven auf ihre Lebenssituation im eigenen Land und die der Partner in einer anderen Kultur.

---

14 Auf der Homepage des Freundeskreises El Salvador, der eng mit der kath. Pfarrgemeinde St. Albertus Magnus zusammenarbeitet, finden sich genaue Beschreibungen der Sozialprojekte der Gemeinde vom 22. April und damit auch der Schulen, mit denen die IGS Franzsches Feld eine Partnerschaft unterhält: http://www.freundeskreis-el-salvador.de/, Zugriff am 12.10.2015.

15 Einrichtungen, welche eine Schulpartnerschaft unterstützen, findet man häufig auf den Homepages der ev. Landeskirchen und der kath. Bistümer sowie bei den kirchlichen Hilfswerken (Brot für die Welt, Misereor und Missio). Beispiele sind: http://www.bistum-hildesheim.de/bho/dcms/sites/bistum/gesellschaft/weltkirche/bolivienpartnerschaft/gelebtepartnerschaft/index.html; besonders zur Vermittlung von Schulpartnerschaften geeignet: http://www.kirche-berlin-nordost.de/page/351/berliner-missionswerk, Zugriff am 12.10.2015.

Internetlinks

http://www.freundeskreis-el-salvador.de/http://www.bistum-hildesheim.de/bho/dcms/sites/bistum/gesellschaft/weltkirche/bolivienpartnerschaft/gelebtepartnerschaft/index.html
http://www.kirche-berlin-nordost.de/page/351/berliner-missionswerk
https://www.kmk-pad.org/programme.html, unter der Rubrik »Schulpartnerschaften und Projekte«
http://www.evangelisch-in-westfalen.de/presse/ansicht/artikel/nicht-alle-palaestinenser-sind-terroristen.html (Thema: Schüleraustausch mit Palästinensern)

7.2.5 Eine Klassenpatenschaft übernehmen?

Mit einer Klassenpatenschaft unterstützen die Schüler ein bedürftiges Kind oder einen bedürftigen Jugendlichen über einen längeren Zeitraum, mitunter während der gesamten Sekundarstufe I. Jede Schülerin zahlt monatlich einen fest verabredeten Teil seines Taschengeldes bei einem für das Einsammeln verantwortlichen Mitschüler ein. Am Ende des Monats wird der Betrag an eine Hilfsorganisation überweisen. Doch ist es tatsächlich sinnvoll, eine Kinderpatenschaft zu übernehmen?

Häufig bringen die Schülerinnen selbst einen solchen Vorschlag – zum Beispiel im Rahmen des Themas »Kinder in der Einen Welt« – in den Unterricht ein. Das ist ein guter Anlass, als Klasse oder Gruppe über Patenschaften zu recherchieren, um herauszufinden, welche Gründe dafür und welche dagegen sprechen.

Organisationen, die Kinderpatenschaften anbieten, werben mit anrührenden Kinderfotos und liegen im Spendenaufkommen ganz vorn. Etwa ein Prozent der Einwohner in Deutschland hat eine Kinderpatenschaft übernommen. Allein die vier großen Patenschaftsorganisationen *Plan, World Vision, SOS-Kinderdörfer* und die *Kindernothilfe* kommen zusammen auf über 500.000 Fördermitglieder. »Und da können auch Sie mit dazugehören«, wirbt World Vision, »und einem Kind seinen nächsten Geburtstag ermöglichen. Denn so traurig das auch ist, kein Geburtstag ist selbstverständlich. Allein in Afrika, da sterben 51 Prozent der Kinder vor ihrem fünften Geburtstag. Durch Ihre Patenschaft bei World Vision können Sie einem Kind das allergrößte Geschenk machen: Sie helfen ihm gesund ins Leben. Ihr monatlicher Beitrag ermöglicht es, dass das Kind so versorgt wird, wie es nötig ist, und zwar Jahr für Jahr.«[16]

Eine Kinderpatenschaft kann das persönliche Interesse für die Lebensbedingungen in einem Land wecken, denn durch Fotos und Briefe bekommt die geleistete Unterstützung ein Gesicht. Allerdings sprechen sich das Kinderhilfs-

16 Vgl. Prange, Astrid: Die Macht der Kulleraugen. Segen und Fluch von Kinderpatenschaften: http://www.deutschlandfunk.de/die-macht-der-kulleraugen.724.de.html?dram:article_id=100401, Zugriff am 12.10.15.

werk *terre des hommes* und andere Hilfsorganisationen schon seit vielen Jahren gegen Kinderpatenschaften aus: Sie würden Neid unter den Kindern erzeugen, familiäre und soziale Strukturen durch eine Finanzierung von Heimunterbringung zerstören und nicht die Ursachen von Armut bekämpfen.[17] Stattdessen plädiert *terre des hommes* dafür, eine Patenschaft für ein Projekt zu übernehmen, da Projekte die Menschen vor Ort zur Selbsthilfe befähigen und den Ursachen von Armut etwas entgegensetzen würden.

Manche Organisationen werben für Kinderpatenschaften, betreiben aber mit den Einnahmen Projektförderung. *Terre des hommes* kritisiert, dass dadurch ein falscher Eindruck von der Hilfe vor Ort entstehe. Ein weiteres Problem ist der verantwortungsvolle Umgang mit den Spendengeldern. Wenn Schüler selbst über Organisationen recherchieren, wäre daher wichtig, dass sie darauf achten, ob die Organisation ein DZI-Spendensiegel hat oder andere Kriterien eines verantwortungsvollen Umgangs mit Spendengeldern erfüllt.[18] Die folgenden Aufgaben zu dem Hilfswerk *Brot für die Welt* lassen sich auf die Recherche zu anderen Organisationen – wie z. B. *Misereor, terre des hommes, Plan Deutschland, Kindernothilfe, World Vision* – übertragen:

- Erklärt Auftrag und Aufgaben des Hilfswerkes *Brot für die Welt.*
- Stellt an einem Beispiel dar, wie den Kindern geholfen wird.
- Stellt dar, warum *Brot für die Welt* sich gegen Kinderpatenschaften wendet.
- Erklärt, was das DZI-Spendensiegel ist und nennt die Prozentzahl, die *Brot für die Welt* für Verwaltungsaufgaben ausgibt.
- Findet heraus, welche Organisationen sich für Kinderpatenschaften einsetzen und welche Argumente dafür genannt werden.
- Arbeitet weitere Kriterien für die Vertrauenswürdigkeit von Hilfsprojekten heraus.
- Erklärt, welche Spendenmöglichkeiten es für unsere Klasse gibt.

Mit solcherlei Informationen gerüstet, verfügen die Schülerinnen über Kriterien, um über Kinder- und Projekt-Patenschaften zu diskutieren und eine begründete Entscheidung zu treffen. Sollten sie sich für eine Patenschaft aussprechen, ist es wichtig, dass sie im Religionsunterricht in regelmäßigen Abständen Zeit bekommen, sich über den Fortgang »ihres Projektes« zu informieren und aus-

---

17 http://www.tdh.de/spenden-und-stiften/fragen-und-antworten/kinderpatenschaften.html, Zugriff am 12.10.2015.

18 Das Deutsche Zentralinstitut für soziale Fragen (DZI) verleiht ein solches Siegel, wenn eine Organisation sparsam wirtschaftet und z. B. die Kosten für die Verwaltung so niedrig wie möglich hält, vgl.: http://www.dzi.de/spenderberatung/das-spenden-siegel/, Zugriff am 12.10.2015.

zutauschen.[19] Das kann nicht nur einem Erlahmen der Spendenbereitschaft entgegenwirken, sondern auch neue Ideen und Initiativen freisetzen.

Für eine Patenschaft spricht, dass die Klassengemeinschaft sich mit einem gemeinnützigen Projekt identifiziert und andere darüber informieren kann. Dafür spricht auch, dass die Schüler dabei lernen, Abmachungen einzuhalten, Verlässlichkeit zu üben und ihr Taschengeld nicht nur für sich zu behalten.

7.2.6 Verantwortungsvoll konsumieren – fairer Handel im Schulleben

Es beschädigt die Glaubwürdigkeit der Lehrkräfte, wenn im Religionsunterricht ungerechte Handelsstrukturen kritisiert und der faire Handel als Schritt zu mehr Gerechtigkeit dargestellt wird, im Schulalltag aber beim Verzehr von Kaffee und Tee die Devise gilt: je billiger, desto besser. Schülerinnen lassen sich, auch wegen ihrer finanziellen Abhängigkeit von den Eltern, schwer motivieren, die teureren, fair gehandelten Produkte – wie z. B. Schokolade – zu kaufen, wenn vergleichbar gut verdienende Lehrkräfte in den Pausen Kaffee oder Tee vom Billigdiscounter konsumieren. Das kann auf die Dauer nicht verborgen bleiben, weil Schüler genaue Beobachter sind und ein feines Gespür für authentisches Verhalten haben. Das gilt natürlich auch für schulische Großveranstaltungen mit Getränkeausschank.

Durch folgende Maßnahmen kann der faire Handel in der Schule gefördert und ins Bewusstsein der Schulöffentlichkeit gerückt werden:

- den fairen Handel durch kirchliche Beauftragte (z. B. Jugendpfarrer) oder andere Experten (z. B. Vertreter von fairen Handelshäusern) vorstellen lassen
- regelmäßiger Verkauf fair gehandelter Waren auf Schulveranstaltungen (z. B. Sommerfeste, Jubiläen)
- ein regelmäßiger Adventsverkauf mit Schwerpunkt auf weihnachtlichen Artikeln (sie sind z. B. im Sortiment der *GEPA* enthalten, auch kunstgewerbliche Artikel und Spielzeug)
- Blindverkostungen von fair gehandelten Genussmitteln im Vergleich zu Produkten des konventionellen Handels
- eine Podiumsdiskussion zwischen Vertretern der Wirtschaft, der Politik und der Kirchen über den fairen Handel durchführen
- Ausstellungen zum Thema »fairer Handel« arrangieren

19 *Terre des hommes* informiert z. B. anschaulich über ein Projekt, das die Situation von Kindern in den Goldminen von Burkina Faso verbessert und die Kinder in Schule und Ausbildung integrieren will: http://www.tdh.de/fileadmin/user_upload/inhalte/04_Was_wir_tun/Projekte/Burkina_Faso/Burkian_Faso_-_Gold_oder_Schule.pdf, Zugriff am 12.10.2015.

- eine Arbeitsgemeinschaft oder Arbeitsgruppe »Fairer Handel« gründen, welche die genannten Aktionen koordiniert (vgl. Kap. 7.2.4).[20]

Es wird empfohlen, die Produkte nur bei fairen Handelshäusern wie *El Puente* (übersetzt aus dem Spanischen »Die Brücke«) und der *GEPA (Gesellschaft zur Förderung der Partnerschaft mit der Dritten Welt)* zu beziehen. Sie sind nicht auf die Erwirtschaftung von Profiten ausgerichtet und haben sich an höhere Standards gebunden, als sie das Fair-Trade-Siegel erfordert.[21] Obendrein können diese Produkte bei Eine-Welt-Läden in kirchlicher Trägerschaft bezogen werden, welche für schulische Verkaufsaktionen auch Kommissionsware liefern, sodass nicht Verkauftes wieder zurückgegeben werden kann. Zusätzlich befinden sich auf den Packungen dieser Lieferanten genaue Informationen über die Hersteller. Die fairen Handelshäuser stellen auch umfangreiches Werbe- und Informationsmaterial zur Verfügung und unterstützen soziale Projekte in den Herstellerländern.

Um sowohl unterrichtlich als auch im Schulleben für mehr Gerechtigkeit im internationalen Wirtschaftsleben einzutreten und den fairen Handel umfassender zu unterstützen, haben Schulen die Möglichkeit, eine sogenannte »Fairtrade-School« zu werden.[22] Die Organisation *Fairtrade-Deutschland* unterstützt die Einrichtung solcher Schulen, bindet die offizielle Vergabe dieses Titels aber an ein Bewerbungsverfahren und an die Erfüllung eines Kriterienkatalogs. In mehreren Bundesländern unterstützen Eine-Welt-Organisationen oder Kultusministerien (Nordrhein-Westfalen und Baden-Württemberg) aktiv diese Initiative.

Der Beschluss, sich dafür zu bewerben, kann von der Fachgruppe Religion angeregt werden, muss aber von der Schulöffentlichkeit – Schüler-, Lehrer- und Elternschaft – aktiv getragen und offiziell in einer Gesamtkonferenz gefasst werden. Zuvor ist eine genaue Information über das Bewerbungsverfahren und die zu erfüllenden Kriterien nötig. Folgende fünf Kriterien muss eine Fairtrade-School erfüllen:

- Ein Fairtrade-Schulteam aus Lehrern, Schülerinnen und Eltern sowie weiteren Interessierten muss gegründet werden.

---

20 Es ist auch möglich, dass sich eine Koordinationsgruppe für eine Schulpartnerschaft dieses Themas zusätzlich annimmt.

21 Vgl. http://www.el-puente.de/lilac_cms/de/234,,/EL-PUENTE/EL-PUENTE.html und: http://www.gepa.de/home.html, Zugriff am 12.10.15.

22 Nähere Informationen über weitere Unterstützungsmöglichkeiten und Unterrichtsmaterialien für Schulen und auch einzelne Klassen, welche den fairen Handel unterstützen wollen, finden sich auf der Homepage »Fairtrade-Schools«, vgl. http://www.fairtrade-schools.de/wie-mitmachen/schritt-fuer-schritt/; interessant ist auch folgende Initiative, welche den Begriff »faire Schule« umfassender versteht, den fairen Handel aber in ihr Konzept einbezieht, vgl. dazu: http://www.faire-schule.eu/, Zugriff am 12.10.15.

- Es muss ein sog. »Fairtrade-Kompass« erstellt werden, der vom Schulleiter unterzeichnet wird. Es handelt sich um ein Dokument, das die Teilnahme an der Kampagne und die Unterstützung des fairen Handels bestätigt.
- Mindestens zwei unterschiedliche faire Produkte müssen Schülerinnen und Lehrern regelmäßig angeboten werden. Besonders empfehlenswert ist ein permanentes Angebot (z.B. im Schulkiosk). Existieren weder Schulkiosk noch Mensa, sind faire Produkte regelmäßig bei Veranstaltungen (z.B. bei Schulfesten) anzubieten.
- Mindestens in zwei verschiedenen Jahrgängen muss in mindestens zwei Fächern der faire Handel Gegenstand des Unterrichts sein.
- Mindestens einmal im Schuljahr muss eine Schulaktion zum Thema fairer Handel durchgeführt werden.

Selbst wenn es nicht gelingt, eine Fairtrade-Schule im dargestellten Sinne zu werden, macht die Durchführung einzelner Aktionen zur Unterstützung des fairen Handels Sinn. Sie stellt einen wichtigen Schritt dar, sich für mehr Gerechtigkeit im Welthandel einzusetzen und bewusster einzukaufen. Bei Verkaufsaktionen und bei der Vorbereitung und Durchführung anderer Projekte zur Förderung des fairen Handels lernen die Schüler, Verantwortung zu übernehmen und erfahren Bestätigung in ihrem Einsatz für praktische Solidarität. Wichtig ist, dass Lehrkräfte bei Produkten, die sie in der Schule konsumieren, mit gutem Beispiel vorangehen.

Internetlinks

http://www.el-puente.de/lilac_cms/de/234,,/EL-PUENTE/EL-PUENTE.html
http://www.faire-schule.eu/
http://www.fairtrade-schools.de/wie-mitmachen/schritt-fuer-schritt/
http://www.fairtrade-deutschland.de/
http://www.gepa.de/home.html

Mit weiterem zusätzlichen
Downloadmaterial unter:
www.v-r.de/Dialog_RU
Code: 765Aqv]H